■ 总主编 ／ 金晓艳　刘　涛
■ 主　编 ／ 王斯璐　刘育雁　陈鸿瑶

学在中国

汉语强化系列教材

LEARNING IN CHINA

Intensive Chinese Series

基础教程 1

Basic Course

外语教学与研究出版社
FOREIGN LANGUAGE TEACHING AND RESEARCH PRESS
北京　BEIJING

图书在版编目（CIP）数据

学在中国．基础教程．1 / 王斯璐等主编．-- 北京 ：外语教学与研究出版社，2018.12（2024.11 重印）
汉语强化系列教材 / 金晓艳，刘涛总主编
ISBN 978-7-5213-0624-8

Ⅰ．①学… Ⅱ．①王… Ⅲ．①汉语－对外汉语教学－教材 Ⅳ．①H195.4

中国版本图书馆 CIP 数据核字（2019）第 000007 号

出 版 人　王　芳
项目统筹　汤梦焯
项目编辑　杨　益
责任编辑　苗　强
责任校对　杨　益
封面设计　姚　军
版式设计　彩奇风
出版发行　外语教学与研究出版社
社　　址　北京市西三环北路 19 号（100089）
网　　址　https://www.fltrp.com
印　　刷　涿州市星河印刷有限公司
开　　本　889×1194　1/16
印　　张　35
版　　次　2019 年 4 月第 1 版　2024 年 11 月第 3 次印刷
书　　号　ISBN 978-7-5213-0624-8
定　　价　88.00 元

如有图书采购需求，图书内容或印刷装订等问题，侵权、盗版书籍等线索，请拨打以下电话或关注官方服务号：
客服电话：400 898 7008
官方服务号：微信搜索并关注公众号“外研社官方服务号”
外研社购书网址：https://fltrp.tmall.com

物料号：306240001

记载人类文明
沟通世界文化
www.fltrp.com

“学在中国”汉语强化系列教材

主　　编：金晓艳　刘　涛

策　　划：苗　强　李彩霞

编写委员会：（按姓氏音序排列）

陈鸿瑶　杜　江　傅　佳　郭晓郁　韩瑞芳　郝　伟　胡雪婵
黄莲花　雷　莉　李玲琦　李月炯　梁子超　林　杨　林　柱
刘育雁　乔梦羽　沈薇薇　孙　雷　王斯璐　鲜丽霞　修瑞超
闫　峰　于梦露　张国辉　张孟晋　张　哲　赵黎平　赵美威
赵　兴　郑颖琦

编辑委员会：（按姓氏音序排列）

鞠　慧　李彩霞　苗　强　汤梦焯　向凤非　杨　益　张楚玥

出版说明

一、出版背景

随着中国综合国力的提高，选择来中国攻读学士学位的外国留学生逐年递增。在学习大学本科课程之前，外国留学生们需要攻读一年学士学位预备课程，进行汉语与专业课的强化学习。因此很多大学都已经开设了来华外国留学生的预科教育教学课程。同时，在中国国家留学基金管理委员会的领导下，包括“东北师范大学外国留学生预科部”在内的全国十家中国政府奖学金外国留学生预科教育基地，每年都承担着来自世界各地的中国政府奖学金外国预科生的教育教学工作。

来华预科生的培训时间原则上为1—2学年，主要采用强化教育的方式，通过开展语言教学和专业知识教学，使预科生在汉语语言知识能力、相关专业知识以及跨文化交际能力等方面达到进入中国高等学校专业阶段学习的基本标准，其中奖学金生还需通过“中国政府奖学金本科来华留学生预科教育结业统一考试”（以下简称“结业统一考试”）。

预科教育不同于一般的语言培训和知识补习，如何在短时间内实现预科教育的培养目标，使学生能够顺利进入本科阶段的学习，是每一个预科教育基地都要面临的问题。在此背景下，外语教学与研究出版社联合东北师范大学等预科教育基地，立足预科教育的教学特点和培养目标，策划编写了“学在中国”汉语强化系列教材。“学在中国”汉语强化系列教材适用于接受来华预科教育的汉语零起点的留学生，不仅能够满足预科教育的需求，也同样适用于其他有速成强化教学需求的各类教学机构。

二、教材体系

本系列核心教材分为“基础教程”“实践教程”“词汇教程”三种，共五册：

教材		对应HSK级别	词汇量
基础教程	《基础教程1》	HSK1—4级	＞1200
	《基础教程2》	HSK5级	＞1600
实践教程	《实践教程1》	HSK1—4级	＞1200
	《实践教程2》	HSK5级	＞1600
词汇教程	《词汇教程》	HSK1—4级	＞1600

本系列教材涵盖HSK相应级别和“结业统一考试”的生词和语法知识，紧密结合这两类考试的题型设计练习，配合交际性、任务型的实践操练与活动，旨在帮助学习者通过HSK相应级别考试和“结业统一考试”。三种教材可配合使用，其中，“基础教程”“实践教程”分别侧重语言输入和输出；“词汇教程”是专项教程，

既可作为汉语词汇课的专门用书，也可作为学生的自主学习用书。此外，后续还将根据教学实际和学习需求，陆续推出其他与核心教材相配套的内容。

三、编写团队

本系列教材的编者主要来自东北师范大学预科教育基地，同时也吸纳了四川大学、中国医科大学、大连理工大学等多所高校的一线教师共同参与。参与编写的教师均具有丰富的预科汉语教学经验（教龄均达到六年以上），很多教师还同时担任专业知识的教学任务。

在中国国家留学基金管理委员会的领导下，东北师范大学预科教育基地每年承担来自世界各地的中国政府奖学金外国预科生的教育教学工作，在预科教育方面建立了相对成熟的教学体系和较为合理的课程设置，积累了丰富的教学实践经验。学校培养的预科生在“结业统一考试”中的总成绩较为突出，排名一直处于全国预科教育基地的前列。

四、教材特色

（一）输入与输出紧密结合，全面推进听说读写技能

本系列教材以二语习得相关理论为依据，以多年教学实践为基础，将输入和输出进行紧密、有效的结合，从基础认知与实践操练两方面出发，全面培养学生的各项言语技能。

类型	目标		重点	侧重技能
基础教程	输入	基础知识	解决基本词、句、语言点的学习	听、读
实践教程	输出	实践操练	重现和巩固“基础教程”的内容，并适当进行拓展	说、写
词汇教程	词汇积累	词汇综合运用	以词汇为主线，通过训练言语技能掌握词汇	听、说、读、写

本系列教材的整体编排，充分体现了预科汉语速成强化教学的课程体系。各类教材之间的配合，并非机械的练习和补充，而是从“知”到“行”，从输入到输出，从“听、读”到“说、写”，帮助学生在各类言语技能和综合语言能力上逐步实现提升和飞跃。

（二）遵循教学与学习规律，循序渐进培养语言能力

在内容设计、体例编排、内容复现等方面，本系列教材遵循教学与学习规律，兼顾教师和学生的需求。

本系列教材尤其尊重汉语自身的规律和教师教学的习惯，遵照教学的一般顺序安排教材的各个板块，按照“字—词—句—段—篇”的顺序展开教学，重视和强调语言形式的学习和汉字的教学，突出易教性、可操作性，循序渐进地帮助学生巩固各项语言要素。

本系列教材充分考虑了学生自身的特点和学习记忆的规律，按照“预习—学习—复习”的次序推进学习进度，帮助学生提升学习效率的同时，有助于学生养成课前预习、课后复习的良好学习习惯。此外，教材针对预科学生的年龄特点进行人物设定、故事线安排、话题选择与场景设计，并尽量兼顾不同语言文化背景的学生，注重了针对性、多样性、趣味性和交际性，能够在一定程度上培养和激发学生学习的兴趣。

（三）紧扣教学与考试大纲，短期强化实现培养目标

本系列教材的词汇编写紧扣《HSK 考试大纲》（一～五级）和“结业统一考试”要求的汉语词汇，并补充收纳了一些有交际价值和时代特色的词汇。话题和语言点编写主要参考《国际汉语教学通用课程大纲》和《HSK 考试大纲》（一～五级），将话题和语言点分等级、分层次地合理分配到每课的学习内容当中。练习设计以帮助学生掌握学习内容为目的，既注重不同言语技能的分技能训练，也强调语言的综合运用，收录 HSK 考试和“结业统一考试”各类题目形式，并适当补充交际性、任务型活动。

整体上，完成本系列教材的学习，学生可达到通过 HSK 相应级别和“结业统一考试”的语言水平，并达到进入中国高等学校专业阶段学习的基本标准。

五、使用建议

针对预科教育的情况，建议在一学年内使用本系列教材，建议课型、课时和教学次序如下：

教材		建议使用课型	建议课时	建议教学次序
基础教程	《基础教程1》	汉语综合课（听、读）	每篇课文 4~6 课时，整体 120 课时左右	与《实践教程 1》平行教授，先教
	《基础教程2》	汉语综合课（说、写）	每篇课文 8~10 课时，整体 150 课时左右	与《实践教程 2》平行教授，先教
实践教程	《实践教程1》	汉语综合课（听、读）	每篇课文 4~6 课时，整体 120 课时左右	与《基础教程 1》平行教授，后教
	《实践教程2》	汉语综合课（说、写）	每篇课文 4~6 课时，整体 90 课时左右	与《基础教程 2》平行教授，后教
词汇教程	《词汇教程》	词汇专项课	整体 120 课时左右	与其他教材平行教授

我们衷心希望外研社的这套“学在中国”系列教材能够为来华预科生和广大外国留学生的汉语学习铺就一条汉语强化学习的成功之路，同时为教师解除教学疑惑，共同迎接美好的未来。

编写说明

一、适用对象

本教材适用于来华接受预科教育的汉语零起点的外国留学生，也适用于追求短期高效学习的语言进修生和希望快速通过 HSK 四级考试的考生。

二、教学目标

在与“学在中国”汉语强化系列其他教材配合使用的情况下，本教材旨在帮助学生在半年内掌握 HSK 四级考试大纲、《国际汉语教学通用课程大纲》和《中国政府奖学金本科来华留学生预科教育教学大纲》的相关词汇和汉语语法点，完成相应水平的基础字、词、句、语言点的学习。

三、编写原则与特点

（一）针对性原则

本教材在话题选择、人物设定、情景安排、难度和体例设计等方面充分考虑了预科生短期强化学习的特点，并紧密结合 HSK 考试和“结业统一考试”，确保学生在完成本教材以及配套教材的学习后，汉语语言能力可以达到进入中国高等学校开始专业阶段学习的基本标准，并能顺利通过 HSK 相应级别考试和“结业统一考试”。

（二）重视听、读，兼顾说、写的原则

本教材注重听、读技能的训练，专门设置了“听力实践”和“阅读实践”板块（在前五课为“听读实践”板块）。这两个板块的练习形式多样，同时紧扣考试题型，注重对已学内容的复现，能够帮助学生应用所学知识，有效提升听读能力。此外，本教材还在一定程度上兼顾了说、写技能的训练，具体体现在练习的题型安排以及“交际训练”的板块设置中。

（三）课堂教学与自主学习相结合的原则

本教材与传统的基础汉语教材不同，从板块和内容设置上更加注重培养学生的汉语自主学习能力。在具体教学过程中，要求学生在课前预习，利用生词表中提供的英文释义，以及语言点部分提供的中英对照详解，提前对当课生词和语言点进行充分预习，并完成用于检测预习效果的练习题。这样的设计安排有助于整体提高学生的汉语学习进度，从而帮助学生达到快速、高效学习汉语的目的。

（四）重视语音、汉字等语言要素的学习

本教材的语音内容采用集中学习、及时巩固的方式进行编排。在正课前，设置“汉语拼音”部分，系统展示和讲解有关汉语拼音的知识，并配有充分的练习；每课配合所学内容设计有针对性的语音语调练习，便于学生充分掌握汉语语音。

此外，在每课设置“书写汉字”板块，围绕当课重点或难写汉字进行笔顺展示并提供仿写练习。由于版面所限，每课“书写汉字”练习的汉字有限，其他汉字的练习资料发布在“外研社国际汉语教学资源网”（www.

fltrp-clt.com）资源专区中，供教师和学生免费下载。

（五）重视交际性

本教材的交际性体现在课文内容编写和练习设计等方面。在课文内容编写方面，选择对留学生来说最为常用的交际功能，课文情景设置也注重真实性、自然性和交际性。每课设置“交际训练”板块，通过丰富、多样、实用、有趣的交际性练习，训练学生将所学语言要素知识应用到实际交际场景中的能力，切实提高学生的交际能力。

四、教材结构与使用建议

本册教材可供一学期使用。在正课开始前，建议先用 8 课时完成“汉语拼音”部分的教学，帮助学生集中掌握汉语拼音和其中的重难点。

本册教材共包含 25 课，建议每课用 4—6 课时进行教授，保证每周平均完成两课，较长的课文则可以一周左右完成一课，一个学期要完成全部 25 课的学习内容。

每课一般分为三个部分，具体板块设置和教学建议参见“使用说明”。在实际授课时，教师基本可参照本教材的编排次序进行教学设计。由于预科生的学习内容多，学习强度大，因此建议教师有意识地帮助学生养成良好的学习习惯，重视课前预习环节，每课学完后也要结合“学后反思”部分帮助学生进行有重点的复习。

为了培养学生的学习兴趣，本教材在人物和情景方面进行了较为用心的设计，书中提供了“人物介绍”，便于学生熟悉书中的主要人物和相关信息。书中还提供“汉字书写规则表”“语法术语缩写表”，以及与本教材配套的词汇手册，便于学生在学习时及时查阅和参考。

为引导学生尽量不看答案独立完成练习，本教材未将听力文本和答案放在书中，教师可以在“外研社国际汉语教学资源网”（www.fltrp-clt.com）资源专区免费获取相关资源，也可以发邮件至 chinese@fltrp.com 获取更多配套资源。

五、致谢

衷心感谢中国国家留学基金管理委员会多年来对预科教育和各预科教育基地的支持和帮助，使开展预科教育的院校和从事预科教学的教师有热情、动力和信心，不断提升来华留学生的教育质量。

感谢北京语言大学国际学生教育政策与评价研究院的王佶旻教授、黄理兵教授在百忙之中对本教材进行审读并提出宝贵意见和建议，提升了本教材的质量。

感谢外语教学与研究出版社的编辑团队，他们在教材的整体设计、内容研发和编辑出版等方面投入了大量创造性的劳动，使本教材得以顺利出版。

我们衷心希望本教材能够为广大教师和学生提供教学方案，达成教学目标！

编者

2018 年 12 月

语法术语缩写表

Abbreviations of Grammatical Terms

语法术语（Grammatical Terms）	中文缩写（Chinese Abbreviations）	英文缩写（English Abbreviations）
主语（Subject）	——	S
宾语（Object）	——	O
名词（Noun）	名	N
方位词（Noun of Location）	方位	——
专有名词（Proper Noun）	专名	——
动词（Verb）	动	V
助动词（Auxiliary Verb）	助动	——
形容词（Adjective）	形	A/Adj.
副词（Adverb）	副	——
代词（Pronoun）	代	——
助词（Particle）	助	——
介词（Preposition）	介	——
连词（Conjunction）	连	——
量词（Measure Word）	量	——
数词（Numeral）	数	——
数量词（Quantifier）	数量	——
感叹词（Interjection）	叹	——
前缀（Prefix）	前缀	——
后缀（Suffix）	后缀	——

使用说明

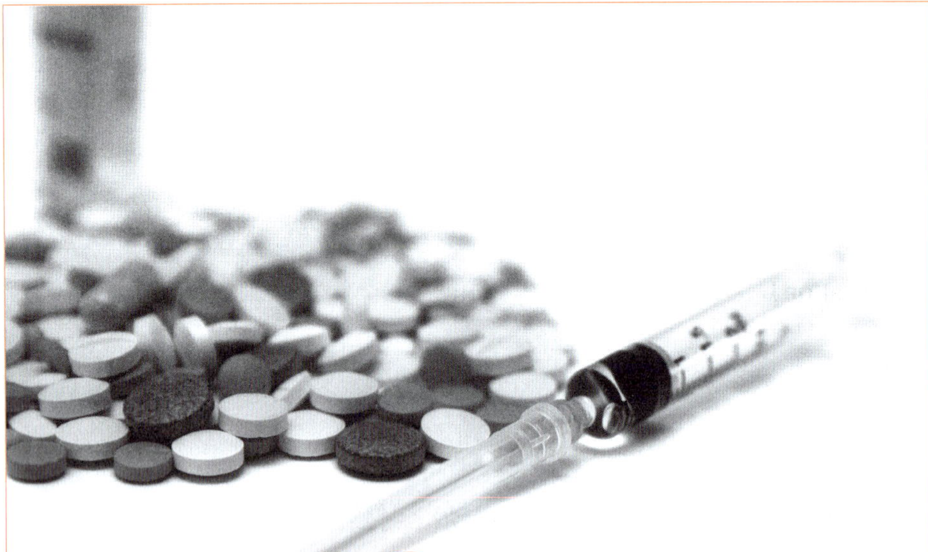

第十八课 LESSON 18

我能不打针吗？

Can I skip the injection?

学习目标 Learning Goals

重点生词 / Key Words

量 疼 开药 打针 能 而且 害怕 行 但是 最好

其他 马上 清楚 原来 怪不得 及时 通知 健康 影响

重点语言点 / Key Language Points

1. 复合趋向补语（Compound Complement of Direction）
2. 助动词（Auxiliary Verb）“能”和“可以”
3. 假设关系复句（Complex Sentence of Hypothetical Relation）“要是……的话，（就）……”
4. 条件关系复句（Complex Sentence of Conditional Relation）“只有……，才……”

· 学习目标：展示重点生词和语言点，便于教师和学生把握当课核心内容。

每课一般分为三个部分，第一、二部分是主体内容，重在语言要素的学习。

· 词句学练：通过扎实的词句学习，帮助学生实现字、词、句的积累，并养成良好的预习习惯。

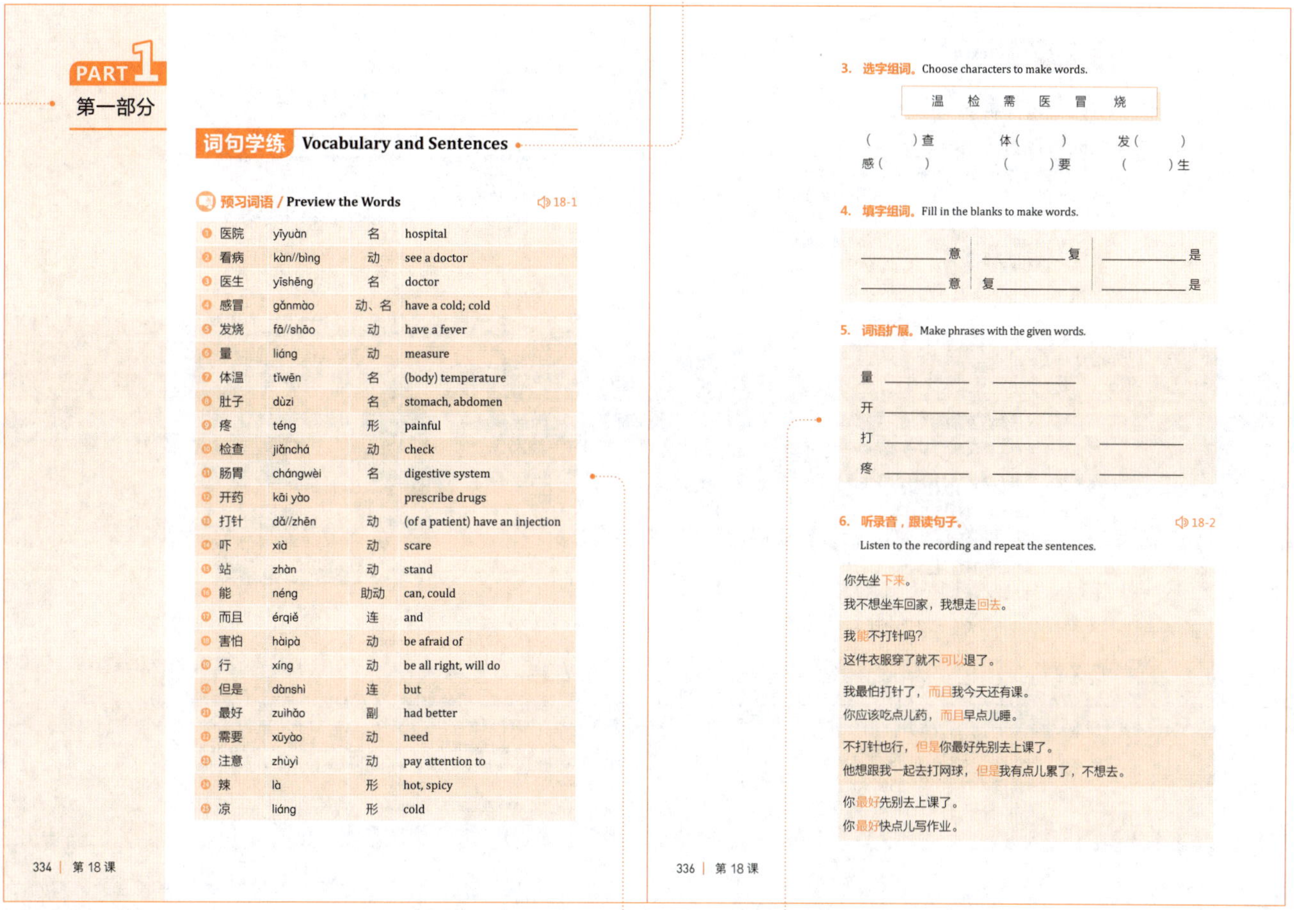

PART 1
第一部分

词句学练 Vocabulary and Sentences

预习词语 / Preview the Words 18-1

1	医院	yīyuàn	名	hospital
2	看病	kàn//bìng	动	see a doctor
3	医生	yīshēng	名	doctor
4	感冒	gǎnmào	动、名	have a cold; cold
5	发烧	fā//shāo	动	have a fever
6	量	liáng	动	measure
7	体温	tǐwēn	名	(body) temperature
8	肚子	dùzi	名	stomach, abdomen
9	疼	téng	形	painful
10	检查	jiǎnchá	动	check
11	肠胃	chángwèi	名	digestive system
12	开药	kāi yào		prescribe drugs
13	打针	dǎ//zhēn	动	(of a patient) have an injection
14	吓	xià	动	scare
15	站	zhàn	动	stand
16	能	néng	助动	can, could
17	而且	érqiě	连	and
18	害怕	hàipà	动	be afraid of
19	行	xíng	动	be all right, will do
20	但是	dànshì	连	but
21	最好	zuìhǎo	副	had better
22	需要	xūyào	动	need
23	注意	zhùyì	动	pay attention to
24	辣	là	形	hot, spicy
25	凉	liáng	形	cold

334 | 第 18 课

3. 选字组词。Choose characters to make words.

温　检　需　医　冒　烧

（　　）查　　体（　　）　　发（　　）
感（　　）　　（　　）要　　（　　）生

4. 填字组词。Fill in the blanks to make words.

______意　______复　______是
______意　复______　______是

5. 词语扩展。Make phrases with the given words.

量 ______ ______
开 ______ ______
打 ______ ______ ______
疼 ______ ______ ______

6. 听录音，跟读句子。 18-2

Listen to the recording and repeat the sentences.

你先坐下来。
我不想坐车回家，我想走回去。

我能不打针吗？
这件衣服穿了就不可以退了。

我最怕打针了，而且我今天还有课。
你应该吃点儿药，而且早点儿睡。

不打针也行，但是你最好先别去上课了。
他想跟我一起去打网球，但是我有点儿累了，不想去。

你最好先别去上课了。
你最好快点儿写作业。

336 | 第 18 课

用表格形式列出当课生词的拼音、词性和英文释义。

每课设置形式多样的字、词、句练习，帮助学生循序渐进地理解当课词句的意义，熟悉它们的用法。

· 课文讲练：结合具体语境，掌握各类语言表达。

· 课文热身：通过简单、灵活的练习形式，帮助学生熟悉与主题相关的表达，在学习课文之前进行必要的"热身"。

课文讲练 Text

课文热身 / Warm Up

将语义上紧密相关的上下两句连在一起。

Match the two sentences that are semantically closely related.

❶ 她肚子疼，	A. 可能得了肠胃感冒。
❷ 原来是这样，	B. 才能好好学习。
❸ 只有身体健康，	C. 你们要注意身体啊！
❹ 天气越来越冷了，	D. 怪不得她没来上课。
❺ 要是有什么事，	E. 一定要及时通知老师。

课文 2 / Text 2

18-7

（在教室里。）

张老师：（准备点名）大家都来了吗？

阿尔达：玛利亚还没来，其他同学都来了。

张老师：玛利亚很少迟到，今天怎么了？

阿尔达：她应该还在路上吧，马上就来了。

艾米丽：老师，刚才她给我打电话了，她现在在医院，让我跟您请个假。

张老师、阿尔达：她怎么了？

艾米丽：我也不清楚，她早上说肚子疼，可能得了肠胃感冒。

张老师：原来是这样，怪不得没来上课。好，我记下来了。玛利亚要是有什么事的话，一定要及时通知我。

艾米丽：我知道了，谢谢老师。

张老师：别客气。大家也是，天气越来越冷了，你们都要注意身体。只有身体健康，才不会影响学习。

❶ 玛利亚经常迟到吗？
❷ 玛利亚为什么没来上课？
❸ 玛利亚得了什么病？
❹ 怎么样才不会影响学习？

346 | 第 18 课

(Zài jiàoshì lǐ.)

Zhāng lǎoshī: (Zhǔnbèi diǎnmíng) Dàjiā dōu lái le ma?

Ā'ěrdá: Mǎlìyà hái méi lái, qítā tóngxué dōu lái le.

Zhāng lǎoshī: Mǎlìyà hěn shǎo chídào, jīntiān zěnme le?

Ā'ěrdá: Tā yīnggāi hái zài lùshang ba, mǎshàng jiù lái le.

Àimǐlì: Lǎoshī, gāngcái tā gěi wǒ dǎ diànhuà le, tā xiànzài zài yīyuàn, ràng wǒ gēn nín qǐng gè jià.

Zhāng lǎoshī, Ā'ěrdá: Tā zěnme le?

Àimǐlì: Wǒ yě bù qīngchu, tā zǎoshang shuō dùzi téng, kěnéng déle chángwèi gǎnmào.

Zhāng lǎoshī: Yuánlái shì zhèyàng, guàibude méi lái shàngkè. Hǎo, wǒ jì xialai le. Mǎlìyà yàoshi yǒu shénme shì dehuà, yídìng yào jíshí tōngzhī wǒ.

Àimǐlì: Wǒ zhīdào le, xièxie lǎoshī.

Zhāng lǎoshī: Bié kèqi. Dàjiā yě shì, tiānqì yuè lái yuè lěng le, nǐmen dōu yào zhùyì shēntǐ. Zhǐyǒu shēntǐ jiànkāng, cái bú huì yǐngxiǎng xuéxí.

语言点注解 / Language Points

1. 原来

"原来"既是副词，也是时间名词。用作副词时，表示明白了原因，了解了以前不知道的情况。

"原来" is both an adverb and a noun of time. When it is used as an adverb, it means that one has understood the reason and got the information unknown before.

例如：哦，我明白了，原来是这样。
他原来是你的弟弟啊，我才知道。

我能不打针吗？ | 347

随文列出与课文内容有关的理解性问题，帮助学生更好地理解课文。

· 语言点注解：中英双语解释，化难为简，给出符合学生语言水平的典型例句。

在各类练习中以页边栏注释的方式适当补充常用词语，帮助学生扩大词汇量。

- 课文练习：围绕课文展开单项或综合性练习，帮助学生熟练掌握课文中重要的语言要素和课文内容。

用作时间名词时，“原来”表示“以前”。

When it is used as a noun of time, it means “earlier times”.

例如：我们原来是同学。

他原来在上海工作，去年来北京了。

夫妻 fūqī 名 husband and wife
竟然 jìngrán 副 unexpectedly

用“原来”改写下列句子。 Paraphrase the following sentences with “原来”.

1. 我一直不知道，他们是夫妻啊。
   → ______
2. 明天有考试啊？我竟然不知道！
   → ______
3. 以前飞机票很便宜，现在太贵了！
   → ______
4. 这是我几年前买的衣服，现在穿有点儿小了。
   → ______
5. 我刚来中国的时候不会说汉语，现在会说一点儿了。
   → ______

2. 怪不得

表示知道原因后，不觉得奇怪了，常常和“原来”连用。

It means that one is no longer surprised after knowing the reason. It is often used together with “原来”.

例如：她每天都复习到很晚，怪不得学习这么好。

怪不得那么贵，原来是著名画家画的画！

著名 zhùmíng 形 famous
画家 huàjiā 名 painter
画 huà 动、名 draw; painting

用“怪不得”完成对话。 Complete the dialogues with “怪不得”.

1. A：他常常不写作业，上课也经常迟到。
   B：______
2. A：我昨晚熬夜到两点。
   B：______

348 | 第 18 课

4. 只有……，才……

在条件关系复句“只有……，才……”中，前一个分句提出实现结果的唯一条件，后一个分句是这个条件下产生的结果。

In the complex sentence of conditional relation “只有……，才……”, the first clause offers the only condition, while the latter gives the corresponding result under the circumstances.

例如：只有多练习，才能说好汉语。

我们只有从现在开始好好学习，明年才能顺利通过考试。

顺利 shùnlì 形 smooth, successful
通过 tōng//guò 动 pass (through)

用下列词语和“只有……，才……”说句子。

Make sentences with the following words and “只有……，才……”.

1. 在图书馆 好好学习
2. 经常锻炼 身体好
3. 放假 去上海玩
4. 困极了 喝咖啡
5. 周末 看电影
6. 感兴趣 学好汉语

课文练习 / Text Exercises

1. 选词填空。 Choose the correct words to fill in the blanks.

清楚 及时 影响 原来 马上 其他

1. 你（ ）不会打篮球啊。
2. 你等一会儿，我（ ）就过去！
3. 我只喜欢游泳，（ ）运动都不太喜欢。
4. 你能看（ ）吗？老师写的是什么字？
5. 今天的生词很重要，你们一定要（ ）复习。
6. 你可以玩游戏，但是不要（ ）学习。

2. 听课文录音，选择正确答案。 18-7

Listen to the text and choose the correct answers.

1. 玛利亚为什么给艾米丽打电话？ （ ）
   A. 她要迟到了　B. 她不想上课
   C. 她要在宿舍休息　D. 她让艾米丽帮她请假

350 | 第 18 课

针对重要语言点，设置改写、完成句子、完成对话、组词成句、看图说话等多种形式的练习，聚焦语言形式，随讲随练，趁热打铁。

第三部分是拓展内容，重在言语技能的训练。

· 听力实践：通过让学生听不同长度、不同情境的内容，帮助学生抓住听力要点，巩固听力技能。

PART 3
第三部分

听力实践 Listening Practice

1. 听对话，选择正确答案。 18-8

Listen to the dialogues and choose the correct answers.

1. A. 她生病了　B. 她出去旅游了　C. 她妹妹病了　D. 她妈妈病了
2. A. 吃药　B. 喝凉水　C. 休息　D. 跟老师请假
3. A. 玛利亚病了　B. 高美病了　C. 高美刚来　D. 玛利亚对这儿很熟悉
4. A. 去医院　B. 打针　C. 吃药　D. 看病
5. A. 不喜欢　B. 不高兴　C. 吃药了　D. 不想喝

2. 听短文，选择正确答案。 18-9

Listen to the passages and choose the correct answers.

短文一 Passage 1

1. A. 继续工作　B. 在家休息　C. 好好准备上课内容　D. 更认真地上课
2. A. 可能会让其他同学也感冒　B. 会影响上课　C. 不可以请假　D. 应该好好休息

短文二 Passage 2

1. A. 吃饭　B. 喝热水　C. 喝凉水　D. 运动
2. A. 中国人不喝热水　B. 中国人喜欢喝热水　C. 中国人觉得吃凉的对胃不好　D. 一些外国人不习惯喝热水

阅读实践 Reading Practice

（一）

听说有的中国人很喜欢劝酒，如果你和他们一起喝酒，他们会不停地劝酒。所以，我很害怕和中国人一起喝酒，担心和他们喝酒会喝醉。

我的朋友告诉我，中国有很多劝酒词，不过也有很多拒酒词，比如，“只要感情有，喝啥都是酒”。我觉得这是一个好办法，以后要是有人劝酒，我就可以这样说，然后用茶代酒。

劝酒 quàn//jiǔ 动 urge sb to drink more
不停 bùtíng 副 ceaselessly
醉 zuì 动 be drunk
拒酒 jù jiǔ refuse to drink more
只要 zhǐyào 连 as long as
感情 gǎnqíng 名 affection
啥 shá 代 what
办法 bànfǎ 名 way, method
代 dài 动 take the place of

1. 下面哪个是正确的？
   A.“我”害怕喝酒　B. 中国人害怕喝酒　C. 有的中国人喜欢劝酒　D.“我”不知道应该怎么拒酒
2. “只要感情有，喝啥都是酒”是什么意思？
   A. 人们高兴的时候要喝酒
   B. 人们高兴的时候，不知道要喝什么
   C. 感情好的话，喝什么都可以，不一定要喝酒
   D. 要是两个人感情好，就一定要喝酒

（二）

我最近总是咳嗽，所以昨天去医院看医生了。医生给我开了药，下面是药的说明书。

【用法用量】口服，一次 1—2 片，一日 3 次。

【注意事项】

1. 忌食辛辣、海鲜。
2. 不得饮酒、饮茶。

总是 zǒngshì 副 always
咳嗽 késou 动 cough
说明书 shuōmíngshū 名 (book of) instructions
口服 kǒufú 动 take orally
片 piàn 量 slice, tablet
事项 shìxiàng 名 matter
忌 jì 动 avoid
食 shí 动 eat
海鲜 hǎixiān 名 seafood
不得 bùdé 助动 must not
饮 yǐn 动 drink

1. 这个药每天最多吃几片？
   A. 3 片　B. 4 片　C. 5 片　D. 6 片

· 阅读实践：通过让学生阅读符合其语言水平的文本内容，帮助他们提升阅读能力。阅读时，可遮挡页边栏生词，训练学生根据语境猜测词义的能力。

· 交际训练：每课提供1—2个形式多样、内容有趣的实操性题目，帮助学生运用所学语言知识提高交际能力。

2. 吃这个药的时候不忌什么？

A. 酒　　B. 辣的　　C. 海鲜　　D. 甜的

交际训练 Communication Practice

1. 两人一组，分别扮演医生和病人，从下表中选择一个情景，模仿课文1进行角色扮演。

Work in pairs. One person acts as a doctor and the other as a patient. Select a scenario from the table below and do a role-play to act out a dialogue similar to Text 1.

	病人（Patient）A	病人（Patient）B
症状 Symptoms	咳嗽、头疼、嗓子疼、发烧	肚子疼、拉肚子、发烧
诊断 Diagnosis	流行感冒	肠胃感冒

嗓子 sǎngzi 名 throat
流行感冒 liúxíng gǎnmào influenza

2. 三人一组，角色扮演。A扮演生病的学生，填写下面的请假条；B扮演A的同学，帮A跟老师请假；C扮演老师。

Work in groups of three and do a role-play. A acts as a sick student, filling out the note below. B acts as A's classmate and helps A ask for leave from the teacher, who is acted out by C.

尊敬的 ________ 老师：

我 ________，医生建议我好好休息，所以我想跟您请 ____ 天假（____ 月 ____ 日到 ____ 月 ____ 日），希望您批准！谢谢您！

您的学生：________

____ 年 ____ 月 ____ 日

尊敬 zūnjìng 形 respected
建议 jiànyì 动 suggest
批准 pīzhǔn 动 approve

354 | 第 18 课

学后反思 Reflection

1. 你在中国看过病吗？请你说一说你的经历。

Have you ever been to a doctor in China? Please talk about your experience.

2. 你学会复合趋向补语了吗？请根据第339页的表格，用几种复合趋向补语分别说几个句子。

Do you know how to use the compound complement of direction? Make several sentences with each of the complement of direction in the table on page 339.

3. 你觉得本课哪些生词比较难记或者不容易读？

Which new words do you think are difficult to memorise or to read in this lesson?

4. 你学到了哪些句型和语法？请用本课的语言点说几个句子。

What sentence patterns and grammar have you learned? Use the language points in this lesson to make several sentences.

我能不打针吗？ | 355

· 学后反思：采用提问的方式，帮助学生总结所学内容，自查和评估学习效果。

人物介绍
Character Introduction

关于下面这些主要人物的特点，你能在书中找到对应的例子吗？请你把页码写在句子后面的横线上。

Look at the facts about these main characters. Can you find examples in the text to support the facts? Write the page number on the line next to each sentence.

马克：南非人，20 岁，留学生。

Mark, South African, 20 years old, international student

关于马克的几个事实：
Facts about Mark:

1. 不爱学习，考试经常"临时抱佛脚"。 ________
   He does not like to study. He'll procrastinate until the last moment when he has a test.

2. 性格外向，贪玩，喜欢玩游戏，还喜欢逛街、听演唱会等等。________
   He is outgoing and loves playing, especially computer games. He also enjoys shopping and listening to vocal concerts.

3. 喜欢中国菜，尤其爱吃饺子，但是自己不会包。________
   He likes Chinese food, especially dumplings, but he can't make dumplings by himself.

4. 喜欢运动，尤其是打篮球。________
   He likes sports, especially basketball.

5. 特别喜欢大熊猫。________
   He really likes giant pandas.

阿尔达：土耳其人，21 岁，留学生。

Alda, Turkish, 21 years old, international student

关于阿尔达的几个事实：
Facts about Alda:

1. 学习很努力，有适合自己的学习方法，成绩很优秀。________
   He studies very hard and has a study method that really suits him. His grades are excellent.

2. 班长，每天负责协助老师查考勤。________
   He is the class monitor, who is responsible for assisting the teacher with taking attendance every day.

3. 不爱出去玩，讨厌人多的地方，最喜欢躺在床上看书。________
   He doesn't like to go out and hates places with a lot of people. He likes reading in bed most.

4. 一开始喜欢艾米丽，后来和玛利亚互相有好感。________
   He liked Emily at first, but later developed a good relationship with Maria.

5. 怕冷，不喜欢冬天。________
   He hates cold weather and dislikes winter.

艾米丽：美国人，20 岁，留学生，
马克的女朋友。

Emily, American, 20 years old,
Mark's girlfriend

关于艾米丽的几个事实：
Facts about Emily:

1. 性格外向，朋友多，很有男生缘。________
   She is outgoing and has many friends.
   She is very popular with boys.

2. 爱美，为了保持身材，不喜欢吃巧克力、蛋糕、糖果等等。________
   She cares a lot about her image. In order to keep fit, she doesn't like to eat chocolate, cake or sweets.

3. 家庭条件比较好，买东西不太在意价格，经常请朋友们吃饭。________
   Her family is rather well off, so when she buys stuff, she doesn't pay much attention to price. She often invites her friends to dinner.

4. 家里有七口人。________
   She lives in a family of seven.

玛利亚：法国人，21 岁，留学生，
艾米丽的室友。

Maria, French, 21 years old,
Emily's roommate

关于玛利亚的几个事实：
Facts about Maria:

1. 学习比较努力，喜欢看中文书，汉语进步比较大。________
   She studies hard and likes to read books in Chinese. Her Chinese has improved a lot.

2. 性格外向，周末没事的时候喜欢和朋友一起出去转转。________
   She is outgoing. If she has nothing to do, she likes to go out with friends at weekends.

3. 喜欢表演，擅长唱歌，唱中文歌唱得非常好。________
   She likes to act and is very good at singing. She can sing Chinese songs very well.

4. 喜欢旅游和打网球。________
   She likes to travel and play tennis.

5. 个子高，1 米 76。________
   She is tall (1.76 metres).

高美：中国人，22 岁，大学生，留学生们的朋友、汉语辅导老师。

Gao Mei, Chinese, 22 years old, college student, friend and Chinese tutor of the international students

关于高美的几个事实：

Facts about Gao Mei:

1. 热心肠，经常关心留学生朋友在学习和生活中遇到的各种问题。________
   She is warm-hearted. She cares a lot about international students' problems occurred in life and study.

2. 喜欢带留学生朋友感受中国文化。________
   She likes to take international students to experience Chinese culture.

3. 家里有四口人。________
   She lives in a family of four.

4. 喜欢浅颜色。________
   She likes light colours.

5. 喜欢运动，是铁杆足球迷。________
   She likes sports and is an avid fan of football.

周小明：中国人，21 岁，大学生。

Zhou Xiaoming, Chinese, 21 years old, college student

关于周小明的几个事实：

Facts about Zhou Xiaoming:

1. 喜欢结交留学生朋友，经常找他们一起玩。________

   He likes to make friends with international students and often hangs out with them.

2. 英语不太好。________

   His English is not that great.

3. 有一个哥哥。________

   He has an elder brother.

4. 会包饺子。________

   He can make dumplings.

5. 周末喜欢待在家里睡觉。________

   He likes to sleep at home at weekends.

张义达：中国人，33 岁，汉语老师。

Zhang Yida, Chinese, 33 years old, Chinese teacher

1. 有一个正在读研究生的妹妹。________
   He has a younger sister who is a postgraduate student.

2. 工作很努力，经常熬夜工作。________
   He works very hard and often stays up working.

3. 关心留学生们的生活和学习，很受学生们欢迎。________
   He cares a lot about international students' life and study, so he is very popular with his students.

汉语拼音
PINYIN

一、音节 / Syllables

汉语普通话的一个基本音节由声母、韵母和声调三部分组成。有的音节可以没有声母或声调，但一定有韵母。

A basic syllable in Mandarin contains three components—an initial, a final, and a tone. Some syllables may not have an initial or a tone, but every syllable must contain a final.

二、声母 / Initials

汉语普通话里有 21 个声母，声母出现在音节的前面。

There are 21 initials in Mandarin. An initial occurs at the beginning of a syllable.

声母表 Table of Initials　　0-1

b	p	m	f	d	t	n	l
g	k	h		j	q	x	
zh	ch	sh	r	z	c	s	

(1) 读一读，辨一辨。 Listen and recognise.　　0-2

b—p　　g—k　　d—t　　zh—ch—sh　　j—q—x　　z—c—s

(2) 听录音，按照听到的先后顺序写出下列声母。　　0-3

Listen to the recording and write the initials in the sequence in which you hear them.

① zh　ch　sh　________　________　________

② j q x ______ ______ ______

③ z c s ______ ______ ______

④ d t b p ______ ______ ______ ______

⑤ m f n l ______ ______ ______ ______

三、韵母 / Finals

汉语普通话有 30 多个韵母。韵母是音节中声母后面的部分，大部分韵母也可以自成音节，前面不加声母。

There are over 30 finals in Mandarin. A final is the part of the syllable that comes after the initial. Most of the finals can also form a syllable by itself, in which case an initial is not needed before it.

韵母表 Table of Finals 0-4

a	o	e	i	u	ü			
ai	ei	ao	ou					
an	en	ang	eng	ong				
ia	ie	iao	iu	ian	in	iang	ing	iong
ua	uo	uai	ui	uan	un	uang	ueng	
üe	üan	ün						
er								

(1) 读一读，辨一辨。 Listen and recognise. 0-5

ao—ou	i—e	in—ing	uo—ou	ang—eng
ian—iang	üe—ün	en—eng	ui—iu	uan—uang

(2) 听录音，圈出听到的音节。 0-6

Listen to the recording and circle the syllables that you hear.

chao—chou	zhe—zhei	jing—jin	suo—sou	pang—peng
tian—tan	yue—yu	ben—bei	hui—hun	wan—wang
xiang—xiong	hong—hang	fei—feng	shou—shuo	ya—ye

四、声韵拼合 / Initial-Final Combination

在汉语普通话中，声母和韵母的拼合有一些规律，不是所有的声母和韵母都可以拼合在一起。

In Mandarin, there are some rules as to which initials can be combined with finals. Not all initials and finals can be combined.

声韵母拼合总表（1） Table of Initial-Final Combination (1)

	a	o	e	i	-i	er	ai	ei	ao	ou	an	en	ang	eng	ong	ia	iao	ie	iu	ian	in
b	ba	bo		bi			bai	bei	bao		ban	ben	bang	beng			biao	bie		bian	bin
p	pa	po		pi			pai	pei	pao	pou	pan	pen	pang	peng			piao	pie		pian	pin
m	ma	mo	me	mi			mai	mei	mao	mou	man	men	mang	meng			miao	mie	miu	mian	min
f	fa	fo						fei		fou	fan	fen	fang	feng							
d	da		de	di			dai	dei	dao	dou	dan	den	dang	deng	dong		diao	die	diu	dian	
t	ta		te	ti			tai		tao	tou	tan		tang	teng	tong		tiao	tie		tian	
n	na		ne	ni			nai	nei	nao	nou	nan	nen	nang	neng	nong		niao	nie	niu	nian	nin
l	la		le	li			lai	lei	lao	lou	lan		lang	leng	long	lia	liao	lie	liu	lian	lin
g	ga		ge				gai	gei	gao	gou	gan	gen	gang	geng	gong						
k	ka		ke				kai	kei	kao	kou	kan	ken	kang	keng	kong						
h	ha		he				hai	hei	hao	hou	han	hen	hang	heng	hong						
j				ji												jia	jiao	jie	jiu	jian	jin
q				qi												qia	qiao	qie	qiu	qian	qin
x				xi												xia	xiao	xie	xiu	xian	xin
zh	zha		zhe		zhi		zhai	zhei	zhao	zhou	zhan	zhen	zhang	zheng	zhong						
ch	cha		che		chi		chai		chao	chou	chan	chen	chang	cheng	chong						
sh	sha		she		shi		shai	shei	shao	shou	shan	shen	shang	sheng							
r			re		ri				rao	rou	ran	ren	rang	reng	rong						
z	za		ze		zi		zai	zei	zao	zou	zan	zen	zang	zeng	zong						
c	ca		ce		ci		cai		cao	cou	can	cen	cang	ceng	cong						
s	sa		se		si		sai		sao	sou	san	sen	sang	seng	song						
	a	o	e	yi		er	ai	ei	ao	ou	an	en	ang	eng		ya	yao	ye	you	yan	yin

声韵母拼合总表（2） Table of Initial-Final Combination (2)

	iang	ing	iong	u	ua	uo	uai	ui	uan	un	uang	ueng	ü	üe	üan	ün
b		bing		bu												
p		ping		pu												
m		ming		mu												
f				fu												
d		ding		du		duo		dui	duan	dun						
t		ting		tu		tuo		tui	tuan	tun						
n	niang	ning		nu		nuo			nuan				nü	nüe		
l	liang	ling		lu		luo			luan	lun			lü	lüe		
g				gu	gua	guo	guai	gui	guan	gun	guang					
k				ku	kua	kuo	kuai	kui	kuan	kun	kuang					
h				hu	hua	huo	huai	hui	huan	hun	huang					
j	jiang	jing	jiong										ju	jue	juan	jun
q	qiang	qing	qiong										qu	que	quan	qun
x	xiang	xing	xiong										xu	xue	xuan	xun
zh				zhu	zhua	zhuo	zhuai	zhui	zhuan	zhun	zhuang					
ch				chu	chua	chuo	chuai	chui	chuan	chun	chuang					
sh				shu	shua	shuo	shuai	shui	shuan	shun	shuang					
r				ru	rua	ruo		rui	ruan	run						
z				zu		zuo		zui	zuan	zun						
c				cu		cuo		cui	cuan	cun						
s				su		suo		sui	suan	sun						
	yang	ying	yong	wu	wa	wo	wai	wei	wan	wen	wang	weng	yu	yue	yuan	yun

(1) 听录音，将下列声母和韵母连起来。 0-7

Listen to the recording and match up the initials and the finals.

❶	b	eng	❷	zh	an	❸	zh	uo
	t	ai		q	uan		l	u
	m	ao		j	ang		g	ui
	f	ou		ch	eng		k	ei
	p	iao		sh	en		h	un
	d	ang		r	ong		z	a
	n	ing		c	iong		s	ou

五、声调 / Tones

汉语普通话有四个基本声调，即第一声、第二声、第三声、第四声，分别用“ ˉ ˊ ˇ ˋ ”四个声调符号来标注。声调往往起到区别语义的作用，声调不同，语义不同。如：

There are four basic tones in Mandarin, called first tone, second tone, third tone, and fourth tone. They can be marked respectively with “ ˉ ˊ ˇ ˋ ”. Changes in tones usually indicate changes in meaning. If syllables have different tones, they have different meanings. For example:

dī（低 low）

dí（笛 flute）

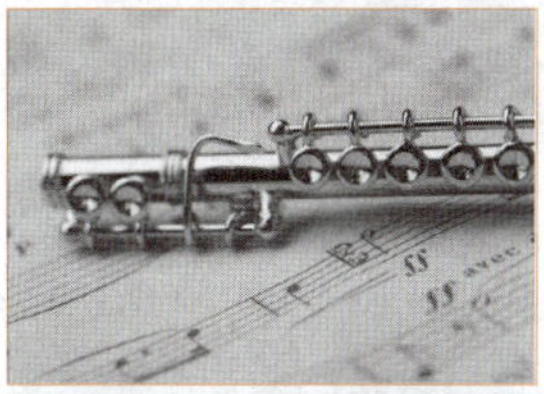

dǐ（底 bottom）

dì（弟 younger brother）

声调符号应标在韵母的主要元音上，如“dà，nín，tīng，nǚ，chūn”等。

The tone mark should be placed on the main vowel of the syllable, as in “dà, nín, tīng, nǚ, chūn”, etc.

如果韵母里有两个或两个以上的元音，标声调符号的先后顺序为“a，o，e，i，u，ü”，如“dào，hái，fēi，biàn，huǒ，gǒu，huā，xióng”等。

If the final contains two or more than two vowels, the tone mark is placed on whichever vowel comes earlier in the following list: a, o, e, i, u, ü. For example, “dào, hái, fēi, biàn, huǒ, gǒu, huā, xióng”, etc.

需要注意的是，当“i”和“u”并列时，声调符号要标在后面的字母上，即“iu”的声调标在“u”上，“ui”的声调标在“i”上，如“qiú，xiù”“huí，shuì”。这是因为“iu”读作“iou”，“ui”读作“uei”，而“ou”的开口度大于“i”，“ei”的开口度大于“u”。

It is important to note, when “i” and “u” appear side-by-side, the tone mark is always placed on the second letter. In other words, for "iu", the tone mark always goes on "u", and for "ui", the tone mark goes on "i", for example, "qiú, xiù" and "huí, shuì". This is because "iu" is pronounced "iou" and "ui" is pronounced "uei". The degree of mouth opening is greater for "ou" than for "i", and the degree of mouth opening is greater for "ei" than for "u".

汉语普通话中不标声调的音节叫作"轻声"，轻声要读得很轻、很短，如"māma"（妈妈 mother）、"bàba"（爸爸 father）、"women"（我们 we）、"zhuōzi"（桌子 table）中的"ma，ba，men，zi"。

In Mandarin, the syllable that doesn't have a tone mark is called the "neutral tone". The pronunciation of the neutral tone is soft and short, as in "ma", "ba", "men" and "zi" in "māma" (妈妈 mother), "bàba" (爸爸 father), "women" (我们 we) and "zhuōzi" (桌子 table).

(1) 用不同的声调读出下列音节。

Read the following syllables in different tones.

❶	dai	shui	lei	shi	yang	xiang
❷	tui	chun	ting	shuo	hei	shi
❸	xie	ye	ni	you	xue	jiu
❹	hai	du	de	qi	mei	ya

(2) 听录音，圈出听到的音节。 0-8

Listen to the recording and circle the syllables that you hear.

pā—pá	yá—yǎ	hóng—hōng
dōu—tóu	jǐn—xìn	huái—guài
shuài—chuāi	yuē—nüè	xuě—xié

(3) 听录音，写出下列数字的拼音。 0-9

Listen to the recording and write the *Pinyin* for the following numbers.

1 _____ 2 _____ 3 _____ 4 _____ 5 _____

6 _____ 7 _____ 8 _____ 9 _____ 10 _____

六、书写规则 / Writing Rules

1. 个别韵母的写法和读法不同，如，韵母"iu"读作"iou"，韵母

"ui" 读作 "uei" ，韵母 "un" 读作 "uen" 。

For certain finals, the written form differs from the pronunciation. For example, the final "iu" is pronounced "iou", the final "ui" is pronounced "uei", and the final "un" is pronounced "uen".

2. 当 "i" 和 "i" 开头的韵母（韵母表第4行）前面没有声母时，整个音节要写成 "yi, ya, ye, yao, you, yan, yin, yang, ying, yong" 。

For the final "i" and finals beginning with "i" (finals in the fourth line of the table of finals), when there is no initial in front of the final, the entire syllable is written as "yi, ya, ye, yao, you, yan, yin, yang, ying, yong".

3. 当 "u" 和 "u" 开头的韵母（韵母表第5行）前面没有声母时，整个音节要写成 "wu, wa, wo, wai, wei, wan, wen, wang, weng" 。

For the final "u" and finals beginning with "u" (finals in the fifth line of the table of finals), when there is no initial in front of the final, the entire syllable is written as "wu, wa, wo, wai, wei, wan, wen, wang, weng".

4. 当 "ü" 和 "ü" 开头的韵母（韵母表第6行）前面没有声母时，整个音节要写成 "yu, yue, yuan, yun"。"ü" 上面的两个点 "··" 要省略。

For the final "ü" and finals beginning with "ü" (finals in the sixth line of the table of finals), when there is no initial in front of the final, the entire syllable is written as "yu, yue, yuan, yun". The two dots "··" above "ü" must be omitted.

5. 当 "ü" 和 "ü" 开头的韵母与声母 "j, q, x" 拼合时， "ü" 上面的两个点 "··" 也要省略，如 "ju, qu, xu, jue, que, xue, juan, quan, xuan, jun, qun, xun" 。

For the final "ü" and finals beginning with "ü", when the proceeding syllable is "j", "q" or "x", the two dots "··" above "ü" must also be omitted, as in "ju, qu, xu, jue, que, xue, juan, quan, xuan, jun, qun, xun".

6. 韵母 "er" 可以自成音节，也可以和它前面的音节的韵母组成儿化韵。儿化韵的写法是，在韵母的末尾加上 "r"，如 "huār" （花儿 flower）、"zhèr" （这儿 here）。书写汉字时，很多儿化韵的词语末尾都要加上 "儿" 字，如 "玩儿" （wánr，play）、"那儿"

（nàr，there）、“小孩儿”（xiǎoháir，child）等。不过这也不是必须的，有时也可以读成儿化韵，但是写的时候不加“儿”，比如写作“玩、花、小孩”等。

The final “er” sometimes appears as a syllable all by itself, but it can also be combined with the final of the preceding syllable to form an *erhua* final. When writing an *erhua* final in *Pinyin*, an “r” is added to the end of the final, for example, “huār” (花儿 flower) and “zhèr” (这儿 here). In written Chinese, the character “儿” is often added to the end of the *erhua* word, for example, “玩儿” (wánr, play), “那儿” (nàr, there), “小孩儿” (xiǎoháir, child), etc. However, “儿” doesn't have to be written out. Sometimes a word is read as an *erhua* word, but is written without “儿”, for example, “玩、花、小孩”, etc.

七、音变 / Tone Sandhi

1. 三声变调（Tone Sandhi of the Third Tone）

ˇ + ˇ → ˊ + ˇ

两个三声的音节连读时，第一个音节读成二声，但是书写拼音时声调不变，仍写为三声。如，“nǐ hǎo”（你好 hello）读作“ní hǎo”，但拼音仍写作“nǐ hǎo”；“lǎohǔ”（老虎 tiger）读作“láohǔ”，但拼音仍写作“lǎohǔ”。

When two third tone syllables occur one after another, the first one is pronounced as the second tone. However, when written in *Pinyin*, the first syllable is still written with a third tone mark. For example, “nǐ hǎo” (你好 hello) is pronounced “ní hǎo”, but the *Pinyin* is still written as “nǐ hǎo”; “lǎohǔ” (老虎 tiger) is pronounced “láohǔ”, but the *Pinyin* is still written as “lǎohǔ”.

2. “不”的变调（Tone Sandhi of “不”）

“不”（bù，not）的声调为四声。当“不”后边的汉字是四声时，“不”的声调变为二声，如：

“不” (bù, not) is generally pronounced in the fourth tone. However, when “不” is followed by a fourth tone, then it is pronounced in the second tone. For example:

不听 bù tīng（don't listen）

不读 bù dú（don't read）

不写 bù xiě（don't write）

不是 bú shì （be not）

“不”位于正反疑问句中两个相同的词中间时，读成轻声，如“你冷不冷？”（Are you cold?）读成“Nǐ lěng bu lěng?”，“今天的作业多不多？”（Is there a lot of homework today?）读成“Jīntiān de zuòyè duō bu duō?”。

When “不” is used in affirmative-negative questions, in other words, the same word occurs both before and after “不”, it is pronounced in the neutral tone. For example, “你冷不冷？” (Are you cold?) is pronounced “Nǐ lěng bu lěng?”; “今天的作业多不多？” (Is there a lot of homework today?) is pronounced “Jīntiān de zuòyè duō bu duō?”.

3. “一”的变调（Tone Sandhi of “一”）

“一”（yī，one）的声调为一声。当“一”单独出现、用在词句末尾、用在基数中、用作序数时，“一”读作“yī”。例如：

“一” (yī, one) is generally pronounced in the first tone. When “一” is used all by itself, used at the end of a word or a sentence, used in a cardinal number, or used as an ordinal number, it is pronounced “yī”. For example:

一 yī （one）　　万一 wànyī （just in case）

二十一 èrshíyī （twenty-one）　　第一 dì-yī （first）

当“一”后边的汉字是一声、二声或三声时，“一”读作“yì”；当“一”后边的汉字为四声时，“一”读作“yí”。例如：

When “一” is directly followed by a character in the first, second or third tone, then “一” is pronounced “yì”. When “一” is directly followed by a character in the fourth tone, then “一” is prononunced “yí”. For example:

一杯 yì bēi （a cup of）

一瓶 yì píng （a bottle of）

一碗 yì wǎn （a bowl of）

一份 yí fèn （a portion）

“一”位于动词重叠结构“V一V”中时，读成轻声。例如：

When “一” is used in the reduplicated pattern of verbs “V一V”, it is pronounced in the neutral tone. For example:

请你看一看。Qǐng nǐ kàn yi kàn. （Please have a look.）

听一听，说一说。Tīng yi tīng, shuō yi shuō. （Listen and speak.）

拼音练习 *Pinyin* Practice

(1) 读一读下面的绕口令。 0-10

Read the tongue twister below.

sì shì sì,	四是四，
shí shì shí,	十是十，
shísì shì shísì,	十四是十四，
sìshí shì sìshí.	四十是四十。

（Four is four, ten is ten, fourteen is fourteen, forty is forty.）

(2) 听录音，分别写出下列音节的声母和韵母。 0-11

Listen to the recording and write the initials and finals for the following syllables.

1. ____iu ____ui ____iang ____un ____ian
   ____ang ____en ____ong ____eng ____uai
2. z____ c____ x____ q____ r____
   zh____ ch____ sh____ s____ j____

(3) 听录音，给下列音节标上声调。 0-12

Listen to the recording and mark the tones for the following syllables.

1. hang dong dou tai mao
2. ge kan ju ti xiu
3. gei ta chidao genwodu didi
4. baba bu ku xiake dongle
5. kan heiban da dianhua hao le ma
6. ting laoshi shuo

学在中国 · 汉语强化系列教材

LEARNING IN CHINA Intensive Chinese Series

基础教程 1
Basic Course 1

词汇手册
Vocabulary Manual

外语教学与研究出版社
FOREIGN LANGUAGE TEACHING AND RESEARCH PRESS
北京 BEIJING

语法术语缩写表

Abbreviations of Grammatical Terms

语法术语（Grammatical Terms）	中文缩写（Chinese Abbreviations）
名词（Noun）	名
方位词（Noun of Location）	方位
专有名词（Proper Noun）	专名
动词（Verb）	动
助动词（Auxiliary Verb）	助动
形容词（Adjective）	形
副词（Adverb）	副
代词（Pronoun）	代
助词（Particle）	助
介词（Preposition）	介
连词（Conjunction）	连
量词（Measure Word）	量
数词（Numeral）	数
数量词（Quantifier）	数量
感叹词（Interjection）	叹
前缀（Prefix）	前缀
后缀（Suffix）	后缀

生词 Word	拼音 Pinyin	词性 Part of Speech	释义 Meaning	单元 Unit
A 阿拉伯语	Ālābóyǔ	专名	Arabic	*13
啊	á	叹	[used to express puzzled surprise]	4
哎呀	āiyā	叹	[used to express complaint, regret or impatience] oh	11
矮	ǎi	形	short (in stature)	*11 *12
唉	ài	叹	[used to express sadness or regret]	16
爱	ài	动	like, love	*20 *22
安静	ānjìng	形	quiet	*8 25
安排	ānpái	动	arrange (matters), plan in detail	17
B 巴西	Bāxī	专名	Brazil	*22
把	bǎ	介	☞ *Language Point 2*	22
爸爸	bàba	名	father	4
吧	ba	助	☞ *Language Point 4*	2
白	bái	形	white	11
白酒	báijiǔ	名	liquor	*20
摆	bǎi	动	put, place	23
搬	bān	动	move	*12
办法	bànfǎ	名	way, method	*18
办公室	bàngōngshì	名	office	14

Note: The asterisk (*) indicates that the word is a supplementary word which appears in the sidebar of the unit.

生词 Word	拼音 Pinyin	词性 Part of Speech	释义 Meaning	单元 Unit
半	bàn	数	half	5
帮	bāng	动	help	*12
帮助	bāngzhù	动	help	*8 16
包	bāo	动	wrap	17
包饺子	bāo jiǎozi		make dumplings	*14
薄	báo	形	thin	*17
饱	bǎo	形	full	*15 20
报名	bào//míng	动	sign up	25
报纸	bàozhǐ	名	newspaper	*2
杯	bēi	名	cup, glass	*3
杯子	bēizi	名	cup, glass	*22 *24
北边	běibian	方位	north	6
北方	běifāng	名	northern region	*17
北方人	běifāngrén	名	northerner	*21
北京大学	Běijīng Dàxué	专名	Peking University	4
北京动物园	Běijīng Dòngwùyuán	专名	Beijing Zoo	23
背	bèi	动	recite	*8 15
被	bèi	介	by	24
本	běn	量	[used for books]	2
本来	běnlái	副	originally, at first	23
笨	bèn	形	stupid, dull	*25

生词 Word	拼音 Pinyin	词性 Part of Speech	释义 Meaning	单元 Unit
比	bǐ	介	than	12
比较	bǐjiào	副	fairly, comparatively	10
比如	bǐrú	动	take for example	7
比赛	bǐsài	名、动	match; have a match	*16 22
笔	bǐ	名	pen, pencil	*4
笔记	bǐjì	名	notes	*20
笔记本	bǐjìběn	名	notebook	*2 *3
必须	bìxū	副	must	*21
毕业	bì//yè	动	graduate	*11 24
变	biàn	动	change	*17
遍	biàn	量	one time	*3
标准	biāozhǔn	形、名	standard	15
表现	biǎoxiàn	动	behave, perform	25
表演	biǎoyǎn	动	perform, act, play	16
别	bié	副	don't	*12 14
别的	bié de		other	12
别人	biérén	代	other people	*8 *13
宾馆	bīnguǎn	名	hotel	*23
病	bìng	动	be sick	*7
不错	búcuò	形	not bad, pretty good	11
不断	búduàn	副	continuously	*24

生词 Word	拼音 Pinyin	词性 Part of Speech	释义 Meaning	单元 Unit
不过	búguò	连	but, however	10
不见	bújiàn	动	be missing	24
不客气	bú kèqi		you are welcome	3
不太	bú tài		not too	8
不用	búyòng	副	need not	25
不用谢	búyòng xiè		you're welcome	6
不	bù	副	not	1
不得	bùdé	助动	must not	*18
不得不	bù dé bù		have to	*12 23
不管……还是……	bùguǎn…háishi…		regardless of	*21
不好意思	bù hǎoyìsi		[polite expression used when accepting a gift, reward, etc]	14
不然	bùrán	连	otherwise	*23
不停	bùtíng	副	ceaselessly	*18
布置	bùzhì	动	assign	*16
步	bù	名	step, pace	23
部	bù	名	part	*10
		量	[used for books, films, etc]	15
部分	bùfen	名	part, portion	5
C 擦	cā	动	wipe	*23
猜	cāi	动	guess	11
才	cái	副	not until, only when	7

生词 Word	拼音 Pinyin	词性 Part of Speech	释义 Meaning	单元 Unit
菜	cài	名	dish	*16
			vegetable	21
菜单	càidān	名	menu	20
参观	cānguān	动	visit	23
参加	cānjiā	动	join, participate in	*22 25
操场	cāochǎng	名	playground	*19
草莓	cǎoméi	名	strawberry	19
茶	chá	名	tea	*3 8
茶馆	cháguǎn	名	teahouse	8
查	chá	动	refer to	*18
差	chà	动	be less than	5
		形	bad	*16
差不多	chàbuduō	副	nearly	10
		形、副	about the same; almost	21
长	cháng	形	long	*11
长城	Chángchéng	名	Great Wall	*23
长度	chángdù	名	length	*23
肠胃	chángwèi	名	digestive system	18
尝	cháng	动	taste	*19 20
尝试	chángshì	动	try, attempt	25
常	cháng	副	often, frequently	10
常常	chángcháng	副	often, frequently	10

生词 Word	拼音 Pinyin	词性 Part of Speech	释义 Meaning	单元 Unit
场	chǎng	量	[used for sports and recreation]	13
唱	chàng	动	sing	16
超市	chāoshì	名	supermarket	*6 7
吵	chǎo	形	noisy	*8
炒菜	chǎocài	名	fried dish	*20
车牌号	chēpáihào	名	licence number	24
车站	chēzhàn	名	station, stop	9
衬衫	chènshān	名	shirt	12
成功	chénggōng	动、形	succeed; successful	16
成绩	chéngjì	名	grade, academic record	*16 *24
城市	chéngshì	名	city	14
吃	chī	动	eat	*3 *5
吃惊	chī//jīng	动	be surprised	*25
迟到	chídào	动	be late	16
抽烟	chōu//yān	动	smoke	*15
出	chū	动	go/come out	*6
出差	chū//chāi	动	be away on a business trip	14
出发	chūfā	动	set out	9
出门	chū//mén	动	go out	*15 *19
出租车	chūzūchē	名	taxi	24

生词 Word	拼音 Pinyin	词性 Part of Speech	释义 Meaning	单元 Unit
除了……以外	chúle…yǐwài		besides	*21
穿	chuān	动	wear, put on	12
窗（户）	chuāng(hu)	名	window	19
春节	Chūnjié	专名	Spring Festival	21
春天	chūntiān	名	spring	*10
词典	cídiǎn	名	dictionary	2
次	cì	量	time	*3 12
聪明	cōngmíng	形	smart, clever	*15 *24
从	cóng	介	from	5
从来	cónglái	副	always, at all times	20
从前	cóngqián	名	the past	*25
醋	cù	名	vinegar	21
错	cuò	形	wrong	*15
D 打	dǎ	动	make	6
			play (games)	10
			fight	*16
打包	dǎ//bāo	动	put the leftovers in a doggy bag	20
打车	dǎ//chē	动	take a taxi	19
打电话	dǎ diànhuà		make a phone call	6
打雷	dǎ//léi	动	thunder	*25
打扫	dǎsǎo	动	clean	*23
打算	dǎsuàn	动、名	plan; intention	9

生词 Word	拼音 Pinyin	词性 Part of Speech	释义 Meaning	单元 Unit
打折	dǎ//zhé	动	give a discount	17
打针	dǎ//zhēn	动	(of a patient) have an injection	18
大	dà	形	big	*3 4
大巴	dàbā	名	bus	*24
大部分	dà bùfen		most of	5
大概	dàgài	副	probably, approximately	14
大家	dàjiā	代	everybody	*12 16
大连	Dàlián	专名	Dalian	14
大小	dàxiǎo	名	size	17
（大）熊猫	(dà) xióngmāo	名	giant panda	23
大学生	dàxuéshēng	名	undergraduate	*4
大衣	dàyī	名	overcoat	*17
大约	dàyuē	副	about	*22
待	dāi	动	stay	*7 8
代	dài	动	take the place of	*18
带	dài	动	take, bring; lead	8
袋	dài	量	bag	21
戴	dài	动	wear, put on	12
担心	dān//xīn	动	worry	16
单调	dāndiào	形	dull, tedious	25
单元	dānyuán	名	unit	19
但是	dànshì	连	but	18

生词 Word	拼音 Pinyin	词性 Part of Speech	释义 Meaning	单元 Unit
蛋糕	dàngāo	名	cake	7
当	dāng	动	work as	25
当然	dāngrán	副	certainly, of course	11
到	dào	动	arrive, get to	5
到时候	dào shíhou		then	*21
倒	dào	动	pour	19
道	dào	量	[for orders, questions, etc]	14
			[for courses in a meal]	*19
道歉	dào//qiàn	动	apologise	*24
得	dé	动	contract/develop (a disease)	18
	de	助	☞ *Language Point 3*	16
	děi	助动	must, have to	13
得到	dé//dào	动	get, gain	*16
地	de	助	☞ *Language Point 8*	16
的	de	助	☞ *Language Point 1*	2
的话	dehuà	助	☞ *Language Point 4*	10
灯	dēng	名	light	*17
灯笼	dēnglong	名	lantern	19
等	děng	动	wait	*8 9
低	dī	形	low	*10
地方	dìfang	名	place	6
地铁	dìtiě	名	underground	*11 *19

生词 Word	拼音 Pinyin	词性 Part of Speech	释义 Meaning	单元 Unit
地址	dìzhǐ	名	address	22
弟弟	dìdi	名	younger brother	4
第	dì	前缀	[marker of ordinal numerals]	*3 5
点	diǎn	名	o'clock	5
		动	order, select, choose	*19 20
点钟	diǎnzhōng	名	o'clock	17
电话	diànhuà	名	phone	6
电脑	diànnǎo	名	computer	*9 15
电视	diànshì	名	television	*17
电影	diànyǐng	名	film, movie	*8 15
电影院	diànyǐngyuàn	名	cinema	*8 *15
（电子）邮件	(diànzǐ) yóujiàn	名	e-mail	14
顶	dǐng	量	[used of sth that has a top]	12
订	dìng	动	order	*7
丢	diū	动	lose	24
丢脸	diū//liǎn	动	lose face	25
东北边	dōngběibian	方位	northeast	*6
东边	dōngbian	方位	east	6
东西	dōngxi	名	thing	*7 *8
冬天	dōngtiān	名	winter	10

生词 Word	拼音 Pinyin	词性 Part of Speech	释义 Meaning	单元 Unit
懂	dǒng	动	understand	*15
都	dōu	副	all, both	2
			already	20
读	dú	动	read	*6 *8
			attend school, study	24
堵车	dǔ//chē	动	be traffic-jammed	*22 24
肚子	dùzi	名	stomach, abdomen	18
度	dù	量	degree [unit of measurement for angles, temperature, latitude or longitude]	10
短	duǎn	形	short	*11
段	duàn	量	[used of distance or time]	*14 *16
锻炼	duànliàn	动	take exercise	*10 *14
队	duì	名	team	*21 22
对	duì	形	right	4
		介	to	*9 16
		量	couple	*25
对不起	duìbuqǐ	动	sorry, excuse me	6
对了	duì le		by the way	10
对面	duìmiàn	名	opposite side	8
对手	duìshǒu	名	opponent, rival	*22

生词 Word	拼音 Pinyin	词性 Part of Speech	释义 Meaning	单元 Unit
多少	duōshao	代	how many, how much	3
朵	duǒ	量	[of flowers, clouds, etc]	*16
E 饿	è	形	hungry	*14 *17
儿子	érzi	名	son	*20
而	ér	连	but, yet	13
而且	érqiě	连	and	*11 18
F 发	fā	动	send out, deliver	14
发烧	fā//shāo	动	have a fever	18
发生	fāshēng	动	happen	*22
发现	fāxiàn	动	discover, find	*15 *17
发音	fā//yīn	名、动	pronunciation; pronounce	15
法国	Fǎguó	专名	France	1
法语	Fǎyǔ	专名	French	*2
饭菜	fàncài	名	dishes	*19
饭店	fàndiàn	名	restaurant	20
饭馆	fànguǎn	名	restaurant	*6 *8
方便	fāngbiàn	形	convenient	*11 *19
方便面	fāngbiànmiàn	名	instant noodles	*23
方法	fāngfǎ	名	way, method	15
方面	fāngmiàn	名	aspect	*24
方向盘	fāngxiàngpán	名	steering wheel	*8

生词 Word	拼音 Pinyin	词性 Part of Speech	释义 Meaning	单元 Unit
房间号	fángjiānhào	名	room number	9
房子	fángzi	名	house	*19
放	fàng	动	put, place	19
放假	fàng//jià	动	have a vacation	*23
放弃	fàngqì	动	give up	*24
放松	fàngsōng	动	relax	*8 *16
飞机	fēijī	名	airplane	14
飞机场	fēijīchǎng	名	airport	*24
非	fēi	副	simply must	*7
非常	fēicháng	副	very	*4
肥	féi	形	fat	*17
分钟	fēnzhōng	名	minute	9
份	fèn	量	part, portion	20
风	fēng	名	wind	10
风景	fēngjǐng	名	scenery	19
封	fēng	量	[for sth enveloped]	*21
夫妻	fūqī	名	husband and wife	*18
服务员	fúwùyuán	名	waiter, waitress	*3 *7
服装	fúzhuāng	名	dress, costume, clothing	25
服装店	fúzhuāngdiàn	名	clothing shop	*25
符合	fúhé	动	accord with	*11
幅	fú	量	[of paintings, photos, cloth, etc]	22
辅导书	fǔdǎoshū	名	reference book	24

生词 Word	拼音 Pinyin	词性 Part of Speech	释义 Meaning	单元 Unit
父母	fùmǔ	名	parents	12
附近	fùjìn	名	vicinity, neighbourhood	7
复习	fùxí	动	review	*5
G 该	gāi	助动	should, ought to	23
改变	gǎibiàn	动	change	*18
改天	gǎitiān	副	another day	17
干	gān	形	dry	*17
	gàn	动	do, engage (in one's work)	8
干净	gānjìng	形	clean, neat and tidy	*8 *15
赶紧	gǎnjǐn	副	at once, quickly	20
赶快	gǎnkuài	副	hastily	*22
感觉	gǎnjué	动	feel	23
感冒	gǎnmào	动、名	have a cold; cold	18
感情	gǎnqíng	名	affection	*18
感谢	gǎnxiè	动	thank, appreciate	*12 24
感兴趣	gǎn xìngqù		be interested (in)	15
刚	gāng	副	just, newly	8
刚才	gāngcái	名	just now	16
高	gāo	形	high, tall	10
高跟鞋	gāogēnxié	名	high-heeled shoes	*22
高铁	gāotiě	名	high-speed railway	*14
高兴	gāoxìng	形	glad, happy	1
告诉	gàosu	动	tell	7

生词 Word	拼音 Pinyin	词性 Part of Speech	释义 Meaning	单元 Unit
哥哥	gēge	名	elder brother	4
歌	gē	名	song	16
歌词	gēcí	名	lyrics	16
个	gè	量	[used before a noun which does not have a fixed measure word of its own]	*2 3
个子	gèzi	名	height	*11 *19
各	gè	代	every	*21 *22
给	gěi	动	give	3
跟	gēn	介	with	9
更	gèng	副	more, even more	13
工具	gōngjù	名	tool	*24
工艺品	gōngyìpǐn	名	handicraft (article)	23
工资	gōngzī	名	salary	*14
工作	gōngzuò	动、名	work; job	*11 *12
公共汽车	gōnggòng qìchē		bus	9
公交车	gōngjiāochē	名	bus	19
公司	gōngsī	名	company	*23 24
公园	gōngyuán	名	park	*10 25
《功夫熊猫》	«Gōngfu Xióngmāo»	专名	*Kung Fu Panda*	23

生词 Word	拼音 Pinyin	词性 Part of Speech	释义 Meaning	单元 Unit
功课	gōngkè	名	school course, lesson	13
狗	gǒu	名	dog	*4 *23
购物	gòuwù	动	go shopping	17
够	gòu	动	be enough, reach (a standard)	17
估计	gūjì	动	estimate, guess	22
鼓励	gǔlì	动	encourage	13
故事	gùshi	名	story	17
刮	guā	动	(of wind) blow	10
挂	guà	动	hang	19
拐	guǎi	动	turn	*6
怪不得	guàibude	副	no wonder	18
关门	guān//mén	动	close, shut	*10
关系	guānxì	名	relation, relationship	16
观众	guānzhòng	名	audience, spectator	22
光临	guānglín	动	be present	12
广场舞	guǎngchǎng-wǔ	名	square dancing	*23
广告	guǎnggào	名	advertisement	25
逛	guàng	动	stroll, roam	*10
逛街	guàng jiē		go shopping	13
规则	guīzé	名	rule, regulation	*19
贵	guì	形	expensive	3
国	guó	名	country, nation	1
国家	guójiā	名	country	*7

生词 Word	拼音 Pinyin	词性 Part of Speech	释义 Meaning	单元 Unit
果然	guǒrán	副	as expected, really	20
果汁	guǒzhī	名	juice	*11 *12
过	guò	动	spend/pass (time)	7
		助	☞ *Language Point 1*	20
过程	guòchéng	名	process, course	*22
过分	guòfèn	形	going too far	23
过来	guòlái	动	come here	15
过生日	guò shēngrì		celebrate a birthday	7
过时	guòshí	形	outdated	12
还	hái	副	also, too	4
			still, yet	8
	huán	动	return	17
还是	háishi	连	or	11
孩子	háizi	名	child	4
海报	hǎibào	名	poster	23
海鲜	hǎixiān	名	seafood	*18
害怕	hàipà	动	be afraid of	18
寒假	hánjià	名	winter vacation	*23
汉语	Hànyǔ	专名	Chinese	*1 2
汉语言文学	Hàn-yǔyán Wénxué	专名	Chinese Language and Literature	4
汉字	Hànzì	专名	Chinese character	*5
好	hǎo	形	good, fine	1
		副	very, quite	19

H

生词 Word	拼音 Pinyin	词性 Part of Speech	释义 Meaning	单元 Unit
好吃	hǎochī	形	delicious	*3 *8
好处	hǎochù	名	good, benefit	15
好好	hǎohǎo	副	all out, to one's heart's content	13
好喝	hǎohē	形	tasty (of drinks)	3
好看	hǎokàn	形	readable, intriguing	*4
			nice, good-looking	11
好听	hǎotīng	形	pleasant to hear	16
好像	hǎoxiàng	副	as if, seem	11
号	hào	名	date	*5
			size	11
号码	hàomǎ	名	number	*9
喝	hē	动	drink	*7 8
合适	héshì	形	suitable, appropriate	17
合影	héyǐng	名	group photo	12
和	hé	连	and	*2
		介	to, with	9
河	hé	名	river	19
盒	hé	名	box	3
黑板	hēibǎn	名	blackboard	*19
黑色	hēisè	名	black	12
很	hěn	副	very	1
红茶	hóngchá	名	black tea	*12
红色	hóngsè	名	red	11

生词 Word	拼音 Pinyin	词性 Part of Speech	释义 Meaning	单元 Unit
后悔	hòuhuǐ	动	regret	25
后来	hòulái	名	later, afterwards	*25
后天	hòutiān	名	the day after tomorrow	*5
厚	hòu	形	thick	17
呼吸	hūxī	动	breathe	23
护照	hùzhào	名	passport	*9 *23
花	huā	动	spend, expend	*16 21
		名	flower	7
花店	huādiàn	名	flower shop	*6 7
滑雪	huá//xuě	动	go skiing	*10
画	huà	动、名	draw; painting	*18 22
画家	huàjiā	名	painter	*18
坏	huài	形	bad	*15
			broken	*21 *23
欢迎	huānyíng	动	welcome	*10 12
环保	huánbǎo	形	environmentally friendly	19
换	huàn	动	change	17
黄	huáng	形	yellow	11
灰	huī	形	grey	12
回	huí	动	return	*7 *9

生词 Word	拼音 Pinyin	词性 Part of Speech	释义 Meaning	单元 Unit
回答	huídá	动	answer	*16 *25
会	huì	助动	can, be able to; be likely to	*11 14
会议	huìyì	名	meeting	*19
活	huó	动	live	*16 23
活动	huódòng	名	activity, campaign	17
火车	huǒchē	名	train	14
火锅	huǒguō	名	hotpot	*21
或者	huòzhě	连	or	*9 *16
货	huò	名	goods, commodity	17
获得	huòdé	动	gain, obtain	*25
J 机会	jīhuì	名	chance	25
鸡蛋	jīdàn	名	egg	21
积累	jīlěi	动	accumulate	15
激动	jīdòng	形	excited	*22
及时	jíshí	副	promptly, without delay	18
极	jí	副	extremely	16
集合	jíhé	动	gather	*11
几	jǐ	代	how many, how much	3
挤	jǐ	形、动	crowded; jostle	*19
记	jì	动	write down	18
记得	jìde	动	remember	17
纪念日	jìniànrì	名	anniversary	*20

生词 Word	拼音 Pinyin	词性 Part of Speech	释义 Meaning	单元 Unit
忌	jì	动	avoid	*18
季节	jìjié	名	season	*10
既	jì	连	as well as	25
既然	jìrán	连	since, now that	25
继续	jìxù	动	continue, go on	13
寄	jì	动	post, send	22
加班	jiā//bān	动	work overtime	*14
加油	jiā//yóu	动	cheer, step up efforts	13
加油站	jiāyóuzhàn	名	petrol station	*18
家	jiā	名	family; home	4
		量	[used for families or enterprises]	7
家人	jiārén	名	family (member)	4
家庭	jiātíng	名	family	4
家乡	jiāxiāng	名	hometown	*10 22
假期	jiàqī	名	vacation, holiday	*14 23
坚持	jiānchí	动	persist in	*24 *25
检查	jiǎnchá	动	check	18
减肥	jiǎn//féi	动	lose weight	23
简单	jiǎndān	形	simple	*13 21
见	jiàn	动	meet, see	5
见面	jiàn//miàn	动	meet	*7 23

生词 Word	拼音 Pinyin	词性 Part of Speech	释义 Meaning	单元 Unit
件	jiàn	量	piece	*11 12
建议	jiànyì	动	suggest	*18 *25
健康	jiànkāng	形	healthy	*12 18
健身	jiànshēn	动	build up one's body	*17
讲课	jiǎng//kè	动	give a lesson	*20
奖学金	jiǎngxuéjīn	名	scholarship	24
酱油	jiàngyóu	名	soy sauce	21
交通	jiāotōng	名	traffic	*19 *24
教	jiāo	动	teach	21
饺子	jiǎozi	名	Chinese dumpling	*7 8
饺子馆	jiǎoziguǎn	名	dumpling restaurant	8
饺子皮	jiǎozipí	名	dumpling wrapper	21
叫	jiào	动 介	be called by	1 24
教练	jiàoliàn	名	coach	*22
教室	jiàoshì	名	classroom	8
教学楼	jiàoxuélóu	名	teaching building	6
接	jiē	动	receive	19
接受	jiēshòu	动	accept	*25
节	jié	量	section, length	5
节目	jiémù	名	programme	*22
节日	jiérì	名	festival	21

生词 Word	拼音 Pinyin	词性 Part of Speech	释义 Meaning	单元 Unit
结果	jiéguǒ	连	as a result	*20 22
结婚	jié//hūn	动	marry	*11 *20
结束	jiéshù	动	end, finish	13
结账	jié//zhàng	动	settle one's bill	17
姐姐	jiějie	名	elder sister	4
介绍	jièshào	动	introduce	2
借	jiè	动	borrow; lend	17
斤	jīn	量	[a traditional unit of weight, equivalent to 0.5 kilogram]	*11 *20
今年	jīnnián	名	this year	*5 *7
今天	jīntiān	名	today	5
金牌	jīnpái	名	gold medal	*22
尽快	jǐnkuài	副	as quickly as possible	24
紧张	jǐnzhāng	形	nervous	*16
进	jìn	动	come into, enter	8
进步	jìnbù	动	improve	23
近	jìn	形	near	*6
京剧	jīngjù	名	Beijing opera	*19
经常	jīngcháng	副	often, frequently	11
经理	jīnglǐ	名	manager	*23
经验	jīngyàn	名	experience	25
精彩	jīngcǎi	形	brilliant	16
精神	jīngshén	名	spirit	*16

生词 Word	拼音 Pinyin	词性 Part of Speech	释义 Meaning	单元 Unit
竟然	jìngrán	副	unexpectedly	*17 *18
酒	jiǔ	名	liquor	*15
酒吧	jiǔbā	名	bar	*8
酒量	jiǔliàng	名	drinking capacity	*20
旧	jiù	形	old, outdated	12
就	jiù	副	as early as	5
			exactly, precisely	6
就是	jiù shì		only, just	19
就算	jiùsuàn	连	even if	*25
就业	jiùyè	动	get a job	*24
举行	jǔxíng	动	hold/have (a meeting, etc)	*22
句	jù	量	sentence	23
拒酒	jù jiǔ		refuse to drink more	*18
拒绝	jùjué	动	refuse, turn down	*25
具体	jùtǐ	形	specific	24
聚会	jùhuì	名、动	party; get together	5
决定	juédìng	动	decide	*15 *20
觉得	juéde	动	think, feel	*7 10
K 咖啡	kāfēi	名	coffee	*3
咖啡馆	kāfēiguǎn	名	coffee house	8
开	kāi	动	open	8
			set up, start	*8

生词 Word	拼音 Pinyin	词性 Part of Speech	释义 Meaning	单元 Unit
开车	kāi//chē	动	drive (a vehicle)	24
开会	kāi//huì	动	have a meeting	*14 *19
开门	kāi//mén	动	(of a bank, store, etc) begin a day's business	7
开始	kāishǐ	动	begin, start	5
开玩笑	kāi wánxiào		play a joke	9
开心	kāixīn	形	happy, joyful	*14 *16
开药	kāi yào		prescribe drugs	18
看	kàn	动	look, see	*3 6
看病	kàn//bìng	动	see a doctor	18
看法	kànfǎ	名	opinion, view	*24
看起来	kàn qilai		it seems, it looks as if	12
康复	kāngfù	动	recover (one's health)	18
考试	kǎo//shì	动	have an examination	*8 *10
烤鸭	kǎoyā	名	roast duck	*20 *21
靠	kào	动	get close to	*25
咳嗽	késou	动	cough	*18
可	kě	助动	be worth (doing)	7
可爱	kě'ài	形	lovely	23
可乐	kělè	名	cola	*3 *8
可能	kěnéng	助动	be likely	*11 *12

生词 Word	拼音 Pinyin	词性 Part of Speech	释义 Meaning	单元 Unit
可是	kěshì	连	but	7
可惜	kěxī	形	regrettable	16
可以	kěyǐ	助动	can, may	*7 *11
刻	kè	量	quarter (of an hour)	5
客服	kèfú	名	customer service	24
客人	kèrén	名	guest	20
课	kè	名	class	5
课本	kèběn	名	textbook	*2 *4
课文	kèwén	名	text	*8
肯定	kěndìng	副	certainly, definitely	22
空气	kōngqì	名	air	19
空调	kōngtiáo	名	air conditioner	19
恐怕	kǒngpà	副	perhaps, probably	25
空	kòng	名	free time	9
口	kǒu	量	[for family members]	4
口服	kǒufú	动	take orally	*18
口语	kǒuyǔ	名	spoken language	*21
裤子	kùzi	名	trousers	17
块	kuài	量	[for silver dollars or paper money]	3
快	kuài	形	fast, quick	*7 8
快乐	kuàilè	形	happy, joyful	7
快要	kuàiyào	副	soon, before long	10

生词 Word	拼音 Pinyin	词性 Part of Speech	释义 Meaning	单元 Unit
筷子	kuàizi	名	chopsticks	*14 21
昆明	Kūnmíng	专名	Kunming [capital of Yunnan Province]	10
困	kùn	形	sleepy	15
困难	kùnnan	名	difficulty	*24 *25
落	là	动	leave behind, forget to bring	24
辣	là	形	hot, spicy	18
辣子鸡	Làzijī	专名	Chilli Chicken	20
啦	la	助	☞ *Language Point 2*	11
来	lái	动	[used before a verb or a verbal expression] will/shall do sth	2
			come	*5
来不及	láibují	动	not have enough time to do sth	24
来得及	láidejí	动	have enough time to do sth	24
来自	láizì	动	come from	*22
蓝	lán	形	blue	*11
蓝色	lánsè	名	blue	12
篮球	lánqiú	名	basketball	*10 *11
懒	lǎn	形	lazy	13
浪漫	làngmàn	形	romantic	*20
老	lǎo	形	old	22

生词 Word	拼音 Pinyin	词性 Part of Speech	释义 Meaning	单元 Unit
老板	lǎobǎn	名	boss	*14
老话	lǎohuà	名	(old) saying	23
老师	lǎoshī	名	teacher	*1
老外	lǎowài	名	foreigner	21
了	le	助	☞ *Language Point 1*	13
累	lèi	形	tired	*7 13
冷	lěng	形	cold	10
离	lí	动	be at a distance from	6
离开	lí//kāi	动	leave	*23
礼物	lǐwù	名	gift, present	7
里	lǐ	方位	inner, inside	*6 6
		量	[a unit of length, equivalent to 500 metres or a half kilometre]	*23
理由	lǐyóu	名	reason, excuse	*17 *25
历史	lìshǐ	名	history	*23
联系	liánxì	动	get in touch	*11 22
脸	liǎn	名	face	13
脸色	liǎnsè	名	[indicating sb's physical condition] look, colour	*20
练习	liànxí	动、名	exercise; practice	15
凉	liáng	形	cold	18
量	liáng	动	measure	18

生词 Word	拼音 Pinyin	词性 Part of Speech	释义 Meaning	单元 Unit
两	liǎng	数	two	3
亮	liàng	形	bright	*17 *21
聊天儿	liáo//tiānr	动	chat	*7 *8
了解	liǎojiě	动	understand	*25
邻居	línjū	名	neighbour	*25
零钱	língqián	名	small change	*3
零下	líng xià		below zero	10
另	lìng	代	other, another	*7 *24
留	liú	动	reserve, save	*25
留学生	liúxuéshēng	名	international student	1
流行	liúxíng	动	be popular	12
流行感冒	liúxíng gǎnmào		influenza	*18
六	liù	数	six	3
路	lù	名	route, line	9
路上	lùshang	名	road	*11 18
乱	luàn	形	messy	*24
旅行	lǚxíng	动	travel	*23 *24
旅游	lǚyóu	动	travel	*11 *17
绿	lǜ	形	green	*11
M 妈妈	māma	名	mother	4

生词 Word	拼音 Pinyin	词性 Part of Speech	释义 Meaning	单元 Unit
麻烦	máfan	形、动、名	troublesome; trouble sb; trouble	11
马上	mǎshàng	副	immediately	18
吗	ma	助	☞ *Language Point 3*	1
嘛	ma	助	[indicating that something is obvious]	17
买	mǎi	动	buy	3
买单	mǎi//dān	动	pay the bill	20
卖	mài	动	sell	17
满意	mǎnyì	动	be satisfied	*19
慢	màn	形	slow	*8 9
忙	máng	动、形	be busy (doing sth); busy	8
猫	māo	名	cat	*23
毛	máo	量	*mao*, fractional unit of money in China [=1/10 *yuan* or 10 *fen*]	3
毛病	máobìng	名	bad habit	*15
毛衣	máoyī	名	sweater	12
帽子	màozi	名	hat, cap	12
没错	méi cuò		be sure	15
没事	méi//shì	动	never mind	17
没问题	méi wèntí		no problem	19
没意思	méi yìsi		boring, not interesting	13
没有	méiyǒu	动	have not	*3
每	měi	代	each, every	5

生词 Word	拼音 Pinyin	词性 Part of Speech	释义 Meaning	单元 Unit
每天	měi tiān		every day	5
美	měi	形	beautiful	22
美国	Měiguó	专名	United States of America	1
美丽	měilì	形	beautiful	*19 23
美食城	měishíchéng	名	food palace	*21
妹妹	mèimei	名	younger sister	4
门	mén	量	[for subjects of study]	*5
门口	ménkǒu	名	doorway, gate	*6 6
们	men	后缀	[used after a personal pronoun or a noun to show plural number]	*1 2
米	mǐ	量	metre	6
米饭	mǐfàn	名	rice	20
免费	miǎnfèi	动	be free of charge	*25
面包	miànbāo	名	bread	3
面对	miànduì	动	face, confront	*25
面食	miànshí	名	wheaten food	*21
面试	miànshì	动	interview	25
面条儿	miàntiáor	名	noodles	*7
面子	miànzi	名	face, prestige	25
名胜古迹	míngshèng gǔjì		places of historic interest and scenic beauty	*23
名字	míngzi	名	name	1
明白	míngbai	动	understand	*16

生词 Word	拼音 Pinyin	词性 Part of Speech	释义 Meaning	单元 Unit
明天	míngtiān	名	tomorrow	*5
			near future	16
明信片	míngxìnpiàn	名	postcard	22
明星	míngxīng	名	star, famous performer	25
摸	mō	动	feel, touch	17
母	mǔ	名	mother	25
N 拿	ná	动	take	17
哪	nǎ	代	which	1
哪里	nǎlǐ	代	[used as a polite response to a compliment]	16
哪怕	nǎpà	连	even if	21
哪儿	nǎr	代	where	6
那	nà	代	that	2
那么	nàme	连	then, in that case	5
那儿	nàr	代	there	*6
那些	nàxiē	代	those	2
奶茶	nǎichá	名	milk tea	*19
男生	nánshēng	名	boy	11
南边	nánbian	方位	south	*6
南方	nánfāng	名	southern region	*17
南方人	nánfāngrén	名	southerner	*21
难	nán	形	difficult	*11
难道	nándào	副	☞ *Language Point 1*	25
难得	nándé	形	hard to get	25
难过	nánguò	形	sad	*19

生词 Word	拼音 Pinyin	词性 Part of Speech	释义 Meaning	单元 Unit
难受	nánshòu	形	uncomfortable	*19
闹钟	nàozhōng	名	alarm clock	24
呢	ne	助	☞ *Language Point 4*	1
内容	nèiróng	名	content	16
能	néng	助动	can, could	*16 18
嗯	ǹg	叹	[expressing hesitation]	11
你	nǐ	代	you	1
年货	niánhuò	名	special purchases for the Spring Festival	21
年纪	niánjì	名	age	*15
年龄	niánlíng	名	age	*14 24
年轻	niánqīng	形	young	*15
鸟	niǎo	名	bird	*18 *23
您	nín	代	(honour) you	*1 3
柠檬	níngméng	名	lemon	*19
牛	niú	名	cattle	*21
牛奶	niúnǎi	名	milk	3
农历	nónglì	名	lunar calendar	21
弄	nòng	动	do; get; get sb/sth into a specified condition	24
努力	nǔlì	形	industrious, studious	11
暖和	nuǎnhuo	形	warm	17
女	nǚ	形	woman, female	7

生词 Word	拼音 Pinyin	词性 Part of Speech	释义 Meaning	单元 Unit
女孩子	nǚ háizi		little girl, girl	7
O 哦	ò	叹	[expressing realisation, understanding, etc]	12
P 爬	pá	动	climb	*23
怕	pà	动	fear, be afraid of	11
拍	pāi	动	shoot, take	25
拍照	pāi//zhào	动	take a picture	*25
排队	pái//duì	动	line up	*21
排球	páiqiú	名	volleyball	*22
旁边	pángbiān	方位	side	*6 6
胖	pàng	形	fat	11
跑	pǎo	动	run	*18
跑步	pǎo//bù	动	jog	*10 *19
陪	péi	动	accompany	*21 *25
朋友	péngyou	名	friend	2
批评	pīpíng	动	criticise	*24
批准	pīzhǔn	动	approve	*18 *23
皮肤	pífū	名	skin	*17
啤酒	píjiǔ	名	beer	*8 20
便宜	piányi	形	cheap	*3 17
片	piàn	量	slice, tablet	*18

生词 Word	拼音 Pinyin	词性 Part of Speech	释义 Meaning	单元 Unit
票	piào	名	ticket	*14 *16
漂亮	piàoliang	形	beautiful	*4 *10
拼音	pīnyīn	名	*Pinyin*	*6
平安	píng'ān	形	safe and sound	*14
平时	píngshí	名	ordinary times, usual days	9
苹果	píngguǒ	名	apple	*3 *19
瓶	píng	名	bottle	3
破	pò	形	broken, torn	*18 *24
普通	pǔtōng	形	ordinary	*24
其实	qíshí	副	actually	*16 *22
其中	qízhōng	名	among them	*21
骑	qí	动	ride	9
起床	qǐ//chuáng	动	wake up	*5
起来	qǐ//lái	动	stand up	*15
	qǐlái	动	☞ *Language Point 5*	16
气候	qìhòu	名	climate	10
千米	qiānmǐ	量	kilometre	*23
谦虚	qiānxū	形	modest	16
钱	qián	名	money	3
浅	qiǎn	形	light, pale	11

生词 Word	拼音 Pinyin	词性 Part of Speech	释义 Meaning	单元 Unit
墙	qiáng	名	wall	*22 23
敲	qiāo	动	knock	9
敲门	qiāo mén		knock at the door	9
巧克力	qiǎokèlì	名	chocolate	7
亲爱的	qīn'ài de		my dear	15
亲戚	qīnqi	名	relative	19
轻易	qīngyì	副	easily	*24
清楚	qīngchu	形	clear	*15 18
清华大学	Qīnghuá Dàxué	专名	Tsinghua University	9
情况	qíngkuàng	名	situation	*24
请假	qǐng//jià	动	ask for leave	18
请客	qǐng//kè	动	stand treat	20
请问	qǐngwèn	动	excuse me	2
庆祝	qìngzhù	动	celebrate	21
秋天	qiūtiān	名	autumn	*10
球迷	qiúmí	名	(ball game) fan	22
球赛	qiúsài	名	ball game, match	22
取	qǔ	动	take, get	*7 *21
取得	qǔdé	动	get	*24
去	qù	动	go to	5
去年	qùnián	名	last year	12
全	quán	形	whole	*20 *22

生词 Word	拼音 Pinyin	词性 Part of Speech	释义 Meaning	单元 Unit
全部	quánbù	名	total, whole	*16
全家福	quánjiāfú	名	photograph of the whole family	*4
劝酒	quàn//jiǔ	动	urge sb to drink more	*18
缺点	quēdiǎn	名	shortcoming, weakness	11
却	què	副	but	*23 *25
确实	quèshí	副	really, truly	23
裙子	qúnzi	名	skirt, dress	*12 *17
R 然后	ránhòu	连	then	9
让	ràng	动	let, allow	15
热	rè	形	hot	10
热闹	rènao	形	bustling with noise and excitement	*22
人	rén	名	person, people	1
人生	rénshēng	名	life	*25
认识	rènshi	动	know	1
认为	rènwéi	动	think	*22 *24
认真	rènzhēn	形	careful	*8 *13
任何	rènhé	代	any	*16
任务	rènwu	名	task	*14 *23
扔	rēng	动	throw away	*18
日	rì	名	day	*5 7

生词 Word	拼音 Pinyin	词性 Part of Speech	释义 Meaning	单元 Unit
日期	rìqī	名	date	17
日子	rìzi	名	day, date	21
容易	róngyì	形	likely, apt easy	11 *12
如果	rúguǒ	连	if	10
S 三	sān	数	three	3
三鲜馅	sānxiānxiàn	名	stuffing with three delicacies	21
伞	sǎn	名	umbrella	22
散步	sàn//bù	动	take a walk	23
嗓子	sǎngzi	名	throat	*18
啥	shá	代	what	*18
山西	Shānxī	专名	Shanxi (Province)	*21
商场	shāngchǎng	名	department store	*10 11
商店	shāngdiàn	名	store	*14
赏	shǎng	动	enjoy, appreciate	*21
上班	shàng//bān	动	go to work	*19
上菜	shàng cài		serve dishes	20
上海	Shànghǎi	专名	Shanghai	*9 10
上课	shàng//kè	动	attend a class	*5
上网	shàng//wǎng	动	get onto the Internet	*17 *20
上午	shàngwǔ	名	morning, forenoon	5
上下	shàngxià	名	about, or so	24

生词 Word	拼音 Pinyin	词性 Part of Speech	释义 Meaning	单元 Unit
上学	shàng//xué	动	go to school	*16 *19
稍等	shāo děng		wait a moment	17
少	shǎo	形	few, little	4
谁	shéi	代	who	2
申请	shēnqǐng	动	apply for	24
申请表	shēnqǐngbiǎo	名	application form	24
身高	shēngāo	名	height (of a person)	*14
身体	shēntǐ	名	body; health	*10 *13
深	shēn	形	deep, dark	11
什么	shénme	代	what	1
什么的	shénmede	助	things like that, and so on	7
甚至	shènzhì	副	even	*8
生病	shēng//bìng	动	fall ill	*20
生词	shēngcí	名	new word	*6
生活	shēnghuó	名	life	*14 *16
生气	shēng//qì	动	get angry	*16 *20
生日	shēngrì	名	birthday	7
声	shēng	名	sound, voice	*8 16
声音	shēngyīn	名	sound, voice	*21
省	shěng	动	save	25
失败	shībài	动	fail	25

生词 Word	拼音 Pinyin	词性 Part of Speech	释义 Meaning	单元 Unit
十	shí	数	ten	*2
十二	shí'èr	数	twclvc	3
十七	shíqī	数	seventeen	3
十一	shíyī	数	eleven	3
时候	shíhou	名	time, moment	7
时间	shíjiān	名	time	8
实际上	shíjìshàng	副	actually	*24
实在	shízài	副	indeed, really	*14 23
食	shí	动	eat	*18
食堂	shítáng	名	canteen	6
食物	shíwù	名	food	*24
世界杯	Shìjièbēi	专名	World Cup	*22 *25
市区	shìqū	名	downtown	19
事	shì	名	thing, matter	9
事物	shìwù	名	thing	25
事项	shìxiàng	名	matter	*18
试	shì	动	try	12
试衣间	shìyījiān	名	fitting room	17
是	shì	动	be	1
适合	shìhé	动	suit, fit	12
室友	shìyǒu	名	roommate	2
收到	shōudào	动	receive	*7
收拾	shōushi	动	tidy up, put in order	14
收下	shōuxià	动	receive, accept	19

生词 Word	拼音 Pinyin	词性 Part of Speech	释义 Meaning	单元 Unit
收银台	shōuyíntái	名	cashier's (desk)	17
手	shǒu	名	hand	*8 *14
手机	shǒujī	名	mobile phone	*3
首	shǒu	量	[for poems or songs]	16
首汽出租车	Shǒuqì Chūzūchē	专名	Shouqi Taxi	24
受	shòu	动	receive, accept	*21
受伤	shòu//shāng	动	be injured	*21
售货员	shòuhuòyuán	名	shop assistant, salesperson	3
瘦	shòu	形	thin	11
书	shū	名	book	2
书包	shūbāo	名	schoolbag	*11 24
书店	shūdiàn	名	bookstore	6
舒服	shūfu	形	comfortable	10
输	shū	动	lose	*22
熟悉	shúxi	动	be familiar with, know well	16
数量	shùliàng	名	quantity	*14
数学	shùxué	名	maths	*4 *5
刷	shuā	动	clean with a brush	11
帅	shuài	形	handsome	*11
双	shuāng	量	pair	11
水	shuǐ	名	water	3

生词 Word	拼音 Pinyin	词性 Part of Speech	释义 Meaning	单元 Unit
水果	shuǐguǒ	名	fruit	*10
水果酸奶	shuǐguǒ suānnǎi		fruit yoghurt	*3
水平	shuǐpíng	名	level	*15 *22
睡觉	shuì//jiào	动	sleep	*5 *8
顺便	shùnbiàn	副	by the way	21
顺利	shùnlì	形	smooth, successful	*18 19
说	shuō	动	say, speak	*4 *7
说话	shuō//huà	动	speak	*11
说明书	shuōmíngshū	名	(book of) instructions	*18
硕士	shuòshì	名	master	*24
司机	sījī	名	driver	24
思考	sīkǎo	动	think, ponder	*24
死	sǐ	形	extreme	17
四川	Sìchuān	专名	Sichuan (Province)	*21 23
四季如春	sìjì rú chūn		be like spring all the year round	10
送	sòng	动	give (as a gift)	7
速冻	sùdòng	动	quick-freeze	21
速度	sùdù	名	speed	*23
宿舍	sùshè	名	dormitory	8
酸	suān	形	sour	*19

生词 Word	拼音 Pinyin	词性 Part of Speech	释义 Meaning	单元 Unit
酸梅汤	Suānméitāng	专名	Sweet-sour Plum Juice	20
算了	suànle	动	forget it	25
虽然	suīrán	连	though, although	21
随便	suíbiàn	动	do as one pleases	20
随着	suízhe	介	with, as	*15 *24
岁	suì	量	year (of age)	7
所以	suǒyǐ	连	so	*7 *8
T 他	tā	代	he, him	*1 2
它	tā	代	it	*20
她	tā	代	she, her	2
抬	tái	动	carry	22
太……了	tài…le		too	3
太极拳	tàijíquán	名	*tai chi*	*10 *14
泰国	Tàiguó	专名	Thailand	*22
弹钢琴	tán gāngqín		play the piano	*14
汤	tāng	名	soup	*20
糖醋鱼	Tángcùyú	专名	Sweet-and-sour Fish	20
躺	tǎng	动	lie	*17 25
趟	tàng	量	[used for a round trip]	14
逃避	táobì	动	escape, evade	*25
讨厌	tǎoyàn	动	dislike, hate	25

生词 Word	拼音 Pinyin	词性 Part of Speech	释义 Meaning	单元 Unit
特别	tèbié	副	particularly	19
			especially	22
		形	special	24
特点	tèdiǎn	名	characteristic	*25
特色菜	tèsècài	名	speciality	20
特征	tèzhēng	名	characteristic	*24
疼	téng	形	painful	18
踢足球	tī zúqiú		play football	*10 *14
提	tí	动	mention	24
提高	tígāo	动	improve	*15 *24
提供	tígōng	动	provide	*24
提前	tíqián	动	do sth ahead of time	*24
题	tí	名	question	14
体温	tǐwēn	名	(body) temperature	18
天气	tiānqì	名	weather	10
天上	tiānshang	名	sky	*23
甜	tián	形	sweet	*7
填	tián	动	fill	24
条	tiáo	量	[for sth long, narrow or thin]	*4 17
调整	tiáozhěng	动	adjust	22
挑战	tiǎozhàn	动、名	challenge	25
跳	tiào	动	jump	*18

生词 Word	拼音 Pinyin	词性 Part of Speech	释义 Meaning	单元 Unit
跳舞	tiào//wǔ	动	dance	*16 *17
贴	tiē	动	paste, stick	23
铁杆	tiěgǎn	形	loyal and reliable	22
听	tīng	动	listen to, hear	*6 *8
听课	tīng//kè	动	attend a lecture	*8 *13
听说	tīngshuō	动	hear of	*10 22
听写	tīngxiě	动	dictate	*8
停	tíng	动	stop	*21
挺	tǐng	副	quite, very	12
通过	tōng//guò	动	pass (through)	*16 *18
	tōngguò	介	through, by	15
通知	tōngzhī	动	notify, inform	18
同事	tóngshì	名	colleague	*20
同学	tóngxué	名	classmate	2
同意	tóngyì	动	agree	*14 20
偷懒	tōu//lǎn	动	be lazy	*13
偷偷	tōutōu	副	stealthily, secretly	25
头	tóu	量	[for animals]	*21
头发	tóufa	名	hair	*11
突然	tūrán	副	suddenly	*24
图书馆	túshūguǎn	名	library	6

生词 Word	拼音 Pinyin	词性 Part of Speech	释义 Meaning	单元 Unit
土耳其	Tǔ'ěrqí	专名	Turkey	1
团圆	tuányuán	动	reunion	21
推	tuī	动	push	*17
推荐	tuījiàn	动	recommend	20
腿	tuǐ	名	leg	*21
退	tuì	动	return, give back	17
W 歪	wāi	形	tilted	22
外	wài	方位	outside	6
外边	wàibian	方位	outside	8
外地	wàidì	名	part of the country other than where one lives	21
外国人	wàiguórén	名	foreigner	*9 *16
完	wán	动	come to an end	*8 *13
完成	wán//chéng	动	finish	*10 *14
玩	wán	动	play, have fun	8
晚	wǎn	形	late	*5
晚安	wǎn'ān	动	good night	*13
晚会	wǎnhuì	名	evening party	16
晚上	wǎnshang	名	evening	*3 5
碗	wǎn	名	bowl	20
网	wǎng	名	Internet	*17
网吧	wǎngbā	名	Internet café	*17

生词 Word	拼音 Pinyin	词性 Part of Speech	释义 Meaning	单元 Unit
网络	wǎngluò	名	network	*21
网球	wǎngqiú	名	tennis	10
网友	wǎngyǒu	名	net friend	*23
往	wǎng	介	in the direction of, to	6
往往	wǎngwǎng	副	often, frequently	*15 *25
忘	wàng	动	forget	*15 *20
危险	wēixiǎn	形	dangerous	*17
为什么	wèi shénme		why	11
卫生间	wèishēngjiān	名	toilet	*8
位	wèi	量	[used to refer to people]	20
位置	wèizhì	名	place, location	22
味道	wèidào	名	flavour	20
喂	wèi	叹	hello	6
温差	wēnchā	名	difference in temperature	*17
温度	wēndù	名	temperature	10
文化	wénhuà	名	culture	*5 *7
文章	wénzhāng	名	essay, article	15
问	wèn	动	ask	6
问题	wèntí	名	question, problem	14
我	wǒ	代	I, me	1
沃尔玛超市	Wò'ěrmǎ Chāoshì	专名	Walmart supermarket	7

生词 Word	拼音 Pinyin	词性 Part of Speech	释义 Meaning	单元 Unit
无	wú	动	not have	*17
无聊	wúliáo	形	boring	*23 25
无论	wúlùn	连	whatever, regardless of	22
五	wǔ	数	five	*2 3
午饭	wǔfàn	名	lunch	8
物理	wùlǐ	名	physics	*4 *16
物品	wùpǐn	名	article	24
X 西安	Xī'ān	专名	Xi'an [capital of Shaanxi Province]	*14 23
西班牙	Xībānyá	专名	Spain	*22
西班牙语	Xībānyáyǔ	专名	Spanish	*13
西边	xībian	方位	west	*6
吸引	xīyǐn	动	attract	22
希望	xīwàng	名、动	hope; wish	16
习惯	xíguàn	名	habit	13
洗	xǐ	动	wash	13
洗衣店	xǐyīdiàn	名	laundry	11
喜欢	xǐhuan	动	like	7
下	xià	动	(of rain, snow, etc) come down, fall	10
下班	xià//bān	动	leave off work	*14
下车	xià chē		get off (a vehicle)	19
下次	xià cì		next time	12
下课	xià//kè	动	dismiss a class	5

生词 Word	拼音 Pinyin	词性 Part of Speech	释义 Meaning	单元 Unit
下午	xiàwǔ	名	afternoon	*5
吓	xià	动	scare	18
夏天	xiàtiān	名	summer	10
先	xiān	副	first	*6 9
显得	xiǎnde	动	look, seem	*12
现场	xiànchǎng	名	site, spot	22
现在	xiànzài	名	now	5
馅	xiàn	名	filling, stuffing	21
羡慕	xiànmù	动	admire, envy	23
相反	xiāngfǎn	形	opposite	*16
相同	xiāngtóng	形	same	*21
相信	xiāngxìn	动	believe	16
香	xiāng	形	fragrant	*16 *19
			savoury, delicious	20
箱子	xiāngzi	名	box	*22
享受	xiǎngshòu	动	enjoy	*22
响	xiǎng	动	ring	24
想	xiǎng	动	want (to do sth)	6
			miss	22
想法	xiǎngfǎ	名	idea	*24
像	xiàng	动	be like	15
消息	xiāoxi	名	news, information	24
小	xiǎo	形	small	*3
小吃	xiǎochī	名	snack	*22

生词 Word	拼音 Pinyin	词性 Part of Speech	释义 Meaning	单元 Unit
小票	xiǎopiào	名	small note	17
小区	xiǎoqū	名	residential quarter	19
小时	xiǎoshí	名	hour	*10 14
小时候	xiǎoshíhou	名	childhood	*16 *25
小说	xiǎoshuō	名	novel, fiction	*7 *22
校园	xiàoyuán	名	campus	22
笑	xiào	动	smile, laugh	7
效果	xiàoguǒ	名	effect, result	*12
鞋	xié	名	shoe	11
写	xiě	动	write	8
写作业	xiě zuòyè		do homework	*5
谢谢	xièxie	动	thank you	3
心情	xīnqíng	名	mood, state of mind	*22 25
心意	xīnyì	名	kindly feeling	19
辛苦	xīnkǔ	形	hard, strenuous	14
欣赏	xīnshǎng	动	appreciate, enjoy	*24
新	xīn	副 形	newly, recently new	*8 *12
新疆	Xīnjiāng	专名	Xinjiang	*21
新年	xīnnián	名	New Year	16
新鲜	xīnxiān	形	fresh	23
信	xìn	名	letter	*22
信心	xìnxīn	名	confidence	16

生词 Word	拼音 Pinyin	词性 Part of Speech	释义 Meaning	单元 Unit
星期	xīngqī	名	week	5
星期天	Xīngqītiān	名	Sunday	9
星期五	Xīngqīwǔ	名	Friday	5
星期一	Xīngqīyī	名	Monday	*5
行	xíng	动	be all right, will do	18
行李	xíngli	名	luggage	14
兴趣	xìngqù	名	interest	15
幸福	xìngfú	形	happy	4
幸运	xìngyùn	形	lucky	*22
姓	xìng	动	be surnamed	*1
兄弟	xiōngdì	名	brothers	*25
休息	xiūxi	动	have a rest	*9 13
需要	xūyào	名、动	demand; need	18 20
选择	xuǎnzé	动	choose	*11 *24
学生	xuéshēng	名	student	*1
学习	xuéxí	动	study	*8 *10
学校	xuéxiào	名	school	6
雪	xuě	名	snow	10
Y 压力	yālì	名	pressure	*16
呀	yā	叹	wow	12
亚健康	yàjiànkāng	形	subhealthy	*16
严重	yánzhòng	形	serious, grave	*22

生词 Word	拼音 Pinyin	词性 Part of Speech	释义 Meaning	单元 Unit
研究生	yánjiūshēng	名	postgraduate	4
颜色	yánsè	名	colour	11
眼睛	yǎnjing	名	eye	*9 *11
演唱会	yǎnchànghuì	名	vocal concert	13
演出	yǎnchū	动	perform, show	16
演员	yǎnyuán	名	actor, actress	*15 *19
羊肉串	yángròuchuàn	名	shish kebab	*21
养成	yǎngchéng	动	develop, form	13
样子	yàngzi	名	appearance, form	12
要求	yāoqiú	名	demand, requirement	*11
邀请	yāoqǐng	动	invite	*8 19
药店	yàodiàn	名	drugstore	*14
要	yào	助动	want, would like	3
要不	yàobù	连	or, otherwise	17
要是	yàoshì	连	if, suppose	18
钥匙	yàoshi	名	key	*9 *15
也	yě	副	also, too	1
一	yī	数	one	2
一定	yídìng	副	surely, certainly	13
一共	yígòng	副	in all, altogether	3
一会儿	yíhuìr	副	in a while	5
一路顺风	yílù shùnfēng		have a good journey	14

生词 Word	拼音 Pinyin	词性 Part of Speech	释义 Meaning	单元 Unit
一下	yíxià	数量	[used after a verb as its complement, indicating an act or an attempt] one time, once	2
一样	yíyàng	形	the same	9
一般	yìbān	形	ordinary, general	4
一边	yìbiān	副	simultaneously	*16 20
（一）点儿	(yì)diǎnr	数量	a few, a little	8
一起	yìqǐ	副	together	*5 8
一些	yìxiē	数量	some	*12
一直	yìzhí	副	continuously, all along, always	8
衣服	yīfu	名	clothes, clothing	11
医生	yīshēng	名	doctor	18
医院	yīyuàn	名	hospital	18
咦	yí	叹	[expressing surprise or disapproval] well, why	24
遗憾	yíhàn	形	regretful	*23
已经	yǐjīng	副	already	13
以后	yǐhòu	名	after, later	5
以来	yǐlái	名	since	*14
以前	yǐqián	名	earlier times	*5 *12
以为	yǐwéi	动	think, consider	*20 21

生词 Word	拼音 Pinyin	词性 Part of Speech	释义 Meaning	单元 Unit
椅子	yǐzi	名	chair	*3 *15
意思	yìsi	名	meaning	*12 *16
			interest, fun	13
因为	yīnwèi	连	because	*7 *9
音乐	yīnyuè	名	music	2
银行	yínháng	名	bank	*6 6
饮	yǐn	动	drink	*18
饮料	yǐnliào	名	drink, beverage	*19
饮食	yǐnshí	名	eating and drinking	21
应该	yīnggāi	助动	should, ought to	*9 13
			be bound to	12
英国	Yīngguó	专名	United Kingdom	*1
英语	Yīngyǔ	专名	English	*2 *4
赢	yíng	动	win	22
影响	yǐngxiǎng	动	affect, interfere with	*13 18
勇敢	yǒnggǎn	形	brave	*23 *25
用	yòng	动	use	*9 *12
用功	yònggōng	形	hardworking	*8
优点	yōudiǎn	名	advantage, merit	11

生词 Word	拼音 Pinyin	词性 Part of Speech	释义 Meaning	单元 Unit
优秀	yōuxiù	形	excellent	*15 *25
尤其	yóuqí	副	especially	*23
由于	yóuyú	连	due to	*15
邮局	yóujú	名	post office	22
游乐场	yóulèchǎng	名	amusement park	*24
游戏	yóuxì	名	game	13
游泳	yóu//yǒng	动	swim	*10 11
有	yǒu	动	have	4
有点儿	yǒudiǎnr	副	a bit, somewhat	11
有空	yǒu kòng		be free	9
有名	yǒumíng	形	famous	*15 20
有时候	yǒu shíhou		sometimes	*10 *15
有些	yǒuxiē	代	some	*13
又	yòu	副	☞ *Language Point 4*	14
			moreover	16
			both...and...	25
右	yòu	方位	right	6
于是	yúshì	连	so, then, hence	*15 *21
鱼香肉丝	Yúxiāng Ròusī	专名	Fish-flavoured Shredded Pork	20
雨	yǔ	名	rain	10

生词 Word	拼音 Pinyin	词性 Part of Speech	释义 Meaning	单元 Unit
预报	yùbào	名	forecast	*15 *25
预习	yùxí	动	preview	*5 *8
遇到	yùdào	动	run into	*21 23
原价	yuánjià	名	original price	17
原来	yuánlái	副	as it turns out	18
原谅	yuánliàng	动	forgive	*24
圆	yuán	形	round	*21
远	yuǎn	形	far	6
约	yuē	动	invite make an appointment	*13 22
月	yuè	名	month	*5 7
月饼	yuèbing	名	mooncake	*21
月亮	yuèliang	名	moon	*21
阅读	yuèdú	动	read	15
越来越	yuè lái yuè		more and more	15
运动	yùndòng	动	do sports	*10
Z 杂志	zázhì	名	magazine	2
再	zài	副	again	3
再见	zàijiàn	动	see you again	7
在	zài	动	be at / in / on (a place)	6
咱们	zánmen	代	we, us	17
脏	zāng	形	dirty	11

生词 Word	拼音 Pinyin	词性 Part of Speech	释义 Meaning	单元 Unit
糟糕	zāogāo	形	terrible	*22 24
早	zǎo	形	early	5
早饭	zǎofàn	名	breakfast	*5 *7
早日	zǎorì	副	early, soon	18
早上	zǎoshang	名	morning	3
怎么	zěnme	代	how	*6 6
怎么办	zěnme bàn		what's to be done	21
怎么样	zěnmeyàng	代	how, what	10
扎	zhā	量	mug	20
站	zhàn	动	stand	18
		名	stop, station	19
张	zhāng	量	[used for paper, paintings, etc]	*14
长	zhǎng	动	grow	*12
找	zhǎo	动	look for, try to find	*11 15
			give change	3
			want to see, call on	8
着急	zháojí	形	worried; anxious (to do sth)	7
照顾	zhàogù	动	take care of	*16 *21
照镜子	zhào jìngzi		look into the mirror	*17
照片	zhàopiàn	名	photo	4

生词 Word	拼音 Pinyin	词性 Part of Speech	释义 Meaning	单元 Unit
这	zhè	代	this	2
这么	zhème	代	so, such	*5 7
这儿	zhèr	代	here	6
这些	zhèxiē	代	these	2
这样	zhèyàng	代	so, this way	*13 *15
着	zhe	助	☞ *Language Point 2*	17
真	zhēn	形、副	real, true; really, truly	12 16
真正	zhēnzhèng	形	real, true	*23 *25
整天	zhěng tiān		whole day; all the time	15
整整	zhěngzhěng	副	wholly	22
正好	zhènghǎo	副	fortunately, coincidentally	*11 21
正在	zhèngzài	副	in the process of	8
之内	zhī nèi		within, in	17
之一	zhī yī		one of	*23
支持	zhīchí	动	support	22
知道	zhīdào	动	know	4
值得	zhídé	动	be worth	*21
只	zhǐ	副	only, just	4
只好	zhǐhǎo	副	have to, be forced to	*17 22
只能	zhǐ néng		have no choice but	*9
只要	zhǐyào	连	as long as	*18 24

生词 Word	拼音 Pinyin	词性 Part of Speech	释义 Meaning	单元 Unit
只有	zhǐyǒu	连	only	18
至少	zhìshǎo	副	at least	22
质量	zhìliàng	名	quality	17
中	zhōng	方位	middle	*10
中国	Zhōngguó	专名	China	*1
中间	zhōngjiān	方位	middle	*6
中秋节	Zhongqiūjié	专名	Mid-Autumn Festival	*21
中文	Zhōngwén	专名	Chinese	16
中午	zhōngwǔ	名	noon	5
终于	zhōngyú	副	finally, at last	*14 *22
钟头	zhōngtóu	名	hour	*21
种	zhǒng	量	type, kind	21
	zhòng	动	plant, grow	19
重	zhòng	形	heavy	22
周末	zhōumò	名	weekend	*5 8
周日	Zhōurì	名	Sunday	*5
周围	zhōuwéi	名	circumambience	*13
主意	zhǔyi	名	idea	7
住	zhù	动	live	19
注意	zhùyì	动	pay attention to	18
祝	zhù	动	wish	7
祝贺	zhùhè	动	congratulate sb (on sth)	16
著名	zhùmíng	形	famous	*18 *22

生词 Word	拼音 Pinyin	词性 Part of Speech	释义 Meaning	单元 Unit
抓紧	zhuājǐn	动	hurry; clutch, firmly grasp	8
专业	zhuānyè	名	major	4
赚	zhuàn	动	earn	*24
装	zhuāng	动	load, pack	24
壮观	zhuàngguān	形	splendid	*23
准时	zhǔnshí	形	punctual	23
桌子	zhuōzi	名	table, desk	*3 *7
自己	zìjǐ	代	oneself	*8 *12
自然风	zìránfēng	名	natural wind	19
自行车	zìxíngchē	名	bike, bicycle	9
棕色	zōngsè	名	brown	*11
总	zǒng	形 副	total, general anyway, after all	*23 25
总是	zǒngshì	副	always	*18 25
走	zǒu	动	walk, go	6
最	zuì	副	most	*7 10
最好	zuìhǎo	副	had better	18
最后	zuìhòu	名	the last	*20 *23
最近	zuìjìn	名	recent days/months	*10 *12
醉	zuì	动	be drunk	*18
尊敬	zūnjìng	形	respected	*18

生词 Word	拼音 Pinyin	词性 Part of Speech	释义 Meaning	单元 Unit
昨天	zuótiān	名	yesterday	*7
左	zuǒ	方位	left	*6
作文	zuòwén	名	composition	8
作业	zuòyè	名	homework	*4
坐	zuò	动	sit	*6 *8
			travel by or on	9
座	zuò	量	[for mountains, buildings, etc]	*19
座位	zuòwèi	名	seat	*25
做	zuò	动	do	14
做饭	zuò fàn		cook	*11
做客	zuò//kè	动	be a guest	19
做梦	zuò//mèng	动	have a dream	*22

目　录

话题 Topics	功能目标 Objectives	语言点 Language Points
1. 社会交往（打招呼、问候、介绍） Social Interaction (greeting, introducing oneself) 2. 个人信息（姓名、身份、国籍） Personal Information (name, identity, nationality)	1. 学会简单的打招呼和问候语。 Learn simple greetings. 2. 学会询问和介绍姓名、身份和国籍。 Learn to ask for information about someone and introduce oneself by talking about names, identities and nationalities.	1. 动词（Verb）“叫$_1$” 2. “是”字句$_1$（“是” Sentence $_1$） 3. 语气助词（Modal Particle）“吗” 4. 语气助词（Modal Particle）“呢” 5. 副词（Adverb）“也” 6. 疑问代词（Interrogative Pronoun）“哪” “什么”

话题 Topics	功能目标 Objectives	语言点 Language Points
1. 社会交往（介绍同学） Social Interaction (introducing a classmate) 2. 物品信息（是什么、是谁的） Object Information (what it is and whose it is)	1. 学会介绍同学（姓名、国籍和关系）。 Learn to introduce a classmate (name, nationality and relationship). 2. 学会询问和回答物品是什么、是谁的。 Learn to ask and explain what an object is and whose object it is.	1. 结构助词（Structural Particle）“的” 2. 副词（Adverb）“都$_1$” 3. 疑问代词（Interrogative Pronoun）“谁” 4. 疑问代词（Interrogative Pronoun）“什么$_1$” 5. 语气助词（Modal Particle）“吧$_1$”

话题 Topics	功能目标 Objectives	语言点 Language Points
处所信息（地点、方位） Location (place, direction)	1. 学会地点和方位的常用表达。 Learn the common expressions about places and directions. 2. 学会问路和指路的常用表达。 Learn to ask and give directions.	1. 助动词（Auxiliary Verb）"想" 2. 数量词（Quantifier）"一下" 3. 疑问句（Interrogative Sentence）"……在哪儿？" 4. 介词（Preposition）"在" 5. 副词（Adverb）"就$_2$" 6. 语气助词（Modal Particle）"吧$_2$" 7. 动词（Verb）"离" 8. 疑问代词（Interrogative Pronoun）"怎么" 9. 介词（Preposition）"往" 10. "是"字句$_2$（"是" Sentence $_2$）

话题 Topics	功能目标 Objectives	语言点 Language Points
1. 日常生活（过生日） Daily Life (celebrating birthdays) 2. 社会交往（送礼物） Social Interaction (giving gifts)	1. 学会星期、日期的表达。 Learn the expressions about the days of the week and dates. 2. 学会常见礼物的名称。 Learn to say the names of common gifts. 3. 学会简单的生日祝福语。 Learn to say simple birthday blessings.	1. 固定格式（Fixed Pattern）"可+V+的+（N）" 2. 固定用法（Fixed Usage）"什么的" 3. 连词（Conjunction）"可是" 4. 副词（Adverb）"没"和"不" 5. 副词（Adverb）"才$_1$" 6. 指示代词（Demonstrative Pronoun）"这么""那么" 7. "有"字句$_2$（"有" Sentence $_2$） 8. 固定用法（Fixed Usage）"什么时候"

话题 Topics	功能目标 Objectives	语言点 Language Points
1. 学习情况（写作业、看书） Study (doing homework, reading books) 2. 社会交往（邀请、建议） Social Interaction (invitation, suggestion)	1. 学会询问和表达正在做的事情。 Learn to ask and describe what someone is doing. 2. 学会用简单的用语描述学习情况。 Learn to use simple expressions to describe your study situation. 3. 学会表达邀请。 Learn to make an invitation. 4. 学会提出建议。 Learn to give advice.	1. 副词（Adverb）"在" "正在" 2. 副词（Adverb）"刚" 3. 固定格式（Fixed Pattern）"不太+A/V" 4. 地点状语（Adverbial of Place） 5. 数量词（Quantifier）"一点儿" 6. 动词（Verb）"抓紧" 7. 动词（Verb）"请" 8. 副词（Adverb）"还$_2$" 9. 动词（Verb）"带" 10. 连动句（Sentences with Verbal Constructions in Series）

话题 Topics	功能目标 Objectives	语言点 Language Points
1. 计划安排（周末安排） Plans and Arrangements (weekend arrangements) 2. 交通出行（出行方式） Transportation (ways to travel)	1. 学会表达和讨论计划安排。 Learn to describe and discuss plans and arrangements. 2. 学会表达和讨论出行交通方式。 Learn to describe and discuss ways to travel.	1. 动词的正反疑问句（The Affirmative-negative Question of Verbs） 2. 动词重叠（Reduplication of Verbs）"VV" 3. 固定用法（Fixed Usage）"和……一样" 4. 固定用法（Fixed Usage）"跟……一起" 5. 承接关系复句（Complex Sentence of Successive Relation）"先……，然后……" 6. 号码表达法（Number Expression）

话题 Topics	功能目标 Objectives	语言点 Language Points
天气和气候（天气现象、体感） Weather and Climate (weather, feelings to the weather)	1. 学会常见天气现象的表达。 Learn to describe common weather. 2. 学会描述温度和体感。 Learn to describe temperature and feelings to the weather. 3. 学会谈论季节和气候。 Learn to talk about seasons and climate.	1. 程度副词（Adverb of Degree）"最" 2. 固定用法（Fixed Usage）"快要/要……了" 3. 固定用法（Fixed Usage）"……的时候" 4. 副词（Adverb）"差不多$_1$" 5. 连词（Conjunction）"不过" 6. 形容词的正反疑问句（The Affirmative-negative Question of Adjectives） 7. 疑问代词（Interrogative Pronoun）"怎么样" 8. 程度副词（Adverb of Degree）"比较" 9. 固定格式（Fixed Pattern）"不A不B" 10. 假设关系复句（Complex Sentence of Hypothetical Relation）"如果……的话，就……"

话题 Topics	功能目标 Objectives	语言点 Language Points
1. 购物（商品描述、挑选） Shopping (description and selection of products) 2. 物品信息（颜色、大小、优缺点） Object Information (colour, size, strengths and weaknesses) 3. 个人信息（身材、优点） Personal Information (figure, merit)	1. 学会常用的颜色词。 Learn to say common colours. 2. 学会表达对颜色的喜好。 Learn to express your preference for colours. 3. 学会描述人的身材、物品的大小。 Learn to describe the figure of people and the size of objects. 4. 学会描述人和物品的优缺点。 Learn to describe the strengths and weaknesses of people and objects.	1. 程度副词（Adverb of Degree）"有点儿"和数量词（Quantifier）"一点儿" 2. "的"字结构（"的" Structure） 3. 连词（Conjunction）"还是$_1$" 4. "麻烦"的名词、动词、形容词用法（"麻烦" as a Noun, a Verb and an Adjective） 5. 副词（Adverb）"好像" 6. 固定用法（Fixed Usage）"……啦，……啦" 7. 固定用法（Fixed Usage）"为什么"

话题 Topics	功能目标 Objectives	语言点 Language Points
1. 个人信息（身高、体重） Personal Information (height, weight) 2. 物品信息（颜色、大小、款式、价格） Object Information (colour, size, style, price) 3. 购物（商品描述、挑选） Shopping (description and selection of products)	1. 学会询问和表达身高、体重。 Learn to ask about and describe height and weight. 2. 学会常见服饰的名称。 Learn to say the names of common clothes. 3. 学会描述和表达衣物的颜色、大小、款式、价格。 Learn to describe the colour, size, style and price of clothes. 4. 学会购物时的常用表达。 Learn the common shopping expressions.	1. "比"字句（"比" Sentence） 2. 固定格式（Fixed Pattern）"（有）+多+A" 3. 程度副词（Adverb of Degree）"挺" 4. 固定用法（Fixed Usage）"看起来" 5. 固定用法（Fixed Usage）"一点儿也不" 6. 固定用法（Fixed Usage）"可……了" 7. 助动词（Auxiliary Verb）"应该$_1$" 8. 语气助词（Modal Particle）"吧$_3$" 9. 动词重叠（Reduplication of Verbs）"V一V" 10. 副词（Adverb）"再$_2$"

话题 Topics	功能目标 Objectives	语言点 Language Points
1. 学习情况（复习考试） Study (reviewing for an examination) 2. 课余生活（逛街、听演唱会、看书） Extracurricular Life (going shopping, listening to concerts, reading books)	1. 学会谈论考试复习情况。 Learn to talk about the revision for an examination. 2. 学会谈论课余生活安排。 Learn to talk about extracurricular arrangements.	1. 副词（Adverb）"好好" 2. 助动词（Auxiliary Verb）"应该$_2$" 3. 固定格式（Fixed Pattern）"多/少+V" 4. 连词（Conjunction）"而" 5. 副词（Adverb）"一定$_1$" 6. 助词（Particle）"了$_1$" 7. 副词（Adverb）"已经" 8. 副词（Adverb）"才$_2$" 9. 程度副词（Adverb of Degree）"更"

话题 Topics	功能目标 Objectives	语言点 Language Points
职场生活（出差、加班） Work (going on business trips, working overtime)	1. 学会询问和回答出差安排。 Learn to ask and answer questions about business trip arrangements. 2. 学会熬夜和加班的常用表达。 Learn common expressions about staying up late and working overtime.	1. 固定用法（Fixed Usage）“怎么了” 2. 助动词（Auxiliary Verb）“会” 3. 副词（Adverb）“别” 4. 副词（Adverb）“又$_1$” 5. 动量词（Verbal Measure Word）“趟” 6. 副词（Adverb）“大概” 7. 疑问代词（Interrogative Pronoun）“什么$_2$” 8. 动量词（Verbal Measure Word）“遍” 9. 副词（Adverb）“不要” 10. 名词（Noun）“左右”

话题 Topics	功能目标 Objectives	语言点 Language Points
1. 文化娱乐（玩游戏、看电影） Entertainment (playing games, watching movies) 2. 学习情况（写作业、学习方法） Study (doing homework, learning methods)	1. 学会常见的文化娱乐活动的表达。 Learn to say the names of common recreational activities. 2. 学会用简单的用语描述学习情况。 Learn to use simple expressions to describe your study situation. 3. 学会询问和回答学习方法。 Learn to ask and answer questions about learning methods.	1. 动态助词（Aspect Particle）“了$_2$” 2. 动词（Verb）“让$_1$” 3. 简单趋向补语（Simple Complement of Direction） 4. 固定用法（Fixed Usage）“对……有/没有好处” 5. 因果关系复句（Complex Sentence of Causative Relation）“因为……，所以……” 6. 固定用法（Fixed Usage）“像……一样” 7. 固定用法（Fixed Usage）“整天” 8. 固定用法（Fixed Usage）“越来越……” 9. 介词（Preposition）“通过” 10. 固定用法（Fixed Usage）“对……感兴趣” 11. 结果补语（Complement of Result）

话题 Topics	功能目标 Objectives	语言点 Language Points
医疗健康（生病、看病） Health (being sick, seeing a doctor)	1. 学会描述身体状况。 Learn to describe physical condition. 2. 学会看病时的常用表达。 Learn common expressions that can be used when seeing a doctor. 3. 学会询问和回答生病时的注意事项。 Learn to ask and answer questions about what you should pay attention to when you are sick.	1. 复合趋向补语（Compound Complement of Direction） 2. 助动词（Auxiliary Verb）"能"和"可以" 3. 连词（Conjunction）"而且" 4. 连词（Conjunction）"但是" 5. 副词（Adverb）"最好" 6. "原来"的副词和时间名词用法（"原来"as an Adverb and a Noun of Time） 7. 副词（Adverb）"怪不得" 8. 假设关系复句（Complex Sentence of Hypothetical Relation）"要是……的话，（就）……" 9. 条件关系复句（Complex Sentence of Conditional Relation）"只有……才……"

话题 Topics	功能目标 Objectives	语言点 Language Points
1. 社会交往（邀请、做客） Social Interaction (invitation, being a guest) 2. 交通出行（出行方式、坐错车） Transportation (ways to travel, taking the wrong bus) 3. 处所信息（地点、路线、周边环境） Location (place, route, surroundings)	1. 学会邀请别人到家中做客。 Learn to invite people to your house. 2. 学会到别人家做客时的常用表达。 Learn common expressions that can be used when being a guest at someone's house. 3. 学会表达出行方式和描述路线。 Learn to explain your ways to travel and describe routes.	1. 副词（Adverb）"好" 2. 副词（Adverb）"特别$_1$" 3. 动态助词（Aspect Particle）"着$_2$" 4. 形容词重叠（Reduplication of Adjectives） 5. 固定用法（Fixed Usage）"对……来说" 6. 副词（Adverb）"再$_3$" 7. 感叹句（Exclamatory Sentence）"多……啊！" 8. 转折关系复句（Complex Sentence of Adversative Relation）"……是……，就是……" 9. 反问句（Rhetorical Question）"不是……吗？" 10. 副词（Adverb）"一定$_2$" 11. 副词（Adverb）"还是$_3$"

话题 Topics	功能目标 Objectives	语言点 Language Points
1. 个人信息（家人、家乡） Personal Information (family, hometown) 2. 文化娱乐（体育比赛） Entertainment (sports games)	1. 学会谈论家人和家乡。 Learn to talk about your family and hometown. 2. 学会谈论体育比赛。 Learn to talk about a sports game.	1. 副词（Adverb）“整整” 2. “把”字句$_1$（“把” Sentence$_1$） 3. 固定用法（Fixed Usage）“特别是” 4. 副词（Adverb）“至少” 5. 动词（Verb）“听说” 6. 副词（Adverb）“肯定” 7. 副词（Adverb）“只好” 8. 动词（Verb）“估计” 9. 条件关系复句（Complex Sentence of Conditional Relation）“无论/不管……，都/也……”

话题 Topics	功能目标 Objectives	语言点 Language Points
1. 课余生活（假期安排） Extracurricular Life (vacation arrangements) 2. 旅游出行（旅行计划） Travel (travel plans) 3. 社会交往（寒暄） Social Interaction (pleasantries)	1. 学会谈论假期安排。 Learn to talk about vacation arrangements. 2. 学会谈论旅行计划。 Learn to talk about travel plans. 3. 学会表达寒暄。 Learn to exchange pleasantries.	1. 动态助词（Aspect Particle）“着$_3$” 2. 俗语（Proverb）“饭后百步走，能活九十九” 3. 副词（Adverb）“本来” 4. 固定用法（Fixed Usage）“不得不” 5. “把”字句$_2$（“把” Sentence$_2$） 6. 离合词（Detachable Verb）“见面” 7. 形容词（Adjective）“准时” 8. 副词（Adverb）“实在” 9. 副词（Adverb）“确实” 10. 固定用法（Fixed Usage）“该……了”

话题 Topics	功能目标 Objectives	语言点 Language Points
交通出行（堵车、遗失和找回物品） Transportation (traffic jams, losing and finding things)	1. 学会谈论堵车这一常见交通问题。 Learn to talk about the common traffic problem—traffic jams. 2. 学会寻找遗失物品的常用表达。 Learn common expressions that can be used when finding lost things.	1. 固定用法（Fixed Usage）“别提了” 2. “被”字句（“被”Sentence） 3. 动词（Verb）“弄” 4. 形容词（Adjective）“特别$_2$” 5. 介词（Preposition）“叫$_2$” 6. 话语标记（Discourse Marker）“这个”“那个” 7. 条件关系复句（Complex Sentence of Conditional Relation）“只要……，就……”

话题 Topics	功能目标 Objectives	语言点 Language Points
1. 课余生活（周末安排、兼职） Extracurricular Life (weekend arrangements, part-time jobs) 2. 社会交往（鼓励） Social Interaction (encouragement)	1. 学会询问和回答周末安排。 Learn to ask and answer questions about weekend arrangements. 2. 学会谈论兼职工作信息。 Learn to talk about part-time jobs. 3. 学会鼓励别人。 Learn to encourage others.	1. 副词（Adverb）“难道” 2. 递进关系复句（Complex Sentence of Progressive Relation）“不仅/不但……，而且……” 3. 固定用法（Fixed Usage）“又……又……” 4. 副词（Adverb）“恐怕” 5. 固定用法（Fixed Usage）“既……又……” 6. 固定用法（Fixed Usage）“算了” 7. 固定用法（Fixed Usage）“才是” 8. 副词（Adverb）“总是” 9. 固定格式（Fixed Pattern）“V+什么+（O）” 10. 副词（Adverb）“又$_2$” 11. 因果关系复句（Complex Sentence of Causative Relation）“既然……，就……” 12. 俗语（Proverb）“失败是成功之母”

第一课 LESSON

你好！

Hello!

学习目标 Learning Goals

重点生词 / Key Words

什么　　也　　哪

重点语言点 / Key Language Points

1. "是"字句$_1$（"是"Sentence$_1$）
2. 语气助词（Modal Particle）"吗"
3. 语气助词（Modal Particle）"呢"
4. 疑问代词（Interrogative Pronoun）"哪""什么"

PART 1

第一部分

词句学练 Vocabulary and Sentences

预习词语 / Preview the Words

1-1

1	你	nǐ	代	you
2	好	hǎo	形	good, fine
3	叫	jiào	动	be called
4	什么	shénme	代	what
5	名字	míngzi	名	name
6	我	wǒ	代	I, me
7	是	shì	动	be
8	留学生	liúxuéshēng	名	international student
9	吗	ma	助	☞ *Language Point 3*
10	呢	ne	助	☞ *Language Point 4*
11	也	yě	副	also, too
12	哪	nǎ	代	which
13	国	guó	名	country, nation
14	人	rén	名	person, people
15	不	bù	副	not
16	很	hěn	副	very
17	高兴	gāoxìng	形	glad, happy
18	认识	rènshi	动	know

1	土耳其	Tǔ'ěrqí	Turkey
2	美国	Měiguó	United States of America
3	法国	Fǎguó	France

1. 听录音，跟读生词。 1-1

Listen to the recording and repeat the new words.

2. 书写汉字。Write the characters.

好（你好）㇛ 女 女 女' 好 好

我（我叫阿尔达）´ 二 于 手 我 我 我

是（我是土耳其人）丨 冂 日 日 旦 早 早 早 是

留（留学生）´ ㇛ ㇛ 切 切 留 留 留 留 留

吗（你是美国人吗）丨 口 口 叮 吗 吗

哪（你是哪国人）丨 口 口 叮 叮 吗 明 明 哪 哪

3. 将下列词语与对应的图片连线。

Match the following words to the corresponding pictures.

法国
中国
美国
英国
土耳其

中国
Zhōngguó 专名
China
英国 Yīngguó 专名
United Kingdom

4. 听录音，跟读句子。 1-2

Listen to the recording and repeat the sentences.

你叫什么名字？
我叫阿尔达。

我是留学生。
我不是美国人。

你是留学生吗？
你是美国人吗？

你呢？
玛利亚呢？

我也是留学生。
我也很高兴认识你。

你是哪国人？
你叫什么名字？

课文讲练 Text

课文热身 / Warm Up

听录音，选择正确的图片。 1-3

Listen to the recording and choose the correct pictures.

A. 

B. 

C. 

❶ ________ ❷ ________ ❸ ________

课文 / Text 1-4

玛利亚：你好！

阿尔达：你好！

玛利亚：你叫什么名字？

阿尔达：我叫阿尔达。

玛利亚：阿尔达，你好！我叫玛利亚。你是留学生吗？

阿尔达：是，我是留学生，你呢？

玛利亚：我也是留学生。你是哪国人？

1. 阿尔达是哪国人？
2. 玛利亚是美国人吗？

阿尔达：我是土耳其人。你是美国人吗？

玛利亚：不，我不是美国人，我是法国人。很高兴认识你。

阿尔达：我也很高兴认识你。

Mǎlìyà: Nǐ hǎo!

Ā'ěrdá: Nǐ hǎo!

Mǎlìyà: Nǐ jiào shénme míngzi?

Ā'ěrdá: Wǒ jiào Ā'ěrdá.

Mǎlìyà: Ā'ěrdá, nǐ hǎo! Wǒ jiào Mǎlìyà. Nǐ shì liúxuéshēng ma?

Ā'ěrdá: Shì, wǒ shì liúxuéshēng, nǐ ne?

Mǎlìyà: Wǒ yě shì liúxuéshēng. Nǐ shì nǎ guó rén?

Ā'ěrdá: Wǒ shì Tǔ'ěrqírén. Nǐ shì Měiguórén ma?

Mǎlìyà: Bù, wǒ bú shì Měiguórén, wǒ shì Fǎguórén. Hěn gāoxìng rènshi nǐ.

Ā'ěrdá: Wǒ yě hěn gāoxìng rènshi nǐ.

语言点注解 / Language Points

1. 叫$_1$

“叫”通常用于双方不认识的时候询问或介绍名字，如“你叫什么名字？”“我叫玛利亚”。如果双方已经认识或彼此知道，要用“是”，例如玛利亚给阿尔达打电话的时候说“阿尔达，我是玛利亚”。

“叫” is generally used to ask or introduce names when two parties do not know one another, for example, “你叫什么名字？” and “我叫玛利亚”. If the two parties already know each other, “是” is used. For example, when Maria calls Alda, she should say “阿尔达，我是玛利亚”.

2. “是”字句$_1$（“是” Sentence$_1$）

“是”字句的基本形式是：

The basic forms of “是” sentence are:

肯定句（Positive）：	S+ 是 +N	阿尔达是留学生。
否定句（Negative）：	S+ 不是 +N	阿尔达不是中国人。
疑问句（Interrogative）：	S+ 是 +N+ 吗？	玛利亚是法国人吗？

注：汉语中的“是”没有时态变化。

Note: “是” in Chinese does not change tenses.

例如：十年前我是学生，现在我是老师。

(I was a student ten years ago, now I am a teacher.)

学生 xuésheng 名 student
老师 lǎoshī 名 teacher

(1) 组词成句。 Put the words in the correct order to make sentences.

1. 玛利亚 法国人 是

____

2. 留学生 我 是 不

____

3. 吗 你 阿尔达 是

____

(2) 把下列肯定句变成否定句和疑问句。

Change the following positive sentences into negative and interrogative sentences.

例如：他是学生。→ 他不是学生。

→ 他是学生吗?

1. 阿尔达是土耳其人。→ ______________________

→ ______________________

2. 玛利亚是留学生。→ ______________________

→ ______________________

3. 吗

陈述句句尾加上语气助词“吗”是汉语的一般疑问句。这种问句和它的答句语序一样。

基本形式（Basic form）：陈述句（Declarative sentence）+ 吗?

The modal particle “吗” is placed at the end of a declarative sentence in order to make a general interrogative sentence in Chinese. The word order of the question sentence is the same as the answer sentence.

例如：A：你是留学生吗？

B：（是，）我是留学生。/（不，）我不是留学生。

根据答句，用"吗"写出问句。

Write questions with "吗" based on the answers.

1. A：______________________

   B：我不是美国人。

2. A：______________________

   B：我是老师。

3. A：______________________

   B：我认识玛利亚。

4. 呢

语气助词"呢"表示疑问。在一定语境中，名词、代词后直接加"呢"构成疑问句，省略的内容由上文决定。

The modal particle "呢" is used to express the interrogative tone. In certain contexts, "呢" is used directly after a noun or a pronoun to form an interrogative sentence. What to omit depends on the previous context.

例如：A：阿尔达是哪国人？

B：阿尔达是土耳其人。

A：玛利亚呢？（＝玛利亚是哪国人？）

B：玛利亚是法国人。

写出画线部分语句的意思。 Write the meaning of the underlined part.

例如：A：你是哪国人？

B：我是中国人，<u>你呢？</u>

你是哪国人？

1. A：你叫什么名字？

   B：我叫阿尔达，<u>你呢？</u>

   ____

② A：你是留学生吗？

B：我不是留学生。

A：阿尔达呢？

____

5. 也

"也"是一个副词，表示情况相同，它要放在动词或形容词的前边。

"也" is an adverb, indicating a similar situation. It should be used before a verb or an adjective.

例如：阿尔达是留学生，玛利亚也是留学生。

用"也"改写下列句子。 Paraphrase the following sentences with "也".

① 他是学生，我是学生。

→ ______________________________

② 阿尔达不是中国人，玛利亚不是中国人。

→ ______________________________

③ 阿尔达很高兴，玛利亚很高兴。

→ ______________________________

6. 哪、什么

由疑问代词"哪"或"什么"构成的疑问句，语序与陈述句相同，但句尾不用"吗"。

An interrogative sentence that contains the interrogative pronoun "哪" or "什么" has the same word order as a declarative sentence, but does not end with "吗".

例如：① A：你是哪国人？

B：我是法国人。

② A：你叫什么名字？

B：我叫阿尔达。

课文练习 / Text Exercises

1. 听录音，在听到的拼音上画“√”。 1-5

Listen to the recording and put a “√” on the *Pinyin* you hear.

① nǐ—mǐ ② shì—sì ③ réng—rén ④ zhēng—zhōng ⑤ bú—pū

⑥ qī—chī ⑦ gāo—kǎo ⑧ xiào—jiào ⑨ nǎ—nà ⑩ yé—yě

2. 给下列词语注音。Write *Pinyin* for the following words.

① 你好 ② 你呢 ③ 留学生 ④ 什么

⑤ 名字 ⑥ 叫 ⑦ 法国人 ⑧ 高兴

3. 听课文录音，判断对错，对的画“√”，错的画“×”。 1-4

Listen to the text and decide if the statements are true or false. Mark “√” if true and “×” if false.

① 玛利亚是留学生。 ( )

② 阿尔达是中国人。 ( )

③ 玛利亚不是美国人，阿尔达也不是美国人。 ( )

④ 阿尔达很高兴认识玛利亚，玛利亚也很高兴认识阿尔达。 ( )

4. 听课文录音，完成句子。 1-4

Listen to the text and complete the sentences.

① 你叫 __________ 名字？

② 玛利亚 __________ 留学生，阿尔达 __________ 是留学生。

③ 阿尔达 __________ 是中国学生。

④ 阿尔达是 __________ 人，玛利亚是 __________ 人。

听读实践 Listening and Reading Practice

1. 听录音，将对话补充完整，然后读一读。 1-6

Listen to the recording, complete the dialogue and then read it aloud.

张义达：我姓张，叫张义达，是汉语老师。你叫什么（　　　）？

玛利亚：老师，您好！我叫玛利亚，是（　　　）。

张义达：他呢？

玛利亚：他叫阿尔达。

张义达：他（　　　）留学生吗？

玛利亚：他（　　　）留学生。

张义达：他是（　　　）国人？

玛利亚：他是土耳其人。

张 义 达：你们好！

留学生们：老师，您好！

张 义 达：（　　　　　）你们！

留学生们：我们（　　　　　）您！

姓　xìng　动
be surnamed

汉语　Hànyǔ　专名
Chinese

您　nín　代
(honour) you

他　tā　代
he, him

们　men　后缀
[used after a personal pronoun or a noun to show plural number]

注 Notes：

❶ 中国人的姓名顺序为姓在前，名在后。比如，玛利亚的汉语老师叫“张义达”，“张”是他的姓。中国人常见的姓氏有“李（Lǐ）、王（Wáng）、张（Zhāng）、刘（Liú）、陈（Chén）、杨（Yáng）”等等。

The order of a Chinese name is family name/surname first, then given name. For example, Maria's Chinese teacher is called “张义达”. “张” is his family name. Common family names are “李（Lǐ）、王（Wáng）、张（Zhāng）、刘（Liú）、陈（Chén）、杨（Yáng）”, etc.

❷ “您”和“你”（“您” and “你”）

	您	你
情感色彩 Emotional Meaning	尊敬、客气 To show respect and politeness	没有尊敬、客气的色彩 Not to show respect and politeness
复数形式 Plural Form	没有复数形式　您们 × No plural form	有复数形式　你们 √ “你们” is the plural form

❸ “们”表示复数，一般放在人称代词或表示人的名词后，如“我们”“你们”“老师们”。

“们” is used to indicate the plural form. It is usually used after a personal pronoun or a noun that represents a person, for example, “我们”, “你们” and “老师们”.

2. 根据练习1的对话内容，完成下面的表格。

Complete the following table based on the dialogue in Exercise 1.

姓名 Name	国家 Nationality	职业 Occupation
玛利亚	法国	留学生
张义达		
阿尔达		

3. 为图片选择对应的句子。

Choose the corresponding sentences for the pictures.

A. 他们是法国人。　　B. 我是汉语老师。

C. 他很高兴。　　D. 很高兴认识你。

(　　)

(　　)

(　　)

(　　)

交际训练 Communication Practice

1. 两人一组，模仿课文1进行角色扮演，注意根据自己的实际情况替换课文中的名字、国籍。

   Work in pairs and do a role-play to act out a dialogue similar to Text 1. You may change the names and nationalities in the text accordingly.

2. 根据练习1的对话内容，模仿示例，介绍一下自己的同伴。你可能会用到表中的词语。

   Use the following sentence as an example and introduce your partner based on the dialogue in Exercise 1. You may use the words in the table.

   他叫阿尔达，他是留学生，他是土耳其人。

她	tā	代	she, her
日本	Rìběn	专名	Japan
韩国	Hánguó	专名	South Korea
泰国	Tàiguó	专名	Thailand
越南	Yuènán	专名	Vietnam
俄罗斯	Éluósī	专名	Russia
加拿大	Jiānádà	专名	Canada
德国	Déguó	专名	Germany
澳大利亚	Àodàlìyà	专名	Australia

学后反思 Reflection

1. 你会用汉语介绍你自己吗？

   Can you introduce yourself in Chinese?

2. 你觉得本课哪些生词比较难记或者不容易读？

   Which new words do you think are difficult to memorise or to read in this lesson?

3. 你学到了哪些句型和语法？请用本课的语言点说几个句子。

   What sentence patterns and grammar have you learned? Use the language points in this lesson to make several sentences.

第二课 LESSON 2

这是什么书？

What kind of book is this?

学习目标 Learning Goals

重点生词 / Key Words

这　那　们　这些　那些

重点语言点 / Key Language Points

1. 结构助词（Structural Particle）“的”
2. 副词（Adverb）“都$_1$”
3. 疑问代词（Interrogative Pronoun）“谁”
4. 疑问代词（Interrogative Pronoun）“什么$_1$”
5. 语气助词（Modal Particle）“吧$_1$”

PART 1

第一部分

词句学练 Vocabulary and Sentences

预习词语 / Preview the Words

2-1

1	请问	qǐngwèn	动	excuse me
2	这	zhè	代	this
3	来	lái	动	[used before a verb or a verbal expression] will/shall do sth
4	介绍	jièshào	动	introduce
5	一下	yíxià	数量	[used after a verb as its complement, indicating an act or an attempt] one time, once
6	她	tā	代	she, her
7	他	tā	代	he, him
8	的	de	助	☞ *Language Point 1*
9	同学	tóngxué	名	classmate
10	们	men	后缀	[used after a personal pronoun or a noun to show plural number]
11	室友	shìyǒu	名	roommate
12	朋友	péngyou	名	friend

1. 听录音，跟读生词。 2-1

Listen to the recording and repeat the new words.

2. 书写汉字。 Write the characters.

请（请问） 丶 讠 讠 讠 讠 请 请 请 请 请

这（这是） 丶 亠 亣 文 文 这 这

来（我来介绍一下） 一 丆 亖 二 平 平 来

绍（介绍） 乚 幺 纟 纟 纫 纫 绍 绍

她（她叫艾米丽） 乚 女 女 如 她 她

室（室友） 丶 丶 宀 宀 宀 宀 室 室 室

3. **用正确的声调朗读下列生词，然后模仿示例，用所给句式造句。**

Read aloud the following words in the correct tone and make sentences with the given sentence patterns as the examples show.

老师　学生　同学　室友　朋友

1. ……是我的……

   例如：他是我的老师。

2. 我们是……

   例如：我们是同学。

4. **听录音，跟读句子。** 2-2

Listen to the recording and repeat the sentences.

他是土耳其人，是我们的同学。
她是我的室友。

课文讲练 Text

课文热身 / Warm Up

将下列图片和对应的句子连线。

Match the following pictures to the corresponding sentences.

我们是室友。

我来介绍一下。

他们是朋友。

她是我们的老师。

课文 1 / Text 1

2-3

阿尔达：玛利亚，你好！

玛利亚：你好，阿尔达！

阿尔达：请问，这是？

玛利亚：我来介绍一下，她叫艾米丽，是美国人。艾米丽，这是阿尔达，他是土耳其人，是我们的同学。

艾米丽：你好，阿尔达！

阿尔达：你好，艾米丽！很高兴认识你！

艾米丽：我也很高兴认识你！

阿尔达：你们是室友吗？

玛利亚：是，我们是室友。

艾米丽：也是朋友！

❶ 艾米丽是谁？

❷ 艾米丽是玛利亚的朋友吗？

Ā'ěrdá: Mǎlìyà, nǐ hǎo!

Mǎlìyà: Nǐ hǎo, Ā'ěrdá!

Ā'ěrdá: Qǐngwèn, zhè shì?

Mǎlìyà: Wǒ lái jièshào yíxià, tā jiào Àimǐlì, shì Měiguórén. Àimǐlì, zhè shì Ā'ěrdá, tā shì Tǔ'ěrqírén, shì wǒmen de tóngxué.

Àimǐlì: Nǐ hǎo, Ā'ěrdá!

Ā'ěrdá: Nǐ hǎo, Àimǐlì! Hěn gāoxìng rènshi nǐ!

Àimǐlì: Wǒ yě hěn gāoxìng rènshi nǐ!

Ā'ěrdá: Nǐmen shì shìyǒu ma?

Mǎlìyà: Shì, wǒmen shì shìyǒu.

Àimǐlì: Yě shì péngyou!

语言点注解 / Language Points

1. 的

结构助词“的”的常见用法是“……的 +N”，“的”前边的成分用来修饰名词。“的”有时可以省略。

The common way to use the structural particle “的” is “……的+N”. The component before “的” is used to modify the noun. Sometimes “的” can be omitted.

例如：他是我的老师。

她是我的同学。

她是我朋友。

组词成句。 Put the words in the correct order to make sentences.

1. 她　玛利亚　是　室友　的

   ____

2. 朋友　的　不　我　阿尔达　是

   ____

3. 老师　他　我们　是　的

   ____

4. 同学　他　的　艾米丽　是

   ____

课文练习 / Text Exercises

1. 听课文录音，判断对错，对的画“√”，错的画“×”。 2-3

Listen to the text and decide if the statements are true or false. Mark “√” if true and “×” if false.

1. 阿尔达是美国人。　(　　)
2. 艾米丽是阿尔达的室友。　(　　)
3. 艾米丽不是中国人。　(　　)
4. 玛利亚的室友是艾米丽。　(　　)

2. 听课文录音，完成句子。 2-3

Listen to the text and complete the sentences.

1. 我来 ________ 一下，她叫艾米丽，是美国人。
2. 他是土耳其人，是我们的 ________。
3. 我也很高兴 ________ 你！
4. 我们是 ________，也是 ________。

词句学练 Vocabulary and Sentences

预习词语 / Preview the Words

2-4

1	这些	zhèxiē	代	these
2	都	dōu	副	all, both
3	谁	shéi	代	who
4	书	shū	名	book
5	那些	nàxiē	代	those
6	一	yī	数	one
7	本	běn	量	[used for books]
8	音乐	yīnyuè	名	music
9	杂志	zázhì	名	magazine
10	那	nà	代	that
11	词典	cídiǎn	名	dictionary
12	吧	ba	助	☞ *Language Point 4*

1	汉语	Hànyǔ		Chinese

1. 听录音，跟读生词。 2-4

Listen to the recording and repeat the new words.

2. 书写汉字。 Write the characters.

都（都是） 一 十 土 耂 耂 者 者 者 者⻏ 都

谁（谁的）

书（我的书）

那（那些）

乐（音乐）

典（词典）

3. 为图片选择对应的词语。

Choose the corresponding words for the pictures.

A. 音乐杂志　　B. 英语书　　C. 汉语词典　　D. 法语书

英语　Yīngyǔ　专名
English

法语　Fǎyǔ　专名
French

（　　）

（　　）

（　　）

（　　）

4. 听录音，跟读句子。 2-5

Listen to the recording and repeat the sentences.

这些都是谁的书？
这些不都是我的书。

这些都是谁的书？
她是谁？

这是什么书？
他叫什么名字？

那是汉语词典吧？
她是你的朋友吧？

课文讲练 Text

课文热身 / Warm Up

听对话，为下列句子排序。 2-6

Listen to the dialogue and put the following sentences in order.

1. 这是我的词典。
2. 这是什么词典？
3. 这是谁的词典？
4. 这是一本词典。
5. 汉语词典。
6. 请问，这是什么？

____

课文 2 / Text 2 2-7

艾米丽：阿尔达，这些都是谁的书？是你的书吗？

阿尔达：不都是，这些是我的书，那些是我室友的书。

艾米丽：这是什么书？

❶ 这是什么杂志？

❷ 那是阿尔达的词典吗？

阿尔达：这是一本音乐杂志。

艾米丽：是中国的杂志吗？

阿尔达：是。

艾米丽：那是你的词典吗？

阿尔达：不是，那是我室友的词典。

艾米丽：是汉语词典吧？

阿尔达：是。

Àimǐlì: Ā'ěrdá, zhèxiē dōu shì shéi de shū? Shì nǐ de shū ma?

Ā'ěrdá: Bù dōu shì, zhèxiē shì wǒ de shū, nàxiē shì wǒ shìyǒu de shū.

Àimǐlì: Zhè shì shénme shū?

Ā'ěrdá: Zhè shì yì běn yīnyuè zázhì.

Àimǐlì: Shì Zhōngguó de zázhì ma?

Ā'ěrdá: Shì.

Àimǐlì: Nà shì nǐ de cídiǎn ma?

Ā'ěrdá: Bú shì, nà shì wǒ shìyǒu de cídiǎn.

Àimǐlì: Shì Hànyǔ cídiǎn ba?

Ā'ěrdá: Shì.

语言点注解 / Language Points

1. 都₁

副词"都"表示前面所说的人或事物中的每一个个体都包括在内，放在动词或形容词之前。注意：当"都"放在否定词之前时，表示全部否定，如"都不"；当"都"放在否定词之后时，表示部分否定，如"不都"。

The adverb "都" means that every single person or thing mentioned before "都" is included. It is placed before a verb or an adjective. Note that when "都" is placed before a negative word, it indicates complete negation, for example, "都不"; when "都" is placed after a negative word, it indicates partial negation, for example, "不都".

例如：这些都是我的书。
　　　我们都很高兴。
　　　你们都不认识他吗？
　　　他们不都是美国人。

组词成句。 Put the words in the correct order to make sentences.

1. 都　留学生　我们　是

____

2. 他们　朋友　你的　都　是　吗

____

3. 我　认识　这些人　不　都

____

4. 都　不　他们　法国人　是，是　美国人　艾米丽

____

2. 谁

疑问代词"谁"用于询问人。

The interrogative pronoun "谁" is used to ask about a person.

例如：你是谁？
　　　玛利亚是谁？
　　　谁是艾米丽？

"谁"加上"的"，即"谁的"，用于修饰名词，询问领属关系。

"谁" followed by "的", namely "谁的", is used to modify a noun and ask about ownership.

例如：这是谁的杂志？

阿尔达是谁的同学？

用"谁"或"谁的"填空。 Fill in the blanks with "谁" or "谁的".

1. 她是（　　　　）？
2. 他是（　　　　）的室友？
3. 这本书是（　　　　）？
4. 艾米丽是（　　　　）朋友？
5. 那是（　　　　）词典？

3. 什么$_1$

"什么"是疑问代词，放在名词前，即"什么＋N"，用来询问人、事物、时间、地点等。

"什么" is an interrogative pronoun. It is used before a noun to form the structure "什么+N", which is used to ask about people, things, time or locations, etc.

例如：她叫什么名字？

那是什么杂志？

根据答句，用"什么＋N"写出问句。

Write questions with "什么+N" based on the answers.

1. A：________________________

   B：这是一本汉语词典。

2. A：________________________

   B：那是一本音乐杂志。

3. A：________________________

   B：我叫艾米丽。

4. 吧$_1$

语气助词"吧"位于疑问句句尾，这种问句往往不是单纯提问，常常表示对已知情况的确认。

The modal particle "吧" is placed at the end of an interrogative sentence. This kind of sentence often affirms known things, rather than simply asking a question.

例如：那是汉语书吧？

你们是朋友吧？

把下列肯定句变成疑问句。

Change the following positive sentences into interrogative sentences.

例如：我叫艾米丽。→ 你叫艾米丽吧？

❶ 我叫阿尔达。→ ____________________

❷ 我是他的朋友。→ ____________________

❸ 我们是同学。→ ____________________

❹ 这是我的汉语词典。→ ____________________

❺ 那是他朋友的音乐杂志。→ ____________________

课文练习 / Text Exercises

1. 听录音，在听到的词语上画"√"。 2-8

Listen to the recording and put a "√" on the words you hear.

❶ 那些 …… 这些　　❷ 谁 …… 谁的

❸ 室友 …… 朋友　　❹ 杂志 …… 音乐

❺ 书 …… 本　　❻ 也 …… 都

2. 给下列词语注音。Write *Pinyin* for the following words.

❶ 本　❷ 谁的　❸ 词典　❹ 这些

❺ 汉语　❻ 音乐　❼ 杂志　❽ 英语书

3. 听课文录音，完成句子。 2-7

Listen to the text and complete the sentences.

❶ 这些 ____________ 不都是阿尔达的书。

❷ 那是一本 ____________ 杂志。

❸ ____________ 词典是阿尔达 ____________。

PART 3
第三部分

听读实践 Listening and Reading Practice

五 wǔ 数
five

十 shí 数
ten

个 gè 量
[used before a noun which does not have a fixed measure word of its own]

笔记本 bǐjìběn 名
notebook

1. 听录音，在句子中填上听到的词。 2-9

Listen to the recording and fill in the blanks with the words you hear.

1. 这五本（　　　）杂志是我朋友的书。
2. （　　　）是十个笔记本。
3. 这五本英语书是（　　　）书？

2. 听录音，将对话补充完整，然后读一读。 2-10

Listen to the recording, complete the dialogue and then read it aloud.

阿尔达：玛利亚，这些都是你的（　　　）吗？
玛利亚：不都是。
阿尔达：（　　　）是你的书？
玛利亚：课本和音乐杂志是（　　　）。
阿尔达：这些是（　　　）？
玛利亚：这本（　　　）词典和这些英语书是艾米丽的书。
阿尔达：艾米丽是谁？
玛利亚：她是我的（　　　），也是我的朋友。
阿尔达：这些报纸（　　　）是艾米丽的吗？
玛利亚：不，这些报纸是（　　　）。

课本 kèběn 名
textbook

和 hé 连
and

报纸 bàozhǐ 名
newspaper

3. 根据练习2的对话内容，在表格中分别填入玛利亚和艾米丽的物品。

Fill in the table with Maria's and Emily's belongings based on the dialogue in Exercise 2.

玛利亚	艾米丽

交际训练 Communication Practice

1. 三人一组，模仿课文1进行角色扮演，尽量用到所给词语。

Work in groups of three and do a role-play to act out a dialogue similar to Text 1. Try to use the given words.

这是　来　介绍　一下　的　室友 / 朋友 / 同学

2. 三人一组，每人准备两种物品并把它们放在桌上，模仿下面的对话，每人分别询问其他两个同学各种物品都是谁的。可能会用到表中的词语。

Work in groups of three. Each person chooses two items and puts them on the table. Use the following dialogue as an example and ask the other two students about who owns each item. You may use the words in the table.

A：这（些）是你的书吗？

B：不都是。/ 是，这（些）是我的书。/ 不，这（些）是我室友的书。

手机	shǒujī	名	mobile phone
笔	bǐ	名	pen, pencil
橡皮	xiàngpí	名	eraser

学后反思 Reflection

1. 你的书包里都有什么书？跟你的朋友说一说。

What books do you have in your bag? Talk about them with your friend.

2. 你觉得本课哪些生词比较难记或者不容易读？

Which new words do you think are difficult to memorise or to read in this lesson?

3. 你学到了哪些句型和语法？请用本课的语言点说几个句子。

What sentence patterns and grammar have you learned? Use the language points in this lesson to make several sentences.

第三课 LESSON 3

水几块钱一瓶？

How much is a bottle of water?

学习目标 Learning Goals

重点生词 / Key Words

要　钱　贵　一共

重点语言点 / Key Language Points

1. 副词（Adverb）“再$_1$”
2. 数字表达法（Number Expression）
3. 量词（Measure Word）
4. 疑问代词（Interrogative Pronoun）“几”“多少”
5. 钱数表达法（Money Expression）
6. 形容词谓语句（Sentences with Adjectival Predicates）
7. 感叹句（Exclamatory Sentence）“太……了！”

PART 1

第一部分

词句学练 Vocabulary and Sentences

预习词语 / Preview the Words

3-1

1	售货员	shòuhuòyuán	名	shop assistant, salesperson
2	早上	zǎoshang	名	morning
3	您	nín	代	(honour) you
4	要	yào	助动	want, would like
5	买	mǎi	动	buy
6	个	gè	量	[used before a noun which does not have a fixed measure word of its own]
7	面包	miànbāo	名	bread
8	再	zài	副	again
9	两	liǎng	数	two
10	盒	hé	名	box
11	牛奶	niúnǎi	名	milk
12	多少	duōshao	代	how many, how much
13	钱	qián	名	money
14	十七	shíqī	数	seventeen
15	块	kuài	量	[for silver dollars or paper money]
16	好喝	hǎohē	形	tasty (of drinks)
17	太……了	tài…le		too
18	贵	guì	形	expensive
19	水	shuǐ	名	water
20	几	jǐ	代	how many, how much
21	瓶	píng	名	bottle

22	三	sān	数	three
23	一共	yígòng	副	in all, altogether
24	五	wǔ	数	five
25	六	liù	数	six
26	十一	shíyī	数	eleven
27	给	gěi	动	give
28	十二	shí'èr	数	twelve
29	谢谢	xièxie	动	thank you
30	不客气	bú kèqi		you are welcome
31	找	zhǎo	动	give change
32	毛	máo	量	*mao*, fractional unit of money in China [=1/10 *yuan* or 10 *fen*]

1. 听录音，跟读生词。 3-1

Listen to the recording and repeat the new words.

2. 书写汉字。 Write the characters.

再（再买两盒） 一 丆 厅 币 再 再

两（两盒） 一 丆 丙 丙 丙 两 两

钱（多少钱） 丿 𠂉 𠂉 𠂉 钅 钅 钅 钱 钱 钱

水（两瓶水） 亅 刁 水 水

瓶（一瓶） 丶 丷 䒑 兰 兰 并 并 瓶 瓶 瓶

谢（谢谢） 丶 讠 讠 讠 诮 诮 诮 诮 诮 谢 谢 谢

3. 仿照图片，做动作，说数字。

Do as the pictures demonstrate and say the numbers.

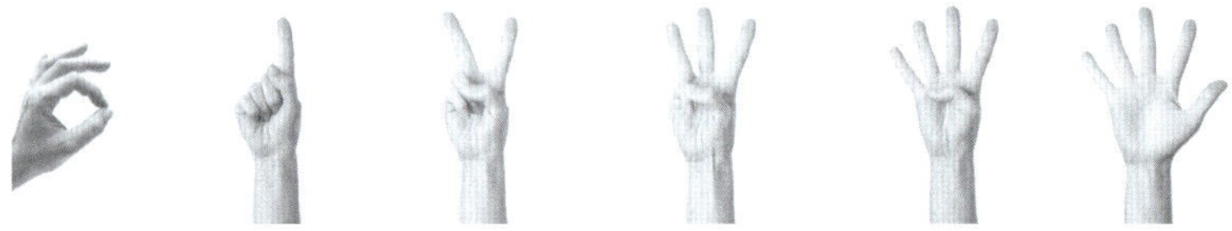

零 líng zero　一 yī one　二 èr two　三 sān three　四 sì four　五 wǔ five

六 liù six　七 qī seven　八 bā eight　九 jiǔ nine　十 shí ten

4. 听录音，跟读数字。 3-2

Listen to the recording and repeat the numbers.

❶ 29 èrshíjiǔ　❷ 30 sānshí　❸ 42 sìshí'èr

❹ 78 qīshíbā　❺ 205 èrbǎi líng wǔ　❻ 814 bābǎi yīshísì

5. 试着读出下列图片中的价格。Try to read the prices in the pictures.

❶ 

❷ 

3 

4 

6. 用正确的声调朗读下列词语，并完成练习。

Read aloud the following words in the correct tone and complete the exercises.

本　牛奶　瓶　个　水　面包　块　盒　钱　音乐杂志　朋友

❶ 将上面的词语根据语义分类，并说出原因。

Classify the above words based on their meanings and explain why.

本 ____________________

牛奶 ____________________

❷ 连线，然后读一读。

Match the words and read aloud the phrases.

	瓶	面包		盒	朋友
一	个	音乐杂志	五	块	牛奶
	本	水		个	钱

7. 听录音，跟读句子。 3-3

Listen to the recording and repeat the sentences.

您要买什么？
我要买一个面包、两瓶水。

我买一个面包，再买两盒牛奶。
我再买一本书。

牛奶多少钱一盒？
水几块钱一瓶？

这牛奶很好喝。
他很高兴。

太贵了！
太好了！

课文讲练 Text

课文热身 / Warm Up

听录音，选择正确的图片。 3-4

Listen to the recording and choose the correct pictures.

A. 

B. 

C. 

D. 

❶ ________ ❷ ________ ❸ ________ ❹ ________

课文 / Text 3-5

❶ 玛利亚要买什么？

❷ 牛奶多少钱一盒？水呢？

售货员：早上好！您要买什么？

玛利亚：早上好！我买一个面包，再买两盒牛奶。牛奶多少钱一盒？

售货员：牛奶十七块钱一盒，这牛奶很好喝。

玛利亚：太贵了！水几块钱一瓶？

售货员：水三块钱一瓶。

玛利亚：我要买一个面包、两瓶水，一共多少钱？

售货员：一个面包五块五，两瓶水六块，一共十一块五。

玛利亚：给你十二块，谢谢。

售货员：不客气，找您五毛。

Shòuhuòyuán: Zǎoshang hǎo! Nín yào mǎi shénme?

Mǎlìyà: Zǎoshang hǎo! Wǒ mǎi yí gè miànbāo, zài mǎi liǎng hé niúnǎi. Niúnǎi duōshao qián yì hé?

Shòuhuòyuán: Niúnǎi shíqī kuài qián yì hé, zhè niúnǎi hěn hǎohē.

Mǎlìyà: Tài guì le! Shuǐ jǐ kuài qián yì píng?

Shòuhuòyuán: Shuǐ sān kuài qián yì píng.

Mǎlìyà: Wǒ yào mǎi yí gè miànbāo, liǎng píng shuǐ, yígòng duōshao qián?

Shòuhuòyuán: Yí gè miànbāo wǔ kuài wǔ, liǎng píng shuǐ liù kuài, yí gòng shíyī kuài wǔ.

Mǎlìyà: Gěi nǐ shí'èr kuài, xièxie.

Shòuhuòyuán: Bú kèqi, zhǎo nín wǔ máo.

语言点注解 / Language Points

1. 要

“要”是助动词，位于动词前，即“要 +V”，表示意愿、打算。

“要” is an auxiliary verb. It is placed before a verb, namely “要+V”, indicating intention.

例如：我要买一本书。

　　　我要买两瓶水。

2. 再$_1$

“再”是副词，位于动词前，即“再 +V”，表示动作重复或继续。

“再” is an adverb. It is placed before a verb, namely “再+V”, indicating a repeated or continuous action.

例如：我买一个面包，再买两瓶水。

　　　我买一本汉语书，再买一本汉语词典。

组词成句。 Put the words in the correct order to make sentences.

❶ 要　杂志　五本　她　买

____

❷ 写　你　一个　汉字　再

____

❸ 面包　我　买　两个　要

____

❹ 买　我　报纸　两份　再

____

❺ 我　笔记本　要　三个　买，一本　词典　再　汉语　买

____

3. 数字表达法（Number Expression）

❶ "二"和"两"

在个位数、十位数以及小数点后都用"二（èr）"。

"二（èr）" is used in single digits, tens and numbers with a decimal point.

例如：二（2）、十二（12）、二十（20）、二十二（22）、一百二十二（122）、二点二（2.2）……

在百位数上用"二（èr）"或"两（liǎng）"都可以，在千位数及以上一般用"两（liǎng）"。

Both "二（èr）" and "两（liǎng）" can be used in hundreds, but "两（liǎng）" is usually used in thousands and above.

例如：二百 / 两百（200）、两千（2000）、两万（20 000）……

在量词前要用"两（liǎng）"。

"两（liǎng）" should be used before measure words.

例如：两个、两本、两盒、两瓶、两块、两毛……

在序数词里要用"二（èr）"。

"二（èr）" should be used in ordinal numbers.

例如：第二、第二个……

第　dì　前缀
[marker of ordinal numerals]

❷ 10

"10、11、12、13……"分别读作"十、十一、十二、十三……"。

"10, 11, 12, 13..." are read as "十、十一、十二、十三……".

"20、30、40、50……"分别读作"二十、三十、四十、五十……"。

"20, 30, 40, 50..." are read as "二十、三十、四十、五十……".

"110、111、210、1110、1010、25 410"分别读作"一百一十、一百一十一、二百一十、一千一百一十、一千零一十、两万五千四百

一十”。注意这时的“10”由于百位及以上有其他数字，应该读作“一十”，不能读作“十”。

“110, 111, 210, 1110, 1010, 25 410” are read as “一百一十、一百一十一、二百一十、一千一百一十、一千零一十、两万五千四百一十”. Note that “10” here should be read as “一十” and cannot be read as “十” because there are other numbers in hundreds and above.

❸ 0

“0”读“零（líng）”，如果千位数、万位数或位数更大的数字中含有两个及两个以上的“0”，只需读出一个“零”。

“0” is read as “零（líng）”. When two or more “0”s are placed in thousands, ten thousands and above , just read out one “零”.

例如：101（一百零一）、1003（一千零三）、20 010（两万零一十）……

读一读下列数字，再用汉字写一写。

Read the following numbers and then write them down in Chinese.

2 ________	3 ________	6 ________	5 ________
4 ________	1 ________	7 ________	8 ________
10 ________	9 ________	12 ________	17 ________
23 ________	46 ________	0 ________	100 ________
110 ________	555 ________	874 ________	3200 ________

4. 量词（Measure Word）

汉语用量词来表示人、事物或动作的数量。量词一般可以分为名量词和动量词，比如，“一个人、两杯水、七块钱”（名量词），“吃一次、看一遍”（动量词），等等。注意，当数量短语修饰名词时，如果数量为“一”，在口语里有时可以省略“一”，比如“我买瓶水”。

Measure words in Chinese are used to indicate the quantity of people, things and actions. In general, measure words can be divided into noun measure words and verbal measure words, for example, “一个人、两杯水、七块钱” (noun measure words), “吃一次、看一遍” (verbal measure words), etc. When a numeral-classifier phrase is used to modify a noun, if the quantity is “一”, sometimes “一” can be omitted in spoken Chinese, for example, “我买瓶水”.

杯	bēi	名
cup, glass		
吃	chī	动
eat		
次	cì	量
time		
看	kàn	动
look, see		
遍	biàn	量
one time		

咖啡 kāfēi 名
coffee

茶 chá 名
tea

笔记本 bǐjìběn 名
notebook

填写合适的量词。 Write the correct measure words.

一__________咖啡	两__________水
三__________牛奶	四__________汉语课
五__________词典	六__________茶
七__________面包	八__________音乐杂志
九__________学生	十__________笔记本
十二__________朋友	二十__________钱

5. 几、多少

疑问代词“几”和“多少”用来询问数量。一般来说，用“几”询问比较少的数量，常常是十以下的；用“多少”询问比较多的数量，常常是十以上的。

The interrogative pronouns “几” and “多少” are used to ask about quantity. Generally speaking, “几” is used to ask about a small quantity, usually less than ten, and “多少” is used to ask about a large quantity, usually more than ten.

例如：❶ A：你要几瓶水？

B：我要两瓶水。

❷ A：你一共买多少个笔记本？

B：我一共买二十个笔记本。

注：可以用“多少”询问价格，常见的两种句式是“数量短语＋N＋多少钱？”和“N＋多少钱＋数量短语？”。“几”也可以用于询问价格，但是通常只有一种句式，即“N＋几块钱＋数量短语？”。

Note: “多少” can be used to ask about price. Two common patterns are “numeral-classifier phrase + N +多少钱？” and “N +多少钱+numeral-classifier phrase？”. “几” can also be used to ask about price, but there is usually only one pattern, namely “N+几块钱+numeral-classifier phrase？”.

例如：❶ A：一个面包多少钱？/面包多少钱一个？

B：一个面包五块五。/面包五块五一个。

❷ A：水几块钱一瓶？

B：水三块钱一瓶。

根据答句，用“几”或“多少”写出问句。

Write questions with “几” or “多少” based on the answers.

1. A：________________

   B：我要买两盒牛奶。

2. A：________________

   B：一本杂志三十五块钱。

3. A：________________

   B：词典七十八块钱一本。

4. A：________________

   B：一个面包五块钱。

6. 钱数表达法（Money Expression）

人民币的标准单位是“元（yuán）、角（jiǎo）、分（fēn）”，如“七元四角五分”（￥7.45）；口语中一般使用“块（kuài）、毛（máo）、分（fēn）”，如“七块四毛五分”（￥7.45）。有时候“分”可以省略不说，如“七块四毛五分”可以说成“七块四毛五”。如果小数点后第二位，即“分”位为“0”，那么“分”位省略不说，即不能说成“0分”；“毛”可以省略不说，如“￥7.40”可以说成“七块四毛”或“七块四”。

The standard units of RMB are “元（yuán）、角（jiǎo）、分（fēn）”, for example, “七元四角五分”（￥7.45）. “块（kuài）、毛（máo）、分（fēn）” are commonly used in spoken Chinese, for example, “七块四毛五分”（￥7.45）. Sometimes “分” can be omitted. For example, “七块四毛五分” can be read as “七块四毛五”。If the second digit after the decimal point is “0”, then “分” must be omitted, that is to say, it cannot be read as “0分”. “毛” can be omitted. For example, “ ¥7.40” can be read as “七块四毛” or “七块四”.

写出下列价格。 Write the following prices.

￥1.20	￥3.50	￥86.00	￥99.00	￥22.14
________	________	________	________	________
￥11.60	￥10.50	￥310.00	￥199.00	￥103.00
________	________	________	________	________

7. 形容词谓语句（Sentences with Adjectival Predicates）

汉语的形容词可以直接充当谓语，前面不需要用“是”。作谓语的形容词前常常加程度副词（如“很”），如果不加程度副词则一般有对比的意思。

基本形式（Basic form）：S+很+A

In Chinese, an adjective can be used as a predicate by itself, and “是” does not need to be used before it. The adjective used as a predicate is often preceded by adverbs of degree like “很”. However, in sentences with comparative meanings, adverbs of degree are not used before the adjectives.

例如：我们的汉语老师很好。
桌子很大。
桌子大，椅子小。

桌子 zhuōzi 名 table, desk
椅子 yǐzi 名 chair
大 dà 形 big
小 xiǎo 形 small

用下列词语和“S+很+A”句式说句子。

Make sentences with the following words and “S+很+A” sentence pattern.

1. 我朋友的书 多
2. 咖啡 好喝
3. 这个手机 好
4. 咖啡 贵 牛奶 便宜

手机 shǒujī 名 mobile phone
便宜 piányi 形 cheap

8. 太……了！

感叹句“太……了！”表示程度高，“太”和“了”中间一般是形容词。

The exclamatory sentence “太……了！” expresses a high degree. An adjective is usually placed between “太” and “了”.

例如：这盒牛奶太贵了！
你太好了！

根据图片和提示，用“太……了！”说句子。

Make sentences with “太……了！” based on the pictures and clues.

例如：

钱 少 → 我们的钱太少了！

❶ 牛奶　好喝

❷ 朋友　少

❸ 咖啡　贵

❹ 他　高兴

课文练习 / Text Exercises

1. 给下列词语注音。 Write *Pinyin* for the following words.

❶ 盒　❷ 谢谢　❸ 早上好　❹ 一瓶水

❺ 一共　❻ 找钱　❼ 售货员　❽ 不客气

2. 听录音，在听到的数字和价格上画"√"。 3-6

Listen to the recording and put a "√"on the numbers and prices you hear.

❶ 32 …… 31　❷ 11 …… 17　❸ 44 …… 33

❹ 13 …… 14　❺ 210 …… 170　❻ 1010 …… 1001

❼ ￥9.90 …… ￥0.99　❽ ￥7.86 …… ￥1.86　❾ ￥10.5 …… ￥11.5

❿ ￥12.5 …… ￥20.5　⓫ ￥39.90 …… ￥4.99　⓬ ￥102 …… ￥120

3. 听课文录音，判断对错，对的画"√"，错的画"×"。 3-5

Listen to the text and decide if the statements are true or false. Mark "√" if true and "×" if false.

❶ 玛利亚要买三瓶水。（　　）

❷ 面包很贵。（　　）

❸ 牛奶五块五一盒。（　　）

❹ 售货员找玛利亚五毛钱。（　　）

❺ 一个面包和两瓶水一共十一块五。（　　）

PART 2
第二部分

听读实践 Listening and Reading Practice

1. 听录音，圈出与录音中不一样的词语。 3-7

Listen to the recording and circle the words that are different from the recording.

1. 你好，我要买一本音乐杂志。
2. 我买一本书，再买两个笔记本。
3. 牛奶几块钱一盒?
4. 这咖啡太贵了!
5. 面包贵，牛奶便宜。

2. 听录音，将对话补充完整，然后读一读。 3-8

Listen to the recording, complete the dialogue and then read it aloud.

服务员：晚上好！请问，您要买（　　　　）？

张老师：你好！我要买一杯咖啡。

服务员：您买什么咖啡（　　　　）？

张老师：卡布奇诺（Cappuccino）。（　　　　　）一杯?

服务员：大杯（　　　　）块，小杯（　　　　）块。

张老师：我买一个小杯。（　　　　）你 100 块，我没有零钱。

服务员：找您 75 块。

服务员 fúwùyuán 名 waiter, waitress
晚上 wǎnshang 名 evening
没有 méiyǒu 动 have not
零钱 língqián 名 small change

3. 根据练习2的对话内容填空。

Fill in the blanks based on the dialogue in Exercise 2.

1. 张老师要买（　　　　　　）。
2. 咖啡多少钱（　　　　　　）？
3. 张老师要买一个（　　　　　　）杯。
4. 张老师没有（　　　　　　）。

4. 写出下列词语的反义词。Write the antonyms of the words.

多 ……　　　　大 ……　　　　早上 ……

交际训练 Communication Practice

两人一组，分别扮演售货员和顾客，根据下列图文提示，模仿课文进行角色扮演，尽量用到所给词语和句型。

Work in pairs. One person acts as a salesperson and the other as a customer. Use the pictures and clues below to do a role-play to act out a dialogue similar to the text. Try to use the given words and sentence patterns.

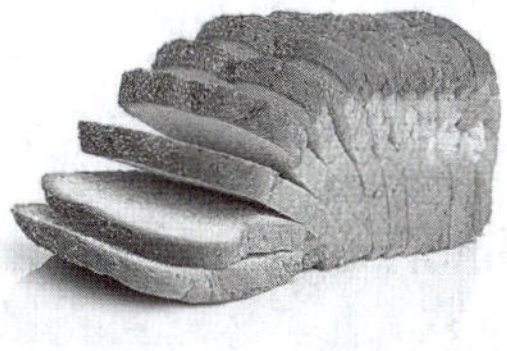

面包 ¥6.50

咖啡 ¥27

可乐 ¥5.5

水 ¥3

水果酸奶 ¥26

苹果 ¥2.59

早上 / 晚上　好喝 / 好吃　贵　谢谢　不客气

售货员 Salesperson:

……多少钱？

……多少钱一个 / 杯 / 瓶？

太……了！

我要买……

再买……

给您……

顾客 Customer:

这……很……

一共……

找您……

可乐 kělè 名
cola

水果酸奶 shuǐguǒ suānnǎi
fruit yoghurt

苹果 píngguǒ 名
apple

好吃 hǎochī 形
delicious

学后反思 Reflection

1. 你知道什么时候用“二”，什么时候用“两”吗？

   Do you know when to use “二” and “两”?

2. 你会买东西了吗？如果你想买一本音乐杂志，你应该怎么说？

   Can you do some shopping? What would you say if you want to buy a music magazine?

3. 你觉得本课哪些生词比较难记或者不容易读？

   Which new words do you think are difficult to memorise or to read in this lesson?

4. 你学到了哪些句型和语法？请用本课的语言点说几个句子。

   What sentence patterns and grammar have you learned? Use the language points in this lesson to make several sentences.

第四课 LESSON 4

我家有七口人

I live in a family of seven

学习目标 Learning Goals

重点生词 / Key Words

和　有　专业　只

重点语言点 / Key Language Points

❶ "有"字句$_1$（"有" Sentence$_1$）

❷ 形容词作定语（Adjectives as Attributives）

❸ 副词（Adverb）"还$_1$"

❹ 副词（Adverb）"只"

PART 1
第一部分

词句学练 Vocabulary and Sentences

预习词语 / Preview the Words

4-1

1	家人	jiārén	名	family (member)
2	照片	zhàopiàn	名	photo
3	爸爸	bàba	名	father
4	妈妈	māma	名	mother
5	姐姐	jiějie	名	elder sister
6	弟弟	dìdi	名	younger brother
7	妹妹	mèimei	名	younger sister
8	有	yǒu	动	have
9	幸福	xìngfú	形	happy
10	大	dà	形	big
11	家庭	jiātíng	名	family
12	家	jiā	名	family; home
13	口	kǒu	量	[for family members]
14	对	duì	形	right
15	还	hái	副	also, too
16	哥哥	gēge	名	elder brother
17	研究生	yánjiūshēng	名	postgraduate
18	专业	zhuānyè	名	major

1	北京大学	Běijīng Dàxué	Peking University
2	汉语言文学	Hàn-yǔyán Wénxué	Chinese Language and Literature

1. 听录音，跟读生词。 4-1

Listen to the recording and repeat the new words.

2. 书写汉字。 Write the characters.

照（照片） 丨 ⺆ ⺆ 日 日ㄱ 日ㄲ 日ㄲ 昭 昭 昭 照 照 照

片（照片） 丿 丿 片 片

爸（爸爸） ノ ハ 父 父 爷 爷 爸 爸

家（家庭） 丶 丶 宀 宀 宁 宇 宇 宇 家 家

庭（家庭） 丶 亠 广 广 庁 庄 庄 庭 庭

哥（哥哥） 一 丅 丆 可 可 哥 哥 哥 哥 哥

3. 看图片，填写各个人物的称呼。

Look at the picture and write the form of address of the characters.

4. 读拼音，写词语。 Read *Pinyin* and write the words.

xìngfú	(　　)	zhàopiàn	(　　)
yánjiūshēng	(　　)	jiātíng	(　　)
zhuānyè	(　　)	hái yǒu	(　　)

5. 听录音，跟读句子。 4-2

Listen to the recording and repeat the sentences.

你有一个幸福的大家庭。

你家有几口人？

你有一个幸福的大家庭。

我有一本好看的汉语书，你要看吗？

好看　hǎokàn　形
readable, intriguing

我还有一个哥哥。

她有一个美国朋友，还有一个法国朋友。

课文讲练 Text

课文热身 / Warm Up

判断听到的内容和图片是否一致，一致画“√”，不一致画“×”。 4-3

Decide whether what you hear is consistent with the pictures. Mark “√” if yes and “×” if no.

❶  (　　)

❷  (　　)

❸  (　　)

❹  (　　)

课文 1 / Text 1 4-4

高　美：艾米丽，这是你和家人的照片吗？

艾米丽：是，这是我爸爸、妈妈、姐姐、弟弟、妹妹和我。

高　美：你有一个幸福的大家庭。你家有几口人？六口人，对吗？

艾米丽：不对，我家有七口人，我还有一个哥哥。他是北京大学的研究生。

高　美：是吗？什么专业？

艾米丽：汉语言文学专业。

❶ 艾米丽家一共有几口人？

Gāo Měi: Àimǐlì, zhè shì nǐ hé jiārén de zhàopiàn ma?

Àimǐlì: Shì, zhè shì wǒ bàba, māma, jiějie, dìdi, mèimei hé wǒ.

Gāo Měi: Nǐ yǒu yí gè xìngfú de dà jiātíng. Nǐ jiā yǒu jǐ kǒu

② 艾米丽的哥哥是老师吗?

rén? Liù kǒu rén, duì ma?

Àimǐlì: Bú duì, wǒ jiā yǒu qī kǒu rén, wǒ hái yǒu yí gè gēge. Tā shì Běijīng Dàxué de yánjiūshēng.

Gāo Měi: Shì ma? Shénme zhuānyè?

Àimǐlì: Hàn-yǔyán Wénxué zhuānyè.

语言点注解 / Language Points

1. “有”字句$_1$（“有”Sentence$_1$）

“有”作谓语动词，表示“领有、具有”。“有”字句的基本形式是:

“有” is used as a predicate verb, indicating possession. The basic forms of “有” sentence are:

肯定句（Positive）：	S+ 有 +N	我有一个妹妹。
否定句（Negative）：	S+ 没有 +N	我没有妹妹。
疑问句（Interrogative）：	S+ 有 +N+ 吗?	你有妹妹吗?

例如：我家有七口人。

我没有音乐杂志。

你有笔记本吗?

根据图片和提示，用“有”说句子。

Make sentences with “有” based on the pictures and clues.

① 六　人

② 四　书

③ 很多　作业

④ 四　好朋友

作业　zuòyè　名
homework

2. 形容词作定语（Adjectives as Attributes）

形容词作定语，用来修饰名词，常见用法是“A+ 的 +N”。当形容词为单音节词时，“的”通常可以省略。

Adjectives are used as attributes to modify nouns. The common way to use adjectives as attributes is “A+的+N”. When adjectives are monosyllabic, “的” usually can be omitted.

例如：他有一个幸福的大家庭。

我要买一杯好喝的咖啡。

她是我的小妹妹。

组词成句。 Put the words in the correct order to make sentences.

1. 一个　有　大　哥哥　她

   ____

2. 朋友　很好　是　的　我们

   ____

3. 是　我　这　朋友　好　的

   ____

3. 还$_1$

副词“还”用于补充说明前面所说的内容，放在动词前，如“还有”。

The adverb “还” is used to make a supplementary explanation of what has been said before. It is placed before a verb, for example, “还有”.

例如：我有一个姐姐、一个妹妹，还有一个哥哥。

我有汉语课本、英语词典，还有两个笔记本。

用下列词语和“还”说句子。

Make sentences with the given words and “还”.

1. 爸爸　妈妈　一个妹妹
2. 词典　课本　汉语杂志
3. 书　笔　手机
4. 面包　牛奶　水

课本　kèběn　名
textbook

英语　Yīngyǔ　专名
English

笔　bǐ　名
pen, pencil

课文练习 / Text Exercises

1. 给下列词语注音。 Write *Pinyin* for the following words.

❶ 照片	❷ 幸福	❸ 家庭
❹ 还有	❺ 哥哥	❻ 专业

2. 听课文录音，判断对错，对的画“√”，错的画“×”。 4-4

Listen to the text and decide if the statements are true or false. Mark “√” if true and “×” if false.

❶ 艾米丽有一个哥哥和一个姐姐。 (　　)

❷ 艾米丽没有弟弟和妹妹。 (　　)

❸ 艾米丽家有五口人。 (　　)

❹ 艾米丽的哥哥是一个研究生。 (　　)

❺ 艾米丽哥哥的专业是汉语言文学。 (　　)

3. 选词填空。 Choose the correct words to fill in the blanks.

家	家庭	弟弟	专业	研究生

艾米丽有一个大（　　　　），她（　　　　）有七口人，她、她的爸爸、妈妈、哥哥、姐姐、（　　　　）和妹妹。她哥哥是北大汉语言文学（　　　　）的（　　　　）。

PART 2

第二部分

词句学练 Vocabulary and Sentences

预习词语 / Preview the Words 4-5

1	只	zhǐ	副	only, just
2	知道	zhīdào	动	know
3	一般	yìbān	形	ordinary, general
4	孩子	háizi	名	child
5	啊	á	叹	[used to express puzzled surprise]
6	少	shǎo	形	few, little

1. 听录音，跟读生词。 4-5

Listen to the recording and repeat the new words.

2. 书写汉字。 Write the characters.

知（知道） ノ ㇉ 㔾 矢 矢 矢 知 知

道（知道） 丶 丷 䒑 丷 丷 䒑 首 首 首 首 道 道

般（一般） ノ 丿 冂 舟 舟 舟 舟 舟 般 般

孩（孩子） ㇇ 了 子 孑 孑 孑 孩 孩 孩

啊（啊？太少了！） 丨 口 口 叮 吖 吖 吖 吖 吖 啊

少（太少了） 丨 小 小 少

3. 读拼音，写词语。Read *Pinyin* and write the words.

zhǐ yǒu （ ） zhīdào （ ） háizi （ ）

yìbān （ ） jiějie （ ） dàxiǎo （ ）

4. 听录音，跟读句子。 4-6

Listen to the recording and repeat the sentences.

你只有一个妹妹吗？

中国家庭一般只有一两个孩子。

课文讲练 Text

课文热身 / Warm Up

听对话，为下列句子排序。 4-7

Listen to the dialogue and put the following sentences in order.

1. 爸爸、妈妈，还有妹妹。
2. 不对，我有两个妹妹，一共五口人。
3. 你家一共有四口人，对吗？
4. 你家都有什么人？

____

课文 2 / Text 2

4-8

艾米丽：高美，你家有几口人？

高　美：我家有四口人，爸爸、妈妈、我，还有一个小妹妹。

艾米丽：你只有一个妹妹吗？

高　美：对。你知道吗？中国家庭一般只有一两个孩子。

艾米丽：啊？太少了！

❶ 高美有姐姐吗？

❷ 中国家庭一般有几个孩子？

Àimǐlì: Gāo Měi, nǐ jiā yǒu jǐ kǒu rén?

Gāo Měi: Wǒ jiā yǒu sì kǒu rén, bàba, māma, wǒ, hái yǒu yí gè xiǎo mèimei.

Àimǐlì: Nǐ zhǐ yǒu yí gè mèimei ma?

Gāo Měi: Duì. Nǐ zhīdào ma? Zhōngguó jiātíng yìbān zhǐ yǒu yì-liǎng gè háizi.

Àimǐlì: Á? Tài shǎo le!

语言点注解 / Language Points

1. 只

副词"只"表示数量少，用在动词前，如"只有""只买"。

The adverb "只" indicates a small quantity. It is used before a verb, for example, "只有" and "只买".

例如：我只有一个妹妹。

我只买一个笔记本。

组词成句。 Put the words in the correct order to make sentences.

1. 十块 我 钱 只 有

____

2. 你 有 吗 只 朋友 一个

____

3. 只 姐姐 他 一个 有 吧

____

4. 一个 你 买 面包 只 吗

____

课文练习 / Text Exercises

1. 给下列词语注音。 Write *Pinyin* for the following words.

1. 多少
2. 只有
3. 知道
4. 一般
5. 孩子
6. 研究生

2. 朗读下列句子，并用括号里的词语回答问题。

Read aloud the sentences and answer the questions with the words in the brackets.

1. 你有几个朋友？（只有）
2. 你家有几口人？（还有）
3. 你知道中国家庭一般有几个孩子吗？（一般）
4. 你有多少钱？（多 / 少）

PART 3
第三部分

听读实践 Listening and Reading Practice

对话一 Dialogue 1

1. 听录音，将对话补充完整，然后读一读。 4-9

Listen to the recording, complete the dialogue and then read it aloud.

张老师：玛利亚，这是你的（　　　　）吗？

玛利亚：对，这是我的全家福。（　　　　）八口人，爸爸、妈妈、两个哥哥、一个姐姐、我和（　　　　）。

张老师：爸爸、妈妈、两个哥哥、一个姐姐、你和弟弟，是七口人，不是八口人啊。

玛利亚：我家（　　　　）一条狗。

全家福 quánjiāfú 名 photograph of the whole family

条 tiáo 量 [for sth long, narrow or thin]

狗 gǒu 名 dog

2. 根据对话内容，选出玛利亚的全家福。

Choose the photograph of Maria's whole family based on the dialogue.

❶  (　　)

❷  (　　)

❸  (　　)

❹  (　　)

对话二 Dialogue 2

1. 听录音，将对话补充完整，然后读一读。 4-10

Listen to the recording, complete the dialogue and then read it aloud.

玛利亚：张老师，您家有（　　　　）？有（　　　　）、姐姐、弟弟、妹妹吗？

张老师：我家有四口人，爸爸、妈妈、我，还有一个妹妹。这是我的全家福。

玛利亚：您的妹妹非常漂亮。她是大学生吗？

非常 fēicháng 副 very

漂亮 piàoliang 形 beautiful

大学生 dàxuéshēng 名 undergraduate

数学 shùxué 名
maths

物理 wùlǐ 名
physics

张老师：不是，她是（　　　　　），她的（　　　　　）是数学。

　　　　你的专业是什么？

玛利亚：我的专业是物理。

2. 根据对话内容连线。 Match the words based on the dialogue.

大学生 研究生	妹妹 玛利亚 哥哥 弟弟	数学 物理
漂亮		

交际训练 Communication Practice

1. 模仿课文1和下面的示例，试着介绍一下你的个人和家庭信息。

   Introduce yourself and your family using Text 1 and the following sentences as examples.

   你们好！我叫阿尔达，我是土耳其留学生，说土耳其语和英语。

   我家有四口人，爸爸、妈妈、我和一个弟弟。

说 shuō 动
say, speak

2. 采访三个来自不同国家的同学，完成下面的表格。

   Interview three students from different countries and complete the table below.

姓名 Name	国家 Nationality	家里有几口人？	一个家庭一般有几个孩子？

学后反思 Reflection

1. 你会用汉语介绍你的家庭吗？

   Can you introduce your family in Chinese?

2. 你的大学和专业是什么？

   What's your university and major?

3. 你觉得本课哪些生词比较难记或者不容易读？

   Which new words do you think are difficult to memorise or to read in this lesson?

4. 你学到了哪些句型和语法？请用本课的语言点说几个句子。

   What sentence patterns and grammar have you learned? Use the language points in this lesson to make several sentences.

聚会中午十二点半开始

The party starts at 12:30 pm

学习目标 Learning Goals

重点生词 / Key Words

点　刻　半　以后　就[1]　那么

重点语言点 / Key Language Points

1. 时间表达法（Time Expression）：点、分、刻、半、差
2. 固定用法（Fixed Usage）“每……都……”
3. 固定用法（Fixed Usage）“从……到……”

PART 1
第一部分

词句学练 Vocabulary and Sentences

预习词语 / Preview the Words 5-1

1	现在	xiànzài	名	now
2	点	diǎn	名	o'clock
3	差	chà	动	be less than
4	刻	kè	量	quarter (of an hour)
5	今天	jīntiān	名	today
6	上午	shàngwǔ	名	morning, forenoon
7	课	kè	名	class
8	每	měi	代	each, every
9	每天	měi tiān		every day
10	从	cóng	介	from
11	到	dào	动	arrive, get to
12	半	bàn	数	half

1. 听录音，跟读生词。 5-1

Listen to the recording and repeat the new words.

2. 书写汉字。Write the characters.

现（现在） 一 = 千 王 玑 玑 现 现

在（现在） 一 ナ 才 在 在 在

点（八点） 丨 ⺊ 占 占 占 占 点 点 点

刻（一刻） 丶 亠 亠 亥 亥 亥 亥 刻

课（有课） 丶 讠 讠 讠 讠 讠 讠 课 课 课

每（每天） 丿 𠂉 𠂉 每 每 每 每

3. 读拼音，写词语。Read *Pinyin* and write the words.

xiànzài（ ）	chà（ ）	yǒu kè（ ）
měi tiān（ ）	bàn（ ）	jīntiān（ ）

4. 听录音，跟读句子。 5-2

Listen to the recording and repeat the sentences.

你今天上午有课吗？

今天下午他没有课。

我每天从八点到十一点半都有课。

她每天都很高兴。

我每天从八点到十一点半都有课。

妹妹从五点到六点上音乐课。

下午 xiàwǔ 名
afternoon

课文讲练 Text

课文热身 / Warm Up

听对话，为下列句子排序。 5-3

Listen to the dialogue and put the following sentences in order.

1. 现在两点半。
2. 我们几点上课？
3. 我们下午三点半上课。
4. 现在几点？

上课[1] shàng//kè 动
attend a class

____

课文 1 / Text 1 5-4

1. 现在几点？
2. 艾米丽每天都有课吗？

阿尔达：艾米丽，现在几点？

艾米丽：差一刻八点。

阿尔达：你今天上午有课吗？

艾米丽：有，我每天从八点到十一点半都有课。

Ā'ěrdá: Àimǐlì, xiànzài jǐ diǎn?

Àimǐlì: Chà yí kè bā diǎn.

Ā'ěrdá: Nǐ jīntiān shàngwǔ yǒu kè ma?

Àimǐlì: Yǒu, wǒ měi tiān cóng bā diǎn dào shíyī diǎn bàn dōu yǒu kè.

① "上课"这个词的拼音在这里标为"shàng//kè"，"//"表示这个词为离合词。离合词是可以分开使用的特殊动词，中间可以插入独立的语言成分，如数量短语，例如，"上一节课"。

The *Pinyin* of "上课" here is written as "shàng//kè". "//" indicates that this word is a detachable verb. A detachable verb is a special verb that can be used separately, with independent language components such as numeral-classifier phrases inserted in the middle, for example, "上一节课".

语言点注解 / Language Points

1. 时间表达法（Time Expression）

❶ 点、分

在汉语中，用“……点……分”来表示时间。“分”可以省略，例如“10:20”读作“十点二十分”或“十点二十”，“5:36”读作“五点三十六分”或“五点三十六”。注意，当时间为“……点十分”时，不能省略“分”，例如“10:10”只能读作“十点十分”，不能读作“十点十”。当时间为十分以下时，要读出“零”，如“7:05”要读作“七点零五分”或“七点零五”，不能读作“七点五”。

In Chinese, “……点……分”can be used to describe time. “分” can be omitted. For example, “10:20” is read as “十点二十分” or “十点二十”, and “5:36” is read as “五点三十六分” or “五点三十六”. Note that when the time is “……点十分”, “分” cannot be omitted. For example, “10:10” can only be read as “十点十分”, but cannot be read as “十点十”. When the minute is less than ten minutes, “零” must be read out. For example, “7:05” can be read as “七点零五分” or “七点零五”, but cannot be read as “ 七点五”.

❷ 刻

十五分钟为一“刻”，例如“3:15”可以读作“三点十五（分）”，也可以读作“三点一刻”，“3:45”也可以读作“三点三刻”。

The period of fifteen minutes is one “刻”. For example, “3:15” can be read as “三点十五（分）” or “三点一刻”, and “3:45” can also be read as “三点三刻”.

❸ 半

三十分钟为“半”，例如“5:30”读作“五点半”，“8:30”读作“八点半”。注意，“5:30”不可以读作“五点二刻”或“五点两刻”，因为没有“二刻”和“两刻”的说法。

The period of thirty minutes is “半”. For example, “5:30” is read as “五点半”, and “8:30” is read as “八点半”. Note that “5:30” cannot be read as “五点二刻” or “五点两刻”, because there is no such thing as “二刻” or “两刻”.

❹ 差

当距离某一个时点只有较短的一段时间时，可以用“差”，例如“4:58”可以读作“差两分五点”，“6:25”可以读作“差五分六点半”。

When there is only a relatively short period of time before a certain time point, “差” can be used. For example, “4:58” can be read as “差两分五点”, and “6:25” can be read as “差五分六点半”.

❺ 其他（Other Points）

“2:00”读作“两点”，而不是“二点”；“3:02”读作“三点零二（分）”，而不是“三点零两（分）”。

“2:00” is read as “两点” instead of “二点”. “3:02” is read as “三点零二（分）” instead of “三点零两（分）”.

(1) 读时间，写汉字。

Read the time and write the Chinese characters.

3:15	(　　　　)	11:58	(　　　　)
2:25	(　　　　)	12:02	(　　　　)
15:00	(　　　　)	22:50	(　　　　)
13:30	(　　　　)	3:08 pm	(　　　　)
8:20 am	(　　　　)		

(2) 看钟表，写时间。

Look at the clocks and write the time in Chinese.

❶  ____________

❷  ____________

❸  ____________

❹  ____________

2. 时间状语（Adverbial of Time）

时间状语可以放在主语前边，也可以放在主语后边，意思不变。注意，时间状语不可以放在句尾。

An adverbial of time can be placed before a subject or after it; its placement will not affect the meaning. Note that the adverbial of time cannot be placed at the end of a sentence.

例如：我今天有课。/ 今天我有课。　√

我有课今天。　×

时间状语的顺序应该是大时间在小时间之前。

The order of the adverbial of time should be bigger units of time first and then smaller units of time.

例如：今天下午三点十分

今年三月五号

星期一早上八点

组词成句。 Put the words in the correct order to make sentences.

1. 今天　我　有　课　早上

____

2. 你　今天　吗　没有　上午　课

____

3. 下午　我们　今天　上课　三点半

____

4. 上课　他　几　明天　点

____

今年　jīnnián　名
this year

月　yuè　名
month

号　hào　名
date

星期一　Xīngqīyī　名
Monday

3. 每……都……

表示所有的人、时间或者事件的情况都一样。"都"是副词，位于动词或形容词之前。

It indicates that all the people, time, or events are the same. "都" is an adverb, placed before a verb or an adjective.

例如：每个留学生都有汉语名字。

每个人都知道我有一个妹妹。

每个人都很高兴。

用下列词语和"每……都……"说句子。

Make sentences with the following words and "每……都……".

1. 下午一点半　上课
2. 留学生　汉语课本
3. 每个人　认识他
4. 每门课　笔记本
5. 每个人　买汉语词典
6. 早上　吃面包

门　mén　量
[for subjects of study]

吃　chī　动
eat

4. 从……到……

"从……到……" 可以表示时间的范围。

"从……到……" can be used to express the range of time.

例如：我从下午一点半到五点都有课。

我们每天从八点半到十一点半都上课。

根据阿尔达的课表，用"从……到……"说句子。

Make sentences with "从……到……" based on Alda's schedule.

时间 Time	星期一 Mon	星期二 Tue	星期三 Wed	星期四 Thu	星期五 Fri
8:20—9:50	汉字		HSK	汉语	
10:10—11:40	汉语	汉语	汉语	汉字	汉语
13:30—15:00	数学	HSK	数学		文化
15:30—17:00			汉字		

汉字 Hànzì 专名
Chinese character
数学 shùxué 名
maths
文化 wénhuà 名
culture

课文练习 / Text Exercises

1. 听课文录音，判断对错，对的画"√"，错的画"×"。 5-4

Listen to the text and decide if the statements are true or false. Mark "√" if true and "×" if false.

1. 现在 7:45。 (　　)
2. 艾米丽每天上午都有课。 (　　)
3. 艾米丽从上午九点到十二点都有课。 (　　)

2. 选择正确的表达方式，完成句子。

Choose the correct expressions to complete the sentences.

例如：现在是 八点十分 （八点十 / 八点十分）。

1. 我 ________（今天早上 / 早上今天）八点上课。
2. 我们每天 ________（有都 / 都有）汉语课。
3. 每个学生今天 ________（都来 / 来都）上课。
4. 从早上八点到下午四点 ________（我都 / 都我）有课。

来 lái 动
come

PART 2
第二部分

词句学练 Vocabulary and Sentences

预习词语 / Preview the Words 5-5

1	星期	xīngqī	名	week
2	星期五	Xīngqīwǔ	名	Friday
3	聚会	jùhuì	名、动	party; get together
4	部分	bùfen	名	part, portion
5	大部分	dà bùfen		most of
6	去	qù	动	go to
7	晚上	wǎnshang	名	evening
8	第	dì	前缀	[marker of ordinal numerals]
9	节	jié	量	section, length
10	下课	xià//kè	动	dismiss a class
11	以后	yǐhòu	名	after, later
12	开始	kāishǐ	动	begin, start
13	中午	zhōngwǔ	名	noon
14	就	jiù	副	as early as
15	早	zǎo	形	early
16	那么	nàme	连	then, in that case
17	一会儿	yíhuìr	副	in a while
18	见	jiàn	动	meet, see

1. 听录音，跟读生词。 5-5

Listen to the recording and repeat the new words.

2. 书写汉字。 Write the characters.

期（星期） 一 十 廾 廾 甘 苴 其 其 期 期 期 期

聚（聚会） 一 丅 丌 开 耳 耳 耵 取 取 取 聚 聚 聚 聚

晚（晚上） 丨 冂 日 日 日' 日' 日' 旿 晗 晚 晚

第（第二） ノ 𠂉 ⺮ ⺮ ⺮ ⺮ 笃 笃 笃 第 第

以（以后） ㇙ ㇙ 以 以

就（十二点就开始） 丶 亠 亠 亡 亡 亨 亨 京 京 就 就 就

3. 写出下列词语的反义词。 Write the antonyms of the words.

下 …… 早 …… 少 …… 大 ……

去 …… 下课 …… 以后 …… 早上 ……

4. 把下列词语分成两类并说明原因，然后写出它们的同类词。

Divide the following words into two categories and explain why, then write similar words.

中午　早上　星期一　上午　星期三　晚上　星期五

❶ 中午 ________________

同类词（Similar words）：________________

❷ 星期一 ________________

同类词（Similar words）：________________

5. 听录音，跟读句子。 5-6

Listen to the recording and repeat the sentences.

十一点半下课，十二点就开始吗？
今天四点就下课吗？

好，那么一会儿见。
好，那么现在开始上课。

课文讲练 Text

课文热身 / Warm Up

判断听到的内容和图片是否一致，一致画"√"，不一致画"×"。 5-7

Decide whether what you hear is consistent with the pictures. Mark "√" if yes and "×" if no.

❶  (　　)

❷  (　　)

❸  (　　)

❹  (　　)

课文 2 / Text 2

5-8

阿尔达：今天星期五，留学生们有个聚会。大部分同学都去，你去吗？

艾米丽：今天晚上吗？

阿尔达：不，上午第二节课下课以后。

艾米丽：那聚会几点开始？

阿尔达：中午十二点半。

艾米丽：十一点半下课，十二点就开始吗？太早了。

阿尔达：不，不是十二点，是十二点三十分。

艾米丽：好，那么一会儿见。

阿尔达：一会儿见。

1. 今天星期几？
2. 留学生聚会几点开始？
3. 艾米丽中午几点下课？

Ā'ěrdá: Jīntiān Xīngqīwǔ, liúxuéshēngmen yǒu gè jùhuì. Dà bùfen tóngxué dōu qù, nǐ qù ma?

Àimǐlì: Jīntiān wǎnshang ma?

Ā'ěrdá: Bù, shàngwǔ dì-èr jié kè xiàkè yǐhòu.

Àimǐlì: Nà jùhuì jǐ diǎn kāishǐ?

Ā'ěrdá: Zhōngwǔ shí'èr diǎn bàn.

Àimǐlì: Shíyī diǎn bàn xiàkè, shí'èr diǎn jiù kāishǐ ma? Tài zǎo le.

Ā'ěrdá: Bù, bú shì shí'èr diǎn, shì shí'èr diǎn sānshí fēn.

Àimǐlì: Hǎo, nàme yíhuìr jiàn.

Ā'ěrdá: Yíhuìr jiàn.

语言点注解 / Language Points

1. 就$_1$

“就”表示时间很早或者某个动作行为很快就要发生，常见用法是“时间＋就＋V”。

"就" means that it is very early or an action is about to happen. The common way to use it is "时间+就+V".

例如：我们早上八点就上课。

他早上五点就起床。

我现在就去。

她一会儿就来。

起床 qǐ//chuáng 动
wake up

(1) 用"时间+就+V"改写下列句子。

Paraphrase the following sentences with "时间+就+V".

1. 我们下午两点下课。

→ ______

2. 我今天早上六点半去吃早饭。

→ ______

3. 他每天晚上九点睡觉。

→ ______

4. 我明天早上去你家。

→ ______

早饭 zǎofàn 名
breakfast

睡觉 shuì//jiào 动
sleep

明天 míngtiān 名
tomorrow

(2) 组词成句。 Put the words in the correct order to make sentences.

1. 去 我 就 中国 明天

______

2. 聚会 我 七点 去 就 今晚

______

3. 每天 我 就 以后 写 作业 下课

______

4. 晚饭 一会儿 我们 吃 就

______

2. 那么

“那么”作为连词使用时，表示听话者顺着说话者的语意，进一步提出自己的想法。“那么”可以省略为“那”。

When “那么” is used as a conjunction, it means that the listener follows the meaning of the speaker's remarks and then puts his own ideas forward. “那么” can be omitted as “那”.

例如：❶ A：我们下课以后就去吃饭。
B：好，那么下课见。
❷ A：明天几点上汉语课？
B：八点半。
A：那我们明天八点二十见。

用“那（么）”完成对话。 Complete the dialogues with “那（么）”.

❶ A：今天晚上八点有留学生聚会，你也去吧？
B：去。
A：________________________________

❷ A：今天下午第二节课下课以后我们就去买书。
B：好，____________________________

❸ A：我晚上八点去你家。
B：________________________________

课文练习 / Text Exercises

1. 给下列词语注音。 Write *Pinyin* for the following words.

❶ 一会儿	❷ 见	❸ 就	❹ 聚会	❺ 中午
❻ 晚上	❼ 以后	❽ 开始	❾ 大部分	❿ 下课

2. 听课文录音，判断对错，对的画“√”，错的画“×”。 5-8

Listen to the text and decide if the statements are true or false. Mark “√” if true and “×” if false.

❶ 今天星期五，大部分留学生都去聚会。（　　）
❷ 聚会是晚上开始。（　　）
❸ 聚会十二点开始，太早了。（　　）
❹ 艾米丽不去聚会。（　　）

听读实践 Listening and Reading Practice

对话一 Dialogue 1

1. 听录音，将对话补充完整，然后读一读。 5-9

Listen to the recording, complete the dialogue and then read it aloud.

阿尔达：艾米丽，我们明天（　　　）一起去吃饭吧！

艾米丽：几点？

阿尔达：晚上八点半。

艾米丽：八点半，太晚了。

阿尔达：太晚了？

艾米丽：是啊，我（　　　）晚上（　　　）七点（　　　）八点（　　　）复习汉语，九点到十点（　　　）预习汉语。

2. 根据对话内容，判断对错，对的画"√"，错的画"×"。

Decide if the statements are true or false based on the dialogue. Mark "√" if true and "×" if false.

1. 阿尔达和艾米丽今天晚上去吃饭。（　　）
2. 他们晚上六点去吃饭。（　　）
3. 艾米丽每天都复习、预习汉语。（　　）

一起 yìqǐ 副
together

晚 wǎn 形
late

复习 fùxí 动
review

预习 yùxí 动
preview

对话二 Dialogue 2

1. 听录音，将对话补充完整，然后读一读。 5-10

Listen to the recording, complete the dialogue and then read it aloud.

高　美：艾米丽，这个周末我们去小明家吧？

艾米丽：好啊，我们周日去，好吗？

高　美：周日是（　　　）月（　　　）日吧？

艾米丽：是。

高　美：好啊，几点去？

艾米丽：上午九点（　　　），好吗？

高　美：九点半，（　　　）。我周末一般九点起床。

周末 zhōumò 名
weekend

周日 Zhōurì 名
Sunday

日 rì 名
day

这么 zhème 代
so, such
以前 yǐqián 名
earlier times
后天 hòutiān 名
the day after tomorrow

艾米丽：这么晚！我一般八点以前就起床。那我们（　　　　）。
高　美：好的，那后天中午十二点（　　　　）！
艾米丽：好的！

2. 根据对话内容，选择正确答案。

Choose the correct answers based on the dialogue.

1. 艾米丽周末一般几点起床？（　　）
   A. 九点以前　　B. 九点以后
   C. 八点以后　　D. 八点以前
2. 她们几点见？（　　）
   A. 九点一刻　　B. 十点十二
   C. 十二点　　D. 二十点
3. 今天是几月几号？（　　）
   A. 十月二十四日　　B. 十月二十五日
   C. 十月二十六日　　D. 十月二十七日

交际训练 Communication Practice

两人一组，互相询问对方的作息安排，并完成下面的表格，尽量用到所给句型。

Work in pairs, ask about each other's schedule and complete the table below. Try to use the given sentence patterns.

写作业 xiě zuòyè
do homework

	起床	吃早饭	写作业	复习	睡觉
时间					

你几点……？

你几点开始……？

学后反思 Reflection

1. 你会用时间表达法来描述你平时或周末都做什么吗？

   Do you know how to express time when describing what you do on weekdays or at weekends?

2. 你觉得本课哪些生词比较难记或者不容易读？

   Which new words do you think are difficult to memorise or to read in this lesson?

3. 你学到了哪些句型和语法？请用本课的语言点说几个句子.

   What sentence patterns and grammar have you learned? Use the language points in this lesson to make several sentences.

第六课
LESSON 6

中国银行在哪儿？

Where is the Bank of China?

学习目标 Learning Goals

重点生词 / Key Words

想　就$_2$　离　往

重点语言点 / Key Language Points

1. 数量词（Quantifier）“一下”
2. 疑问句（Interrogative Sentence）“……在哪儿？”
3. 介词（Preposition）“在”
4. 语气助词（Modal Particle）“吧$_2$”
5. 疑问代词（Interrogative Pronoun）“怎么”
6. “是”字句$_2$（“是”Sentence$_2$）

PART 1

第一部分

词句学练 Vocabulary and Sentences

预习词语 / Preview the Words

6-1

1	想	xiǎng	动	want (to do sth)
2	食堂	shítáng	名	canteen
3	在	zài	动	be at / in / on (a place)
4	哪儿	nǎr	代	where
5	看	kàn	动	look, see
6	教学楼	jiàoxuélóu	名	teaching building
7	北边	běibian	方位	north
8	图书馆	túshūguǎn	名	library
9	东边	dōngbian	方位	east
10	就	jiù	副	exactly, precisely
11	这儿	zhèr	代	here
12	不用谢	búyòng xiè		you're welcome

1. 听录音，跟读生词。 6-1

Listen to the recording and repeat the new words.

2. 书写汉字。 Write the characters.

堂（食堂） 丨 丨丨 丨丨丨 ⺌ 冖 ... 堂

看（你看） 一 二 三 手 看 看 看 看

教（教学楼） 一 十 土 耂 耂 孝 孝 孝 孝 教 教

楼（教学楼） 一 十 才 木 木 木 栏 栏 栏 楼 楼 楼 楼

馆（图书馆） 丿 𠂉 饣 饣 饣 饣 饣 馆 馆 馆 馆

3. 填写方位词。Write nouns of location.

__东__边　　______边　　______边

______边　　______边　　______边

4. 写一写你知道的地点名词。Write the names of the places that you know.

__教学楼__　______　______　______　______

5. 听录音，跟读句子。 6-2

Listen to the recording and repeat the sentences.

我想去食堂。

你想去吃饭吗？

请问一下，食堂在哪儿？
你看一下现在几点了。

食堂在哪儿？
艾米丽在哪儿？

食堂在教学楼的北边，图书馆的东边。
玛利亚在艾米丽的旁边。

旁边　pángbiān 方位
side

就是这儿吗？
他就是我的老师。

课文讲练 Text

课文热身 / Warm Up

将下列图片和对应的句子连线。

Match the following pictures to the corresponding sentences.

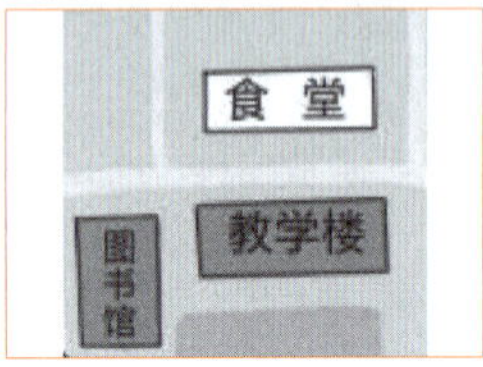

不用谢。

食堂在哪儿？

谢谢。

食堂在教学楼的北边，图书馆的东边。

请问一下。

课文 1 / Text 1

6-3

玛 利 亚：同学，我想去食堂，请问一下，食堂在哪儿？

中国学生：你看，食堂在教学楼的北边，图书馆的东边。

玛 利 亚：就是这儿吗？

中国学生：对。

玛 利 亚：谢谢。

中国学生：不用谢。

❶ 食堂在哪儿？

❷ 食堂在图书馆的北边吗？

Mǎlìyà: Tóngxué, wǒ xiǎng qù shítáng, qǐngwèn yíxià, shítáng zài nǎr?

Zhōngguó xuéshēng: Nǐ kàn, shítáng zài jiàoxuélóu de běibian, túshūguǎn de dōngbian.

Mǎlìyà: Jiù shì zhèr ma?

Zhōngguó xuéshēng: Duì.

Mǎlìyà: Xièxie.

Zhōngguó xuéshēng: Búyòng xiè.

语言点注解 / Language Points

1. 想

“想”表示主观上的意愿，用在动词前面，前面可以加“很”，用来加强程度。

“想” indicates the subjective wishes. It is used before a verb, and adding “很” before it can strengthen the tone.

例如：我现在想去吃饭。

他很想认识她。

组词成句。 Put the words in the correct order to make sentences.

1. 我　中国　去　想

____

2. 想　去　你　我　咖啡馆　和　吗

____

3. 你　买　水　想　几　瓶

____

4. 他　不　想　图书馆　去　明天

____

2. 一下

"一下"位于动词后，即"V + 一下"，表示做一次或试着做，且动作时间短，有时带有一种客气的口气。在口语中，"一下"也可以说成"一下儿（yíxiàr）"。

"一下" is placed after a verb, namely "V+一下", which is used to describe doing or trying to do something once and for a short time. It sometimes carries a polite tone. In spoken Chinese, "一下" can also be read as "一下儿（yíxiàr）".

例如：请问一下，教学楼在哪儿？
　　　我想看一下你的书。

读一读下列生词，并根据下列情境，用"V+一下"说句子。

Read the following words and make sentences with "V+一下" based on the scenes below.

看	听	写	读

情境（Scene）1：
1. 有一个我不认识的生词
2. 我没有汉语词典
3. 我的室友有汉语词典

情境（Scene）2：
1. 我不知道"我"这个汉字怎么写
2. 老师知道

听　tīng　动
listen to, hear
读　dú　动
read
生词　shēngcí　名
new word

情境（Scene）3：	❶ 我不知道"图书馆"这个生词怎么读	
	❷ 同学知道	
情境（Scene）4：	❶ 我想听音乐	
	❷ 朋友的手机里有音乐	

怎么 zěnme 代
how

里 lǐ 方位
inner, inside

3. ……在哪儿？

疑问句"……在哪儿？"用来询问处所、人和事物的位置。

The interrogative sentence "……在哪儿？" is used to ask about the location of a certain place, person or thing.

例如：请问，图书馆在哪儿？

请问，张老师在哪儿？

用"……在哪儿？"询问教室里同学的位置。

Use "……在哪儿？" to ask about the location of the students in the classroom.

例如：A：玛利亚在哪儿？

B：玛利亚在这儿。/ 玛利亚在那儿。/ 玛利亚在阿尔达的旁边。

那儿 nàr 代
there

4. 在

介词"在"用于描述处所、人和事物的位置，常见格式为"place/sb/sth+ 在 + 这儿 / 那儿""place/sb/sth+ 在 + place/sb/sth + 的……边"，"的"可以省略。

The preposition "在" is used to describe the location of a certain place, person or thing. The common patterns are "place/sb/sth+在+这儿/那儿" and "place/sb/sth+在+ place/sb/sth +的……边". "的" can be omitted.

例如：图书馆在那儿。

食堂在图书馆的南边。

南边 nánbian 方位
south

两人一组，根据下图，用"在"说一说学校里各个建筑的位置。

Work in pairs and talk about the location of buildings on campus with "在" based on the picture below.

例如：A：图书馆在哪儿？

银行 yínháng 名
bank

西边 xībian 方位
west

超市 chāoshì 名
supermarket

B：图书馆在银行的西边。

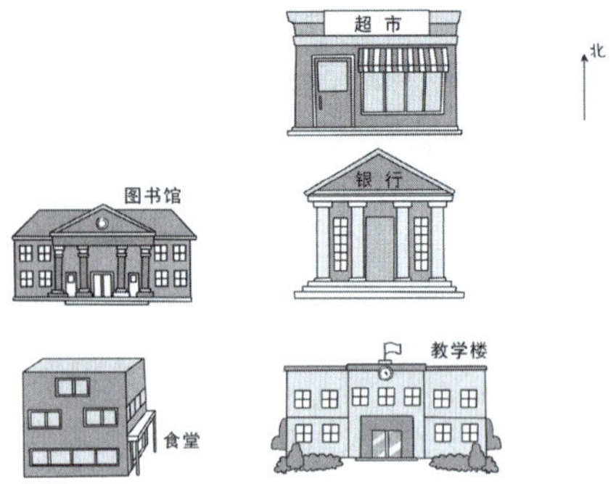

5. 就$_2$

“就”用于加强肯定的语气，如“就是”。

“就” is used to strengthen the affirmative tone, for example, “就是”.

例如：这儿就是食堂吗？

这就是你妹妹吧？

我就坐在他的旁边。

我们就买这个面包。

坐 zuò 动
sit

用“就”改写下列句子。 Paraphrase the following sentences with “就”.

1. “北大”是北京大学。

→ ______________________________

2. 15 点是下午 3 点。

→ ______________________________

3. 这是我家人的照片。

→ ______________________________

4. 那儿是我们的教学楼。

→ ______________________________

5. 我们在图书馆门口呢。

→ ______________________________

门口 ménkǒu 名
doorway, gate

课文练习 / Text Exercises

1. 给下列词语注音。 Write *Pinyin* for the following words.

❶ 想　　❷ 不用谢　　❸ 就是

❹ 食堂　　❺ 图书馆　　❻ 教学楼

2. 根据课文内容，标出食堂、教学楼和图书馆的位置。

Mark the location of the canteen, the teaching building and the library based on the text.

PART 2

第二部分

词句学练 Vocabulary and Sentences

预习词语 / Preview the Words

6-4

❶	银行	yínháng	名	bank
❷	对不起	duìbuqǐ	动	sorry, excuse me
❸	问	wèn	动	ask
❹	打	dǎ	动	make
❺	电话	diànhuà	名	phone
❻	打电话	dǎ diànhuà		make a phone call
❼	喂	wèi	叹	hello
❽	学校	xuéxiào	名	school
❾	里	lǐ	方位	inner, inside
❿	外	wài	方位	outside
⓫	离	lí	动	be at a distance from
⓬	远	yuǎn	形	far
⓭	怎么	zěnme	代	how
⓮	走	zǒu	动	walk, go
⓯	门口	ménkǒu	名	doorway, gate
⓰	往	wǎng	介	in the direction of, to
⓱	右	yòu	方位	right
⓲	米	mǐ	量	metre
⓳	地方	dìfang	名	place
⓴	书店	shūdiàn	名	bookstore
㉑	旁边	pángbiān	方位	side

1. 听录音，跟读生词。 6-4

Listen to the recording and repeat the new words.

2. 书写汉字。Write the characters.

起（对不起） 一 十 土 キ キ 走 走 起 起 起

里（学校里） 丨 冂 日 日 甲 甲 里

离（离学校不远） 丶 亠 亣 文 这 卤 卤 离 离 离

怎（怎么） 丿 𠂉 ケ 乍 乍 乍 怎 怎 怎

走（往右走） 一 十 土 キ キ 走 走

旁（旁边） 丶 亠 ㇒ 六 产 产 产 产 旁 旁

3. 写出下列词语的反义词，不会的可以查词典。

Write the antonyms of the following words. Refer to the dictionary if necessary.

上……	东……	北……	后……
右……	外……	远……	东北……

4. 听录音，跟读句子。 6-5

Listen to the recording and repeat the sentences.

你问一下高美吧。

你来介绍一下吧。

银行离学校不远。

我家离这儿不远。

怎么走呢？

怎么去图书馆？

从学校大门口往右走。

从银行往西走 200 米。

书店旁边就是中国银行。

食堂旁边是教学楼。

课文讲练 Text

课文热身 / Warm Up

将语义上紧密相关的上下两句连在一起。

Match the two sentences that are semantically closely related.

❶ 你知道中国银行在哪儿吗？	A. 不对，书店旁边是图书馆。
❷ 中国银行怎么走呢？	B. 从学校大门口往右走。
❸ 书店旁边是中国银行吗？	C. 对不起，我不知道。
❹ 食堂在哪儿？	D. 银行的南边就是食堂。

课文 2 / Text 2

6-6

玛利亚：艾米丽，你知道中国银行在哪儿吗？

艾米丽：对不起，我不知道。你问一下高美吧。

玛利亚：好的。

（玛利亚给高美打电话。）

玛利亚：喂，高美，你知道中国银行在哪儿吗？

高　美：学校里没有中国银行，银行在校外，离学校不远。

玛利亚：怎么走呢？

高　美：从学校大门口往右走，离校门口 500 米的地方，书店旁边就是中国银行。

1. 艾米丽知道中国银行在哪儿吗？
2. 中国银行在哪儿？
3. 去中国银行怎么走？
4. 书店在哪儿？

Mǎlìyà: Àimǐlì, nǐ zhīdào Zhōngguó Yínháng zài nǎr ma?

Àimǐlì: Duìbuqǐ, wǒ bù zhīdào. Nǐ wèn yíxià Gāo Měi ba.

Mǎlìyà: Hǎo de.

(Mǎlìyà gěi Gāo Měi dǎ diànhuà.)

Mǎlìyà: Wèi, Gāo Měi, nǐ zhīdào Zhōngguó Yínháng zài nǎr ma?

Gāo Měi: Xuéxiào lǐ méiyǒu Zhōngguó Yínháng, yínháng zài xiào wài, lí xuéxiào bù yuǎn.

Mǎlìyà: Zěnme zǒu ne?

Gāo Měi: Cóng xuéxiào dà ménkǒu wǎng yòu zǒu, lí xiàoménkǒu 500 mǐ de dìfang, shūdiàn pángbiān jiù shì Zhōngguó Yínháng.

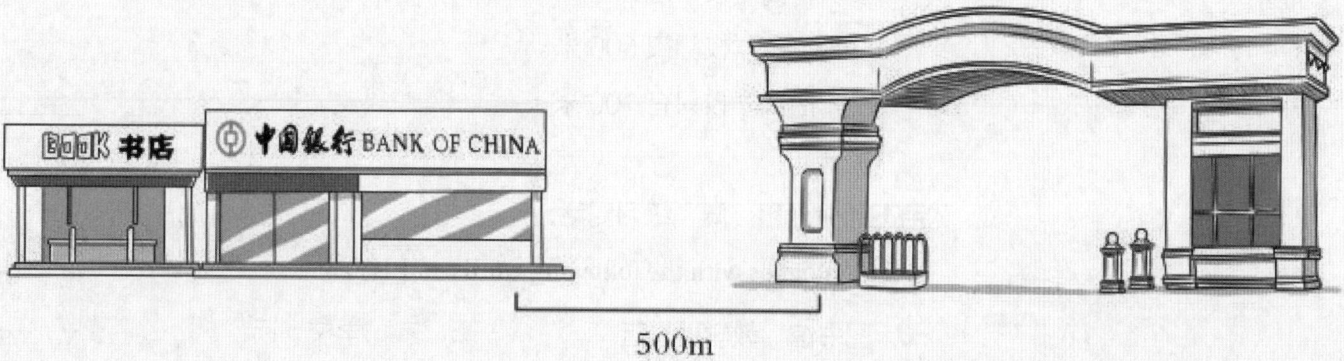

语言点注解 / Language Points

1. 吧$_2$

语气助词“吧”位于祈使句句尾，表示建议的语气。

The modal particle “吧” is placed at the end of an imperative sentence, indicating a tone of advice.

例如：你问一下高美吧。

我们去食堂吃饭吧。

用“吧”完成对话。 Complete the dialogues with “吧”.

1. A：我们几点去吃饭？

   B：______

2. A：你知道书店在哪儿吗？

   B：我也不知道，______

3. A：这儿有水、咖啡和牛奶，我们买什么？

   B：______

2. 离

用来描述距离，常见格式为“离＋地点＋远 / 近”和“离＋地点＋距离”。

“离” is used to describe distance. The common patterns are “离+place+远/近” and “离+place+distance”.

例如：食堂离图书馆很近。

银行离学校不远。

银行离学校门口 500 米。

书店离学校只有 100 米。

近 jìn 形
near

用下列词语和“离”练习对话。

Make dialogues with the following words and “离”.

1. 图书馆　教学楼　近
2. 家　学校　远
3. 中国银行　学校　200 米
4. 中国　日本　近　对吗

3. 怎么

疑问代词“怎么”的用法是“怎么+V”，用来询问动作行为的方式或事情的原因。

The interrogative pronoun “怎么” is used in the structure “怎么+V”, and it is used to ask about the manner of an action or the cause of something.

例如：❶ A：请问一下，去图书馆怎么走？

B：从这儿往东走，教学楼旁边就是图书馆。

❷ A：这个拼音怎么读？

B：Shǒujī。

❸ 你怎么知道我在这儿？

> 拼音 pīnyīn 名
> *Pinyin*

根据答句，用“怎么+V”写出问句。

Write questions with “怎么+V” based on the answers.

❶ A：__________________________________？

B：从这儿往北走，走 500 米就是超市。

❷ A：__________________________________？

B：先写“一”，再写“丨”，就是“十”。

❸ A：__________________________________？

B：这个生词读“zhàopiàn”。

❹ A：__________________________________？

B：我们是大学同学。

> 先 xiān 副
> first

4. 往

介词“往”表示行动的方向，常见格式为“往＋方向＋V”和“往＋地点＋V”。

The preposition “往” indicates the direction of an action. The common patterns are “往+direction+V” and “往+place+V”.

例如：从学校门口往左走。

从这儿往东走 100 米。

我们现在往你家走，一会儿就到。

你往教学楼走吧，我一会儿就去。

> 左 zuǒ 方位
> left

组词成句。 Put the words in the correct order to make sentences.

1. 前　你　从　往　100米　这儿　走

____

2. 走　我　往　学校　你　现在

____

3. 那个　从　往　大超市　走　南　就是　我家

____

4. 走　我　不　学校　往　东边，北边　我　走　往

____

5. “是”字句$_2$（“是” Sentence$_2$）

“是”用在存在句中，用于描述处所、人和事物的位置，常见格式为“这儿/那儿 + 是 + place/sb/sth”“……的……边 + 是 + place/sb/sth”，正好与“在”格式相反。“的”同样可以省略。

“是” is used in existential sentences to describe the location of a certain place, person or thing. The common patterns “这儿/那儿+是 + place /sb/sth” and “……的……边 + 是 + place/sb/sth” are the opposite of the “在” patterns. Similarly, “的” can be omitted.

例如：图书馆在那儿。→ 那儿是图书馆。

食堂在图书馆的南边。→ 图书馆的南边是食堂。

两人一组，根据下图，用“是”说一说学校里各个建筑的位置。

Work in pairs and talk about the location of buildings on campus with “是” based on the picture below.

课文练习 / Text Exercises

1. **给下列词语注音。** Write *Pinyin* for the following words.

❶ 怎么	❷ 地方	❸ 中国银行	❹ 学校
❺ 书店	❻ 往东走	❼ 离	❽ 旁边

2. **听课文录音，判断对错，对的画“√”，错的画“×”。** 6-6

Listen to the text and decide if the statements are true or false. Mark “√” if true and “×” if false.

❶ 艾米丽知道去银行怎么走。 (　　)

❷ 高美不知道银行在哪儿。 (　　)

❸ 中国银行在学校里边。 (　　)

❹ 从学校大门口往左走 500 米就是银行。 (　　)

❺ 银行旁边就是书店。 (　　)

PART 3

第三部分

听力实践 Listening Practice

1. 听句子，判断对错，对的画“√”，错的画“×”。 6-7

Listen to the sentences and decide if the statements are true or false. Mark “√” if true and “×” if false.

❶ 他想去图书馆。 (   )

❷ 教学楼离学校门口很近。 (   )

❸ 图书馆离食堂很近。 (   )

❹ 他不知道怎么去中国银行。 (   )

2. 听对话，选择正确答案。 6-8

Listen to the dialogues and choose the correct answers.

❶ A. 图书馆很近

B. 图书馆很远

C. 银行离图书馆 500 米

❷ A. 她们不想看书

B. 她们不去图书馆

C. 图书馆离食堂很近

❸ A. 在这儿

B. 在王老师家

C. 不知道

❹ A. 大书店离学校很近

B. 学校里没有书店

C. 学校里有一个大书店

阅读实践 Reading Practice

我家离学校不远，出门往左拐，走1000米就是学校。

这是我的学校。教学楼在中间，图书馆在教学楼的南边。图书馆很大，每天有很多人去图书馆。食堂离教学楼500米，在教学楼的西边。银行在教学楼的东北边，离教学楼不远，很近。银行的西边是一个书店。

出 chū 动
go/come out

拐 guǎi 动
turn

中间 zhōngjiān 方位
middle

东北边 dōngběibian 方位
northeast

1. 根据短文，画出图书馆、教学楼、食堂、银行和书店的位置。

Draw the location of the library, the teaching building, the canteen, the bank and the bookstore based on the passage.

2. 根据短文，判断对错，对的画“√”，错的画“×”。

Decide if the statements are true or false based on the passage. Mark “√” if true and “×” if false.

❶ 图书馆在书店的南边。 (　　)

❷ 银行在食堂的东北边。 (　　)

❸ 书店的东边是银行。 (　　)

❹ 食堂的西边是教学楼。 (　　)

交际训练 Communication Practice

1. 画出并描述自己大学校园里各个建筑的位置，至少画五个建筑。

   Draw and describe the location of at least five buildings on campus.

2. 介绍一家离学校最近的书店（或咖啡店、花店、饭馆等），尽量用到所给句型。

   Introduce the bookstore (or coffee shop, flower shop, restaurant, etc) that is the closest to campus. Try to use the given sentence patterns.

   这家书店 / 咖啡店 / 花店 / 饭馆叫……

   从学校大门口往……走

   ……在离校门口……米的地方

   ……旁边就是……

花店 huādiàn 名
flower shop

饭馆 fànguǎn 名
restaurant

学后反思 Reflection

1. 你会用“在”和“是”介绍你们国家的地理位置吗？

   Can you use “在” and “是” to introduce the geographic location of your country?

2. 你觉得本课哪些生词比较难记或者不容易读？

   Which new words do you think are difficult to memorise or to read in this lesson?

3. 你学到了哪些句型和语法？请用本课的语言点说几个句子。

   What sentence patterns and grammar have you learned? Use the language points in this lesson to make several sentences.

第七课 LESSON 7

花店什么时候开门？

When does the flower shop open?

学习目标 Learning Goals

重点生词 / Key Words

岁　送　可是　才　这么　着急　过

重点语言点 / Key Language Points

1. 固定格式（Fixed Pattern）“可＋V＋的＋（N）”
2. 固定用法（Fixed Usage）“什么的”
3. 副词（Adverb）“没”和“不”
4. “有”字句$_2$（“有”Sentence$_2$）
5. 固定用法（Fixed Usage）“什么时候”

PART 1

第一部分

词句学练 Vocabulary and Sentences

预习词语 / Preview the Words

7-1

1	月	yuè	名	month
2	日	rì	名	day
3	岁	suì	量	year (of age)
4	生日	shēngrì	名	birthday
5	送	sòng	动	give (as a gift)
6	礼物	lǐwù	名	gift, present
7	可	kě	助动	be worth (doing)
8	比如	bǐrú	动	take for example
9	巧克力	qiǎokèlì	名	chocolate
10	蛋糕	dàngāo	名	cake
11	什么的	shénmede	助	things like that, and so on
12	喜欢	xǐhuan	动	like
13	花	huā	名	flower
14	女	nǚ	形	woman, female
15	女孩子	nǚ háizi		little girl, girl
16	主意	zhǔyi	名	idea

1. 听录音，跟读生词。 7-1

Listen to the recording and repeat the new words.

2. 书写汉字。Write the characters.

岁（20 岁） 丨 山 山 岁 岁 岁

物（礼物）′ 𠂉 ⺧ 牛 牜 牞 物 物

蛋（蛋糕）一 丆 下 疋 疋 疋 疍 疍 蛋 蛋 蛋

糕（蛋糕）丶 丷 丷 半 米 米 米 米 米 米 糕 糕 糕 糕 糕 糕

喜（喜欢）一 十 士 吉 吉 吉 吉 吉 直 喜 喜 喜

意（主意）丶 亠 亠 立 立 产 音 音 音 音 意 意 意

3. 为图片选择对应的词语。

Choose the corresponding words for the pictures.

A. 巧克力　　B. 蛋糕　　C. 花　　D. 礼物

（　　）

（　　）

（　　）

（　　）

4. 选字组词。Choose characters to make words.

物	如	喜	意	蛋

（　　）欢　　礼（　　）　　主（　　）

（　　）糕　　比（　　）

5. 听录音，跟读句子。 7-2

Listen to the recording and repeat the sentences.

可送的很多啊。

这儿的早饭可吃的很多。

可送的很多啊，比如巧克力、蛋糕什么的。

可看的书很多，比如音乐杂志、汉语小说什么的。

小说　xiǎoshuō　名
novel, fiction

课文讲练 Text

课文热身 / Warm Up

听录音，选择正确的图片。 7-3

Listen to the recording and choose the correct pictures.

A. 

B. 

C. 

D. 

❶ ________　❷ ________　❸ ________　❹ ________

课文 1 / Text 1

7-4

马　克：小明，10月20日是艾米丽20岁的生日。我想送给她一个生日礼物，送什么好呢？

周小明：可送的很多啊，比如巧克力、蛋糕什么的。

马　克：巧克力和蛋糕她都不喜欢。

周小明：她喜欢花吧？女孩子一般都喜欢花。

马　克：这个主意好。

❶ 10月20日是谁的生日？

❷ 马克想送什么生日礼物？是蛋糕吗？

Mǎkè: Xiǎomíng, 10 yuè 20 rì shì Àimǐlì 20 suì de shēngrì. Wǒ xiǎng sòng gěi tā yí gè shēngrì lǐwù, sòng shénme hǎo ne?

Zhōu Xiǎomíng: Kě sòng de hěn duō a, bǐrú qiǎokèlì, dàngāo shénmede.

Mǎkè: Qiǎokèlì hé dàngāo tā dōu bù xǐhuan.

Zhōu Xiǎomíng: Tā xǐhuan huā ba? Nǚ háizi yìbān dōu xǐhuan huā.

Mǎkè: Zhège zhǔyi hǎo.

语言点注解 / Language Points

1. 可+V+的+（N）

在“可+V+的+（N）”格式中，“可”表示“值得”。

“可” means “be worth doing” in the “可+V+的+（N）” structure.

例如：可吃的很多，比如面包、饺子、面条儿……

可上的课很多，比如汉字课、文化课……

饺子 jiǎozi 名 Chinese dumpling

面条儿 miàntiáor 名 noodles

文化 wénhuà 名 culture

用"可+V+的+（N）"完成对话。

Complete the dialogues with "可+V+的+（N）".

❶ A：明天是我室友的生日，我送什么礼物好呢？

B：________________

❷ A：今晚我们吃什么？

B：________________

❸ A：我不想去图书馆，我不知道看什么书。

B：________________

❹ A：我们一会儿喝什么？

B：________________

喝 hē 动
drink

2. 什么的

"什么的"用于列举。

"什么的" is used to give examples.

例如：我的书很多，比如汉语小说、英语杂志什么的。

她喜欢吃巧克力、蛋糕、面包什么的。

用"什么的"完成句子。 Complete the sentences with "什么的".

❶ 我的桌子上有________________。

❷ 他认识很多国家的留学生，________________。

❸ 我们学校食堂可吃的有很多，比如________________。

❹ 女孩子喜欢的礼物有很多，比如________________。

桌子 zhuōzi 名
table, desk

国家 guójiā 名
country

课文练习 / Text Exercises

1. 听课文录音，判断对错，对的画“√”，错的画“×”。 7-4

Listen to the text and decide if the statements are true or false. Mark “√” if true and “×” if false.

1. 10 月 20 日是艾米丽 21 岁的生日。 (   )
2. 马克想送艾米丽一个生日礼物。 (   )
3. 艾米丽喜欢吃巧克力蛋糕。 (   )
4. 马克想送艾米丽花。 (   )

2. 根据课文内容，排列下列句子。

Put the following sentences in order based on the text.

1. 他不知道送什么好
2. 小明有一个好主意
3. 10 月 20 日是艾米丽的生日
4. 马克想送给她一个礼物
5. 女孩子一般都喜欢花
6. 所以马克想送艾米丽花

____

所以 suǒyǐ 连
so

PART 2

第二部分

词句学练 Vocabulary and Sentences

预习词语 / Preview the Words

7-5

1	可是	kěshì	连	but
2	附近	fùjìn	名	vicinity, neighbourhood
3	花店	huādiàn	名	flower shop
4	开门	kāi//mén	动	(of a bank, store, etc) begin a day's business
5	才	cái	副	not until, only when
6	笑	xiào	动	smile, laugh
7	这么	zhème	代	so, such
8	着急	zháojí	形	worried; anxious (to do sth)
9	过	guò	动	spend/pass (time)
10	过生日	guò shēngrì		celebrate a birthday
11	家	jiā	量	[used for families or enterprises]
12	超市	chāoshì	名	supermarket
13	时候	shíhou	名	time, moment
14	告诉	gàosu	动	tell
15	祝	zhù	动	wish
16	快乐	kuàilè	形	happy, joyful
17	再见	zàijiàn	动	see you again

1 沃尔玛超市 Wò'ěrmǎ Chāoshì Walmart supermarket

1. 听录音，跟读生词。 7-5

Listen to the recording and repeat the new words.

2. 书写汉字。Write the characters.

笑（她笑了）丿 𠂉 ⺮ ⺮ 𥫗 竺 笁 竺 竿 笑

着（着急）丶 丷 䒑 ⺷ ⺶ 差 羊 着 着 着 着

急（着急）丿 ⺈ ⺈ 刍 刍 刍 急 急 急

市（超市）丶 亠 亣 市 市

候（时候）丿 亻 亻 亻 亻 亻 亻 候 候 候

快（快乐）丶 忄 忄 忄 忄 快 快

3. **读拼音，写词语。** Read *Pinyin* and write the words.

fùjìn (　　)	gàosu (　　)	chāoshì (　　)
huādiàn (　　)	zháojí (　　)	shíhou (　　)

4. **查词典，写出下列地点名词。**

Refer to the dictionary and write the names of the following places.

图书馆	____馆	____馆	____馆
书店	____店	____店	____店
教学楼	____楼	____楼	
____校	____行	____堂	____市

5. **听录音，跟读句子。** 7-6

Listen to the recording and repeat the sentences.

我要去买花，可是学校附近的花店没开门。

我女朋友明天过生日，可是我不知道送她什么礼物好。

学校附近的花店没开门。

今天花店不开门。

花店十点才开门。

我们今天十二点才下课。

你这么着急啊！

他家的孩子那么多啊！

校外有一家花店。

学校南边有沃尔玛超市吗？

花店什么时候开门？

你什么时候吃早饭？

早饭 zǎofàn 名
breakfast

课文讲练 Text

课文热身 / Warm Up

将语义上紧密相关的上下两句连在一起。

Match the two sentences that are semantically closely related.

❶ 你要去哪儿?	A. 对,今天是我好朋友的生日。
❷ 祝你生日快乐!	B. 谢谢你。
❸ 你要去买蛋糕吗?	C. 九点半才开门。
❹ 超市在哪儿?	D. 我要去学校附近的花店。
❺ 花店什么时候开门?	E. 花店西边就是超市。

课文 2 / Text 2

7-7

高美:马克,你要去哪儿?

马克:我要去买花,可是学校附近的花店没开门,十点才开。

高美:(笑)你这么着急啊!

马克:今天是我女朋友的生日,我要给她过生日。

高美:我知道校外有一家花店,那家店开门很早。

马克:在哪儿啊?

高美:你知道学校南边有一家沃尔玛超市吗?超市旁边就是花店。

马克:什么时候开门?

高美:八点半开门。

马克:太好了!谢谢你。

高美:不客气。告诉艾米丽,我祝她生日快乐!

马克:好的!再见!

❶ 今天是几月几日?
❷ 花店在哪儿?
❸ 花店什么时候开门?

Gāo Měi: Mǎkè, nǐ yào qù nǎr?

Mǎkè: Wǒ yào qù mǎi huā, kěshì xuéxiào fùjìn de huādiàn méi kāimén, shí diǎn cái kāi.

Gāo Měi: (Xiào) Nǐ zhème zháojí a!

Mǎkè: Jīntiān shì wǒ nǚ péngyou de shēngrì, wǒ yào gěi tā guò shēngrì.

Gāo Měi: Wǒ zhīdào xiào wài yǒu yì jiā huādiàn, nà jiā diàn kāimén hěn zǎo.

Mǎkè: Zài nǎr a?

Gāo Měi: Nǐ zhīdào xuéxiào nánbian yǒu yì jiā Wò'ěrmǎ Chāoshì ma? Chāoshì pángbiān jiù shì huādiàn.

Mǎkè: Shénme shíhou kāimén?

Gāo Měi: Bā diǎn bàn kāimén.

Mǎkè: Tài hǎo le! Xièxie nǐ.

Gāo Měi: Bú kèqi. Gàosu Àimǐlì, wǒ zhù tā shēngrì kuàilè!

Mǎkè: Hǎo de! Zàijiàn!

语言点注解 / Language Points

1. 可是

"可是"表示转折，一般位于表示转折的分句句首。

"可是" expresses an adversative meaning. It is usually placed at the beginning of an adversative clause.

例如：我送给她一盒巧克力，可是她不喜欢。

我想去图书馆看书，可是图书馆很远。

用"可是"完成句子。 Complete the sentences with "可是".

1. 我喜欢汉语，____________________________。
2. 书店的书很多，____________________________。
3. 我喜欢他，____________________________。
4. 我一般都在食堂吃饭，____________________________。
5. 今天上午有王老师的汉语课，____________________________。

2. “没”和“不”

“没”和“不”都表示否定，但是二者不同。

Both “没” and “不” are used to express negation, but they are used in different situations.

“没”用于客观叙述，“不”用于主观意愿。对“有”的否定一定要用“没有”，不能说“不有”。

“没” is used for objective narration, while “不” is used for subjective wish. The negative form of “有” is “没有”. We cannot say “不有”.

例如：❶ 我今年没过生日。

我每年都不过生日。

❷ 我昨天没去留学生聚会。

我不去留学生聚会，我不想去。

今年	jīnnián	名
this year		
昨天	zuótiān	名
yesterday		

“不”可以指过去、现在、将来，但是“没”不能指将来。

“不” may refer to the past, present and future, but “没” cannot refer to the future.

例如：❶ 昨天妹妹不去学校，非要待在家里。√

昨天妹妹没去学校，她发烧了。√

❷ 今天他不来。√ 今天他没来。√

❸ 我明天不去上课。√ 我明天没去上课。×

非	fēi	副
simply must		
待	dāi	动
stay		

用“没”或“不”填空。 Fill in the blanks with “没” or “不”.

❶ 今天下午（ ）有汉语课。

❷ 我们一般都（ ）去图书馆，图书馆人太多了。

❸ 我（ ）想买咖啡，咖啡太贵了。

❹ 明天我女朋友过生日，我（ ）送花，因为她不喜欢。

❺ 老师昨天（ ）来上课，她病了。

❻ 我太累了，（ ）想上课，也（ ）想写作业。

因为	yīnwèi	连
because		
病	bìng	动
be sick		
累	lèi	形
tired		

3. 才$_1$

“才”用在“时间＋才＋V”结构中，表示说话人认为时间晚。

“才” is used in the “时间+才+V” structure to indicate that the speaker thinks the time is late.

例如：❶ A：花店十点开门。

B：十点才开门，太晚了！

❷ A：我下课以后去你那儿。

B：你五点才下课吧？太晚了！

组词成句。 Put the words in the correct order to make sentences.

❶ 早饭　我　十点　才　上午　吃

____

❷ 十一点　他　回　才　学校　晚上

____

❸ 起床　早上　啊　你　九点　才

____

❹ 你　来　下个月　我家　才　8号　吗

____

4. 这么、那么

"这么""那么"表示程度很大，一般用在形容词或动词之前，即"这么 / 那么 +A""这么 / 那么 +V"。"这么"倾向于用在时间、距离较近的语境中，"那么"倾向于用在时间、距离较远的语境中。

"这么" and "那么" express a great extent. In general, they are used before adjectives or verbs, namely "这么/那么+A" and "这么/那么+V". "这么" is normally used in the situation where the time is close and the distance is short, while "那么" is normally used in the opposite situation.

例如：这儿的咖啡这么贵啊。

你这么喜欢花啊。

花店离学校那么远啊。

他妹妹那么想去美国啊。

用"这么"或"那么"完成对话。

Complete the dialogues with "这么" or "那么".

❶ A：巧克力牛奶 35 块钱一杯。

B：______________________________

❷ A：我明天晚上八点去你家。

B：____

❸ A：他们学校每天早上七点半上课。

B：____

❹ A：学校附近的那家银行上午十点才开门。

B：____

❺ A：今天的汉语课有 40 个生词。

B：____

5. “有”字句$_2$（“有”Sentence$_2$）

“有”用在存在句中，表示存在。这种“有”字句的格式为“时间 / 地点 + 有 +N”。

“有” is used in existential sentences to indicate existence. The pattern of this type of “有” sentence is “time/place +有+ N”.

例如：桌子上有三本书。

今天下午没有课。

明天有留学生聚会吗？

两人一组，用“有”字句说一说学校附近都有什么。

Work in pairs and talk about what's around the campus with “有” sentence.

例如：A：学校附近有沃尔玛超市吗？

B：学校附近没有沃尔玛超市。

6. 什么时候

“什么时候”用来询问时间。

“什么时候” is used to ask about time.

例如：我们什么时候下课？

书店什么时候开门？

根据答句，用“什么时候”写出问句。

Write questions with “什么时候” based on the answers.

1. A: ______________________________

   B：我五点开始写作业。

2. A: ______________________________

   B：他下个星期去北京。

3. A: ______________________________

   B：我一会儿就去吃饭。

4. A: ______________________________

   B：我现在就去图书馆。

课文练习 / Text Exercises

1. 听课文录音，选择正确答案。 7-7

Listen to the text and choose the correct answers.

1. 学校附近的花店什么时候开门？ (　　)

   A. 七点　　B. 七点半

   C. 八点半　　D. 十点

2. 马克着急买什么？ (　　)

   A. 巧克力　　B. 蛋糕

   C. 给艾米丽的生日礼物　　D. 以上都不对

3. 花店在哪儿？ (　　)

   A. 学校里边　　B. 学校南门

   C. 超市旁边　　D. 超市东边

2. 听课文录音，判断对错，对的画“√”，错的画“×”。 7-7

Listen to the text and decide if the statements are true or false. Mark “√” if true and “×” if false.

1. 明天是艾米丽的生日。 (　　)
2. 马克要去学校里的花店买花。 (　　)
3. 学校附近的花店十点才开门。 (　　)
4. 学校的西边有一家沃尔玛超市。 (　　)
5. 花店在超市的旁边。 (　　)

听力实践 Listening Practice

1. 听句子，判断对错，对的画"√"，错的画"×"。 7-8

Listen to the sentences and decide if the statements are true or false. Mark "√" if true and "×" if false.

1. 学校旁边有花店。 (　　)
2. 可送的礼物不多。 (　　)
3. 花店十点就开门。 (　　)
4. 北京可去的地方很多。 (　　)

2. 听对话，选择正确答案。 7-9

Listen to the dialogues and choose the correct answers.

对话一 Dialogue 1

1. A. 马克　B. 周小明　C. 马克的朋友　D. 周小明的朋友
2. A. 蛋糕　B. 词典　C. 书　D. 花

对话二 Dialogue 2

1. A. 超市　B. 学校　C. 旁边　D. 不知道
2. A. 八点　B. 八点半　C. 九点　D. 九点半

阅读实践 Reading Practice

聊天儿 liáo//tiānr 动
chat
说 shuō 动
say, speak
回 huí 动
return
另 lìng 代
other, another
甜 tián 形
sweet
觉得 juéde 动
think, feel
最 zuì 副
most

（一）

昨天我和朋友聊天儿，朋友说下周一是他妈妈的生日，他要回家给妈妈过生日。他想给妈妈买两个礼物，一个是蛋糕，另一个礼物他不知道送什么好，现在很着急。

我告诉他可送的很多啊，比如巧克力、照片、花什么的。朋友说，巧克力太甜了，他妈妈不喜欢吃。他觉得送花最好。

1. 谁要过生日？

A.“我”妈妈　B. 朋友　C. 朋友的妈妈　D.“我”

2. 朋友想送几个礼物？

A. 一个　B. 两个　C. 三个　D. 四个

3. 朋友觉得哪个主意最好？

A. 送蛋糕　B. 送花　C. 送巧克力　D. 送照片

4. 朋友想送什么礼物？

A. 蛋糕和巧克力　B. 巧克力和花

C. 蛋糕和花　D. 蛋糕和照片

订 dìng 动
order
取 qǔ 动
take, get
服务员 fúwùyuán 名
waiter, waitress
快 kuài 形
fast, quick
可以 kěyǐ 助动
can, may
见面 jiàn//miàn 动
meet
收到 shōudào 动
receive

（二）

朋友去蛋糕店订蛋糕。他问店里的人，什么时候可以取蛋糕。服务员说：“今天人不多，很快就可以取。”

晚上我和朋友见面，朋友告诉我，他妈妈今天收到生日礼物很高兴。

1. 今天蛋糕店有蛋糕吗？

A. 有　B. 没有　C. 不知道

2. 朋友的妈妈喜欢生日礼物吗？

A. 喜欢　B. 不喜欢　C. 不知道

交际训练 Communication Practice

两人一组，讨论要送给身边的人（爸爸妈妈、兄弟姐妹、男女朋友等）什么生日礼物，完成下面的表格，然后模仿示例说一说你的决定。

Work in pairs, discuss what birthday presents to give to the people around you (parents, siblings, boyfriend or girlfriend, etc) and complete the table below. You can share your ideas as the following example shows.

送给谁？	什么时候过生日？	送什么？
爸爸	10 月 20 日	手机

10 月 20 日是爸爸 46 岁的生日，我想送给他一个生日礼物。可送的东西很多 / 不太多（比如蛋糕、手机什么的），我想送给他一个手机。

东西 dōngxi 名
thing

学后反思 Reflection

1. 由"在""是""有"构成的存在句你都会用了吗？试着说几个句子。

   Do you know how to use the existential sentences containing "在", "是" and "有"? Try to say several sentences.

2. 你觉得本课哪些生词比较难记或者不容易读？

   Which new words do you think are difficult to memorise or to read in this lesson?

3. 你学到了哪些句型和语法？请用本课的语言点说几个句子。

   What sentence patterns and grammar have you learned? Use the language points in this lesson to make several sentences.

第八课
LESSON 8

你在干什么呢？
What are you doing?

学习目标 Learning Goals

重点生词 / Key Words

刚　一直　抓紧　带

重点语言点 / Key Language Points

1. 副词（Adverb）“在”“正在”
2. 固定格式（Fixed Pattern）“不太 +A/V”
3. 数量词（Quantifier）“一点儿”
4. 动词（Verb）“请”
5. 副词（Adverb）“还$_2$”
6. 连动句（Sentences with Verbal Constructions in Series）

PART 1

第一部分

词句学练 Vocabulary and Sentences

预习词语 / Preview the Words

8-1

1	干	gàn	动	do, engage (in one's work)
2	正在	zhèngzài	副	in the process of
3	写	xiě	动	write
4	作文	zuòwén	名	composition
5	刚	gāng	副	just, newly
6	不太	bú tài		not too
7	教室	jiàoshì	名	classroom
8	对面	duìmiàn	名	opposite side
9	咖啡馆	kāfēiguǎn	名	coffee house
10	一直	yìzhí	副	continuously, all along, always
11	待	dāi	动	stay
12	找	zhǎo	动	want to see, call on
13	快	kuài	形	fast, quick
14	（一）点儿	(yì)diǎnr	数量	a few, a little
15	抓紧	zhuājǐn	动	hurry; clutch, firmly grasp
16	时间	shíjiān	名	time

1. 听录音，跟读生词。 8-1

Listen to the recording and repeat the new words.

2. 书写汉字。Write the characters.

写（写作文） ' 冖 冖 写 写

直（一直）一 十 冂 冇 有 有 直 直

待（待在这儿）丿 彳 彳 彳 社 往 往 待 待

抓（抓紧）一 扌 扌 扌 扩 扩 抓

紧（抓紧）丨 刂 刂 収 坚 坚 竖 紧 紧 紧

3. 读拼音，写词语。Read *Pinyin* and write the words.

gāng	(　　)	dāi	(　　)	jiàoshì	(　　)
duìmiàn	(　　)	yìzhí	(　　)	shíjiān	(　　)

4. 听录音，跟读句子。 8-2

Listen to the recording and repeat the sentences.

你在干什么呢？

我正在写作文。

我刚开始写作业。

聚会刚开始。

我的作业不太多。

这个牛奶不太好喝。

我一直在这儿看书。

我们在教室上课。

你快点儿写作业吧。

我想送她贵一点儿的礼物。

好，我抓紧时间写作业。

你抓紧时间写作文吧！

课文讲练 Text

课文热身 / Warm Up

将语义上紧密相关的上下两句连在一起。

Match the two sentences that are semantically closely related.

❶ 你一直待在咖啡馆吗？	A. 我在写作文呢。
❷ 你在教室里吗？	B. 好啊，你来吧。
❸ 你今天的作业多吗？	C. 对，我一直在这儿写作业。
❹ 你在干什么呢？	D. 不在，我在学校对面的咖啡馆里。
❺ 我一会儿去找你啊？	E. 不太多。

课文 1 / Text 1

8-3

（周小明给艾米丽打电话。）

周小明：喂，艾米丽，你在干什么呢？

艾米丽：我正在写作文，你呢？

周小明：我刚开始写作业。

艾米丽：你的作业多吗？

周小明：不太多。

艾米丽：你在哪儿？在教室里吗？

周小明：不在，我在学校对面的咖啡馆里。

艾米丽：你一直待在那儿吗？

周小明：是啊，我一直在这儿看书。你在哪儿？我一会儿去找你啊？

艾米丽：好啊，我在图书馆。你来吧，马克也在。

周小明：好。

艾米丽：那你快点儿写作业吧。

周小明：好，我抓紧时间写。

(Zhōu Xiǎomíng gěi Àimǐlì dǎ diànhuà.)

Zhōu Xiǎomíng: Wèi, Àimǐlì, nǐ zài gàn shénme ne?

Àimǐlì: Wǒ zhèngzài xiě zuòwén, nǐ ne?

Zhōu Xiǎomíng: Wǒ gāng kāishǐ xiě zuòyè.

Àimǐlì: Nǐ de zuòyè duō ma?

Zhōu Xiǎomíng: Bú tài duō.

Àimǐlì: Nǐ zài nǎr? Zài jiàoshì lǐ ma?

Zhōu Xiǎomíng: Bú zài, wǒ zài xuéxiào duìmiàn de kāfēiguǎn lǐ.

Àimǐlì: Nǐ yìzhí dāi zài nàr ma?

Zhōu Xiǎomíng: Shì a, wǒ yìzhí zài zhèr kàn shū. Nǐ zài nǎr? Wǒ yíhuìr qù zhǎo nǐ a?

Àimǐlì: Hǎo a, wǒ zài túshūguǎn. Nǐ lái ba, Mǎkè yě zài.

Zhōu Xiǎomíng: Hǎo.

Àimǐlì: Nà nǐ kuài diǎnr xiě zuòyè ba.

Zhōu Xiǎomíng: Hǎo, wǒ zhuājǐn shíjiān xiě.

1. 艾米丽正在干什么？周小明呢？
2. 周小明的作业很多，对吗？
3. 周小明现在在哪儿呢？
4. 艾米丽现在在哪儿呢？
5. 周小明一会儿要去哪儿？

语言点注解 / Language Points

1. 在、正在

副词“在”和“正在”表示动作行为正在进行，常见用法是“在 / 正在 +V+（呢）”。

The adverbs “在” and “正在” indicate that an action is in progress. The common way to use them is “在/正在+V+（呢）”.

例如：他在干什么呢？

我正在上课。

睡觉	shuì//jiào	动	sleep
听	tīng	动	listen to, hear
读	dú	动	read
课文	kèwén	名	text
背	bèi	动	recite

用下列词语和“在 / 正在 +V+（呢）”练习对话。

Make dialogues with the following words and “在/正在+V+（呢）”.

1. 写作业 2. 写汉字 3. 看书 4. 睡觉
5. 听音乐 6. 读课文 7. 背生词 8. 吃早饭

2. 刚

副词“刚”表示动作或情况发生在不久以前。

The adverb “刚” means that an action or a situation happened not long ago.

例如：我们刚开始上课。

我刚来中国一个月。

组词成句。 Put the words in the correct order to make sentences.

1. 认识　刚　我们

____

2. 你家　我　到　刚　门口

____

3. 上课　刚　老师　开始

____

4. 来　他　刚　一个　星期　这儿

____

⑤ 开始　刚　吃饭　我们

____

3. 不太+A/V

“不太”用在形容词或动词前，构成“不太+A/V”结构，表示程度不高。

“不太” is used before an adjective or a verb, forming the structure “不太+A/V”, which is used to express the degree is not high.

例如：我们的教学楼离食堂不太远。

这个书店里的书不太贵。

我不太喜欢他。

根据图片和提示，用“不太+A/V”说句子。

Make sentences with “不太+A/V” based on the pictures and clues.

① 好喝

② 食堂的饭

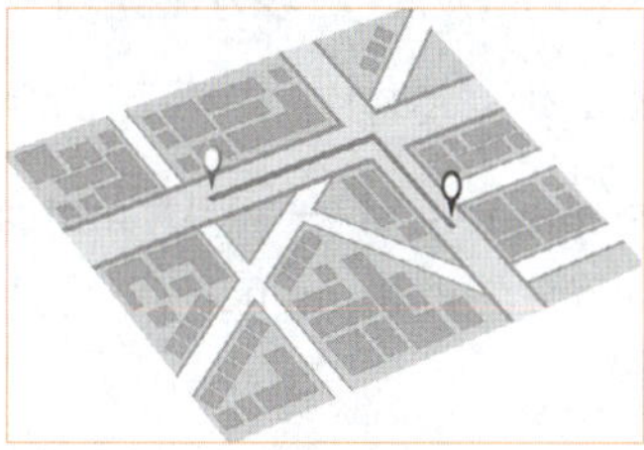

③ 我家　学校

④ 想　去图书馆

4. 地点状语（Adverbial of Place）

介词短语“在＋地点”位于动词前，作地点状语，即“在＋地点＋V”，表示“在什么地方做什么事”，用来说明某动作行为发生的地点。

The prepositional phrase “在+place” is used before a verb, forming the “在+place+V” structure as an adverbial of place. It means “to do something in a certain place”. It is used to describe the place where the action happens.

例如：下课以后我们都在教室学习。

学习　xuéxí　动
study

他每天都在图书馆看书。

我们一会儿在食堂吃饭。

组词成句。 Put the words in the correct order to make sentences.

1. 我　银行　在　取　钱

____

2. 教室　她　作业　在　写

____

3. 咖啡　在　咖啡馆　他们　喝

____

4. 干什么　你　呢　宿舍　在

____

5. 在　房间　睡觉　我　没，我　图书馆　在　看杂志　呢

____

5. 一点儿

"一点儿"经常用在形容词后，即"A+一点儿"，表示程度轻；也可以用在名词前，即"一点儿+N"，表示数量少。其中，"一"可以省略。

"一点儿" is usually used after an adjective, namely "A+一点儿", indicating that the degree is not high. It can also be used before a noun, namely "一点儿+N", indicating a small quantity. "一" can be omitted.

慢　màn　形
slow

例如：你慢一点儿说。

我想买点儿面包。

用下列词语和"A+一点儿"或"一点儿+N"说句子。

Make sentences with the following words and "A+一点儿" or "一点儿+N".

1. 慢　吃
2. 早　上课
3. 晚　吃晚饭
4. 买　笔
5. 吃　蛋糕
6. 送　礼物

6. 抓紧

“抓紧时间 +V” 或 “抓紧 +V” 表示赶快做某件事。

“抓紧时间+V” or “抓紧+V” is used to describe doing something quickly.

例如：我们抓紧时间看书吧。

你抓紧写作业吧。

“抓紧” 还可以表示 “用手紧紧地抓住”。

“抓紧” is also used to describe holding on tight with hands.

例如：他抓紧她的手。

抓紧方向盘！

> **用 “抓紧时间 +V” 或 “抓紧 +V” 完成句子。**
>
> Complete the sentences with “ 抓紧时间 +V” or “ 抓紧 +V”.
>
> 1. 作业太多了，我要 ______________________。
> 2. 明天有汉语考试，我们要 ______________________。
> 3. 明天早上有听写，你 ______________________。
> 4. 超市九点半就关门了，我们 ______________________。
> 5. 我没吃早饭，可是早上八点有课，我要 ______________。

手 shǒu 名
hand

方向盘 fāngxiàngpán 名
steering wheel

听写 tīngxiě 动
dictate

考试 kǎo//shì 动
have an examination

课文练习 / Text Exercises

1. 选词填空。Choose the correct words to fill in the blanks.

抓紧	待	一点儿	干	不太	写

1. 你明天想（　　　）什么？
2. 她在（　　　）作文。
3. 一会儿朋友来找我，现在我要（　　　）时间写作业。
4. 我的作业（　　　）多。
5. 你来吧，我一直（　　　）在学校对面的咖啡馆里。
6. 我想喝（　　　）可乐。

可乐 kělè 名
cola

2. 根据课文内容，排列下列句子。

Put the following sentences in order based on the text.

1. 艾米丽说，她和马克在图书馆
2. 周小明一会儿要去找艾米丽
3. 周小明给艾米丽打电话
4. 周小明刚开始写作业
5. 她的作业是写作文
6. 艾米丽在写作业
7. 他的作业不太多

PART 2
第二部分

词句学练 Vocabulary and Sentences

预习词语 / Preview the Words 8-4

1	宿舍	sùshè	名	dormitory
2	开	kāi	动	open
3	进	jìn	动	come into, enter
4	忙	máng	动、形	be busy (doing sth); busy
5	还	hái	副	still, yet
6	周末	zhōumò	名	weekend
7	一起	yìqǐ	副	together
8	外边	wàibian	方位	outside
9	玩	wán	动	play, have fun
10	带	dài	动	take, bring; lead
11	茶馆	cháguǎn	名	teahouse
12	喝	hē	动	drink
13	茶	chá	名	tea
14	午饭	wǔfàn	名	lunch
15	饺子馆	jiǎoziguǎn	名	dumpling restaurant
16	饺子	jiǎozi	名	Chinese dumpling

1. 听录音，跟读生词。 8-4

Listen to the recording and repeat the new words.

2. 书写汉字。Write the characters.

进（请进） 一 二 ≠ 井 ˋ井 讲 进

周（周末）丿 冂 冂 冂 冂 周 周 周

末（周末）一 二 キ 末 末

带（带你去茶馆）一 十 卄 卅 卅 卅 卅 带 带

茶（茶馆）一 十 艹 艹 艾 艾 茶 茶 茶

喝（喝茶）丨 口 口 口 口 口 口 口 吗 吗 吗 喝

3. 词语扩展。 Make phrases with the given words.

喝 ________ ________ ________

吃 ________ ________ ________

玩 ________ ________ ________

4. **填字组词。** Fill in the blanks to make words.

开 ________	作 ________	教 ________	________ 面
开 ________	作 ________	教 ________	面 ________

一 ________	一 ________	________ 馆	________ 馆
一 ________	一 ________	________ 馆	________ 馆

5. **听录音，跟读句子。** 8-5

Listen to the recording and repeat the sentences.

请进！
请说汉语！

你还在看书？
你还没吃午饭吧？

我带你去中国的茶馆喝茶吧。
你带一个面包吧。

我带你去中国的茶馆喝茶吧。
你想去图书馆看书吗？

课文讲练 Text

课文热身 / Warm Up

听对话，为下列句子排序。 8-6

Listen to the dialogue and put the following sentences in order.

1. 你还在写作文？
2. 还没吃晚饭吧？
3. 那我们去食堂吃饭吧。
4. 你在忙什么呢？
5. 今天周末，我们去外边吃吧。
6. 我在写作文呢。

课文 2 / Text 2

8-7

1. 艾米丽在干什么呢？
2. 她们要去茶馆喝茶吗？
3. 艾米丽喜欢吃什么？

（高美来艾米丽的宿舍找艾米丽。）

高　美：艾米丽在吗？

艾米丽：在。（开门）请进！

高　美：艾米丽，你在忙什么呢？

艾米丽：我在看书呢。

高　美：你还在看书？今天是周末，我们一起去外边玩吧。

艾米丽：太好了！我们去哪儿玩？

高　美：我带你去中国的茶馆喝茶吧。

艾米丽：茶馆？可是我不太喜欢喝茶。

高　美：那好吧，你还没吃午饭吧？

艾米丽：是啊。

高　美：那我们去饺子馆吃饺子吧。

艾米丽：这个主意好！（笑）那我们走吧。

高　美：走！

(Gāo Měi lái Àimǐlì de sùshè zhǎo Àimǐlì.)

Gāo Měi: Àimǐlì zài ma?

Àimǐlì: Zài. (Kāi mén) Qǐng jìn!

Gāo Měi: Àimǐlì, nǐ zài máng shénme ne?

Àimǐlì: Wǒ zài kàn shū ne.

Gāo Měi: Nǐ hái zài kàn shū? Jīntiān shì zhōumò, wǒmen yìqǐ qù wàibian wán ba.

Àimǐlì: Tài hǎo le! Wǒmen qù nǎr wán?

Gāo Měi: Wǒ dài nǐ qù Zhōngguó de cháguǎn hē chá ba.

Àimǐlì: Cháguǎn? Kěshì wǒ bú tài xǐhuan hē chá.

Gāo Měi: Nà hǎo ba, nǐ hái méi chī wǔfàn ba?

Àimǐlì: Shì a.

Gāo Měi: Nà wǒmen qù jiǎoziguǎn chī jiǎozi ba.

Àimǐlì: Zhège zhǔyi hǎo! (Xiào) Nà wǒmen zǒu ba.

Gāo Měi: Zǒu!

语言点注解 / Language Points

1. 请

用“请”引导的祈使句表示用礼貌的语气让某人做某事。

Using the imperative sentence beginning with “请” is a polite way to ask someone to do something.

例如：请进！

请慢点儿走。

两人一组，一个人朗读句子，另一个人做动作。

Work in pairs, one person reads aloud the sentences and the other does the actions.

1. 请坐！
2. 请开门！
3. 请喝茶。
4. 请你大声一点儿。
5. 请你读一下这个生词。

坐 zuò 动
sit

声 shēng 名
sound, voice

2. 还$_2$

副词“还”表示动作或状态持续不变，常见用法为“还在 +V”“还没 +V”。“还在 +V”表示动作或状态仍在继续，“还没 +V”表示动作或状态仍没开始。两种用法的句尾都可以加“呢”。

The adverb “还” indicates that an action or a state stays the same. The common ways to use it are “还在+V” and “还没+V”. “还在+V” indicates that an action or a state continues, while “还没+V” indicates that an action or a state has not yet begun. When using these patterns, “呢” can be added at the end of the sentence.

例如：我还在写作业呢。

她还在预习汉语。

他还没吃饭。

我还没去教室呢。

预习 yùxí 动
preview

等　děng　动
wait

用"还在+V"或"还没+V"完成对话。

Complete the dialogues with "还在+V" or "还没+V".

❶ A：你在忙什么呢？

B：________________

❷ A：我们去吃饭吧。

B：等一会儿，________________

❸ A：我们去超市吧。

B：现在才八点，________________

❹ A：你们在茶馆吗？

B：不在，________________

3. 带

"带"可以是带某个人，表示"带领"；也可以是带某件东西，表示"拿着"。

"带" can be followed by people, meaning "lead". It can also be followed by things, meaning "take, bring".

例如：我带妹妹去北京玩。

上课要带书。

根据图片和提示，用"带"说句子。

Make sentences with "带" based on the pictures and clues.

❶ 去外边玩

❷ 留学生聚会

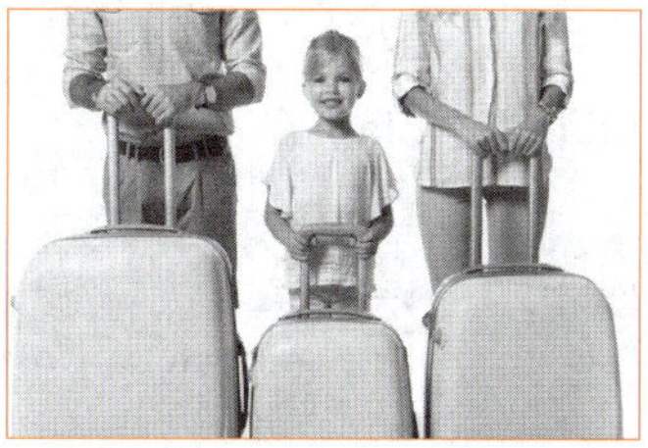

③ 去中国

④ 买东西

东西　dōngxi　名
thing

4. 连动句（Sentences with Verbal Constructions in Series）

连动句由两个动词短语共同作谓语，表示两个连续的动作，且动作有先后关系。后一个动作可以是前一个动作的目的。

The sentence with verbal constructions in series has two verbal phrases worked as the predicate. It denotes two consecutive actions, and the actions are related in sequence. The latter action can be the purpose of the previous action.

例如：我们去咖啡馆喝咖啡吧。

我来这儿上课。

组词成句。 Put the words in the correct order to make sentences.

① 去　看书　我们　吧　图书馆

____

② 去　没　他　今天　学校　上课

____

③ 你们　干什么　中国　来

____

④ 你　北京大学　想　物理　学　去　吗

____

⑤ 回家　你　明天　吧　晚上　吃饭，明天　过生日　孩子

____

课文练习 / Text Exercises

1. 选词填空。 Choose the correct words to fill in the blanks.

带	午饭	宿舍	忙	一起

1. 高美问艾米丽："你在（　　　）什么呢？"
2. 艾米丽在（　　　）看书。
3. 高美和艾米丽要（　　　）去外边玩。
4. 艾米丽还没吃（　　　）。
5. 高美要（　　　）艾米丽去饺子馆吃饺子。

2. 听课文录音，判断对错，对的画"√"，错的画"×"。 8-7

Listen to the text and decide if the statements are true or false. Mark "√" if true and "×" if false.

1. 艾米丽正在写作业呢。（　　）
2. 高美想带艾米丽去茶馆喝茶。（　　）
3. 艾米丽非常喜欢喝茶。（　　）
4. 艾米丽不喜欢吃饺子。（　　）

听力实践 Listening Practice

1. 听句子，判断对错，对的画“√”，错的画“×”。 8-8

Listen to the sentences and decide if the statements are true or false. Mark “√” if true and “×” if false.

1. 他和朋友一起去图书馆写作业。 (　　)
2. 他们一会儿要抓紧时间出去玩。 (　　)
3. 他的作业太多了。 (　　)
4. 他们从星期一到星期五一直待在学校。 (　　)

2. 听对话，选择正确答案。 8-9

Listen to the dialogues and choose the correct answers.

对话一 Dialogue 1

1. A. 图书馆　B. 学校　C. 咖啡馆　D. 食堂
2. A. 图书馆　B. 学校　C. 咖啡馆　D. 食堂

对话二 Dialogue 2

1. A. 高美　B. 艾米丽　C. 高美和艾米丽　D. 不知道
2. A. 去图书馆写作业　B. 去咖啡馆吃蛋糕　C. 去外边玩　D. 待在宿舍

阅读实践 Reading Practice

完 wán 动
come to an end

放松 fàngsōng 动
relax

电影院 diànyǐngyuàn 名
cinema

电影 diànyǐng 名
movie

酒吧 jiǔbā 名
bar

啤酒 píjiǔ 名
beer

自己 zìjǐ 代
oneself

（一）

今天是周末，马克写完作业以后想去外边玩，放松一下，可是不知道去哪儿玩好。

同学告诉马克，可去的地方很多，比如去电影院看电影、去咖啡馆喝咖啡、去酒吧喝啤酒、去茶馆喝茶等等。

马克想去酒吧，可是他不想自己去。同学说，晚上他带马克一起去。

1. 马克想去哪儿？

A. 图书馆　　B. 咖啡馆　　C. 酒吧　　D. 茶馆

2. 下面哪个句子不正确？

A. 马克喜欢喝啤酒　　B. 马克想去外边玩

C. 马克不想去酒吧　　D. 同学带马克一起去

用功 yònggōng 形
hardworking

认真 rènzhēn 形
careful

听课 tīng//kè 动
attend a lecture

干净 gānjìng 形
clean, neat and tidy

甚至 shènzhì 副
even

卫生间 wèishēngjiān 名
toilet

帮助 bāngzhù 动
help

别人 biérén 代
other people

所以 suǒyǐ 连
so

（二）

阿尔达是个好学生，他学习汉语很用功，每天都认真听课、写作业、复习、预习。他也很喜欢干净。他的宿舍很干净，甚至宿舍里的卫生间都很干净。他还很喜欢帮助别人，对别人很好，所以我们都很喜欢他。

1. 下面哪个句子不正确？

A. 阿尔达不喜欢学习　　B. 阿尔达每天都复习

C. 阿尔达是留学生　　D. “我们”都喜欢阿尔达

2. 哪儿很干净？

A. 宿舍　　B. 宿舍里的卫生间

C. 宿舍和卫生间　　D. “我们”的宿舍

交际训练 Communication Practice

1. 两人一组，选择一个情景，模仿课文1和课文2进行角色扮演，尽量用到所给句型。

Work in pairs, select a scenario and do a role-play to act out a dialogue similar to Text 1 and Text 2. Try to use the given sentence patterns.

情景（Scenario）1：学校里新开了一家很好吃的饭馆，A 想邀请朋友 B 一起去。

情景（Scenario）2：学校南边新开了一家沃尔玛超市，A 想邀请室友 B 一起去买东西。

情景（Scenario）3：学校附近新开了一家花店，A 和 B 的老师星期一过生日，A 想邀请 B 一起去给老师买花。

新	xīn	副
newly, recently		
开	kāi	动
set up, start		
好吃	hǎochī	形
delicious		
饭馆	fànguǎn	名
restaurant		
邀请	yāoqǐng	动
invite		

你在干/忙什么呢？

我正在/在……呢。

我刚开始……

我一直……

你还在/还没……？

……新开了一家……

我带你去……吧。

我们去……吧。

2. 根据下列图片，讲一个“咖啡馆的故事”，尽量用到所给词语和语言点。

Tell a “coffee house story” based on the pictures below. Try to use the given words and language points.

聊天儿 liáo//tiānr 动
chat

吵 chǎo 形
noisy

安静 ānjìng 形
quiet

聊天儿	写作业	一直	待	抓紧	时间	吵	安静
在 / 正在 +V+（呢）	太……了	不太 +A/V	A+ 一点儿				
还在 / 还没 +V	从……到……	每……都……	V+ 一下				

学后反思 Reflection

1. 你会用"在/正在+V+（呢）"说句子吗？

   Can you use "在/正在+V+（呢）" to make sentences?

2. 你觉得本课哪些生词比较难记或者不容易读？

   Which new words do you think are difficult to memorise or to read in this lesson?

3. 你学到了哪些句型和语法？请用本课的语言点说几个句子。

   What sentence patterns and grammar have you learned? Use the language points in this lesson to make several sentences.

第九课 LESSON 9

你星期天有空吗？

Are you free on Sunday?

学习目标 Learning Goals

重点生词 / Key Words

事　有空　出发　平时　号

重点语言点 / Key Language Points

1. 动词的正反疑问句（The Affirmative-negative Question of Verbs）
2. 动词重叠（Reduplication of Verbs）“VV”
3. 固定用法（Fixed Usage）“和……一样”
4. 固定用法（Fixed Usage）“跟……一起”
5. 承接关系复句（Complex Sentence of Successive Relation）“先……，然后……”
6. 号码表达法（Number Expression）

PART 1
第一部分

词句学练 Vocabulary and Sentences

预习词语 / Preview the Words 9-1

1	敲	qiāo	动	knock
2	敲门	qiāo mén		knock at the door
3	事	shì	名	thing, matter
4	和	hé	介	to, with
5	一样	yíyàng	形	the same
6	星期天	Xīngqītiān	名	Sunday
7	空	kòng	名	free time
8	有空	yǒu kòng		be free
9	打算	dǎsuàn	动、名	plan; intention
10	跟	gēn	介	with

1	清华大学	Qīnghuá Dàxué	Tsinghua University

1. 听录音，跟读生词。 9-1

Listen to the recording and repeat the new words.

2. 书写汉字。 Write the characters.

敲（敲门） 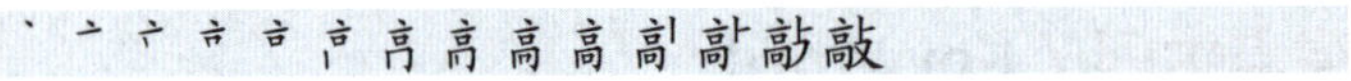

事（什么事） 

算（打算） ノ ⺈ ⺮ ⺮ ⺮ ⺮ 竹 竹 笞 笞 笞 筲 筫 算

跟（跟……一起） 丶 冂 口 ⻊ ⻊ ⻊ 足 趶 趶 趶 跟 跟 跟

3. 选字填空，汉字可重复使用。

Choose the correct characters to fill in the blanks. The characters can be used more than once.

期　空　样　跟　算　敲　事

（　　）门　　打（　　）　　星（　　）天

（　　）……一起　　和……一（　　）

A：周末你有（　　）吗？

B：有（　　），什么（　　）？

4. 听录音，跟读句子。 9-2

Listen to the recording and repeat the sentences.

高美在不在？

你想不想去北大？

我周末没有作业，想去外边玩玩。

我还想去清华大学看看。

我和你一样，也没有作业。

我和他一样，都喜欢喝咖啡。

我跟你一起去吧。

我跟她一起去吃饭。

课文讲练 Text

课文热身 / Warm Up

听对话，为下列句子排序。 9-3

Listen to the dialogue and put the following sentences in order.

1. 你周末有空吗?
2. 好啊!
3. 有空，什么事?
4. 去！一起去吧!
5. 我周末打算去北京大学看看，你去吗?

课文 1 / Text 1 9-4

（玛利亚来高美的宿舍找高美。）

玛利亚：（敲门）高美在不在?

高　美：在。（开门）玛利亚，什么事?

玛利亚：没什么，我周末没有作业，想去外边玩玩，你呢?

高　美：我和你一样，也没有作业。

玛利亚：那你星期天有空吗？打算干什么?

高　美：我打算去北京大学看朋友。你想不想去北大?

玛利亚：想，那我跟你一起去吧。我还想去清华大学看看。

高　美：清华大学？你在清华大学有认识的朋友吗?

玛利亚：没有，我就是想去看看。

(Mǎlìyà lái Gāo Měi de sùshè zhǎo Gāo Měi.)

Mǎlìyà: (Qiāo mén) Gāo Měi zài bu zài?

Gāo Měi: Zài. (Kāi mén) Mǎlìyà, shénme shì?

Mǎlìyà: Méi shénme, wǒ zhōumò méiyǒu zuòyè, xiǎng qù wàibian wánwan, nǐ ne?

Gāo Měi: Wǒ hé nǐ yíyàng, yě méiyǒu zuòyè.

Mǎlìyà: Nà nǐ Xīngqītiān yǒu kòng ma? Dǎsuàn gàn shénme?

Gāo Měi: Wǒ dǎsuàn qù Běijīng Dàxué kàn péngyou. Nǐ xiǎng bu xiǎng qù Běi-dà?

Mǎlìyà: Xiǎng, nà wǒ gēn nǐ yìqǐ qù ba. Wǒ hái xiǎng qù Qīnghuá Dàxué kànkan.

Gāo Měi: Qīnghuá Dàxué? Nǐ zài Qīnghuá Dàxué yǒu rènshi de péngyou ma?

Mǎlìyà: Méiyǒu, wǒ jiù shì xiǎng qù kànkan.

1. 高美周末打算干什么?
2. 玛利亚打算去哪儿?
3. 玛利亚去清华看朋友吗?

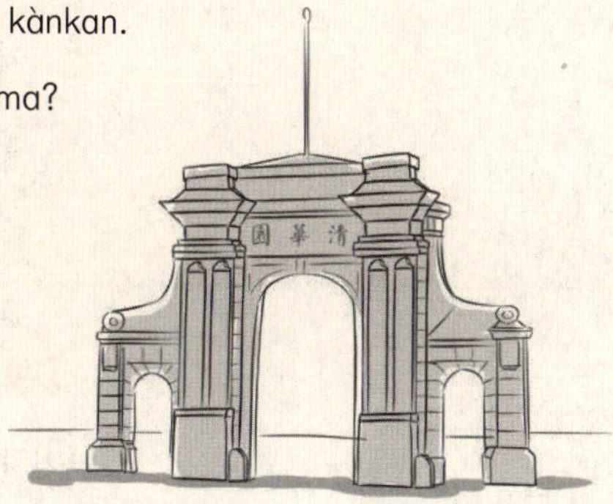

语言点注解 / Language Points

1. 动词的正反疑问句（The Affirmative-negative Question of Verbs）

并列动词的肯定形式和否定形式即“V 不 V”表示疑问，这种疑问句是动词的正反疑问句，要求作出肯定或否定的回答。注意，句尾不能加“吗”。

The affirmative-negative question of verbs is formed by putting the affirmative and negative forms of a verb together, namely “V不V”, expressing the interrogative tone. The expected response is either affirmative or negative. Note that “吗” cannot be added at the end of the sentence.

例如：你去不去北大?

我们明天有一个聚会，你来不来?

你想不想去外边玩?

用“V 不 V”改写下列句子。

Paraphrase the following sentences with “V不V”.

1. 你要喝咖啡吗?

→ ____________________

❷ 我打算买一本汉语词典，你买吗？

→ ______________________________

❸ 你下课以后去图书馆看书吗？

→ ______________________________

❹ 你想来我们学校玩吗？

→ ______________________________

❺ 你打算去北京大学看朋友吗？

→ ______________________________

2. 动词重叠（Reduplication of Verbs）VV

动词重叠“VV”的意思类似于“V+一下”，表示动作时间短或次数少，有时也有缓和语气的作用。注意，双音节动词“VV”的重叠形式为ABAB，如“介绍介绍”“认识认识”。如果是离合词，“VV”的重叠形式为AAB，如“上上课”“睡睡觉”“聊聊天儿”。

The reduplication of verbs “VV” is similar to “V+一下”, indicating that the action lasts for a short time or is performed less frequently. Sometimes it expresses a moderate tone. Note that the reduplicative pattern of dissyllabic verbs is ABAB, for example, “介绍介绍” and “认识认识”. If the verb is a detachable word, the reduplicative pattern is AAB, for example, “上上课” “睡睡觉”, and “聊聊天儿”.

用 yòng 动
use

例如：我没带词典，能用用你的词典吗？

老师，这个字我不知道怎么写，您给我写写吧。

用“VV”完成对话。 Complete the dialogues with “VV”.

❶ A：你每个周末都干什么？

B：______________________________

❷ A：你们生日聚会都干什么？

B：______________________________

❸ A：你去上海都干什么？

B：______________________________

上海 Shànghǎi 专名
Shanghai

❹ A: ________________，他是我的朋友，叫李克。

B：你好，李克！我叫玛丽。

3. 和……一样

"A 和 B 一样"表示 A 与 B 相同。

"A和B一样" means that A is the same as B.

例如：玛利亚和艾米丽一样，也是留学生。

我和你一样，刚来中国。

用"和……一样"改写下列句子。

Paraphrase the following sentences with "和……一样".

❶ 马克是外国人，艾米丽也是外国人。

→ ________________________________

❷ 艾米丽不喜欢巧克力，玛利亚也不喜欢。

→ ________________________________

❸ 北大每天早上八点上课，清华也是。

→ ________________________________

❹ 我有很多朋友，他也是。

→ ________________________________

❺ 阿尔达的汉语很好，玛利亚也是。

→ ________________________________

外国人 wàiguórén 名
foreigner

4. 跟……一起

例如：我跟你一起去北京吧。

他喜欢跟家人一起吃晚饭。

组词成句。 Put the words in the correct order to make sentences.

1. 我　教学楼　一起　在　写作业　跟　同学

____

2. 吃　一起　你　午饭　要不要　跟　我

____

3. 打算　跟　朋友　去外边　一起　我　玩

____

4. 想不想　去北京　你　跟　我　一起　玩

____

5. 超市　下午　我　跟　一起　你　买东西　去　吧

____

课文练习 / Text Exercises

1. 选择正确的表达方式，完成句子。

Choose the correct expressions to complete the sentences.

1. 小明 ____________（在不在 / 在不在吗）？
2. 我想去外边 ____________（玩玩 / 玩玩一下）。
3. 我 ____________（一样和你 / 和你一样），也想去北大。
4. 我去找高美的时候，她正在 ____________（看书 / 看看书）。

2. 听课文录音，判断对错，对的画"√"，错的画"×"。 9-4

Listen to the text and decide if the statements are true or false. Mark "√" if true and "×" if false.

1. 玛利亚不跟高美一起去北大。（　）
2. 高美想去清华大学看看。（　）
3. 她们星期天打算去外边玩玩。（　）

3. 根据课文内容，排列下列句子。

Put the following sentences in order based on the text.

1. 高美和玛利亚一样，也没有作业
2. 玛利亚周末没有作业
3. 玛利亚也想去北大
4. 她还想去清华大学看看
5. 高美星期天打算去北京大学看朋友
6. 她要跟高美一起去

PART 2

第二部分

词句学练 Vocabulary and Sentences

预习词语 / Preview the Words

9-5

1	出发	chūfā	动	set out
2	骑	qí	动	ride
3	自行车	zìxíngchē	名	bike, bicycle
4	坐	zuò	动	travel by or on
5	路	lù	名	route, line
6	公共汽车	gōnggòng qìchē		bus
7	分钟	fēnzhōng	名	minute
8	慢	màn	形	slow
9	平时	píngshí	名	ordinary times, usual days
10	车站	chēzhàn	名	station, stop
11	先	xiān	副	first
12	然后	ránhòu	连	then
13	等	děng	动	wait
14	房间号	fángjiānhào	名	room number
15	开玩笑	kāi wánxiào		play a joke

1. 听录音，跟读生词。 9-5

Listen to the recording and repeat the new words.

2. 书写汉字。 Write the characters.

出（出发） ㄴ 凵 屮 出 出

发（出发）㇐ ㇑ 方 发 发

骑（骑自行车）㇇ 马 马 马˙ 马ㅗ 马ㅗ 驴 驴 骑 骑 骑

慢（太慢了）丶 丷 忄 忄 忄冂 忄冃 忄冃 忄冃 悍 悍 慍 慍 慢 慢

然（然后）丿 ク タ タ タ- 夗 㸒 㸒 然 然 然 然

等（我等你）丿 𠂉 ⺮ 竺 竺 竺 竺 竿 竺 筀 等 等

3. 词语扩展。 Make phrases with the given words.

骑 ________ ________ ________ ________

坐 ________ ________ ________ ________

开 ________ ________ ________ ________

4. 听录音，跟读句子。 🔊 9-6

Listen to the recording and repeat the sentences.

我下午先去找你吧，然后我们一起走。

我先去食堂吃饭，然后去银行。

课文讲练 Text

课文热身 / Warm Up

判断听到的内容和图片是否一致，一致画"√"，不一致画"×"。 🔊 9-7

Decide whether what you hear is consistent with the pictures. Mark "√" if yes and "×" if no.

❶  (　　)

❷  (　　)

❸  (　　)

❹  (　　)

课文 2 / Text 2 🔊 9-8

（玛利亚给高美打电话。）

玛利亚：喂，高美，我们什么时候出发？

高　美：下午吧，我上午有事。

玛利亚：好吧，大忙人。我们怎么去？骑不骑自行车？

高　美：坐 5 路车去吧，公共汽车很快，15 分钟就到。

玛利亚：也对，骑自行车太慢了。我平时不坐公共汽车，车站在哪儿啊？

高　美：校门口就有一个车站。我下午先去找你吧，然后我们一起走。

玛利亚：好，我等你。你知道我的房间号吗？

高　美：我知道，你的房间号是222。（笑）

玛利亚：不对，不对，是201！

高　美：哈哈，我知道，我跟你开玩笑呢。

❶ 她们骑不骑自行车？

❷ 她们坐几路公共汽车？

❸ 坐公共汽车去快吗？

❹ 玛利亚的房间号是多少？

(Mǎlìyà gěi Gāo Měi dǎ diànhuà.)

Mǎlìyà: Wèi, Gāo Měi, wǒmen shénme shíhou chūfā?

Gāo Měi: Xiàwǔ ba, wǒ shàngwǔ yǒu shì.

Mǎlìyà: Hǎo ba, dà máng rén. Wǒmen zěnme qù? Qí bu qí zìxíngchē?

Gāo Měi: Zuò 5 lù chē qù ba, gōnggòng qìchē hěn kuài, 15 fēnzhōng jiù dào.

Mǎlìyà: Yě duì, qí zìxíngchē tài màn le. Wǒ píngshí bú zuò gōnggòng qìchē, chēzhàn zài nǎr a?

Gāo Měi: Xiàoménkǒu jiù yǒu yí gè chēzhàn. Wǒ xiàwǔ xiān qù zhǎo nǐ ba, ránhòu wǒmen yìqǐ zǒu.

Mǎlìyà: Hǎo, wǒ děng nǐ. Nǐ zhīdào wǒ de fángjiānhào ma?

Gāo Měi: Wǒ zhīdào, nǐ de fángjiānhào shì 222. (Xiào)

Mǎlìyà: Bú duì, bú duì, shì 201!

Gāo Měi: Hāha, wǒ zhīdào, wǒ gēn nǐ kāi wánxiào ne.

语言点注解 / Language Points

1. 先……，然后……

例如：我先去银行，然后去超市买东西。

我先去超市，然后去你家玩。

用下列词语和“先……，然后……”说句子。

Make sentences with the following words and “先……, 然后……”.

❶ 饺子　茶　　　❷ 写作业　玩

❸ 银行　咖啡馆　　❹ 图书馆　食堂

❺ 生词　课文　　❻ 公共汽车　自行车

2. 号码表达法（Number Expression）

询问和回答号码一般有以下三种格式：

Generally, these three forms are used to ask about and reply with numbers:

❶ A：你的房间号码是多少？　　B：我的房间号码是 201。

❷ A：你的房间号是多少？　　B：我的房间号是 201。

❸ A：你的房间是多少号？　　B：我的房间是 201。

号码　hàomǎ　名
number

注：读号码时，"1"一般读作"yāo"。公共汽车号码的读法比较特殊，一位数和两位数的号码，要当作一个整体的数字来读，比如"2 路"读作"èr lù"，"26 路"读作"èrshíliù lù"。但是，如果是三位数的号码，一般分别读出每个数字，比如 203 路公共汽车读作"èr líng sān lù"。如果号码是三位数的整数，一般按整体的数字来读，如 100 路、200 路、300 路分别读作"yìbǎi lù""liǎngbǎi lù""sānbǎi lù"。

Note: When reading a number, "1" is often read as "yāo". Bus numbers are a special case. If the bus number is a one-digit number or two-digit number, it should be read as a whole number. For example, "2路" should be read as "èr lù", and "26路" "èrshíliù lù". However, if the number is a three-digit number, every single number should be read out. For example, Bus No. 203 should be read as "èr líng sān lù". If the number is a three-digit integer, it should be read as a whole number. For example, Bus No. 100, 200, 300 are read as "yìbǎi lù", "liǎngbǎi lù" and "sānbǎi lù".

根据下列提示和自己的实际情况，询问和回答号码。

Ask about and reply with numbers based on the following clues and your own facts.

❶ 房间号　207　　❷ 去学校　328 路公共汽车

❸ 手机号　　❹ 护照号码

护照　hùzhào　名
passport

课文练习 / Text Exercises

1. 为下列问句选择合适的答句。

Choose the proper answers for the following questions.

A. 车站离学校门口很近，就在离学校门口 100 米的地方。
B. 我的电话号码是 1850073****。
C. 骑自行车太慢了，我们坐公共汽车吧。
D. 361 路。
E. 我知道，我们一起去吧。

1. 你的电话号码是多少? ( )
2. 去你们学校坐几路车? ( )
3. 车站在哪儿? ( )
4. 我平时不去那边玩，不知道怎么去。 ( )
5. 我们骑不骑自行车? ( )

2. 根据课文内容，排列下列句子。

Put the following sentences in order based on the text.

1. 高美上午有事
2. 然后她们一起去坐公共汽车
3. 可是玛利亚不知道车站在哪儿
4. 她们要坐公共汽车去，骑自行车太慢了
5. 高美先去她的房间找她
6. 所以高美和玛利亚打算下午出发

____

PART 3

第三部分

听力实践 Listening Practice

1. 听对话，选择正确答案。 9-9

Listen to the dialogues and choose the correct answers.

❶ A. 马克 B. 阿尔达 C. 都不喝 D. 都喝

❷ A. 学校北门 B. 很近 C. 很远 D. 不知道

❸ A. 在宿舍看书 B. 在宿舍听音乐
C. 跟阿尔达一起出去玩 D. A、B、C 都不对

❹ A. 图书馆 B. 食堂
C. 教室 D. A、B、C 都不对

2. 听对话，选择正确答案。 9-10

Listen to the dialogues and choose the correct answers.

对话一 Dialogue 1

❶ A. 咖啡馆 B. 蛋糕店 C. 花店 D. 书店

❷ A. 周小明 B. 马克 C. 玛利亚 D. 艾米丽

对话二 Dialogue 2

❶ A. 马克明天没有作业 B. 马克明天没有课
C. 周小明平时不忙 D. 他们想去外边玩玩

❷ A. 18645308917 B. 18645308971
C. 18643508917 D. 18643508971

阅读实践 Reading Practice

（一）

今天上午我打算去教室写作业，可是我没有教室的钥匙。我的室友有教室的钥匙，可是他不在宿舍。我给室友打电话，想问他去不去教室，可是他没带手机。因为作业很多，我着急写作业，所以我只能先在宿舍写，然后等他回宿舍，可是我不喜欢在宿舍写作业。

钥匙	yàoshi	名
key		
因为	yīnwèi	连
because		
只能	zhǐ néng	
have no choice but		
回	huí	动
return		

1. 根据短文，判断对错，对的画“√”，错的画“×”。

① “我”不知道室友的手机号。（　　）

② 室友没带手机。（　　）

③ “我”先在宿舍写作业，然后去教室写作业。（　　）

（二）

我们平时没事的时候都喜欢看看手机、玩玩电脑。可是你知道吗？一直看手机、玩电脑，对眼睛很不好。所以，我们应该少玩手机和电脑，或者玩 30 分钟就休息一下，往远的地方看看。

电脑	diànnǎo	名
computer		
对	duì	介
to		
眼睛	yǎnjing	名
eye		
应该	yīnggāi	助动
should		
或者	huòzhě	连
or		
休息	xiūxi	动
have a rest		

1. 根据短文，可以知道什么？

A. 大部分人平时喜欢看书　　B. 我们应该少玩手机和电脑

C. 没有人喜欢玩手机和电脑　　D. 我们不应该玩手机和电脑

2. 下面哪个句子不正确？

A. 一直玩手机和电脑对眼睛很不好

B. 看 30 分钟手机，眼睛应该休息休息

C. 玩 30 分钟电脑，眼睛应该休息一会儿

D. 我们应该多看看近的地方

交际训练 Communication Practice

两人或多人一组，从下列图片中选择一个地方，模仿课文1和课文2进行对话，对话内容要包括去什么地方、怎么去、什么时候出发、在哪儿见面等等，尽量用到所给语言点和句型。

Work in groups of two or more, choose a place from the pictures below and make a dialogue similar to Text 1 and Text 2. In the dialogue, you should talk about where you will go, how you will get there, when you will set out and where you will meet, etc. Try to use the given language points and sentence patterns.

① 公园 gōngyuán

② 酒吧 jiǔbā

③ 购物中心 gòuwù zhōngxīn

④ 博物馆 bówùguǎn

V不V　VV　和……一样　跟……一起　先……，然后……

……在不在？

你……有空吗？

我打算去……

你想不想去……？

我还想去……

学后反思 Reflection

1. 你会询问生活中常见的号码吗？比如电话号码、房间号码、公共汽车号码等等。

   Do you know how to ask about common numbers in your life, for example, phone numbers, room numbers and bus numbers, etc?

2. 你觉得本课哪些生词比较难记或者不容易读？

   Which new words do you think are difficult to memorise or to read in this lesson?

3. 你学到了哪些句型和语法？请用本课的语言点说几个句子。

   What sentence patterns and grammar have you learned? Use the language points in this lesson to make several sentences.

第十课 LESSON 10

今天天气怎么样？

What's the weather like today?

学习目标 Learning Goals

重点生词 / Key Words

天气　最　温度　差不多₁　不过　气候　比较　对了

重点语言点 / Key Language Points

1. 固定用法（Fixed Usage）“快要 / 要……了”
2. 形容词的正反疑问句（The Affirmative-negative Question of Adjectives）
3. 疑问代词（Interrogative Pronoun）“怎么样”
4. 固定格式（Fixed Pattern）“不 A 不 B”
5. 假设关系复句（Complex Sentence of Hypothetical Relation）“如果……的话，就……”

PART 1

第一部分

词句学练 Vocabulary and Sentences

预习词语 / Preview the Words

10-1

1	天气	tiānqì	名	weather
2	冷	lěng	形	cold
3	最	zuì	副	most
4	高	gāo	形	high, tall
5	温度	wēndù	名	temperature
6	度	dù	量	degree [unit of measurement for angles, temperature, latitude or longitude]
7	冬天	dōngtiān	名	winter
8	快要	kuàiyào	副	soon, before long
9	觉得	juéde	动	feel
10	差不多	chàbuduō	副	nearly
11	零下	líng xià		below zero
12	下	xià	动	(of rain, snow, etc) come down, fall
13	雪	xuě	名	snow
14	不过	búguò	连	but, however
15	常	cháng	副	often, frequently
16	常常	chángcháng	副	often, frequently
17	刮	guā	动	(of wind) blow
18	风	fēng	名	wind

1. 听录音，跟读生词。 10-1

Listen to the recording and repeat the new words.

2. 书写汉字。 Write the characters.

最（最高）

温（温度）

度（温度）

零（零下 20 度）

雪（下雪）

常（常常）

3. 选字组词。Choose characters to make words.

刮	冬	温	气	下	觉

(　　)度　　(　　)得　　(　　)雪

(　　)风　　天(　　)　　(　　)天

4. 填字组词。Fill in the blanks to make words or phrases.

时_____	_____么	下_____	_____有
时_____	_____么	下_____	_____有
	_____么	下_____	有_____
		下_____	有_____

5. 听录音，跟读句子。 10-2

Listen to the recording and repeat the sentences.

最高温度只有 13 度。

爸爸最喜欢妹妹。

冬天快要来了。

他快要到了。

最冷的时候差不多零下 20 度。

下课的时候，你给谁打电话呢？

最冷的时候差不多零下 20 度。

从学校走到银行差不多要十分钟。

北京的冬天下雪，不过不常下雪，常常刮风。

我喜欢北京，不过我不喜欢北京的天气。

土耳其的冬天冷不冷？

咖啡好不好喝？

课文讲练 Text

课文热身 / Warm Up

听录音，选择正确的图片。 10-3

Listen to the recording and choose the correct pictures.

A. 

B. 

C. 

D. 

① ________ ② ________ ③ ________ ④ ________

课文 1 / Text 1 10-4

阿尔达：今天天气太冷了！

周小明：是啊，最高温度只有 13 度，冬天快要来了。

阿尔达：北京的冬天很冷吧？

周小明：我觉得不太冷，最冷的时候差不多零下 20 度。

阿尔达：啊？这么冷！下不下雪？

周小明：下雪，不过不常下雪，常常刮风。

阿尔达：我不喜欢下雪，不喜欢刮风，也不喜欢冬天！

周小明：土耳其的冬天冷不冷？

阿尔达：我觉得不太冷，没有北京冷。

① 北京的冬天冷不冷？
② 北京的冬天常常下雪吗？
③ 阿尔达喜不喜欢冬天？
④ 土耳其的冬天冷吗？

Ā'ěrdá: Jīntiān tiānqì tài lěng le!

Zhōu Xiǎomíng: Shì a, zuì gāo wēndù zhǐ yǒu 13 dù, dōngtiān kuàiyào lái le.

Ā'ěrdá: Běijīng de dōngtiān hěn lěng ba?

Zhōu Xiǎomíng: Wǒ juéde bú tài lěng, zuì lěng de shíhou chàbuduō líng xià 20 dù.

Ā'ěrdá: Á? Zhème lěng! Xià bu xià xuě?

Zhōu Xiǎomíng: Xià xuě, búguò bù cháng xià xuě, chángcháng guā fēng.

Ā'ěrdá: Wǒ bù xǐhuan xià xuě, bù xǐhuan guā fēng, yě bù xǐhuan dōngtiān!

Zhōu Xiǎomíng: Tǔ'ěrqí de dōngtiān lěng bu lěng?

Ā'ěrdá: Wǒ juéde bú tài lěng, méiyǒu Běijīng lěng.

语言点注解 / Language Points

1. 最

程度副词“最”的后边一般是形容词，即“最 +A”；有时候也可以是动词，比如“最喜欢”“最想”等。

Generally, the adverb of degree “最” is used before an adjective to form the structure “最+A”. Sometimes, it can also be followed by a verb, for example, “最喜欢”, “最想”, etc.

例如：那家花店开门最早。

我最想去中国。

漂亮 piàoliang 形
beautiful

朗读下列词语，然后用每个词语说句子。

Read aloud the following phrases and make sentences with them.

❶ 最大 ❷ 最晚 ❸ 最多 ❹ 最贵

❺ 最忙 ❻ 最高兴 ❼ 最喜欢 ❽ 最漂亮

2. 快要/要……了

“快要 / 要……了”也可以说成“快……了”。此外，因为“就”可以表示“动作行为很快就要发生”，所以有时候也用“就要 / 就……了”。

“快要/要……了” can also be used as “快……了”. In addition, because “就” indicates that an action is about to happen, sometimes “就要/就……了” can also be used.

例如：我们快要下课了。

聚会要开始了。

快上课了。

我就要到家了。

我一会儿就走了。

用下列词语和“快要/要……了”“快……了”或“就要/就……了”说句子。

Make sentences with the following words and “快要/要……了” “快……了” or “就要/就……了”.

❶ 春天　来　❷ 老师　开始上课　❸ 超市　关门

❹ 明天　考试　❺ 下个星期　过生日　❻ 一会儿　吃午饭

春天　chūntiān　名
spring

关门　guān//mén　动
close, shut

考试　kǎo//shì　动
have an examination

3. ……的时候

例如：你给我打电话的时候，我还没出发。

你有空的时候，我们一起去银行吧。

组词成句。 Put the words in the correct order to make sentences.

❶ 上课　的时候　今天，带　没　书　我

____

❷ 来　中国　刚　的时候，不会　汉语　我　说

____

❸ 来　他　找　的时候　我，我　没　吃饭　还

____

❹ 上　的时候　汉语课，一起　同学们　说　汉语

____

❺ 给　我　的时候　打电话　你，正在　玩　外边　呢　我们

____

4. 差不多$_1$

"差不多"表示"大概、接近"，常见用法是"差不多＋数量短语"。

"差不多" means "approximately, nearly". The common way to use it is "差不多+numeral-classifier phrase".

例如：这儿的冬天很冷，最冷差不多零下 30 度。

今天的作业我差不多要写三个小时！

小时 xiǎoshí 名
hour

用"差不多+数量短语"完成对话。

Complete the dialogues with "差不多+numeral-classifier phrase".

❶ A：今天多少度？

B：____________________

❷ A：你有多少本汉语书？

B：____________________

❸ A：你们几点去吃午饭？

B：____________________

❹ A：你明天什么时候去超市？

B：____________________

❺ A：你的宿舍离食堂远吗？

B：____________________

5. 不过

例如：上海的冬天也下雪，不过不常下雪。

我很喜欢喝咖啡，不过我觉得咖啡馆里的咖啡不好喝。

上海 Shànghǎi 专名
Shanghai

用"不过"完成句子。 Complete the sentences with "不过".

❶ 我也想跟你们一起玩，____________________。

❷ 我想去上海看朋友，____________________。

❸ 我喜欢学习汉语，____________________。

❹ 我周末没有事，____________________。

❺ 今天天气很好，____________________。

学习 xuéxí 动
study

6. 形容词的正反疑问句（The Affirmative-negative Question of Adjectives）

并列形容词的肯定形式和否定形式即“A 不 A”表示疑问，这种疑问句是形容词的正反疑问句，要求作出肯定或否定的回答。当形容词是双音节时，第一个形容词可以省略第二个音节，如“漂（亮）不漂亮”“幸（福）不幸福”。

The affirmative-negative question of adjectives is formed by putting the affirmative and negative forms of an adjective together, namely "A不A", expressing the interrogative tone. The expected response is either affirmative or negative. When the adjective is dissyllabic, the second syllable in the first adjective can be omitted, for example, "漂（亮）不漂亮" and "幸（福）不幸福".

例如：你觉得冷不冷？
　　　她来中国高不高兴？

用“A 不 A”改写下列句子。

Paraphrase the following sentences with "A不A".

1. 今天的风大吗？

   → ______

2. 你最近忙吗？

   → ______

3. 我们一起去吃饭，好吗？

   → ______

4. 他女朋友漂亮吗？

   → ______

5. 快要考试了，你还没复习，你着急吗？

   → ______

最近 zuìjìn 名
recent days/months

课文练习 / Text Exercises

1. 听课文录音，判断对错，对的画“√”，错的画“×”。 10-4

Listen to the text and decide if the statements are true or false. Mark “√” if true and “×” if false.

❶ 北京的冬天最高温度只有 13 度。 (　　)

❷ 北京的冬天不常下雪，也不常刮风。 (　　)

❸ 周小明觉得北京的冬天不冷。 (　　)

❹ 阿尔达觉得北京的冬天太冷了。 (　　)

2. 根据课文，说一说北京冬天的天气怎么样，尽量用到下列词语。

Talk about what the weather is like in winter in Beijing based on the text. Try to use the given words.

冷	最低温度	常	下雪	不过	刮风

低 dī 形
low

PART 2
第二部分

词句学练 Vocabulary and Sentences

预习词语 / Preview the Words 10-5

1	气候	qìhòu	名	climate
2	怎么样	zěnmeyàng	代	how, what
3	舒服	shūfu	形	comfortable
4	比较	bǐjiào	副	fairly, comparatively
5	四季如春	sìjì rú chūn		be like spring all the year round
6	热	rè	形	hot
7	夏天	xiàtiān	名	summer
8	雨	yǔ	名	rain
9	对了	duì le		by the way
10	打	dǎ	动	play (games)
11	网球	wǎngqiú	名	tennis
12	如果	rúguǒ	连	if
13	的话	dehuà	助	☞ *Language Point 4*

1	昆明	Kūnmíng		Kunming [capital of Yunnan Province]

1. 听录音，跟读生词。 10-5

Listen to the recording and repeat the new words.

2. 书写汉字。Write the characters.

舒（舒服）丿 𠂆 𠂉 𠂉 个 今 全 舍 舍 舍 舍 舒

服（舒服）丿 刀 月 月 月' 肥 服 服

较（比较）一 𠂇 𠂉 车 车' 车' 较 较 较 较

季（四季）一 二 千 千 禾 禾 季 季

春（四季如春）一 二 三 声 夫 夫 春 春 春

热（不冷不热）一 十 扌 扎 执 执 执 执 热 热

3. **填字组词。** Fill in the blanks to make words or phrases.

比________	________天	________末
比________	________天	________末
	________天	________末
	________天	________末

4. 听录音，跟读句子。 10-6

Listen to the recording and repeat the sentences.

你知道昆明的气候怎么样吗？
今天的天气怎么样？

昆明的气候比较舒服。
中国家庭的孩子一般比较少。

昆明在中国的南边，四季如春，不冷不热。
我们五个人有五瓶水，不多不少。

如果这个周末有空的话，我们就一起去吧。
如果喜欢的话，就买吧。

课文讲练 Text

课文热身 / Warm Up

听对话，为下列句子排序。 10-7

Listen to the dialogue and put the following sentences in order.

1. 不冷不热，很舒服。
2. 北京的夏天比较热。
3. 北京呢？
4. 昆明的气候怎么样？
5. 如果觉得热的话，就来昆明玩吧。

______

课文 2 / Text 2 10-8

玛利亚：你知道昆明的气候怎么样吗？舒不舒服啊？

高　美：比较舒服。昆明在中国的南边，四季如春，不冷不热。

玛利亚：夏天呢？

高　美：夏天比较热。

玛利亚：常常下雨吗？

高　美：对，常常下雨。

玛利亚：对了，你喜不喜欢打网球？

高　美：喜欢！

玛利亚：太好了！我也喜欢。如果这个周末有空的话，我们就一起去吧。

高　美：好啊！

1. 昆明在哪儿？
2. 昆明的气候怎么样？
3. 昆明的夏天不常下雨，对不对？
4. 高美喜不喜欢打网球？
5. 她们打算什么时候去打网球？

Mǎlìyà: Nǐ zhīdào Kūnmíng de qìhòu zěnmeyàng ma? Shū bu shūfu a?

Gāo Měi: Bǐjiào shūfu. Kūnmíng zài Zhōngguó de nánbian, sìjì rú chūn, bù lěng bú rè.

Mǎlìyà: Xiàtiān ne?

Gāo Měi: Xiàtiān bǐjiào rè.

Mǎlìyà: Chángcháng xià yǔ ma?

Gāo Měi: Duì, chángcháng xià yǔ.

Mǎlìyà: Duì le, nǐ xǐ bu xǐhuan dǎ wǎngqiú?

Gāo Měi: Xǐhuan!

Mǎlìyà: Tài hǎo le! Wǒ yě xǐhuan. Rúguǒ zhège zhōumò yǒu kòng dehuà, wǒmen jiù yìqǐ qù ba.

Gāo Měi: Hǎo a!

语言点注解 / Language Points

1. 怎么样

疑问代词“怎么样”用于询问情况或者征求别人的意见。

The interrogative pronoun “怎么样” is used to ask for information or other's opinion.

例如：北京的天气怎么样？

我们周末去书店看书怎么样？

我们一会儿去打网球怎么样？

用下列词语和“怎么样”练习对话。

Make dialogues with the following words and “怎么样”.

❶ 作文　❷ 汉语　❸ 气候　❹ 生日聚会

❺ 学校　❻ 手机　❼ 打网球　❽ 买水果

水果　shuǐguǒ　名
fruit

2. 比较

程度副词“比较”的后边一般是形容词，即“比较 +A”；有时也可以是动词，比如“比较喜欢”“比较想”等。

Generally, the adverb of degree “比较” is used before an adjective to form the structure “比较+A”. Sometimes, it can also be followed by a verb, for example, “比较喜欢”, “比较想”, etc.

例如：上海的夏天比较热。

我比较想去清华大学学习。

朗读下列词语，然后用每个词语说句子。

Read aloud the following phrases and make sentences with them.

❶ 比较少　❷ 比较忙　❸ 比较早　❹ 比较高

❺ 比较好喝　❻ 比较冷　❼ 比较小　❽ 比较喜欢

3. 不A不B

“不 A 不 B”结构表示从语义上否定 A 和 B，表示事物处于适中、适当的理想情况。A 和 B 一定是单音节的反义词，如“不冷不热”“不大不小”等。

秋天 qiūtiān 名
autumn

完成 wán//chéng 动
finish

The pattern "不A不B" indicates the semantic negation of A and B, meaning that things are in an appropriate and ideal situation. A and B must be monosyllabic antonyms, for example, "不冷不热", "不大不小", etc.

例如：秋天不冷不热，很舒服。

我们每天的作业不多不少，我差不多一个小时能完成。

用"不A不B"格式填空，然后用填好的词语说句子。

Fill in the blanks with the pattern "不A不B" and then make sentences with the phrases.

❶ 不冷不（　　）	❷ 不大不（　　）	❸ 不多不（　　）
❹ 不早不（　　）	❺ 不快不（　　）	❻ 不远不（　　）

4. 如果……的话，就……

假设关系复句"如果……的话，就……"表示根据前一个分句的假设，引出后一个分句的结论。"如果"和"的话"可以同时使用，也可以只使用一个。

In the complex sentence of hypothetical relation "如果……的话，就……", the first clause puts forword an assumption, while the latter states the inference drawn from the assumption. We can use "如果" and "的话" at the same time or just one of them.

例如：如果你周末有空的话，我们就一起喝咖啡。

如果明天天气好，我就去打网球。

明天下雨的话，我们就在家里玩吧。

用"如果……的话，就……"完成句子。

Complete the sentences with "如果……的话，就……".

❶ 如果你明天有时间的话，________________。

❷ 今天老师早点儿下课的话，________________。

❸ 你喜欢的话，________________。

❹ ________________，我就给你打电话。

❺ ________________，我就跟朋友去打球。

课文练习 / Text Exercises

1. 选出和下列句子意思一样或相近的选项。

Select the options that have the same or similar meaning with the following sentences.

A. 你喜不喜欢打网球?
B. 周末有空的话，我们就一起去打网球。
C. 昆明的天气很舒服。
D. 昆明的气候怎么样?

1. 昆明的气候舒不舒服? (　　)
2. 昆明的天气不冷不热。 (　　)
3. 你喜欢打网球吗? (　　)
4. 如果周末有空，我们就一起去打网球。 (　　)

2. 选词填空，词语可重复使用。

Choose the correct words to fill in the blanks. The words can be used more than once.

雨	一样	热	冬天	不过	气候	舒服	最

昆明的气候四季如春，不冷不（　　　），比较（　　　）。北京的气候和昆明不（　　　），夏天很（　　　），常常下（　　　）；（　　　）很冷，（　　　）冷差不多零下 20 度，不常下雪，（　　　）常常刮风。大部分人都喜欢昆明的（　　　）。

PART 3

第三部分

听力实践 Listening Practice

1. 听对话，选择正确答案。 10-9

Listen to the dialogues and choose the correct answers.

1. A. 天天超市离学校比较近
   B. 马克想去学校门口的超市
   C. 艾米丽觉得学校门口的超市人太多了
   D. 他们要去学校门口的超市
2. A. 现在是冬天　B. 天气很舒服
   C. 明天很冷　D. 玛利亚喜欢冬天
3. A. 东北的冬天最冷 30 度　B. 马克知道东北的冬天很冷
   C. 东北的冬天外面很冷　D. 东北的冬天房间里也很冷
4. A. 这儿的夏天常常下雨　B. 这儿的夏天不常下雨
   C. 这儿的夏天很热　D. 这儿的夏天常常刮风

2. 听对话，选择正确答案。 10-10

Listen to the dialogues and choose the correct answers.

对话一 Dialogue 1

1. A. 明天最低 26 度　B. 明天有雨
   C. 明天没雨　D. 明天天气不太好
2. A. 他们明天待在宿舍
   B. 马克不知道作业是什么
   C. 马克还没写作业
   D. 如果马克写完作业，他们就去打网球

对话二 Dialogue 2

1. A. 下雨　B. 刮风
   C. 天气很好　D. 不知道
2. A. 她们明天去吃蛋糕　B. 她们明天去书店
   C. 她们明天去咖啡店　D. 出发的时候高美给玛利亚打电话

阅读实践 Reading Practice

（一）

听说上海的夏天比较热，冬天比较冷，春天和秋天不冷不热，很舒服。很多上海人不太喜欢夏天和冬天，比较喜欢春天和秋天。

夏天太热的时候，如果有空的话，人们喜欢逛商场；春天和秋天的时候，人们喜欢去公园锻炼身体，跑跑步、打打太极拳什么的。

听说	tīngshuō	动
hear of		
逛	guàng	动
stroll, roam		
商场	shāngchǎng	名
department store		
公园	gōngyuán	名
park		
锻炼	duànliàn	动
take exercise		
身体	shēntǐ	名
body; health		
跑步	pǎo//bù	动
jog		
太极拳	tàijíquán	名
tai chi		

1. 上海的天气怎么样？

   A. 春天很舒服　B. 夏天不太热　C. 秋天刮风　D. 冬天不太冷

2. 如果天气不冷不热，下面哪个不是人们喜欢做的事情？

   A. 逛商场　B. 打太极拳　C. 去公园　D. 跑步

（二）

我喜欢运动，平时喜欢打打篮球、踢踢足球什么的。不过我最喜欢的运动是滑雪和游泳，所以我最喜欢的季节是冬天和夏天。冬天我常和朋友一起去滑雪，夏天常去游泳馆游泳。

运动	yùndòng	动
do sports		
篮球	lánqiú	名
basketball		
踢足球	tī zúqiú	
play football		
滑雪	huá//xuě	动
go skiing		
游泳	yóu//yǒng	动
swim		
季节	jìjié	名
season		

1. “我”最喜欢什么运动？

   A. 打篮球和踢足球　B. 打篮球和游泳

   C. 滑雪和踢足球　D. 滑雪和游泳

2. “我”最喜欢什么季节？

   A. 春天和秋天　B. 春天和冬天

   C. 夏天和秋天　D. 夏天和冬天

3. 夏天的时候，“我”常常干什么？

   A. 滑雪　B. 打篮球　C. 游泳　D. 踢足球

交际训练 Communication Practice

模仿示例，介绍一下自己家乡的天气，尽量用到所给词语和语言点。

Talk about the weather in your hometown as the following example shows. Try to use the given words and language points.

中	zhōng	方位
middle		
家乡	jiāxiāng	名
hometown		
部	bù	名
part		
有时候	yǒu shíhou	
sometimes		
欢迎	huānyíng	动
welcome		

东 / 西 / 南 / 北 / 中	比较	舒服	冷 / 热	
最高 / 低温度	下雨 / 下雪 / 刮风	不太 +A	不 A 不 B	

我的家乡是西安，那里在中国的中部。那里夏天很热，常常下雨，最高温度差不多 38 度；冬天很冷，常常刮风，有时候会下雪，最低温度差不多零下 15 度；春天和秋天不冷不热，比较舒服。我喜欢下雪，所以我喜欢冬天。欢迎你来我的家乡玩！

学后反思 Reflection

1. 你会描述天气吗？介绍一下你最喜欢哪个季节，以及这个季节的天气情况。

   Can you describe the weather? Talk about your favourite season and what the weather is like in this season.

2. 你觉得本课哪些生词比较难记或者不容易读？

   Which new words do you think are difficult to memorise or to read in this lesson?

3. 你学到了哪些句型和语法？请用本课的语言点说几个句子。

   What sentence patterns and grammar have you learned? Use the language points in this lesson to make several sentences.

第十一课 LESSON 11

你喜欢白的还是黄的？

Do you prefer the white one or the yellow one?

学习目标 Learning Goals

重点生词 / Key Words

双　颜色　有点儿　缺点　优点　容易　怕　麻烦　好像　努力

重点语言点 / Key Language Points

1. “的”字结构（“的”Structure）
2. 连词（Conjunction）“还是 $_1$”
3. 固定用法（Fixed Usage）“……啦，……啦”
4. 固定用法（Fixed Usage）“为什么”

PART 1

第一部分

词句学练 Vocabulary and Sentences

预习词语 / Preview the Words 11-1

1	商场	shāngchǎng	名	department store
2	双	shuāng	量	pair
3	红色	hóngsè	名	red
4	鞋	xié	名	shoe
5	好看	hǎokàn	形	nice, good-looking
6	颜色	yánsè	名	colour
7	有点儿	yǒudiǎnr	副	a bit, somewhat
8	深	shēn	形	deep, dark
9	浅	qiǎn	形	light, pale
10	白	bái	形	white
11	还是	háishi	连	or
12	黄	huáng	形	yellow
13	不错	búcuò	形	not bad, pretty good
14	缺点	quēdiǎn	名	shortcoming, weakness
15	容易	róngyì	形	likely, apt
16	脏	zāng	形	dirty
17	经常	jīngcháng	副	often, frequently
18	刷	shuā	动	clean with a brush
19	当然	dāngrán	副	certainly, of course
20	怕	pà	动	fear, be afraid of
21	麻烦	máfan	形、动、名	troublesome; trouble sb; trouble

1. 听录音，跟读生词。 11-1

Listen to the recording and repeat the new words.

2. 书写汉字。Write the characters.

商（商场） 丶 亠 亠 产 产 产 商 商 商 商 商

鞋（买鞋） 一 十 廿 廿 廿 芦 芦 苫 革 革 鞋 鞋 鞋 鞋 鞋

颜（颜色） 丶 亠 亠 立 立 产 产 彦 彦 彦 彦 颜 颜 颜 颜

黄（黄色） 一 十 廿 廿 芒 芇 苗 苗 苗 黄 黄

缺（缺点） ノ 𠂉 上 午 午 缶 缶 缶 缺 缺

烦（麻烦） 丶 丷 火 火 灯 灯 灯 炘 烦 烦

3. 填字组词。Fill in the blanks to make words.

________ 然	________ 常	________ 色
然 ________	________ 常	________ 色
	________ 常	________ 色
		________ 色

4. 写出下列词语的反义词，不会的可以查词典。

Write the antonyms of the following words. Refer to the dictionary if necessary.

浅 ······　　白 ······　　脏 ······　　容易 ······

5. 听录音，跟读句子。

11-2

Listen to the recording and repeat the sentences.

这双鞋颜色有点儿深，我不太喜欢。

不过我觉得颜色浅一点儿很好看啊。

我喜欢浅色的。

白的容易脏。

你喜欢白的还是黄的？

你喜欢喝咖啡还是茶？

颜色浅一点儿当然好看，如果你不怕麻烦的话。

每天去那么远的地方上课，太麻烦了！

课文讲练 Text

课文热身 / Warm Up

将下列图片和对应的句子连线。

Match the following pictures to the corresponding sentences.

这双红色的鞋好看吗？

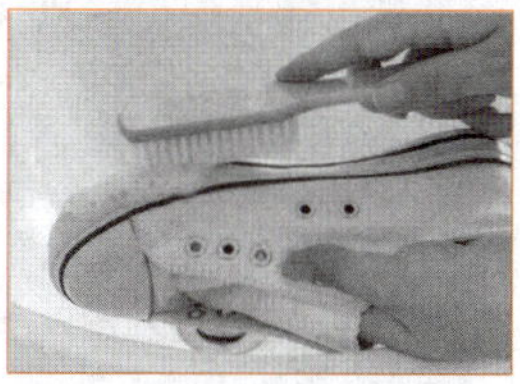

她们在商场里买鞋。

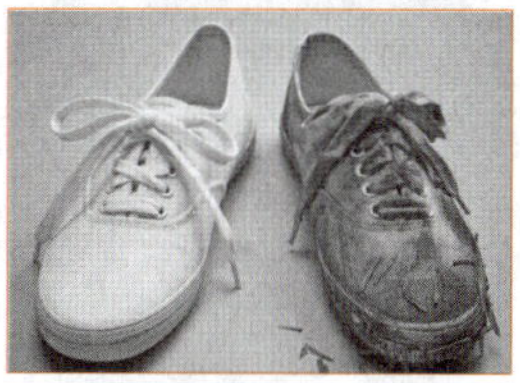

我喜欢深色的。

白的容易脏，要经常刷。

课文 1 / Text 1

11-3

（玛利亚和高美在商场里买鞋。）

玛利亚：这双红色的鞋好看吗？

高　美：颜色有点儿深，我不太喜欢。

玛利亚：你喜欢什么颜色？

高　美：我喜欢浅色的。

玛利亚：这双鞋怎么样？你喜欢白的还是黄的？

高　美：这双不错，我喜欢白的。

玛利亚：可是你知道吗？白鞋有一个缺点。

高　美：什么缺点？

玛利亚：白的容易脏，所以要经常刷。

高　美：不过我觉得颜色浅一点儿很好看啊。

玛利亚：当然，如果你不怕麻烦的话。

❶ 高美喜欢红色的鞋吗？

❷ 白鞋有什么缺点？

(Mǎlìyà hé Gāo Měi zài shāngchǎng lǐ mǎi xié.)

Mǎlìyà: Zhè shuāng hóngsè de xié hǎokàn ma?

Gāo Měi: Yánsè yǒudiǎnr shēn, wǒ bú tài xǐhuan.

Mǎlìyà: Nǐ xǐhuan shénme yánsè?

Gāo Měi: Wǒ xǐhuan qiǎn sè de.

Mǎlìyà: Zhè shuāng xié zěnmeyàng? Nǐ xǐhuan bái de háishi huáng de?

Gāo Měi: Zhè shuāng búcuò, wǒ xǐhuan bái de.

Mǎlìyà: Kěshì nǐ zhīdào ma? Bái xié yǒu yí gè quēdiǎn.

Gāo Měi: Shénme quēdiǎn?

Mǎlìyà: Bái de róngyì zāng, suǒyǐ yào jīngcháng shuā.

Gāo Měi: Búguò wǒ juéde yánsè qiǎn yìdiǎnr hěn hǎokàn a.

Mǎlìyà: Dāngrán, rúguǒ nǐ bú pà máfan dehuà.

语言点注解 / Language Points

1. “有点儿” 和 “一点儿”

“有点儿”表示“程度不高，只有一点儿”，经常用于表达对某个事物不太满意或不太喜欢，常见用法是“有点儿 +A”。“一点儿”则表示“程度不高”或“数量不多”，语义上没有“不满意”的意思，常见用法是“A+一点儿”和“一点儿 +N”。（见第 128 页语言点“一点儿”。）

“有点儿” means that the degree is not high. It is often used to express slight dissatisfaction or dislike. The common way to use it is “有点儿+A”. “一点儿” means “small degree” or “small amount”. It is not used to express dissatisfaction or dislike. The common ways to use it are “A+一点儿” and “一点儿+N” (See the language point “一点儿” on page 128.)

例如：这双鞋的颜色有点儿深。

我们的房间有点儿小。

她想买一双颜色浅一点儿的鞋。

今天的课文只有一点儿生词。

用"有点儿"或"一点儿"填空。

Fill in the blanks with "有点儿" or "一点儿".

1. 今天的作文（　　）难，我不知道怎么写。
2. 你先吃（　　）面包吧，妈妈还没做饭呢。
3. 这个书包（　　）小，我要买一个大（　　）的。
4. 我喜欢颜色深（　　）的鞋，这双颜色（　　）浅。
5. 我的房间大（　　），弟弟的房间小（　　）。

难	nán	形
difficult		
做饭	zuò fàn	
cook		
书包	shūbāo	名
schoolbag		

2. "的"字结构（"的" Structure）

一般在谈话双方都知道所谈内容是什么时，可以省略"的"后边的名词，变成"的"字结构。"的"字结构中，"的"前边可以加名词、代词、动词、形容词等。该结构可以在句中充当名词使用。

When both sides of a conversation are already aware of the content, the noun after "的" can be omitted, and it becomes the "的" structure. In the "的" structure, "的" can be preceded by a noun, a pronoun, a verb, or an adjective, etc. This structure can be used as a noun in a sentence.

例如：我喜欢白色的鞋。→ 我喜欢白色的。

我的咖啡很好喝。→ 我的很好喝。

昨天买的面包比较贵，今天买的面包便宜。→ 昨天买的面包比较贵，今天买的便宜。

我想买点儿好吃的东西。→ 我想买点儿好吃的。

用"的"字结构改写下列句子。

Paraphrase the following sentences with "的" structure.

1. 那双颜色比较浅的鞋是我的鞋。

→ ____________________

面条儿 miàntiáor 名
noodles

❷ 我们晚上吃的饭是面条儿。

→ ______

❸ 昨天的风比较大，今天的风很小。

→ ______

❹ 他写的汉字比较好看，我写的汉字不好看。

→ ______

❺ 我室友的手机比较贵，我的手机不贵。

→ ______

3. 还是

连词“还是”用在选择疑问句中，用于提供几个选项供人选择，常见用法是“A 还是 B”。

The conjunction “还是” is used in alternative questions to provide several options to choose from. The common way to use it is “A还是B”.

绿 lǜ 形
green

例如：你要买白的还是绿的？
现在你想听音乐还是看书？
周末你打算学习还是出去玩？

根据图片，用“A 还是 B”完成对话。

Complete the dialogues with “A还是B” based on the pictures.

❶

A：______？

B：我喜欢______。

②  

A: ____?

B：我要送她 ______________________________________。

③  

A: ____?

B：我要买 ____。

④  

A: ____?

B：我不想 ____________，我想 ____________________。

4. 麻烦

"麻烦"可以是名词、动词、形容词。

"麻烦" can be a noun, a verb or an adjective.

例如：如果你有麻烦的话，可以来找我。（名词）

谢谢！麻烦您了！（动词）

刷鞋很麻烦。（形容词）

可以　kěyǐ　助动
can, may

组词成句。 Put the words in the correct order to make sentences.

① 麻烦　家　吃饭　在　比较

____

2. 有点儿 买鞋 我 在 麻烦 觉得 商场

____

3. 我 也 麻烦 他 想 不

____

4. 人 都 不 麻烦 怕 每个

____

5. 她 有 现在 麻烦，去 要 帮助 她 我

____

课文练习 / Text Exercises

1. 听课文录音，判断对错，对的画"√"，错的画"×"。 11-3

Listen to the text and decide if the statements are true or false. Mark "√" if true and "×" if false.

1. 玛利亚觉得黄鞋的颜色有点儿深。 ( )
2. 红鞋有一个缺点。 ( )
3. 白鞋要经常刷。 ( )
4. 玛利亚觉得买白鞋很麻烦。 ( )

2. 根据课文内容，排列下列句子。

Put the following sentences in order based on the text.

1. 不过高美觉得颜色浅一点儿很好看
2. 高美喜欢一双白色的鞋子
3. 玛利亚和高美在商场里买鞋
4. 高美觉得红鞋的颜色有点儿深
5. 但是白色的鞋子容易脏，所以要经常刷
6. 她喜欢浅色的

____

词句学练 Vocabulary and Sentences

预习词语 / Preview the Words

11-4

1	洗衣店	xǐyīdiàn	名	laundry
2	衣服	yīfu	名	clothes, clothing
3	好像	hǎoxiàng	副	as if, seem
4	猜	cāi	动	guess
5	号	hào	名	size
6	男生	nánshēng	名	boy
7	哎呀	āiyā	叹	[used to express complaint, regret or impatience] oh
8	胖	pàng	形	fat
9	瘦	shòu	形	thin
10	优点	yōudiǎn	名	advantage, merit
11	努力	nǔlì	形	industrious, studious
12	啦	la	助	☞ *Language Point 2*
13	游泳	yóu//yǒng	动	swim
14	为什么	wèi shénme		why
15	嗯	ǹg	叹	[expressing hesitation]

1. 听录音，跟读生词。 10-4

Listen to the recording and repeat the new words.

2. 书写汉字。 Write the characters.

像（好像） ノ 亻 亻 亻 亻 亻 伫 佾 俜 侉 傍 像 像

猜（你猜）丿 犭 犭 犭 犭 犭 犭 犭 犭 猜 猜

男（男生）丨 冂 日 田 田 男 男

瘦（不胖不瘦）丶 亠 广 广 疒 疒 疒 疒 疒 疒 疒 疒 瘦 瘦

泳（游泳）丶 丶 氵 氵 氵 氵 汸 泳

为（为什么）丶 丿 为 为

3. 写出下列词语的反义词，不会的可以查词典。

Write the antonyms of the following words. Refer to the dictionary if necessary.

胖 ......　　优点 ......　　大号 ......　　男生 ......

4. 听录音，跟读句子。 11-5

Listen to the recording and repeat the sentences.

这是谁的衣服？好像不是你的。

星期五好像没有课。

他还有很多优点，比如，学习很努力啦，游泳很好啦。

这家店可喝的很多，比如咖啡啦，茶啦，什么的。

他的衣服为什么在你这儿？
你今天为什么没来上课？

课文讲练 Text

课文热身 / Warm Up

判断听到的内容和图片是否一致，一致画"√"，不一致画"×"。 11-6

Decide whether what you hear is consistent with the pictures. Mark "√" if yes and "×" if no.

1  (   )

2  (   )

3  (   )

4  (   )

课文 2 / Text 2

11-7

（在洗衣店。）

艾米丽：这是谁的衣服？好像不是你的。

玛利亚：对，不是我的。

艾米丽：那是谁的？

玛利亚：你猜。

艾米丽：不知道。这是大号的，是男生的吧？谁的？

玛利亚：你再猜猜。

❶ 她们在哪儿？
❷ 这是女生的衣服吗？
❸ 这是马克的衣服吗？
❹ 阿尔达的优点是什么？
❺ 为什么阿尔达的衣服在这儿？

艾米丽：哎呀，快告诉我吧！

玛利亚：男生，21岁，不胖不瘦。他还有很多优点，比如，学习很努力啦，游泳很好啦。

艾米丽：是阿尔达的吧？

玛利亚：对，就是他的。

艾米丽：可是，他的衣服为什么在你这儿？

玛利亚：嗯……你中午想吃什么？

(Zài xǐyīdiàn.)

Àimǐlì: Zhè shì shéi de yīfu? Hǎoxiàng bú shì nǐ de.

Mǎlìyà: Duì, bú shì wǒ de.

Àimǐlì: Nà shì shéi de?

Mǎlìyà: Nǐ cāi.

Àimǐlì: Bù zhīdào. Zhè shì dà hào de, shì nánshēng de ba? Shéi de?

Mǎlìyà: Nǐ zài cāicai.

Àimǐlì: Āiyā, kuài gàosu wǒ ba!

Mǎlìyà: Nánshēng, 21 suì, bú pàng bú shòu. Tā hái yǒu hěn duō yōudiǎn, bǐrú, xuéxí hěn nǔlì la, yóuyǒng hěn hǎo la.

Àimǐlì: Shì Ā'ěrdá de ba?

Mǎlìyà: Duì, jiù shì tā de.

Àimǐlì: Kěshì, tā de yīfu wèi shénme zài nǐ zhèr?

Mǎlìyà: Ǹg··· Nǐ zhōngwǔ xiǎng chī shénme?

语言点注解 / Language Points

1. 好像

副词"好像"表示不十分确定。

The adverb "好像" means that something is uncertain.

例如：好像一会儿要下雨。

　　　她哥哥好像是研究生，学汉语言文学专业。

根据图片和提示，用"好像"说句子。

Make sentences with "好像" based on the pictures and clues.

① 好朋友

② 贵

③ 不开门

④ 着急

2. ……啦，……啦

"……啦，……啦"用于列举，列举项可以多于两个。

"……啦，……啦" is used to give examples. The examples can be more than two.

例如：我喜欢喝的东西有很多，比如咖啡啦，果汁啦，什么的。

　　　昨天去聚会的留学生很多，比如阿尔达啦，玛利亚啦，马克啦。

果汁　guǒzhī　名
juice

用"……啦，……啦"完成对话。

Complete the dialogues with "……啦，……啦".

① A：你平时都喜欢吃什么？

　 B：________________________________

旅游 lǚyóu 动
travel

❷ A：你想去哪儿旅游？

B：______________________________

❸ A：你平时都喜欢玩什么？

B：______________________________

❹ A：你的好朋友都有谁？

B：______________________________

❺ A：你知道哪些中国的大学？

B：______________________________

3. 为什么

“为什么”用于询问原因。

“为什么” is used to ask about the reason or cause.

例如：你为什么不说话？

他为什么不高兴？

说话 shuō//huà 动
speak

根据答句，用“为什么”写出问句。

Write questions with “为什么” based on the answers.

❶ A：______________________________

B：因为我不喜欢吃巧克力。

❷ A：______________________________

B：因为阿尔达每天都努力学习汉语。

❸ A：______________________________

B：因为我不喜欢这件衣服的颜色，太浅了。

❹ A：______________________________

B：因为他有很多优点，比如学习很努力啦，打篮球很好啦。

❺ A：______________________________

B：因为我下午有事。

件 jiàn 量
piece
篮球 lánqiú 名
basketball

课文练习 / Text Exercises

1. 听课文录音，选择正确答案。 11-7

Listen to the text and choose the correct answers.

1. 为什么艾米丽说衣服不是玛利亚的？（ ）

   A. 衣服有点儿大　　B. 衣服颜色有点儿浅

   C. 衣服有点儿脏　　D. 不知道

2. 这个男生多大？（ ）

   A. 18 岁　　B. 21 岁　　C. 25 岁　　D. 30 岁

3. 下面哪个句子不正确？（ ）

   A. 这个男生有点儿胖　　B. 这个男生游泳很好

   C. 这个男生学习很努力　　D. 这个男生有很多优点

2. 根据课文内容，排列下列句子。

Put the following sentences in order based on the text.

1. 这个男生 21 岁
2. 好像不是你的
3. 这件衣服是谁的？
4. 比如学习很努力啦，游泳很好啦
5. 还有很多优点
6. 不胖不瘦
7. 它这么大，是男生的吧？

____

PART 3

第三部分

听力实践 Listening Practice

1. 听对话，选择正确答案。 11-8

Listen to the dialogues and choose the correct answers.

❶ A. 黄的　B. 红的　C. 白的　D. 黑的

❷ A. 衣服有点儿贵　B. 衣服很大

C. 这是高美的衣服　D. 这是一件红衣服

❸ A. 书店　B. 商场　C. 银行　D. 学校

❹ A. 他们在买鞋　B. 鞋很便宜

C. 鞋不好看　D. 鞋有很多优点

2. 听短文，选择正确答案。 11-9

Listen to the passages and choose the correct answers.

短文一 Passage 1

❶ A. 18 岁　B. 20 岁　C. 22 岁　D. 32 岁

❷ A. 他很喜欢说话　B. 他的汉语非常好

C. 他喜欢打球　D. 他学习很努力

❸ A. 他不喜欢运动　B. 他不太喜欢说话，朋友很少

C. 他学习不努力　D. 他的英语不好

短文二 Passage 2

❶ A. 非常多　B. 非常贵　C. 非常便宜　D. 不太好看

❷ A. 一种　B. 两种　C. 三种　D. 四种

❸ A. 白色　B. 红色　C. 黑色　D. 绿色

阅读实践 Reading Practice

（一）

要求：25 岁到 30 岁，不胖不瘦，大学毕业，会做饭，喜欢运动，工作努力。请符合要求的，而且打算结婚的女生跟我联系。

联系电话：1860128****

要求	yāoqiú	名
demand, requirement		
毕业	bì//yè	动
graduate		
会	huì	助动
can, be able to		
工作	gōngzuò	动、名
work; job		
符合	fúhé	动
accord with		
而且	érqiě	连
and		
结婚	jié//hūn	动
marry		
联系	liánxì	动
get in touch		
可能	kěnéng	助动
be likely		
找	zhǎo	动
look for, try to find		

1. 这篇短文的内容可能是：

A. 一个女生想找男朋友　　B. 一个男生想找女朋友

C. 一个留学生想找中国朋友　　D. 一个中国人想找工作

2. 下面哪个女生符合要求？

A. 小丽，大学毕业，不会做饭

B. 小亚，喜欢运动，没有工作

C. 小红，32 岁，不胖不瘦

D. 小美，25 岁，喜欢打网球和做饭

（二）

我和朋友打算周末去商场买东西。商场离学校有点儿远，而且早上路上的车太多了，所以我们选择坐地铁去。我们在学校门口集合，那儿正好有个地铁站，很方便。

路上	lùshang	名
road		
选择	xuǎnzé	动
choose		
地铁	dìtiě	名
underground		
集合	jíhé	动
gather		
正好	zhènghǎo	副
fortunately, coincidentally		
方便	fāngbiàn	形
convenient		

1. “我们”打算怎么去商场？

A. 走路　　B. 骑自行车　　C. 坐地铁　　D. 不知道

2. “我们”在什么地方集合？

A. 食堂门口　　B. 宿舍楼门口

C. 学校门口　　D. 商场门口

3. “我们”为什么不坐公共汽车？

A. 商场很近　　B. 公共汽车上人太多

C. 坐车很贵　　D. 路上车太多

交际训练 Communication Practice

1. 两人一组，分别扮演售货员和顾客，根据下列图文提示，模仿课文1进行角色扮演，尽量用到所给词语、语言点和句型。

Work in pairs. One person acts as a salesperson and the other as a customer. Use the pictures and clues below to do a role-play to act out a dialogue similar to Text 1. Try to use the given words, language points and sentence patterns.

红色　颜色深	白色　容易脏	黄色　大号

不错　可是　缺点　经常　刷　怕　麻烦

有点儿+A　A+一点儿　……啦，……啦

售货员 Salesperson：

您觉得这双……好看吗？

这双……怎么样？

您喜欢……还是……？

顾客 Customer：

我喜欢……

这是……号的吧？

有……号的吗？

2. 模仿示例，用所给词语和语言点描述一位班里的同学，让班里的其他同学猜猜这个人是谁。

Describe one of your classmates with the given words and language points as the example shows. Ask the rest of the class to guess who he or she is.

男/女　帅/漂亮　长/短　黑/黄/蓝　高/矮　胖/瘦

学习　努力　喜欢　常常　有点儿+A　不A不B

他 19 岁，是男生，很帅。他的头发很短，是棕色的。他的眼睛也是棕色的。他个子很高，差不多 1 米 85。他比较瘦，差不多 160 斤。他有很多优点，比如学习很努力啦，打网球很好啦。可是他也有一个缺点，那就是他太帅了。请你们猜猜他是谁。

帅　shuài　形
handsome

长　cháng　形
long

短　duǎn　形
short

蓝　lán　形
blue

矮　ǎi　形
short (in stature)

头发　tóufa　名
hair

棕色　zōngsè　名
brown

眼睛　yǎnjing　名
eye

个子　gèzi　名
height

斤　jīn　量
[a traditional unit of weight, equivalent to 0.5 kilogram]

学后反思 Reflection

1. 你都知道哪些汉语的颜色词？用“的”字结构说一说你周围事物的颜色。

   What colours can you say in Chinese? Talk about the colour of things around you with the “的” structure.

2. 你觉得本课哪些生词比较难记或者不容易读？

   Which new words do you think are difficult to memorise or to read in this lesson?

3. 你学到了哪些句型和语法？请用本课的语言点说几个句子。

   What sentence patterns and grammar have you learned? Use the language points in this lesson to make several sentences.

第十二课
LESSON 12

你比你姐姐高？
Are you taller than your elder sister?

学习目标 Learning Goals

重点生词 / Key Words

穿　挺　适合　看起来　别的　应该$_1$

重点语言点 / Key Language Points

1. "比"字句（"比" Sentence）
2. 固定格式（Fixed Pattern）"（有）+ 多 +A"
3. 固定用法（Fixed Usage）"一点儿也不"
4. 固定用法（Fixed Usage）"可……了"
5. 语气助词（Modal Particle）"吧$_3$"
6. 副词（Adverb）"再$_2$"
7. 动词重叠（Reduplication of Verbs）"V一V"

PART 1

第一部分

词句学练 Vocabulary and Sentences

预习词语 / Preview the Words

12-1

1	呀	yā	叹	wow
2	合影	héyǐng	名	group photo
3	父母	fùmǔ	名	parents
4	比	bǐ	介	than
5	穿	chuān	动	wear, put on
6	件	jiàn	量	piece
7	黑色	hēisè	名	black
8	衬衫	chènshān	名	shirt
9	戴	dài	动	wear, put on
10	顶	dǐng	量	[used of sth that has a top]
11	蓝色	lánsè	名	blue
12	帽子	màozi	名	hat, cap
13	挺	tǐng	副	quite, very
14	适合	shìhé	动	suit, fit
15	真	zhēn	形	true, real
16	去年	qùnián	名	last year
17	流行	liúxíng	动	be popular
18	过时	guòshí	形	outdated
19	看起来	kàn qilai		it seems, it looks as if

1. 听录音，跟读生词。 12-1

Listen to the recording and repeat the new words.

2. 书写汉字。Write the characters.

黑（黑色） 丨 冂 冂 冂 冃 罒 罒 里 里 黑 黑 黑

衬（衬衫） 丶 ⺈ 礻 礻 礻 衤 衬 衬

戴（戴帽子） 一 十 土 土 吉 吉 吉 吉 亩 亩 ……… 戴 戴

挺（挺漂亮的） 一 扌 扌 扌 扌 扌 扌 挺 挺

年（去年） 丿 𠂉 𠂉 乍 乍 年

流（流行） 丶 丶 氵 氵 汁 浐 浐 浐 流 流

3. 填字组词。Fill in the blanks to make words.

______合	______行	______时	好______
合______	______行	时______	好______
		时______	好______
			好______

4. 听录音，跟读句子。 12-2

Listen to the recording and repeat the sentences.

你比你姐姐高?

我比她高一点儿。

你多高?

这件衬衫多贵?

你戴的这顶蓝色帽子挺适合你的。

北京的夏天挺热的。

这件衬衫看起来挺漂亮的。

你看起来不太高兴。

这件衬衫一点儿也不过时。

他学习一点儿也不努力。

这件衬衫去年流行的时候可贵了!

我爸爸平时可忙了!

课文讲练 Text

课文热身 / Warm Up

听录音，选择正确的图片。 12-3

Listen to the recording and choose the correct pictures.

A. 

B. 

C. 

D. 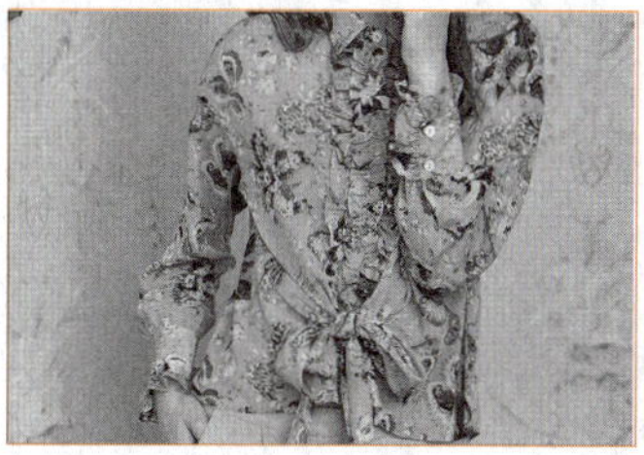

❶ ________ ❷ ________ ❸ ________ ❹ ________

课文 1 / Text 1

12-4

艾米丽：呀！这是你和家人的合影吗？

玛利亚：是啊，这是我父母，这是我姐姐。

艾米丽：你比你姐姐高？

玛利亚：我比她高一点儿。

艾米丽：你多高？

玛利亚：1 米 76。

艾米丽：我觉得你穿的这件黑色衬衫很好看，戴的这顶蓝色帽子也挺适合你的。

❶ 玛利亚和她姐姐谁高？

❷ 玛利亚多高？

❸ 艾米丽觉得玛利亚的黑衬衫怎么样？

玛利亚：真的吗？这件衬衫去年比较流行，现在穿好像有点儿过时。

艾米丽：不，看起来挺漂亮的，一点儿也不过时。

玛利亚：这件衬衫去年流行的时候可贵了！

Àimǐlì: Yā! Zhè shì nǐ hé jiārén de héyǐng ma?

Mǎlìyà: Shì a, zhè shì wǒ fùmǔ, zhè shì wǒ jiějie.

Àimǐlì: Nǐ bǐ nǐ jiějie gāo?

Mǎlìyà: Wǒ bǐ tā gāo yìdiǎnr.

Àimǐlì: Nǐ duō gāo?

Mǎlìyà: 1 mǐ 76.

Àimǐlì: Wǒ juéde nǐ chuān de zhè jiàn hēisè chènshān hěn hǎokàn, dài de zhè dǐng lánsè màozi yě tǐng shìhé nǐ de.

Mǎlìyà: Zhēn de ma? Zhè jiàn chènshān qùnián bǐjiào liúxíng, xiànzài chuān hǎoxiàng yǒudiǎnr guòshí.

Àimǐlì: Bù, kàn qilai tǐng piàoliang de, yìdiǎnr yě bú guòshí.

Mǎlìyà: Zhè jiàn chènshān qùnián liúxíng de shíhou kě guì le!

语言点注解 / Language Points

1. "比"字句（"比" Sentence）

"比"字句的一般格式是：

The common patterns of "比" sentence are:

A 比 B+Adj.

A 比 B+Adj.+ 一点儿

A 比 B+Adj.+ 得多 / 很多 / 多了

例如：我比姐姐高。

我比姐姐高一点儿。

我比姐姐高得多。/ 我比姐姐高很多。/ 我比姐姐高多了。

"比"字句的否定形式为"A 没有 B+Adj."。

The negative form of "比" sentence is "A没有B+Adj.".

例如：她没有我高。

这件衬衫没有那件好看。

用"比"字句改写下列句子。

Paraphrase the following sentences with "比" sentence.

1. 他 1 米 7，他哥哥 1 米 8。

   → ______________________________

2. 我觉得红茶很好喝，不过最好喝的是咖啡。

   → ______________________________

3. 艾米丽早上七点半到教室，马克八点到教室。

   → ______________________________

4. 我爸爸的手机 6000 块，我的手机 2500 块。

   → ______________________________

5. 白鞋容易脏，黑鞋不容易脏。

   → ______________________________

6. 阿尔达的汉语非常好，马克的不太好。

   → ______________________________

红茶 hóngchá 名
black tea

2.（有）+多+A

"（有）+ 多 +A" 用来询问具体数值。

"（有）+多+A" is used to ask about specific values.

例如：他有多胖？

你的房间有多大？

用下列词语和"（有）+ 多 +A"练习对话。

Make dialogues with the following words and "（有）+多+A".

1 高	2 大	3 瘦	4 贵
5 多	6 远	7 热	8 冷

3. 挺

程度副词“挺”的后面一般是形容词，有时也可以是动词短语。形容词或动词短语后面经常有“的”。

An adjective is always placed after the adverb of degree “挺”, or a verbal phrase sometimes. The adjective or the verbal phrase is always followed by “的”.

例如：今天的作业挺多的。

这件衣服挺适合你的。

他挺喜欢你的。

根据图片和提示，用“挺”练习对话。

Make dialogues with “挺” based on the pictures and clues.

❶ 好看

❷ 好吃

❸ 工作 忙

❹ 学习 好

工作 gōngzuò 动、名
work; job

4. 看起来

“看起来”可以用来表达个人观点和评价，也可以表达推测和猜测。

“看起来” can be used to express personal views, comments, speculation or conjecture.

例如：❶ 这条裙子看起来很好看。

你的帽子看起来挺适合你的。

❷ 你的很多衣服都是红色的，看起来你很喜欢红色。

你的课这么多啊！看起来你最近很忙啊！

裙子 qúnzi 名
skirt, dress

最近 zuìjìn 名
recent days/months

用“看起来”完成对话。 Complete the dialogues with “看起来”.

1. A：你觉得这件衬衫怎么样？

   B：________________________________

2. A：你看，我的房间怎么样？

   B：________________________________

3. A：你看，学校在这儿，我们要去的地方在这儿。

   B：________________________________

4. A：这个周末我要写作业、看书、洗衣服，还要去买东西。

   B：________________________________

5. A：马克经常给我打电话，找我出去玩。

   B：________________________________

5. 一点儿也不

“一点儿也不”用于加强否定语气。如果是对过去客观情况的否定，也可以说“一点儿也没”。

“一点儿也不” is used to strengthen the negative tone. To negate a past objective situation, “一点儿也没” can also be used.

例如：我一点儿也不喜欢他。

这件事一点儿也不麻烦。

昨天的作业他一点儿也没写。

组词成句。 Put the words in the correct order to make sentences.

1. 一点儿　他　忙　也　不　这个　周末

   ____

2. 一点儿　这　顶　也　帽子　好看　不

   ____

3. 贵　运动鞋　这　双　也　不　一点儿

   ____

4 觉得 不 我 难 汉语 也 一点儿

____

5 这 没 他 本 书 一点儿 也 看

____

6. 可……了

“可……了”常用于口语中，表示感叹的语气。

“可……了” is often used in spoken Chinese. It expresses an exclamatory tone.

例如：这个手机可贵了！

今天的作业可难了！

我可喜欢中国文化了！

用下列词语和“可……了”练习对话。

Make dialogues with the following words and “可……了”.

1 昆明	2 生词	3 蛋糕	4 果汁
5 房间	6 商场里的人	7 我朋友	8 音乐杂志

果汁 guǒzhī 名
juice

课文练习 / Text Exercises

1. 选词填空。 Choose the correct words to fill in the blanks.

穿 流行 挺 看起来 过时 适合

1 这顶帽子（ ）适合你的。
2 你（ ）戴蓝色的帽子。
3 你（ ）黑色的衬衫很好看。
4 这件衬衫一点儿也不（ ）。
5 这件衬衫（ ）挺漂亮的。
6 这件黑色的衬衫去年可（ ）了！

2. 听课文录音，判断对错，对的画“√”，错的画“×”。 12-4

Listen to the text and decide if the statements are true or false. Mark “√” if true and “×” if false.

1. 艾米丽和玛利亚在看照片。 (　　)
2. 照片上有玛利亚的父母、姐姐和玛利亚。 (　　)
3. 玛利亚没有姐姐高。 (　　)
4. 玛利亚的姐姐 1 米 76。 (　　)
5. 玛利亚觉得黑衬衫去年很流行，现在有点儿过时。 (　　)
6. 黑衬衫去年流行的时候很贵。 (　　)

PART 2
第二部分

词句学练 Vocabulary and Sentences

预习词语 / Preview the Words

12-5

1	毛衣	máoyī	名	sweater
2	样子	yàngzi	名	appearance, form
3	旧	jiù	形	old, outdated
4	别的	bié de		other
5	应该	yīnggāi	助动	be bound to
6	灰	huī	形	grey
7	试	shì	动	try
8	哦	ò	叹	[expressing realisation, understanding, etc]
9	欢迎	huānyíng	动	welcome
10	次	cì	量	time
11	下次	xià cì		next time
12	光临	guānglín	动	be present

1. 听录音，跟读生词。 12-5

Listen to the recording and repeat the new words.

2. 书写汉字。 Write the characters.

应（应该） 丶 亠 广 广 广 庌 应

试（试一试） 丶 讠 讠 讠 讠 讠 试 试

欢（欢迎） ㇇ 又 对 欢 欢 欢

迎（欢迎） ′ ㇗ 卬 卬 ′卬 卬 迎

光（光临） 丨 丨 ⺌ 业 光 光

临（光临） 丨 刂 ㄐ 𠂇 临 临 临 临 临

3. **词语扩展。** Make phrases with the given words.

穿 ________ ________ ________

戴 ________ ________ ________

带 ________ ________ ________

4. **听录音，跟读句子。** 12-6

Listen to the recording and repeat the sentences.

他应该穿大号吧。

明天应该天气很好。

他穿的话，好像有点儿小吧。

他现在不在家吧。

您看一看。

您可以先试一试。

我下个星期再来吧。

我下课以后再去找你。

课文讲练 Text

课文热身 / Warm Up

听对话，为下列句子排序。 12-7

Listen to the dialogue and put the following sentences in order.

1. 哦，我看一看。
2. 我妈妈比我胖。
3. 下个星期应该有，您下个星期再来吧。
4. 什么时候有？
5. 你好，这件毛衣有 XL 号的吗？
6. 您穿吗？有点儿大吧？您看起来挺瘦的。
7. 不是我穿，是我妈妈穿。
8. 对不起，现在没有。

____

课文 2 / Text 2

12-8

售货员：您看，这件蓝色的毛衣怎么样？

周小明：颜色挺好看的，可是样子有点儿旧。还有别的吗？

售货员：您穿吗？

周小明：不，我哥哥穿。

售货员：您哥哥多高？胖还是瘦？

周小明：1 米 82，有点儿胖。他应该穿大号吧。

售货员：这件灰的呢？今年最流行的，您看一看。

周小明：这是什么号的？

售货员：XL 号的。您可以先试一试。

周小明：（试衣服）看起来不错，可是我哥哥比我胖一点儿，他穿的话，好像有点儿小吧。还有大一点儿的吗？

售货员：对不起，现在没有XXL号的，不过下个星期应该有。

周小明：哦，那我下个星期再来吧。

售货员：好的，欢迎下次光临。

周小明：谢谢，再见！

1. 周小明要买什么？给谁买？
2. 周小明的哥哥多高？瘦吗？
3. 周小明比他哥哥胖吗？
4. 他哥哥穿什么号的衣服？
5. 周小明下个星期去商场吗？为什么？

Shòuhuòyuán: Nín kàn, zhè jiàn lánsè de máoyī zěnmeyàng?

Zhōu Xiǎomíng: Yánsè tǐng hǎokàn de, kěshì yàngzi yǒudiǎnr jiù. Hái yǒu bié de ma?

Shòuhuòyuán: Nín chuān ma?

Zhōu Xiǎomíng: Bù, wǒ gēge chuān.

Shòuhuòyuán: Nín gēge duō gāo? Pàng háishi shòu?

Zhōu Xiǎomíng: 1 mǐ 82, yǒudiǎnr pàng. Tā yīnggāi chuān dà hào ba.

Shòuhuòyuán: Zhè jiàn huī de ne? Jīnnián zuì liúxíng de, nín kàn yi kàn.

Zhōu Xiǎomíng: Zhè shì shénme hào de?

Shòuhuòyuán: XL hào de. Nín kěyǐ xiān shì yi shì.

Zhōu Xiǎomíng: (Shì yīfu) Kàn qilai búcuò, kěshì wǒ gēge bǐ wǒ pàng yìdiǎnr, tā chuān dehuà, hǎoxiàng yǒudiǎnr xiǎo ba. Hái yǒu dà yìdiǎnr de ma?

Shòuhuòyuán: Duìbuqǐ, xiànzài méiyǒu XXL hào de, búguò xià gè xīngqī yīnggāi yǒu.

Zhōu Xiǎomíng: Ò, nà wǒ xià gè xīngqī zài lái ba.

Shòuhuòyuán: Hǎo de, huānyíng xià cì guānglín.

Zhōu Xiǎomíng: Xièxie, zàijiàn!

语言点注解 / Language Points

1. 应该$_1$

表示估计、推测。

It expresses estimation and speculation.

例如：这件衣服应该不便宜吧。

　　　这个时候他应该不在家。

根据图片和提示，用“应该”说句子。

Make sentences with “应该” based on the pictures and clues.

❶ 健康

❷ 好吃

❸ 家 大

❹ 工作 忙

健康 jiànkāng 形
healthy

2. 吧₃

语气助词“吧”用在陈述句句尾，用于估计、推测某种可能的情况。此时，句子中常有“可能”“应该”“好像”等表示推测的词语。

The modal particle “吧” can be placed at the end of a declarative sentence to estimate and speculate about a situation. On this occasion, words indicating conjecture, for example “可能” “应该” “好像” are often used in the sentence.

可能 kěnéng 助动
be likely

例如：她可能在图书馆吧。

他应该不在房间里吧。

用“吧”完成对话。Complete the dialogues with “吧”.

❶ A：你知道王老师在哪儿吗？

B：________________

❷ A：玛利亚的姐姐有多高？

B：________________

❸ A：你猜，这双鞋多贵？

B：________________

❹ A：银行今天开门吗？

B：________________________________

❺ A：中国家庭一般有几个孩子？

B：________________________________

3. 动词重叠（Reduplication of Verbs）V一V

单音节动词重叠时，中间可以加“一”，即“V一V”，意思类似于“VV”和“V+一下”。双音节动词不能用于这个格式。

When monosyllabic verbs overlap, “一” can be added in the middle, namely “V一V”. The meaning is similar to “VV” and “V+一下”. Dissyllabic verbs cannot be used in this way.

例如：我可以用一用你的汉语词典吗？

我想试一试那件衣服。

请大家用“比”说一说句子。

用	yòng	动
use		
大家	dàjiā	代
everybody		

用下列“V一V”结构的短语说句子。

Make sentences with the following “V一V” phrases.

❶ 听一听　❷ 说一说　❸ 读一读　❹ 写一写

❺ 看一看　❻ 问一问　❼ 试一试　❽ 玩一玩

4. 再$_2$

副词“再”表示动作将在某一时间出现，常用在“时间＋再＋V”结构中，表示现在不能做某事，以后再做。

The adverb “再” indicates that an action will happen at a certain time. It is often used in the “时间+再+V” structure to express that something cannot be done at present, but it can be done in the future.

例如：我明天再去找你。

王老师这周不在，你下周再来吧。

组词成句。 Put the words in the correct order to make sentences.

❶ 有　星期六　事　我，星期天　再　逛商场　去　吧

____

❷ 没有　今天　的　S号，您　再　来　下个星期　可以

____

❸ 不　张老师　办公室　现在　在，下午　吧　再　来　你

____

❹ 我　现在　饿　不，去　一会儿　再　吃饭

____

❺ 我　有　明天　考试，周末　我们　吧　出去　再　玩

____

课文练习 / Text Exercises

1. 听课文录音，选择正确答案。 12-8

Listen to the text and choose the correct answers.

❶ 周小明觉得蓝毛衣怎么样？（　　）

A. 颜色不好看　B. 很贵　C. 样子旧　D. 太大

❷ 周小明的哥哥有多高？（　　）

A. 172cm　B. 175cm　C. 180cm　D. 182cm

❸ 周小明觉得灰毛衣怎么样？（　　）

A. 有点儿过时　B. 有点儿大　C. 有点儿小　D. 有点儿贵

2. 根据课文内容，排列下列句子。

Put the following sentences in order based on the text.

❶ 我下个星期再来吧　❷ 这件灰的看起来不错

❸ 还有别的吗？　❹ 可是样子有点儿旧

❺ 这件蓝毛衣颜色挺好看的　❻ 可是现在没有 XXL 号的

____

听力实践 Listening Practice

1. 听句子，判断对错，对的画“√”，错的画“×”。 12-9

Listen to the sentences and decide if the statements are true or false. Mark “√” if true and “×” if false.

1. 这件衬衫现在不太流行。 (　　)
2. 你戴这顶帽子看起来很漂亮。 (　　)
3. 妈妈比较高。 (　　)
4. 红色衬衫便宜。 (　　)

2. 听对话，选择正确答案。 12-10

Listen to the dialogues and choose the correct answers.

1. A. 有点儿过时　　B. 看起来不好
   C. 有点儿贵　　D. 不流行
2. A. 有点儿小　　B. 有点儿贵
   C. 没有大号的　　D. 挺流行的
3. A. 1 米 62　　B. 1 米 6
   C. 1 米 65　　D. 1 米 73
4. A. 他一点儿也不喜欢这顶帽子
   B. 帽子没有大号的
   C. 他想买灰色的帽子
   D. 下个星期应该有黑帽子

阅读实践 Reading Practice

以前 yǐqián 名
earlier times

矮 ǎi 形
short (in stature)

长 zhǎng 动
grow

一些 yìxiē 数量
some

新 xīn 形
new

显得 xiǎnde 动
look, seem

效果 xiàoguǒ 名
effect, result

（一）

我以前比较矮，现在我长高了很多，而且也比以前胖了一些。以前的衣服有点儿小，也有点儿瘦，我想买一些新衣服。

我穿黑色的衣服显得比较瘦，看起来效果比白衣服好，所以我打算买黑色的。

1. "我"为什么要买新衣服？

A. 以前的衣服比较旧　　B. 以前的衣服比较大

C. "我"现在比较高、比较胖　　D. 以前的衣服不好看

2. 下面哪个句子是正确的？

A. 黑色比白色显得胖　　B. 白色比黑色好看

C. 黑色比白色效果好　　D. 白色比黑色效果好

搬 bān 动
move

不得不 bù dé bù
have to

帮 bāng 动
help

容易 róngyì 形
easy

感谢 gǎnxiè 动
thank, appreciate

别 bié 副
don't

自己 zìjǐ 代
oneself

意思 yìsi 名
meaning

（二）

学校的宿舍太旧了，所以我今年打算搬到学校外边去，可是我的东西太多了，我不得不请朋友帮我一起搬。搬家很不容易，所以我打算感谢感谢我的朋友们，给他们买点儿礼物。我说："真是麻烦你们了！"可我的朋友们说："别客气！一点儿也不麻烦！"

1. 下面哪个句子不正确？

A. "我"不喜欢以前的宿舍　　B. "我"想搬家

C. "我"自己搬家　　D. "我"请朋友们帮我搬家

2. 朋友们说"别客气"是什么意思？

A. 他们想要礼物　　B. 他们谢谢"我"

C. 不用谢　　D. 他们不想帮"我"搬家

交际训练 Communication Practice

1. 选一张你和家人或朋友的合影，模仿示例，介绍一下照片里的人（姓名、和你的关系、穿的衣服等）。

Choose a photo of you and your family or friends and introduce the person/people (name, the relationship to you, clothes, etc) in the photo as the example shows.

这是我和家人的合影，这是我妹妹，她比我矮一点儿。我穿红色的衬衫，我妹妹穿黑色的毛衣。我觉得她的毛衣看起来挺漂亮的。

2. 两人一组，分别扮演售货员和顾客，选择一个情景，模仿课文2进行角色扮演，尽量用到所给词语、语言点和句型。

Work in pairs. One person acts as a salesperson and the other as a customer. Select a scenario and do a role-play to act out a dialogue similar to Text 2. Try to use the given words, language points and sentence patterns.

情景（Scenario）1：男装店（Men's clothing store）里，一个男生要给自己的哥哥买裤子。

情景（Scenario）2：男装店里，一个女生要给自己的爸爸买衬衫。

情景（Scenario）3：女装店（Women's clothing store）里，一个男人要给自己的女朋友买裙子。

情景（Scenario）4：女装店里，一个女人要给自己的妹妹买毛衣。

欢迎　光临　颜色　看起来　可以　样子　最　流行 / 适合 / 漂亮 / 过时 / 不错 / 旧　别的　高 / 矮　胖 / 瘦　大 / 中 / 小号　挺……的　V一V　可……了　一点儿也不

售货员 Salesperson：

这件……怎么样？

谁穿？/……穿吗？

顾客 Customer：

好像有点儿……

还有……吗？

……多高 / 胖?	……比我……
这件……呢?	……应该穿……吧。
现在没有……，……有。	那我……再来吧。

学后反思 Reflection

1. 你会用“（有）+多+A”来询问你周围的人和事物的信息吗？

   Can you use “（有）+多+A” to ask for information about the people and things around you?

2. 你会用“比”字句来比较你周围的人和事物吗？

   Can you use “比” sentence to compare the people and things around you?

3. 你觉得本课哪些生词比较难记或者不容易读？

   Which new words do you think are difficult to memorise or to read in this lesson?

4. 你学到了哪些句型和语法？请用本课的语言点说几个句子。

   What sentence patterns and grammar have you learned? Use the language points in this lesson to make several sentences.

第十三课 LESSON 13

我去图书馆看书了

I'm going to the library to read

学习目标 Learning Goals

重点生词 / Key Words

得　好好　应该$_2$　养成　习惯　继续　已经　更

重点语言点 / Key Language Points

1. 固定格式（Fixed Pattern）"多 / 少 +V"
2. 连词（Conjunction）"而"
3. 副词（Adverb）"一定$_1$"
4. 助词（Particle）"了$_1$"
5. 副词（Adverb）"才$_2$"

PART 1

第一部分

词句学练 Vocabulary and Sentences

预习词语 / Preview the Words

13-1

1	功课	gōngkè	名	school course, lesson
2	累	lèi	形	tired
3	休息	xiūxi	动	have a rest
4	得	děi	助动	must, have to
5	好好	hǎohǎo	副	all out, to one's heart's content
6	应该	yīnggāi	助动	should, ought to
7	养成	yǎngchéng	动	develop, form
8	习惯	xíguàn	名	habit
9	游戏	yóuxì	名	game
10	而	ér	连	but, yet
11	一定	yídìng	副	surely, certainly
12	洗	xǐ	动	wash
13	脸	liǎn	名	face
14	继续	jìxù	动	continue, go on
15	加油	jiā//yóu	动	cheer, step up efforts
16	鼓励	gǔlì	动	encourage

1. 听录音，跟读生词。 13-1

Listen to the recording and repeat the new words.

2. 书写汉字。 Write the characters.

累（很累） 丨 冂 冃 田 田 罒 甲 里 里 累 累 累

养（养成） 丶 丷 䒑 䒑 兰 关 关 养 养

成（养成） 一 厂 万 成 成 成

惯（习惯） 丶 丶 忄 忄 忄 忄 忄 惯 惯 惯 惯

脸（洗脸） 丿 刀 月 月 月 肸 肸 肸 脸 脸 脸

续（继续） 纟 纟 纟 纟 纟 纟 续 续 续 续 续

3. 选字组词。 Choose characters to make words.

课	续	定	惯	鼓	游

习（　　）　　继（　　）　　功（　　）

一（　　）　　（　　）戏　　（　　）励

4. 听录音，跟读句子。

13-2

Listen to the recording and repeat the sentences.

明天就考试了，我得好好复习。
你应该好好休息一下。

你应该养成每天学习的好习惯。
你应该给妈妈打个电话。

你应该少玩游戏。
你应该多运动，少吃东西。

你应该养成每天学习的好习惯，而不是快考试了才看书。
我喜欢出去玩，而她喜欢待在家里。

我以后一定得少玩游戏。
我一定要去北京看看。

课文讲练 Text

课文热身 / Warm Up

将下列图片和对应的句子连线。

Match the following pictures to the corresponding sentences.

谢谢鼓励！加油！

她正在洗脸。

你看起来很累，休息休息吧。

他们喜欢玩游戏。

课文 1 / Text 1

13-3

阿尔达：你在复习功课吗？

马　克：是啊。

阿尔达：你看起来很累，休息休息吧。

马　克：明天就考试了，我得好好复习。

阿尔达：我觉得你应该养成每天学习的好习惯，少玩游戏，而不是快考试了才看书。

马　克：是啊，以后一定得少玩游戏。我去洗洗脸，继续复习。

阿尔达：加油吧。

马　克：谢谢鼓励！加油！

1. 马克在干什么？
2. 阿尔达觉得马克快考试了才看书对吗？为什么？
3. 马克平时很少玩游戏，对吗？

Ā'ěrdá: Nǐ zài fùxí gōngkè ma?

Mǎkè: Shì a.

Ā'ěrdá: Nǐ kàn qilai hěn lèi，xiūxi xiūxi ba.

Mǎkè: Míngtiān jiù kǎoshì le, wǒ děi hǎohǎo fùxí.

Ā'ěrdá: Wǒ juéde nǐ yīnggāi yǎngchéng měi tiān xuéxí de hǎo xíguàn, shǎo wán yóuxì, ér bú shì kuài kǎoshì le cái kàn shū.

Mǎkè: Shì a, yǐhòu yídìng děi shǎo wán yóuxì. Wǒ qù xǐxi liǎn, jìxù fùxí.

Ā'ěrdá: Jiāyóu ba.

Mǎkè: Xièxie gǔlì! Jiāyóu!

语言点注解 / Language Points

1. 好好

"好好"表示认真或尽情做某事，常见用法是"好好 +V"。

"好好" is used to describe doing something seriously or to one's heart's content. The common way to use it is "好好+V".

例如：这件事我们得好好聊聊。

周末我要好好休息一下。

用"好好+V"完成句子。 Complete the sentences with "好好+V".

1. 今天的课文很难，________________。
2. 下周就考试了，________________。
3. 你太瘦了，________________。
4. 这件衣服太脏了，________________。
5. 汉语没那么容易，________________。

2. 应该$_2$

"应该"除了表示估计、推测以外，还能表示"需要做某事，有必要做某事"。

In addition to expressing estimation and speculation, "应该" also indicates that something should be done or needs to be done.

例如：你应该好好学习汉语。

你才 17 岁，不应该喝酒。

用"应该"完成对话。 Complete the dialogues with "应该".

1. A：我今天不太舒服。

   B：________________

2. A：外边下雪了，太冷了。

   B：________________

3. A：今天的作业太多了。

   B：________________

4. A：我想买这双浅色的鞋。

   B：________________

5. A：下个月我妈妈过生日，我不知道送什么礼物好。

   B：________________

2. 多/少+V

例如：今天太冷了，你多穿一点儿吧。

我现在太胖了，得少吃点儿。

组词成句。 Put the words in the correct order to make sentences.

1. 应该 书 你 多 看，少 电脑 玩

____

2. 今天 周末 是，多 想 我 一会儿 睡

____

3. 的 太 衣服 了 多 你，买 少 吧 点儿

____

4. 可以 你 自己 如果 做，麻烦 少 就 别人

____

5. 长时间 对 不好 手机 玩 眼睛，你 玩 吧 一会儿 少

____

3. 而

连词“而”在句中表示转折。

The conjunction “而” indicates a transition in the sentence.

例如：你应该出去玩玩，而不是每天都待在家里。

　　　我喜欢喝咖啡，而她喜欢喝茶。

用下列词语和“而”说句子。

Make sentences with the following words and “而”.

1. 黑色的　蓝色的
2. 游泳　打网球
3. 去外边玩　在宿舍看书
4. 自己做　麻烦别人
5. 学习　玩
6. 跟朋友在一起　一个人

别人　biérén　代
other people

4. 一定₁

“一定”表示坚定的语气和态度，后面常常有“要”或“得（děi）”。

“一定” indicates a firm tone and attitude, often followed by “要” or “得（děi）”.

例如：你一定要好好吃饭，你太瘦了！

我以后一定得早点儿睡觉。

影响 yǐngxiǎng 动 affect, interfere with

用"一定"完成句子。 Complete the sentences with "一定".

1. 玩游戏太影响学习了，________________。
2. 你最近瘦了很多吧？________________。
3. 明天八点就开始考试，________________。
4. 今天好像要下雨，________________。
5. 这本书可好看了，________________。

课文练习 / Text Exercises

1. 选词填空。 Choose the correct words to fill in the blanks.

继续	而	少	一定	养成

1. 以后你得（　　　）玩游戏。
2. 以后我平时（　　　）得多看书。
3. 你（　　　）复习吧。
4. 你应该（　　　）每天学习的好习惯，（　　　）不是快考试了才看书。

2. 根据课文内容，排列下列句子。

Put the following sentences in order based on the text.

1. 马克看起来很累
2. 马克也觉得以后一定得少玩游戏
3. 马克不想休息，要好好复习
4. 阿尔达觉得，马克应该养成每天学习的好习惯，而不是快考试了才看书
5. 马克要去洗洗脸，然后继续复习
6. 他应该休息休息

____

PART 2
第二部分

词句学练 Vocabulary and Sentences

预习词语 / Preview the Words 13-4

1	了	le	助	☞ *Language Point 1*
2	已经	yǐjīng	副	already
3	懒	lǎn	形	lazy
4	结束	jiéshù	动	end, finish
5	逛街	guàng jiē		go shopping
6	演唱会	yǎnchànghuì	名	vocal concert
7	场	chǎng	量	[used for sports and recreation]
8	意思	yìsi	名	interest, fun
9	没意思	méi yìsi		boring, not interesting
10	更	gèng	副	more, even more

1. 听录音，跟读生词。 13-4

Listen to the recording and repeat the new words.

2. 书写汉字。 Write the characters.

懒（太懒了）

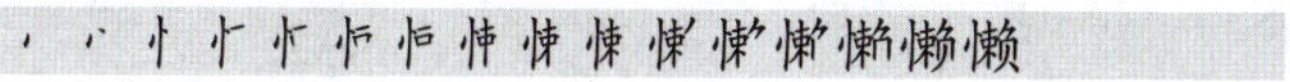

束（结束）

逛（逛街）

街（逛街） ㇒ ㇒ 彳 彳 彳 往 往 往 徍 徍 街 街

场（一场演唱会） 一 十 土 场 场 场

演（演唱会） 丶 丶 氵 氵 氵 氵 浐 浐 浐 浐 演 演 演 演

3. 选字组词。Choose characters to make words.

意　已　逛　考　束　演

结（　　）	（　　）街	（　　）唱会
（　　）思	（　　）经	（　　）试

4. 听录音，跟读句子。 13-5

Listen to the recording and repeat the sentences.

现在几点了？

我去图书馆看书了。

已经九点了。

他妹妹已经十八岁了。

才九点？我想再睡一会儿。

才七点，还有时间，不着急。

我不去，没意思，我更喜欢看书。

我不太喜欢喝茶，更喜欢喝咖啡。

课文讲练 Text

课文热身 / Warm Up

将语义上紧密相关的上下两句连在一起。

Match the two sentences that are semantically closely related.

1 才八点吗？	A. 然后晚上再去听演唱会。
2 今晚学校有一场音乐会，	B. 而不是一直看书。
3 你应该好好休息，	C. 我一定要去听。
4 我打算先去逛街，	D. 我更喜欢玩游戏。
5 我觉得听演唱会没意思，	E. 我想再睡一会儿。

课文 2 / Text 2

13-6

马　克：现在几点了？

阿尔达：已经九点了。

马　克：才九点？我想再睡一会儿。

阿尔达：你太懒了！我去图书馆看书了，你继续睡吧。

马　克：哎呀，阿尔达，考试结束了，我们应该好好休息休息，而不是一直看书。

阿尔达：你啊……

马　克：我打算一会儿去逛街，然后晚上去听演唱会。

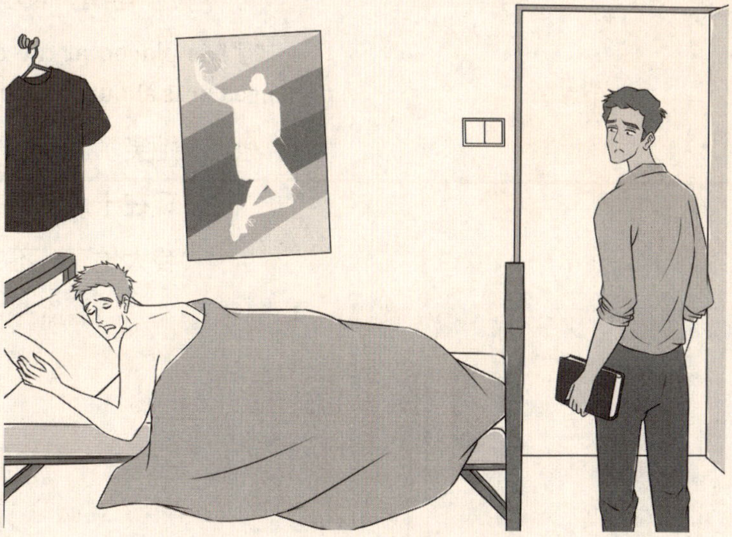

❶ 马克在干什么?

❷ 阿尔达打算去哪儿? 马克呢?

❸ 马克和谁一起去听演唱会?

❹ 阿尔达为什么不去听演唱会?

阿尔达：演唱会?

马　克：对，今晚学校有一场演唱会，我一定要去。你跟我一起去吗?

阿尔达：我不去，没意思，我更喜欢看书。

马　克：好吧，那我和艾米丽一起去。

Mǎkè: Xiànzài jǐ diǎn le?

Ā'ěrdá: Yǐjīng jiǔ diǎn le.

Mǎkè: Cái jiǔ diǎn? Wǒ xiǎng zài shuì yíhuìr.

Ā'ěrdá: Nǐ tài lǎn le! Wǒ qù túshūguǎn kàn shū le, nǐ jìxù shuì ba.

Mǎkè: Āiyā, Ā'ěrdá, kǎoshì jiéshù le, wǒmen yīnggāi hǎohǎo xiūxi xiūxi, ér bú shì yìzhí kàn shū.

Ā'ěrdá: Nǐ a…

Mǎkè: Wǒ dǎsuàn yíhuìr qù guàng jiē, ránhòu wǎnshang qù tīng yǎnchànghuì.

Ā'ěrdá: Yǎnchànghuì?

Mǎkè: Duì, jīn wǎn xuéxiào yǒu yì chǎng yǎnchànghuì, wǒ yídìng yào qù. Nǐ gēn wǒ yìqǐ qù ma?

Ā'ěrdá: Wǒ bú qù, méi yìsi, wǒ gèng xǐhuan kàn shū.

Mǎkè: Hǎo ba, nà wǒ hé Àimǐlì yìqǐ qù.

语言点注解 / Language Points

1. 了$_1$

"了"位于句尾，表示事态出现了变化或即将出现变化。

"了" is placed at the end of a sentence, meaning that something has changed or is about to change.

例如：她笑了。

现在十点了。

我太忙了，不去逛街了。

用下列词语和“了”说句子。

Make sentences with the following words and “了”.

❶ 下雨 ❷ 春天 ❸ 哭 ❹ 到 校门口

❺ 天气 热 ❻ 聚会 开始 ❼ 不想看书 累

哭 kū 动
cry

2. 已经

副词“已经”表示动作行为完成或达到某种程度，常见用法是“已经……了”。

The adverb “已经” indicates that an action has been completed or reached a certain extent. The common way to use it is “已经……了”.

例如：超市已经开门了。

我来中国已经四个月了。

根据图片和提示，用“已经……了”说句子。

Make sentences with “已经……了” based on the pictures and clues.

❶ 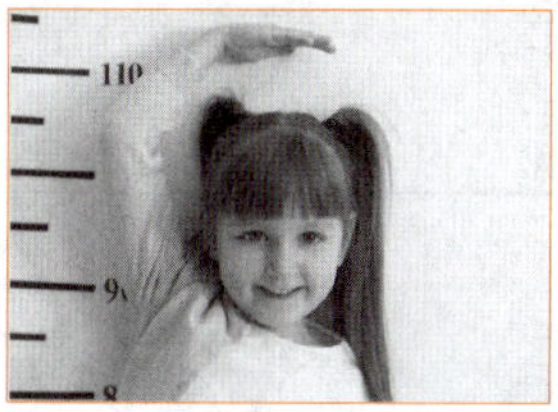
1 米 1

❷ 
15 号

❸ 
7 点

❹ 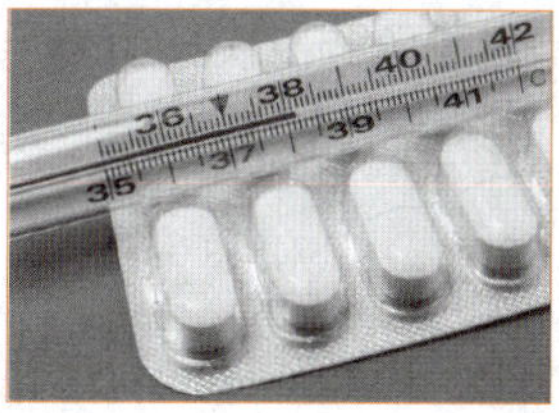
38 度 2

3. 才$_2$

“才”用在“才 + 时间”结构中，表示说话人认为时间很早。“才”的后边也可以是数字、年龄、价格等表示数量的成分，意思是说话人认为数量很少、年龄很小或价格很低，等等。

“才” is used in the “才+时间” structure, meaning that the speaker thinks the time is very early. “才” can be followed by a number, age and price, etc, which indicate quantity. It means that the speaker thinks the quantity is small, the age is young, or the price is low, etc.

例如：现在才九点，我不想睡觉。

我弟弟才三岁。

这件衣服才 50 块钱，太便宜了。

用“才”完成对话。 Complete the dialogues with “才”.

1. A：我有五个笔记本，你呢？

   B：______________________________

2. A：你什么时候去食堂吃饭？

   B：______________________________

3. A：你妹妹应该已经五岁了吧？

   B：______________________________

4. A：我们坐出租车去吧，坐公共汽车太慢了。

   B：______________________________

5. A：这双鞋看起来很漂亮，一定很贵吧？

   B：______________________________

出租车 chūzūchē 名
taxi

4. 更

例如：他喜欢玩游戏，而我更喜欢看书。

北京很好玩，可是他更想去上海。

组词成句。 Put the words in the correct order to make sentences.

1. 时间 来 他 更 中国 的 长

   ____

2. 更 这顶 好看 帽子 我 觉得

   ____

3. 学校 更 咖啡馆 便宜 附近 的

   ____

4 努力 他 以前 更 了 比

____

5 复习 我 跟 更 同学 一起 喜欢

____

课文练习 / Text Exercises

1. 听课文录音，判断对错，对的画“√”，错的画“×”。 13-6

Listen to the text and decide if the statements are true or false. Mark “√” if true and “×” if false.

1 马克觉得九点起床太晚了。 (　　)

2 马克太懒了。 (　　)

3 考试还没结束。 (　　)

4 马克打算先去图书馆，然后去逛街。 (　　)

5 阿尔达更喜欢在图书馆看书。 (　　)

6 今晚校外有一场演唱会。 (　　)

7 他们打算一起去听演唱会。 (　　)

2. 根据课文内容，排列下列句子。

Put the following sentences in order based on the text.

1 考试结束了

2 马克打算先去逛街

3 可是阿尔达不跟马克一起去听演唱会

4 因为他觉得听演唱会太没意思了

5 他更喜欢看书

6 然后去听演唱会

7 所以马克要和艾米丽一起去听演唱会

____

PART 3
第三部分

听力实践 Listening Practice

1. 听句子，选择合适的回答。 13-7

Listen to the sentences and choose the proper answers.

❶	A. 我起床了	B. 十点半了	C. 我在复习功课
❷	A. 我不在学校	B. 我刚到食堂	C. 我不去食堂了
❸	A. 太好看了	B. 有点儿脏了	C. 不太便宜
❹	A. 下了	B. 外面很热	C. 外面很冷

2. 听对话，选择正确答案。 13-8

Listen to the dialogues and choose the correct answers.

❶ A. 八点起床太晚了　B. 八点起床太早了
　C. 应该起床了　D. 应该睡觉了

❷ A. 他们要听演唱会　B. 他们要复习
　C. 马克不想学习　D. 考试已经结束了

❸ A. 考试前才看书太晚了　B. 考试前看书有点儿早
　C. 她要养成好习惯　D. 每天预习、复习不是好习惯

阅读实践 Reading Practice

完	wán	动
come to an end		
晚安	wǎn'ān	动
good night		
周围	zhōuwéi	名
circumambience		
这样	zhèyàng	代
so, this way		
身体	shēntǐ	名
body; health		

（一）

说完"晚安"以后，你真的睡了吗？

有一件很有意思的事，有些人说完"晚安"以后就真的去睡觉了，可是大部分人说完"晚安"以后不去睡觉，而是继续玩手机什么的，很晚才睡觉。我周围的一些朋友就是这样，我也常常这样。不过，我们都知道这不是一个好习惯，我们应该养成早睡早起的好习惯，早睡早起对身体最好。

你和我一样吗？说完"晚安"以后，你真的睡了吗？

1. 人们说完“晚安”以后会干什么？

A. 都去睡觉了　　B. 大部分人真的去睡觉了

C. 都继续玩手机　　D. 大部分人继续玩手机

2. 下面哪个句子不正确？

A.“我”常常玩手机玩到很晚才睡

B.“我”和大部分人一样

C.“我”和大部分人不一样

D.“我”周围的朋友和“我”一样

（二）

有些人觉得汉语很难，而有些人觉得汉语很简单。

我觉得汉语没那么难，汉语比阿拉伯语、西班牙语、英语更简单。如果你每天都认真听课，养成经常预习、复习的好习惯，平时多说汉语，好好写作业，不偷懒，就一定可以学好汉语。

有些	yǒuxiē	代
some		
简单	jiǎndān	形
simple		
阿拉伯语	Ālābóyǔ	专名
Arabic		
西班牙语	Xībānyáyǔ	专名
Spanish		
认真	rènzhēn	形
careful		
听课	tīng//kè	动
attend a lecture		
偷懒	tōu//lǎn	动
be lazy		

1. 想学好汉语，下面哪个不正确？

A. 要认真听课　　B. 要偷懒

C. 要经常复习　　D. 要多说汉语

2. 根据短文，可以知道什么？

A.“我”觉得汉语不难　　B.“我”喜欢学习西班牙语

C.“我”想学习英语　　D. 阿拉伯语很容易

交际训练 Communication Practice

1. 两人一组，分别说一说考试前后你们一般都会做什么，完成下面的表格，尽量用到所给词语和语言点。

Work in pairs, talk about what you usually do before and after exams and complete the table below. Try to use the given words and language points.

好好　复习　休息　结束　得　而　一定　应该

养成　习惯　才　更　有/没意思　已经……了

从……到……　跟……一起　多/少+V　先……，然后……

	考试前	考试后
我		
我的朋友		

2. 两人一组，选择一个情景，模仿课文2进行角色扮演，尽量用到所给词语、语言点和句型。

Work in pairs, select a scenario and do a role-play to act out a dialogue similar to Text 2. Try to use the given words, language points and sentence patterns.

约 yuē 动
invite

情景（Scenario）1：周末，A 约 B 去逛街。

情景（Scenario）2：考试结束后，A 约 B 去听演唱会。

情景（Scenario）3：今天没有课，A 约 B 去咖啡馆喝咖啡。

现在　几点　已经……了　才　继续　再　一直
一定　没/有意思　跟……一起　太……了

我们应该……，而不是……

我打算……，然后……

我更喜欢……

学后反思 Reflection

1. 你会用"了$_1$"了吗？请你说几个句子。

Do you know how to use "了$_1$"? Please make several sentences.

2. 你觉得本课哪些生词比较难记或者不容易读？

Which new words do you think are difficult to memorise or to read in this lesson?

3. 你学到了哪些句型和语法？请用本课的语言点说几个句子。

What sentence patterns and grammar have you learned? Use the language points in this lesson to make several sentences.

第十四课 LESSON 14

张老师要去一趟大连

Mr. Zhang is going to Dalian

学习目标 Learning Goals

重点生词 / Key Words

会　趟　遍　大概　左右　发　重要　放心

重点语言点 / Key Language Points

1. 固定用法（Fixed Usage）“怎么了”
2. 副词（Adverb）“别”
3. 副词（Adverb）“又$_1$”
4. 副词（Adverb）“不要”

PART 1

第一部分

词句学练 Vocabulary and Sentences

预习词语 / Preview the Words

14-1

1	道	dào	量	[for orders, questions, etc]
2	题	tí	名	question
3	做	zuò	动	do
4	会	huì	助动	can, be able to; be likely to
5	办公室	bàngōngshì	名	office
6	别	bié	副	don't
7	问题	wèntí	名	question, problem
8	不好意思	bù hǎoyìsi		[polite expression used when accepting a gift, reward, etc]
9	出差	chū//chāi	动	be away on a business trip
10	收拾	shōushi	动	tidy up, put in order
11	行李	xíngli	名	luggage
12	又	yòu	副	☞ *Language Point 4*
13	城市	chéngshì	名	city
14	趟	tàng	量	[used for a round trip]
15	大概	dàgài	副	probably, approximately
16	飞机	fēijī	名	airplane
17	火车	huǒchē	名	train
18	小时	xiǎoshí	名	hour
19	辛苦	xīnkǔ	形	hard, strenuous
20	一路顺风	yílù shùnfēng		have a good journey
21	发	fā	动	send out, deliver
22	（电子）邮件	(diànzǐ) yóujiàn	名	e-mail

1	大连	Dàlián	Dalian

1. 听录音，跟读生词。 14-1

Listen to the recording and repeat the new words.

2. 书写汉字。Write the characters.

题（问题） 丨 冂 日 日 旦 早 早 是 是 是 匙 匙 题 题 题

趟（一趟） 一 十 土 キ 丰 走 走 走 走 赴 赴 趟 趟 趟 趟

概（大概） 一 十 才 木 朾 村 村 相 相 相 桠 椤 概

辛（辛苦） 丶 亠 亣 立 立 主 辛

苦（辛苦） 一 十 艹 艹 芊 芊 苦 苦

顺（一路顺风） 丿 川 川 川 顺 顺 顺 顺 顺

3. 词语扩展。 Make phrases with the given words.

发 ________ ________ ________

问 ________ ________ ________

收拾 ________ ________ ________

4. 写出下列多音字的拼音并组词。

Write *Pinyin* of the following polyphones and then make words.

行	________ (　　　)	差	________ (　　　)
	________ (　　　)		________ (　　　)
发	________ (　　　)	觉	________ (　　　)
	________ (　　　)		________ (　　　)

5. 听录音，跟读句子。 14-2

Listen to the recording and repeat the sentences.

怎么了？
你的鞋怎么了？

这道题我不知道怎么做，你会做吗？
张老师现在会在办公室吗？

他应该不在办公室，你别去了。
别不高兴了。

您又要出差了吗？
他又没来上课。

我要去一趟大连。
我打算去北京一趟。

大概五天吧。
从这儿到银行骑车大概要五分钟。

你有什么问题就给我发邮件吧。
他好像在给她打电话说什么事。

课文讲练 Text

课文热身 / Warm Up

听对话，为下列句子排序。 14-3

Listen to the dialogue and put the following sentences in order.

1. 坐火车还是坐飞机？
2. 是啊，大概一个星期吧。
3. 你要去北京出差吗？
4. 坐飞机得多长时间？
5. 坐飞机。
6. 坐飞机很快，大概一个半小时。

____

课文 1 / Text 1

14-4

艾米丽：玛利亚，你看一下这道题。

玛利亚：怎么了？

艾米丽：这道题我不知道怎么做，你会做吗？

玛利亚：嗯……我也不会做。你问问张老师吧。

艾米丽：张老师现在会在办公室吗？

玛利亚：他今天没课，应该不在办公室，你别去了。

艾米丽：哦，那我就给他打电话吧。

（艾米丽给张老师打电话。）

艾米丽：喂，张老师，我是艾米丽。

张老师：你好，艾米丽。

艾米丽：老师，您在办公室吗？我有一个问题想问您。

张老师：不好意思，我明天出差，在家收拾行李呢，现在不在学校。

艾米丽：您又要出差了吗？去哪个城市啊？

张老师：去一趟大连。

艾米丽：去几天？

张老师：大概五天吧。

艾米丽：您是坐飞机去还是坐火车去啊？

张老师：我坐火车去。

艾米丽：坐火车得多长时间啊？

张老师：从北京到大连大概六个小时吧。

艾米丽：太辛苦了。老师，祝您一路顺风。

张老师：谢谢你，艾米丽。你有什么问题就给我发邮件吧。

艾米丽：好的，老师。

1. 张老师在办公室吗？
2. 他在干什么？
3. 他要去哪儿出差？
4. 他在大连待多长时间？
5. 他打算怎么去大连？路上大概多长时间？

Àimǐlì: Mǎlìyà, nǐ kàn yíxià zhè dào tí.

Mǎlìyà: Zěnme le?

Àimǐlì: Zhè dào tí wǒ bù zhīdào zěnme zuò, nǐ huì zuò ma?

Mǎlìyà: Ǹg··· Wǒ yě bú huì zuò. Nǐ wènwen Zhāng lǎoshī ba.

Àimǐlì: Zhāng lǎoshī xiànzài huì zài bàngōngshì ma?

Mǎlìyà: Tā jīntiān méi kè, yīnggāi bú zài bàngōngshì, nǐ bié qù le.

Àimǐlì: Ò, nà wǒ jiù gěi tā dǎ diànhuà ba.

(Àimǐlì gěi Zhāng lǎoshī dǎ diànhuà.)

Àimǐlì: Wèi, Zhāng lǎoshī, wǒ shì Àimǐlì.

Zhāng lǎoshī: Nǐ hǎo, Àimǐlì.

Àimǐlì: Lǎoshī, nín zài bàngōngshì ma? Wǒ yǒu yí gè wèntí xiǎng wèn nín.

Zhāng lǎoshī: Bù hǎo yìsi, wǒ míngtiān chūchāi, zài jiā shōushi xíngli ne, xiànzài bú zài xuéxiào.

Àimǐlì: Nín yòu yào chūchāi le ma? Qù nǎge chéngshì a?

Zhāng lǎoshī: Qù yí tàng Dàlián.

Àimǐlì: Qù jǐ tiān?

Zhāng lǎoshī: Dàgài wǔ tiān ba.

Àimǐlì: Nín shì zuò fēijī qù háishi zuò huǒchē qù a?

Zhāng lǎoshī: Wǒ zuò huǒchē qù.

Àimǐlì: Zuò huǒchē děi duō cháng shíjiān a?

Zhāng lǎoshī: Cóng Běijīng dào Dàlián dàgài liù gè xiǎoshí ba.

Àimǐlì: Tài xīnkǔ le. Lǎoshī, zhù nín yílù shùnfēng.

Zhāng lǎoshī: Xièxie nǐ, Àimǐlì. Nǐ yǒu shénme wèntí jiù gěi wǒ fā yóujiàn ba.

Àimǐlì: Hǎo de, lǎoshī.

语言点注解 / Language Points

1. 怎么了

"怎么了" 用于询问情况。

"怎么了" is used to ask for information.

例如：你的手怎么了？

你今天看起来不太高兴，你怎么了？

手 shǒu 名
hand

两人一组，一个人朗读句子，另一个人回答问题。

Work in pairs, one person reads aloud the sentences and the other answers the questions.

1. 你的眼睛怎么了？
2. 她的鞋怎么了？
3. 那个孩子怎么了？
4. 你室友怎么了？
5. 张老师怎么了？

2. 会

助动词 "会" 有以下两个意思：

The auxiliary verb "会" has two meanings.

① 表示学习了以后，知道怎么做，即通过学习，具备了某种技能。

It indicates that a person, after studying, now knows how to do something, that is to say, he/she has acquired a certain skill after studying.

例如：我会说汉语。

我不会骑自行车。

你会不会用筷子？

❷ 表示将来可能发生某情况或对不确定的情况进行猜测。

It means that something will probably happen, or it is used to speculate about an uncertain situation.

例如：明天好像会下雪。

他下个星期会来学校吗？

他明天不会来了吧？

她现在会不会在家？

筷子 kuàizi 名
chopsticks

(1) 根据图片和提示，用"会"练习对话。

Make dialogues with "会" based on the pictures and clues.

❶ 包饺子

❷ 弹钢琴

❸ 踢足球

❹ 打太极拳

包饺子 bāo jiǎozi
make dumplings

弹钢琴 tán gāngqín
play the piano

踢足球 tī zúqiú
play football

太极拳 tàijíquán 名
tai chi

(2) 用下列词语和"会"说句子。

Make sentences with the following words and "会".

❶ 玛利亚 在宿舍 ❷ 艾米丽 喜欢花

❸ 考试 很难 ❹ 下个月 去北京

❺ 一会儿 刮风 ❻ 下午 来看我

3. 别

"别"一般用于劝阻别人，不用于说话人自己，即不用在第一人称上。使用"别"时，句尾常常有"了"。

"别" is usually used to dissuade others rather than the speaker himself/

herself, that is to say, it cannot be used with the first person. When “别” is used, there is always a “了” at the end of the sentence.

例如：你别去了！

别洗衣服了，休息休息吧。

用“别”完成句子。 Complete the sentences with “别”.

1. 外面下雨了，________________。
2. 这个面包不太好吃，________________。
3. 已经十点了，________________。
4. 你这件衣服有点儿脏了，________________。
5. 你的帽子那么多，________________。

4. 又$_1$

“又”表示一个动作或状态重复发生，一般位于动词之前。

“又” indicates the repetition of an action or a state. It is usually placed before a verb.

例如：明天又有考试？

你今天早上又没吃饭？

用下列词语和“又”说句子。

Make sentences with the following words and “又”.

1 打电话	2 发邮件	3 写作业	4 买手机
5 下雨	6 去大连	7 玩游戏	8 听演唱会

5. 趟

“趟”是动量词，一去一回是一“趟”，常见格式为“V+一趟+地点”“V+地点+一趟”。

“趟” is a verbal measure word. Going somewhere and returning is one “趟”. The common patterns are “V+一趟+place” and “V+place+一趟”.

例如：我要去一趟北京。

我要去北京一趟。

根据图片和提示，用“趟”说句子。

Make sentences with “趟” based on the pictures and clues.

1 下个月　大连

2 没课　商店

3 回　房间

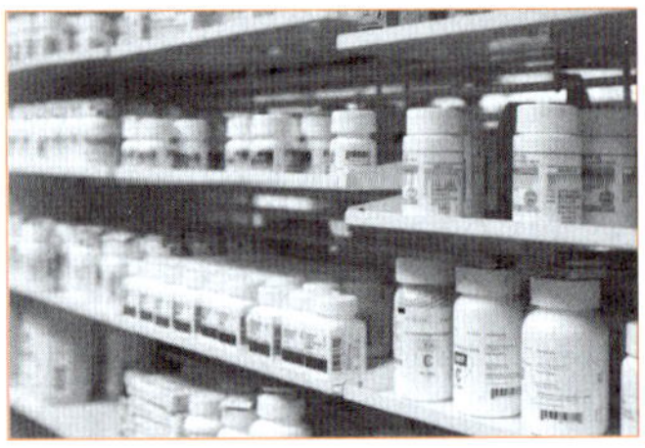

4 下课以后　药店

5 有空　回国

6 今天下午　图书馆

商店　shāngdiàn　名
store

药店　yàodiàn　名
drugstore

6. 大概

副词“大概”表示估计、不确定。

The adverb “大概” indicates estimation and uncertainty.

例如：她大概 20 岁吧。

去那里大概要半个小时。

用“大概”完成对话。 Complete the dialogues with “大概”.

1 A：你爸爸有多高？

B：______________________________

2 A：请问一下，沃尔玛超市离这儿有多远？

B：______________________________

❸ A：你什么时候去上海出差？

B：________________________________

❹ A：你猜，我买的这本书多少钱？

B：________________________________

❺ A：你知道这里的夏天最高温度是多少吗？

B：________________________________

7. 什么$_2$

"什么"可以表示不确定的事物或情况，不用于询问。

"什么" can be used to describe an uncertain thing or situation. It is not used for inquiring.

例如：你有什么问题就来找我吧。

我饿了，想吃点儿什么。

饿 è 形
hungry

组词成句。 Put the words in the correct order to make sentences.

❶ 说　他们　在　好像　什么

____

❷ 看到　一个　刚才　我　好像　什么　人

____

❸ 太　了　意思　没，我　什么　点儿　玩　想

____

❹ 你　地方　是不是　要　去　什么　出差　下个月

____

❺ 事　好像　你　什么　要　有　说，吗　是

____

课文练习 / Text Exercises

1. 选词填空。 Choose the correct words to fill in the blanks.

会	趟	又	大概	别

❶ 张老师要去一（　　　）大连。

❷ 他（　　　）要出差了。

❸ 坐火车去大连（　　　）六个小时。

❹ 他现在很忙，你（　　　）去找他了。

❺ 张老师现在（　　　）在办公室吗？

2. 根据课文内容，排列下列句子。

Put the following sentences in order based on the text.

❶ 艾米丽给张老师打电话

❷ 他打算坐火车去

❸ 她有一个问题想问张老师

❹ 从北京到大连大概要六个小时

❺ 张老师正在收拾行李

❻ 在那儿大概待五天

❼ 他明天要去一趟大连

____

PART 2

第二部分

词句学练 Vocabulary and Sentences

预习词语 / Preview the Words

14-5

1	妻子	qīzi	名	wife
2	材料	cáiliào	名	material
3	遍	biàn	量	one time
4	熬夜	áo//yè	动	stay up late
5	准备	zhǔnbèi	动	prepare
6	老公	lǎogōng	名	husband
7	不要	búyào	副	don't
8	重要	zhòngyào	形	important
9	放心	fàng//xīn	动	set one's mind at rest
10	左右	zuǒyòu	名	[used after a number] about, or so
11	打扰	dǎrǎo	动	bother, trouble

1. 听录音，跟读生词。 14-5

Listen to the recording and repeat the new words.

2. 书写汉字。 Write the characters.

妻（妻子） 一 ㇇ 彐 彐 声 妻 妻 妻

料（材料） 丶 丷 ㇀ 半 米 米 米 米 料 料

遍（一遍） 丶 ㇀ ㇀ 户 户 户 启 扁 扁 扁 遍 遍

熬（熬夜） 一 二 丰 丰 寺 寺 寺 孝 孝 孝 敖 敖 敖 熬 熬

夜（熬夜） 丶 亠 广 广 疒 疒 夜 夜

重（重要） 丿 二 千 台 舌 舌 重 重 重

3. 选字组词。Choose characters to make words.

不	料	左	辛	熬	放	准	扰	妻

材（　　）　　（　　）夜　　（　　）苦

（　　）心　　（　　）要　　（　　）子

（　　）右　　打（　　）　　（　　）备

4. 听录音，跟读句子。 14-6

Listen to the recording and repeat the sentences.

工作的材料要再看一遍。

我要再看一遍课文。

老公，不要太辛苦了。

不要玩游戏了，你应该好好学习了。

我要再看一个小时左右的材料。
这本大词典 100 块钱左右。

课文讲练 Text

课文热身 / Warm Up

将语义上紧密相关的上下两句连在一起。

Match the two sentences that are semantically closely related.

❶ 工作很重要，	A. 我还得抓紧时间再看一遍材料。
❷ 你先睡吧，	B. 熬夜对身体不好。
❸ 别熬夜了，	C. 我不打扰你了。
❹ 你继续工作吧，	D. 可是身体更重要。
❺ 不要太辛苦了，	E. 明天再复习吧。

课文 2 / Text 2

14-7

张老师妻子：十二点了，你还不睡吗？
张　老　师：工作的材料要再看一遍。
张老师妻子：别熬夜了，明天再看吧。
张　老　师：明天就出差了，我得好好准备准备。
张老师妻子：老公，不要太辛苦了。工作很重要，可是身体更重要。
张　老　师：知道了，放心吧。
张老师妻子：那你几点睡？
张　老　师：再看一个小时左右吧。你先睡吧，我要抓紧时间工作了。

❶ 张老师为什么还不睡觉？

❷ 张老师的妻子为什么说“别熬夜了”？

❸ 张老师打算几点睡？

张老师妻子：好，那我不打扰你了。

Zhāng lǎoshī qīzi: Shí'èr diǎn le, nǐ hái bú shuì ma?

Zhāng lǎoshī: Gōngzuò de cáiliào yào zài kàn yí biàn.

Zhāng lǎoshī qīzi: Bié áoyè le, míngtiān zài kàn ba.

Zhāng lǎoshī: Míngtiān jiù chūchāi le, wǒ děi hǎohǎo zhǔnbèi zhǔnbèi.

Zhāng lǎoshī qīzi: Lǎogōng, búyào tài xīnkǔ le. Gōngzuò hěn zhòngyào, kěshì shēntǐ gèng zhòngyào.

Zhāng lǎoshī: Zhīdào le, fàngxīn ba.

Zhāng lǎoshī qīzi: Nà nǐ jǐ diǎn shuì?

Zhāng lǎoshī: Zài kàn yí gè xiǎoshí zuǒyòu ba. Nǐ xiān shuì ba, wǒ yào zhuājǐn shíjiān gōngzuò le.

Zhāng lǎoshī qīzi: Hǎo, nà wǒ bù dǎrǎo nǐ le.

语言点注解 / Language Points

1. 遍

“遍”是动量词，常见格式为“V+ 多少 + 遍”。

“遍” is a verbal measure word. The common pattern is “V+多少+遍”.

例如：出差前他要看一遍工作材料。

请你读两遍这个生词。

组词成句。 Put the words in the correct order to make sentences.

❶ 你 请 再 一 遍 说

____

❷ 吧 课文 两 你 听 再 遍

____

❸ 写 我 都 要 每个 遍 生词 五

____

❹ 明白 一 篇 得 两 我 课文 看 才 遍

____

2. 不要

“不要”的意思和“别”差不多，大多数情况下，二者可以相互替换。使用“不要”时，句尾也常常可以加“了”。

“不要” and “别” have similar meanings. In most cases, these two words can be substituted for each other. When “不要” is used, there is always a “了” at the end of the sentence.

例如：你不要熬夜了。

弟弟正在复习功课呢，你不要打扰他。

用“不要”完成句子。 Complete the sentences with “不要”.

1. ________________，快点儿学习吧。
2. 上课的时候，________________。
3. 写作业的时候，________________。
4. ________________，你的鞋太多了。
5. ________________，离考试还有一周呢。

3. 左右

“左右”用在数量短语后，表示估计、不确定。

“左右” is used after a numeral-classifier phrase to indicate estimation and uncertainty.

例如：我想再玩半个小时左右。

他 20 岁左右。

根据图片和提示，用“左右”说三段话。

Make three short speeches with “左右” based on the pictures and clues.

1. 女孩　岁　身高　起床　吃早饭　睡觉

2. 北京的冬天　最高温度　最低温度

身高　shēngāo　名
height (of a person)

❸ 咖啡馆　最贵的咖啡　最便宜的咖啡　服务员（数量、年龄、工资）

数量　shùliàng　名
quantity

年龄　niánlíng　名
age

工资　gōngzī　名
salary

课文练习 / Text Exercises

1. 听课文录音，选择正确答案。　14-7

Listen to the text and choose the correct answers.

❶ 现在几点?　(　　)

A. 六点　　B. 八点

C. 十点　　D. 十二点

❷ 张老师在干什么?　(　　)

A. 收拾行李　　B. 睡觉

C. 锻炼身体　　D. 看材料

❸ 张老师的妻子觉得什么最重要?　(　　)

A. 身体　　B. 工作

C. 学习　　D. 睡觉

锻炼　duànliàn　动
take exercise

2. 根据课文内容，排列下列句子。

Put the following sentences in order based on the text.

❶ 工作很重要

❷ 再看一个小时左右再睡吧

❸ 得好好准备一下

❹ 可是身体更重要

❺ 我明天要出差了

❻ 已经十二点了，你应该休息了

❼ 你打算几点睡觉?

____

PART 3

第三部分

听力实践 Listening Practice

1. 听对话，选择正确答案。 14-8

Listen to the dialogues and choose the correct answers.

	A	B	C
❶	A. 去逛街	B. 在宿舍玩	C. 去图书馆复习
❷	A. 蛋糕	B. 水果	C. 蛋糕和水果
❸	A. 准备睡觉	B. 复习	C. 考试
❹	A. 妻子	B. 老公	C. 妻子和老公

2. 听对话，选择正确答案。 14-9

Listen to the dialogues and choose the correct answers.

对话一 Dialogue 1

	A	B	C
❶	A. 玩	B. 出差	C. 学习
❷	A. 三天	B. 七天	C. 两个星期

对话二 Dialogue 2

	A	B	C
❶	A. 火车	B. 高铁	C. 飞机
❷	A. 火车或者高铁	B. 高铁或者飞机	C. 飞机或者火车

高铁 gāotiě 名 high-speed railway

阅读实践 Reading Practice

（一）

小李不喜欢自己现在的生活，因为他觉得现在的工作太辛苦了。他不想每天都熬夜工作，想有更多的休息时间。

有一天，小李跟老板说他想休息一段时间，可是那天开会时，老板又给他很多新的工作任务。老板说他同意小李休息，可是小李得完成这些任务以后才可以休息。

生活 shēnghuó 名 life

老板 lǎobǎn 名 boss

段 duàn 量 [used of distance or time]

开会 kāi//huì 动 have a meeting

任务 rènwu 名 task

同意 tóngyì 动 agree

完成 wán//chéng 动 finish

1. 小李觉得现在的工作怎么样？

A. 很好　　B. 很辛苦

C. 有意思　　D. 没意思

2. 下面哪个句子是正确的？

A. 老板想休息　　B. 老板给小李很多工作任务

C. 老板不同意小李休息　　D. 老板觉得小李太辛苦了

假期 jiàqī 名
vacation, holiday

以来 yǐlái 名
since

张 zhāng 量
[used for paper, paintings, etc]

票 piào 名
ticket

实在 shízài 副
really

开心 kāixīn 形
happy, joyful

终于 zhōngyú 副
finally, at last

加班 jiā//bān 动
work overtime

（二）

老板给小李一个月的假期，这是小李工作三年以来第一次休息。

小李在火车站买了一张去昆明的火车票。他实在太开心了，他终于可以休息了，不用再加班了。他真想快一点儿到昆明，去那儿好好玩一个月。

1. 小李可以玩多长时间？

A. 五个小时　　B. 一个星期

C. 一个月　　D. 三年

2. 小李为什么很开心？

A. 因为他到昆明了　　B. 因为他第一次休息

C. 因为他得加班　　D. 因为他要去昆明工作

交际训练 Communication Practice

两人一组，分别扮演张老师和张老师的同事，根据下表，模仿课文1和课文2进行角色扮演，尽量用到所给词语和语言点。

Work in a pairs. One person acts as Mr. Zhang and the other as his colleague. Use the table below to do a role-play to act out a dialogue similar to Text 1 and Text 2. Try to use the given words and language points.

出差时间	出发地	目的地 Destination	交通工具 Means of Transportation
9.20—9.25	北京	西安	高铁（5 个小时左右）

西安 Xī'ān 专名
Xi'an [capital of Shaanxi Province]

还在 / 还没 +V　下班　加班　工作　材料　城市　趟　遍　大概 / 左右　A 还是 B　得（děi）　辛苦　别……了　好好　准备　重要　抓紧时间　加油　鼓励　打扰　一路顺风 / 一路平安

下班　xià//bān　动
leave off work

平安　píng'ān　形
safe and sound

学后反思 Reflection

1. 你都知道哪些动量词？请你说几个句子。

   What verbal measure words do you know? Please make several sentences.

2. 你觉得本课哪些生词比较难记或者不容易读？

   Which new words do you think are difficult to memorise or to read in this lesson?

3. 你学到了哪些句型和语法？请用本课的语言点说几个句子。

   What sentence patterns and grammar have you learned? Use the language points in this lesson to make several sentences.

第十五课 LESSON 15

我已经看了一个上午的书了

I have been reading the book all morning

学习目标 Learning Goals

重点生词 / Key Words

让₁　整天　越来越　标准　通过　阅读　文章　感兴趣　方法

重点语言点 / Key Language Points

1. 动态助词（Aspect Particle）“了₂”
2. 简单趋向补语（Simple Complement of Direction）
3. 固定用法（Fixed Usage）“对……有/没有好处”
4. 因果关系复句（Complex Sentence of Causative Relation）“因为……，所以……”
5. 固定用法（Fixed Usage）“像……一样”
6. 结果补语（Complement of Result）

PART 1
第一部分

词句学练 Vocabulary and Sentences

预习词语 / Preview the Words

15-1

1	亲爱的	qīn'ài de		my dear
2	让	ràng	动	let, allow
3	过来	guòlái	动	come here
4	部	bù	量	[used for books, films, etc]
5	电影	diànyǐng	名	film, movie
6	好处	hǎochù	名	good, benefit
7	像	xiàng	动	be like
8	整天	zhěng tiān		whole day; all the time
9	电脑	diànnǎo	名	computer
10	背	bèi	动	recite
11	困	kùn	形	sleepy

1. 听录音，跟读生词。 15-1

Listen to the recording and repeat the new words.

2. 书写汉字。 Write the characters.

亲（亲爱）丶 亠 亡 立 立 立 辛 辛 亲

爱（亲爱）丿 𠂇 𠂇 爫 爫 爫 爫 爱 爱 爱

像（像……一样）丿亻亻亻'亻'' 伶伶侮侮侮傻像像

整（整天）一 𠄌 𠂤 𠂤 𠂤 𠂤 束 束 束 𣁋 敕 敕 敕 敕 敕 整

脑（电脑）丿 刀 月 月 月' 肀 肜 肞 脑 脑

困（我困了）丨 冂 冃 冈 冈 困 困

3. **填字组词。** Fill in the blanks to make words.

游 ________ 游 ________

电 ________ 电 ________ 电 ________

4. **词语扩展。** Make phrases with the given words.

背 ________ ________

写 ________ ________

玩 ________ ________

看 ________ ________

5. 听录音，跟读句子。

15-2

Listen to the recording and repeat the sentences.

你已经玩了两个小时游戏了！

我已经看了一个上午的书了。

让我再玩半个小时吧。

老师让我早点儿来上课。

你过来！

你出去！

看电影对学习汉语有好处。

打球对身体有好处。

因为你不喜欢玩游戏，所以很少玩吧？

因为外边太冷了，所以我们一直待在房间里。

你应该像阿尔达一样好好学习。

她像她妈妈一样漂亮。

你不应该整天玩电脑游戏。

他整天看电影，一点儿也不学习。

课文讲练 Text

课文热身 / Warm Up

将语义上紧密相关的上下两句连在一起。

Match the two sentences that are semantically closely related.

1 因为你不喜欢玩游戏，	A. 而不是整天看电影。
2 看电影对学习汉语有好处，	B. 所以很少玩吧？
3 我知道看书很重要，	C. 玩游戏对学习没有好处。
4 你应该像他一样努力学习，	D. 你让我休息休息吧。
5 哎呀，我太困了！	E. 可是我已经看了一天的书了。

课文 1 / Text 1

15-3

（艾米丽和马克在宿舍里。）

艾米丽：别玩了！你已经玩了两个小时游戏了！

马　克：亲爱的，让我再玩半个小时吧。

艾米丽：来！你过来！

马　克：怎么了？

艾米丽：我们一起看一部中国电影吧，看电影对学习汉语有好处，玩游戏对学习没有好处。你看我就很少玩游戏。

马　克：哈哈，因为你不喜欢玩游戏，所以很少玩吧？

艾米丽：你应该像阿尔达一样好好学习，而不是整天玩电脑游戏。

马　克：好吧。可是我已经看了一个上午的书了，很累啊。

艾米丽：今天的生词你都背了吗？

马　克：背了。

艾米丽：作业也写了吗？

马　克：写了，写了。哎呀，我困了，让我休息一下吧。

1. 马克玩游戏玩了多长时间了？
2. 艾米丽也喜欢玩游戏吗？
3. 艾米丽觉得看电影怎么样？
4. 马克背生词、写作业了吗？
5. 马克为什么说他困了？

(Àimǐlì hé Mǎkè zài sùshè lǐ.)

Àimǐlì: Bié wán le! Nǐ yǐjīng wánle liǎng gè xiǎoshí yóuxì le!

Mǎkè: Qīn'ài de, ràng wǒ zài wán bàn gè xiǎoshí ba.

Àimǐlì: Lái! Nǐ guòlai!

Mǎkè: Zěnme le?

Àimǐlì: Wǒmen yìqǐ kàn yí bù Zhōngguó diànyǐng ba, kàn diànyǐng duì xuéxí Hànyǔ yǒu hǎochù, wán yóuxì duì xuéxí méiyǒu hǎochù. Nǐ kàn wǒ jiù hěn shǎo wán yóuxì.

Mǎkè: Hāha, yīnwèi nǐ bù xǐhuan wán yóuxì, suǒyǐ hěn shǎo wán ba?

Àimǐlì: Nǐ yīnggāi xiàng Ā'ěrdá yíyàng hǎohǎo xuéxí, ér bú shì zhěng tiān wán diànnǎo yóuxì.

Mǎkè: Hǎo ba. Kěshì wǒ yǐjīng kànle yí gè shàngwǔ de shū le, hěn lèi a.

Àimǐlì: Jīntiān de shēngcí nǐ dōu bèi le ma?

Mǎkè: Bèi le.

Àimǐlì: Zuòyè yě xiě le ma?

Mǎkè: Xiě le, xiě le. Āiyā, wǒ kùn le, ràng wǒ xiūxi yíxià ba.

语言点注解 / Language Points

1. 了$_2$

"了"位于动词之后，表示动作完成。

"了" is used after a verb, meaning that an action is completed.

例如：我买了三瓶水。

他在书店看了一会儿书。

注：如果动词后有"了"，句尾还有"了"，表示动作行为仍在继续，格式为"V+了+多长时间+（O）+了"或"V+了+多少+（O）+了"；如果句尾没有"了"，则表示动作行为已经结束，不再继续了，格式为"V+了+多长时间+（O）"或"V+了+多少+（O）"。

Note: If there is "了" after a verb, and the sentence ends with "了", it indicates that the action is still in progress. The pattern is "V+了+多长时间+（O）+了" or "V+了+多少+（O）+了". If there is no "了" at the end of the sentence, it indicates that the action has ended and no longer continues. The pattern is "V+了+多长时间+（O）" or "V+了+多少+（O）".

例如：我看了一个小时了。

你喝了两杯咖啡了。

我吃了三个。

我看了两本书。

我写了一个晚上的作业。

根据图片和提示，用“了”说句子。

Make sentences with “了” based on the pictures and clues.

① 五瓶酒

② 看两遍材料

③ 一个下午

④ 三个小时

酒　jiǔ　名
liquor

2. 让₁

动词“让”表示指使、容许某人做某事，格式为“让＋人＋做什么”。

The verb “让” is used to describe asking or allowing somebody to do something. The pattern is “让+人+做什么”.

例如：老师让我多说汉语。

你让我再睡一会儿吧。

用“让”完成句子。 Complete the sentences with “让”.

① 我已经看了一个上午的书了，____________________。

② 家里没有牛奶了，____________________。

③ 弟弟快考试了，____________________。

④ 我的衣服脏了，____________________。

⑤ 爸爸的工作很累，____________________。

3. 简单趋向补语（Simple Complement of Direction）

简单趋向补语“来”和“去”用在动词后边，即“V+ 来 / 去”，表示人或事物的运动方向。常见的动词和简单趋向补语的组合如下：

The simple complements of direction “来” and “去” are used after a verb, namely “V+来/去”, expressing the direction of the movement of a person or a thing. The common combinations of verbs and simple complements of direction are as follows.

	进	出	上	下	过	回	起
来	进来	出来	上来	下来	过来	回来	起来
去	进去	出去	上去	下去	过去	回去	——

起来 qǐ//lái 动
stand up

例如：你下来！

你可以回去了。

用“V+来/去”填空。 Fill in the blanks with “V+来/去”.

1. 快（ ）吧！老师刚开始上课。
2. 你已经打扰大家看电影了，请你（ ）。
3. 你快（ ）！我们要出发了！
4. 你（ ）一下，我看看你的新衣服。
5. 我的笔在你的椅子下边，请你（ ）一下。

椅子 yǐzi 名
chair

4. 对……有/没有好处

例如：经常运动对身体有好处。

看英语电影对学习汉语没有好处。

用下列词语和“对……有 / 没有好处”说句子。

Make sentences with the following words and “ 对……有 / 没有好处 ”.

1. 早睡早起
2. 背生词
3. 多看远的地方
4. 抽烟
5. 熬夜
6. 不吃早饭

抽烟 chōu//yān 动
smoke

5. 因为……，所以……

因果关系复句“因为……，所以……”中，前一个分句表示原因，后一个分句表示结果。“因为”和“所以”可以同时使用，也可以只使用一个。

In the complex sentence of causative relation "因为……，所以……", the first clause indicates the cause or reason, while the latter indicates the result. We can use "因为" and "所以" at the same time or simply one of them.

例如：因为最近太忙了，所以我下个月才有空去看你。

因为衣服太贵了，所以我不打算买了。

骑自行车太慢了，所以我们打算坐公共汽车去。

两人一组，一个人说"因为……"，另一个人说"所以……"。小组比赛，看看哪组说得又多又好。

Work in pairs, one person says a clause with "因为……" and the other with "所以……". Have a little match to see which group says more and better.

6. 像……一样

"像……一样"的后边可以加动词短语，可以加形容词，也可以什么也不加。

"像……一样" can be followed by a verbal phrase, an adjective or nothing at all.

例如：你应该像你哥哥一样努力学习。

她像她妈妈一样漂亮。

王老师像妈妈一样。

用下列词语和"像……一样"说句子。

Make sentences with the following words and "像……一样".

❶ 喜欢　学汉语	❷ 孩子　快乐	❸ 父母　优秀
❹ 笑　花	❺ 哥哥　聪明	❻ 姐姐　漂亮

优秀　yōuxiù　形
excellent

聪明　cōngmíng　形
smart, clever

7. 整天

"整天"表示从早到晚一天的时间。

"整天" refers to the time from morning till night.

例如：我复习了一整天。

他看了一整天书。

"整天"还可以表示"差不多每天，总是"。

"整天" also means "almost every day, always".

例如：别整天熬夜，这样对身体没有好处。

他整天玩游戏，不好好学习。

这样　zhèyàng　代
so, this way

用“整天”完成对话。Complete the dialogues with “整天”.

1. A：你昨天为什么没来上课？

   B：________________________________

2. A：周末你都干什么了？

   B：________________________________

3. A：她妈妈为什么让她回国？

   B：________________________________

4. A：他女朋友为什么不喜欢他了？

   B：________________________________

5. A：最近天气怎么样？

   B：________________________________

课文练习 / Text Exercises

1. 听课文录音，判断对错，对的画“√”，错的画“×”。 15-3

Listen to the text and decide if the statements are true or false. Mark “√” if true and “×” if false.

1. 艾米丽不喜欢玩游戏。 (　　)
2. 看中国电影对学习汉语没有好处。 (　　)
3. 玩游戏对学习汉语没有好处。 (　　)
4. 马克没写作业就玩游戏。 (　　)

2. 根据课文内容，排列下列句子。

Put the following sentences in order based on the text.

1. 艾米丽让他和她一起看一部中国电影
2. 他很累，也很困，想休息一下
3. 艾米丽告诉马克
4. 马克已经玩了两个小时游戏了
5. 他应该像阿尔达一样好好学习，而不是整天玩游戏
6. 因为看电影对学习汉语有好处，玩游戏对学习没有好处
7. 可是马克说他已经看了一个上午的书了

____

PART 2
第二部分

词句学练 Vocabulary and Sentences

预习词语 / Preview the Words 15-4

1	发音	fā//yīn	名、动	pronunciation; pronounce
2	越来越	yuè lái yuè		more and more
3	标准	biāozhǔn	形、名	standard
4	通过	tōngguò	介	through, by
5	练习	liànxí	动、名	exercise; practice
6	阅读	yuèdú	动	read
7	文章	wénzhāng	名	essay, article
8	积累	jīlěi	动	accumulate
9	兴趣	xìngqù	名	interest
10	感兴趣	gǎn xìngqù		be interested (in)
11	没错	méi cuò		be sure
12	方法	fāngfǎ	名	way, method
13	找	zhǎo	动	look for, try to find

1. 听录音，跟读生词。 15-4

Listen to the recording and repeat the new words.

2. 书写汉字。Write the characters.

越（越来越……） 一 + 土 丰 丰 走 走 走 走 越 越 越

通（通过）㇇ ㇇ 丆 乃 乃 甬 甬 诵 诵 通

练（练习）𠃋 纟 纟 纟一 纟十 练 练 练

感（感兴趣）一 厂 厂 厂 后 后 咸 咸 咸 咸 感 感 感

趣（兴趣）一 十 土 丰 丰 走 走 走 赴 赳 赳 赳 超 趣 趣

3. 词语搭配。Collocations.

发音（　　　）	课前（　　　）	课后（　　　）
练习（　　　）	（　　　）生词	阅读（　　　）

4. 听录音，跟读句子。 15-5

Listen to the recording and repeat the sentences.

你的汉语发音越来越标准了。

我越来越喜欢学汉语了。

通过读课文来练习发音。

通过阅读文章来积累生词。

最重要的是我对汉语很感兴趣。

他对中国电影很感兴趣。

最重要的是找到适合自己的方法。
你看见我的笔记本了吗？

课文讲练 Text

课文热身 / Warm Up

听录音，选择正确的图片。 15-6

Listen to the recording and choose the correct pictures.

A.

B.

C.

D.

① ______ ② ______ ③ ______ ④ ______

课文 2 / Text 2 15-7

周小明：我觉得你的汉语发音越来越标准了，你平时都怎么学习汉语啊？

阿尔达：我每天上课前预习，下课后复习。

周小明：怎么预习和复习呢？

阿尔达：比如，通过读课文来练习发音，通过阅读文章来积累生词，每天都背课文，最重要的是我对汉语很感兴趣。

周小明：没错，兴趣太重要了。你的学习方法也挺好的。我的英语不太好，可能就是学习方法不好。

阿尔达：每个人的学习方法都不一样，最重要的是找到适合自己的方法。

1. 阿尔达平时都怎么学习汉语？
2. 阿尔达怎么预习和复习？
3. 学习汉语最重要的是什么？
4. 最好的学习方法是什么样的？

Zhōu Xiǎomíng: Wǒ juéde nǐ de Hànyǔ fāyīn yuè lái yuè biāozhǔn le, nǐ píngshí dōu zěnme xuéxí Hànyǔ a?

Ā'ěrdá: Wǒ měi tiān shàngkè qián yùxí, xiàkè hòu fùxí.

Zhōu Xiǎomíng: Zěnme yùxí hé fùxí ne?

Ā'ěrdá: Bǐrú, tōngguò dú kèwén lái liànxí fāyīn, tōngguò yuèdú wénzhāng lái jīlěi shēngcí, měi tiān dōu bèi kèwén, zuì zhòngyào de shì wǒ duì Hànyǔ hěn gǎn xìngqù.

Zhōu Xiǎomíng: Méi cuò, xìngqù tài zhòngyào le. Nǐ de xuéxí fāngfǎ yě tǐng hǎo de. Wǒ de Yīngyǔ bú tài hǎo, kěnéng jiù shì xuéxí fāngfǎ bù hǎo.

Ā'ěrdá: Měi gè rén de xuéxí fāngfǎ dōu bù yíyàng, zuì zhòngyào de shì zhǎodào shìhé zìjǐ de fāngfǎ.

语言点注解 / Language Points

1. 越来越……

表示程度随时间的变化而加大。

It indicates that the degree deepens as time goes by.

例如：你妹妹越来越漂亮了。

我认识的汉字越来越多了。

用下列词语和"越来越……"说句子。

Make sentences with the following words and "越来越……".

1. 生词　多
2. 汉语　好
3. 汉语考试　难
4. 手机　贵
5. 天气　冷
6. 喜欢　中国

2. 通过

介词“通过”的后边常常加动词，表示用某种手段或方式来做某事。

The preposition “通过” is often followed by a verb. It is used to describe doing something in some way.

例如：我们可以通过读课文来练习发音。

他喜欢通过阅读文章来积累生词。

根据图片和提示，用“通过”说句子。

Make sentences with “通过” based on the pictures and clues.

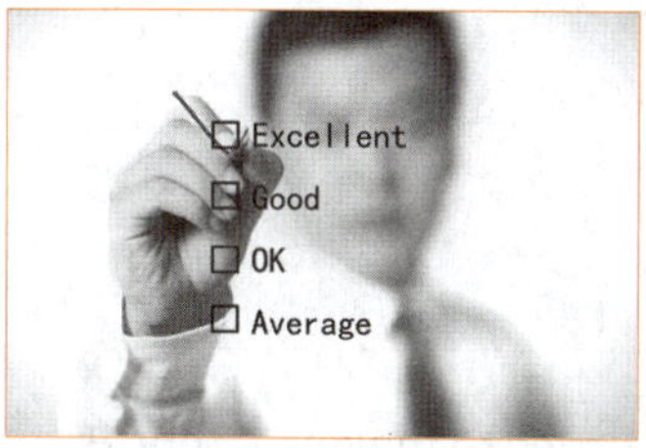

❶ 考试　知道　汉语水平

❷ 课文　看出　阿尔达　汉语好

❸ 聊天儿　提高　口语水平

❹ 天气预报　天气

水平	shuǐpíng	名
level		
提高	tígāo	动
improve		
预报	yùbào	名
forecast		

3. 对……感兴趣

“对……感兴趣”表示觉得某事物很有意思。

“对……感兴趣” indicates that one is very interested in something.

例如：我对中国文化很感兴趣。

他对电脑游戏非常感兴趣。

两人一组，说一说你们对什么最感兴趣。

Work in pairs and talk about what you are interested in most.

例如：A：你对什么最感兴趣？

B：我对游泳最感兴趣。

4. 结果补语（Complement of Result）

结果补语表示动作行为的结果，一般位于动词后，可以是动词或形容词。否定形式为动词前加“没”。常见的结果补语有：

The complement of result indicates the result of an action. It can be a verb or an adjective, normally used after a verb. The negative form is adding “没” before the verb. The common complements of result are as follows.

V+ 到 / 完 / 会 / 见 / 懂 / 开……

V+ 对 / 错 / 饱 / 干净 / 脏 / 清楚……

例如：你找到手机了吗？

我已经写完作业了。

他好像没吃饱。

你听没听懂老师说的话？

懂	dǒng	动
understand		
错	cuò	形
wrong		
饱	bǎo	形
full		
干净	gānjìng	形
clean		
清楚	qīngchu	形
clear		

组词成句。 Put the words in the correct order to make sentences.

1. 了　打　爸爸　开　电视

   ____

2. 没　我　你　见　说话　听

   ____

3. 学　还　没　会　我　这个　怎么　写　汉字

   ____

4. 写　今天　的　吗　你　完　了　作文

   ____

5. 你　吗　白鞋　刷　的　了　干净

   ____

课文练习 / Text Exercises

1. 听课文录音，选择正确答案。

15-7

Listen to the text and choose the correct answers.

1. 阿尔达平时怎么学习汉语？（　　）

   A. 写作业　　B. 写作文

C. 课前预习，课后复习　　D. 背生词

2. 通过读课文，我们可以做什么？（　　）

A. 练习发音　　B. 背生词

C. 背课文　　D. 练习听力

3. 通过阅读文章，我们可以做什么？（　　）

A. 练习发音　　B. 积累生词

C. 学习中国文化　　D. 练习听力

4. 学习汉语最重要的是什么？（　　）

A. 多读文章　　B. 多背课文

C. 写作业　　D. 对汉语感兴趣

2. 根据课文内容，排列下列句子。

Put the following sentences in order based on the text.

1. 阿尔达的汉语发音越来越标准了
2. 通过读课文来练习发音
3. 阿尔达说，他每天课前预习，课后复习
4. 小明问他平时怎么学习汉语
5. 还通过阅读文章来积累生词
6. 小明觉得阿尔达的学习方法挺好的
7. 最重要的是他对汉语很感兴趣

____

PART 3
第三部分

听力实践 Listening Practice

1. 听对话，选择正确答案 15-8

Listen to the dialogues and choose the correct answers.

❶ A. 常常说汉语　　B. 常常看中国电影
C. 对汉语感兴趣　　D. 找到适合自己的方法

❷ A. 艾米丽不喜欢学习　　B. 马克明天有考试
C. 艾米丽在休息　　D. 马克不想休息

❸ A. 游泳　　B. 运动
C. 看电影　　D. 不知道

❹ A. 容易胖　　B. 他太胖了
C. 不喜欢　　D. 太甜了

❺ A. 因为熬夜了　　B. 因为不想上学
C. 因为今天是周末　　D. 因为现在才七点半

2. 听短文，选择正确答案。 15-9

Listen to the passages and choose the correct answers.

短文一 Passage 1

❶ A. 预习　　B. 复习
C. 写作业　　D. 背课文

❷ A. 因为阿尔达每天预习　　B. 因为阿尔达每天复习
C. 因为阿尔达每天写作业　　D. 因为阿尔达每天背课文

短文二 Passage 2

❶ A. 5 岁　　B. 6 岁
C. 7 岁　　D. 8 岁

❷ A. 像哥哥一样　　B. 自己穿衣服
C. 自己吃饭　　D. 不可以整天玩

阅读实践 Reading Practice

（一）

大部分人都有一些坏毛病，比如早上不想起床，晚上熬夜学习、工作；有时候不学习、不工作，可就是不想睡觉。因为他们觉得早起太累了，所以不想起床，很晚才起来；他们晚上也不想睡觉，每天都想多玩一会儿，于是越睡越晚。

人年轻的时候往往觉得熬夜没有问题，可是随着年纪越来越大，他们才发现熬夜对身体不好。所以，我们应该养成早睡早起的好习惯，而不是常常晚睡晚起。

坏 huài 形 bad
毛病 máobìng 名 bad habit
有时候 yǒu shíhou sometimes
于是 yúshì 连 so, then, hence
年轻 niánqīng 形 young
往往 wǎngwǎng 副 often, frequently
随着 suízhe 介 along with
年纪 niánjì 名 age
发现 fāxiàn 动 discover, find

1. 人们早上为什么不想起床？
   A. 太早了　　B. 太累了
   C. 没有工作　　D. 没有课
2. 下面哪个句子不正确？
   A. 我们应该早睡早起　　B. 晚睡晚起对身体不好
   C. 年轻人觉得熬夜没问题　　D. 我们应该晚睡晚起

（二）

听说电影院有一部新电影挺不错的，里面的演员都很有名，于是我和室友决定去看看那部电影。

电影非常有意思，可是电影结束的时候已经很晚了，大概十一点我们才回去。到了宿舍门口我们才发现，我们由于出门太着急了，忘了带钥匙。

电影院 diànyǐngyuàn 名 cinema
演员 yǎnyuán 名 actor, actress
有名 yǒumíng 形 famous
决定 juédìng 动 decide
由于 yóuyú 连 due to
出门 chū//mén 动 go out
忘 wàng 动 forget
钥匙 yàoshi 名 key

1. “我们”为什么想去看电影？
   A. 电影里的演员很有名　　B. 看电影很便宜
   C. 电影院很近　　D. “我们”没带钥匙
2. “我们”为什么忘了带钥匙？
   A. 电影非常有意思　　B. 演员很漂亮
   C. 出门太着急　　D. 回宿舍的时间太晚了

交际训练 Communication Practice

采访三个同学，总结一下他们的汉语学习方法，并找出他们共同使用的方法，完成下面的表格。

Interview three students. Summarise their Chinese learning methods, find out the methods they all use, and then complete the table below.

姓名 Name	个人的学习方法 Personal Learning Methods	共同的学习方法 Common Learning Methods

学后反思 Reflection

1. 你知道学习汉语有什么好方法吗？请你谈一谈。

   Do you know any good methods to learn Chinese? Please talk about them.

2. 你知道"了"都有哪些用法吗？请你举例说明一下。

   What are the different ways to use "了" in a sentence? Please give some examples.

3. 你觉得本课哪些生词比较难记或者不容易读？

   Which new words do you think are difficult to memorise or to read in this lesson?

4. 你学到了哪些句型和语法？请用本课的语言点说几个句子。

   What sentence patterns and grammar have you learned? Use the language points in this lesson to make several sentences.

第十六课 LESSON 16

玛利亚唱歌唱得好极了！

Maria sings very well!

学习目标 Learning Goals

重点生词 / Key Words

唱　歌　刚才　可惜　信心　帮助　成功　表演　担心

重点语言点 / Key Language Points

1. 结构助词（Structural Particle）“得”
2. 程度补语（Complement of Degree）“极了”
3. 副词（Adverb）“还是 $_2$”
4. 结构助词（Structural Particle）“地”
5. 程度副词（Adverb of Degree）“真”
6. 固定用法（Fixed Usage）“跟……有 / 没有关系”

PART 1

第一部分

词句学练 Vocabulary and Sentences

预习词语 / Preview the Words

16-1

1	新年	xīnnián	名	New Year
2	晚会	wǎnhuì	名	evening party
3	唱	chàng	动	sing
4	歌	gē	名	song
5	迟到	chídào	动	be late
6	刚才	gāngcái	名	just now
7	首	shǒu	量	[for poems or songs]
8	得	de	助	☞ *Language Point 3*
9	好听	hǎotīng	形	pleasant to hear
10	极	jí	副	extremely
11	唉	ài	叹	[used to express sadness or regret]
12	可惜	kěxī	形	regrettable
13	起来	qǐlái	动	☞ *Language Point 5*
14	熟悉	shúxi	动	be familiar with, know well
15	相信	xiāngxìn	动	believe
16	真	zhēn	形、副	real, true; really, truly
17	信心	xìnxīn	名	confidence
18	地	de	助	☞ *Language Point 8*
19	对	duì	介	to
20	帮助	bāngzhù	动	help
21	声	shēng	名	sound, voice

1	中文	Zhōngwén	Chinese

1. 听录音，跟读生词。 16-1

Listen to the recording and repeat the new words.

2. 书写汉字。Write the characters.

新（新年） 丶 亠 亠 立 立 辛 辛 亲 亲 新 新 新 新

迟（迟到） 𠃌 コ 尸 尺 尺 识 迟

熟（熟悉） 丶 亠 亠 亡 古 亨 亨 享 享 孰 孰 孰 孰 熟 熟

悉（熟悉） 丿 丶 丷 立 平 平 采 采 悉 悉 悉

帮（帮助） 一 二 三 丰 邦 邦 邦 帮 帮

助（帮助） 丨 冂 月 月 且 助 助

3. 将下列词语与对应的图片连线。

Match the following words to the corresponding pictures.

新年晚会
加油
唱歌
帮助

4. 填空，用所给汉字组成词或短语。

Fill in the blanks to make words or phrases with the given characters.

例如：

（左）手
（右）手 ← 手 → 手（机）
（双）手

（　　）歌　　　　（中文）歌
一（　　）歌 ← 歌 → （　　）歌
（　　）歌　　　　（　　）歌

（　　）年　　　　年（　　）
（　　）年 ← 年 → 年（　　）
（　　）年　　　　年（　　）

5. 听录音，跟读句子。 16-2

Listen to the recording and repeat the sentences.

学校的新年晚会上，玛利亚正在唱歌。
昨天你去艾米丽的生日聚会了吗？

她刚才已经唱完一首了。
她刚开始唱歌，你快来吧！

她唱得好听极了！
玛利亚汉语说得好，歌唱得也好。

她唱得好听极了！
今天的天气好极了！

这首歌听起来很熟悉。
这双鞋穿起来很舒服。

你应该对自己有信心。
我有信心学好汉语。

我的发音还是不太标准。
他已经来中国半年了，还是不太熟悉这里。

我还得更努力地练习发音。
他们正在高兴地聊天儿。

你唱唱中文歌，可能对你的发音有帮助。
看中文电影对学习汉语有帮助。

课文讲练 Text

课文热身 / Warm Up

将语义上紧密相关的上下两句连在一起。

Match the two sentences that are semantically closely related.

① 玛利亚唱歌唱得怎么样?	A. 叫《我相信》。
② 这首歌叫什么名字?	B. 不知道，可是听起来很熟悉。
③ 你们小声一点儿可以吗?	C. 你可以唱唱中文歌。
④ 你知道这是什么歌吗?	D. 她唱得好听极了!
⑤ 我的发音一直不太标准。	E. 好，不好意思。

课文 1 / Text 1

16-3

（学校的新年晚会上，玛利亚正在唱歌。）

周小明：对不起！我迟到了。

马　克：快坐这儿吧！

周小明：是玛利亚在唱歌吗？

马　克：是啊，她刚才已经唱完一首了，唱得好听极了！

周小明：唉，可惜我迟到了，没听到。

马　克：这首歌听起来很熟悉，叫什么名字？

周小明：叫《我相信》。

马　克：玛利亚汉语说得好，歌唱得也好。

周小明：你的汉语也比以前好多了。

马　克：真的吗？

周小明：对啊，你应该对自己有信心。

马　克：我觉得我的发音还是不太标准，还得更努力地练习。

周小明：你唱唱中文歌，可能对你的发音有帮助。

马　克：对，你说得对！我以后试试。

阿尔达：你们小声点儿可以吗？

1. 马克和周小明在哪儿？在干什么？
2. 玛利亚唱歌好听吗？

(Xuéxiào de xīnnián wǎnhuì shang, Mǎlìyà zhèngzài chàng gē.)

Zhōu Xiǎomíng: Duìbuqǐ! Wǒ chídào le.

Mǎkè: Kuài zuò zhèr ba!

Zhōu Xiǎomíng: Shì Mǎlìyà zài chàng gē ma?

Mǎkè: Shì a, tā gāngcái yǐjīng chàngwán yì shǒu le, chàng de hǎotīng jí le!

Zhōu Xiǎomíng: Ài, kěxī wǒ chídào le, méi tīngdào.

Mǎkè: Zhè shǒu gē tīng qilai hěn shúxi, jiào shénme míngzi?

Zhōu Xiǎomíng: Jiào《Wǒ Xiāngxìn》.

Mǎkè: Mǎlìyà Hànyǔ shuō de hǎo, gē chàng de yě hǎo.

Zhōu Xiǎomíng: Nǐ de Hànyǔ yě bǐ yǐqián hǎo duō le.

Mǎkè: Zhēn de ma?

Zhōu Xiǎomíng: Duì a, nǐ yīnggāi duì zìjǐ yǒu xìnxīn.

Mǎkè: Wǒ juéde wǒ de fāyīn háishi bú tài biāozhǔn, hái děi gèng nǔlì de liànxí.

Zhōu Xiǎomíng: Nǐ chàngchang Zhōngwéngē, kěnéng duì nǐ de fāyīn yǒu bāngzhù.

Mǎkè: Duì, nǐ shuō de duì! Wǒ yǐhòu shìshi.

Ā'ěrdá: Nǐmen xiǎo shēng diǎnr kěyǐ ma?

语言点注解 / Language Points

1. “晚会”和“聚会”

	晚会	聚会
规模 Scale	大	小
人数 Number of People	多	少
时间 Time	晚上	任何时间
词性 Part of Speech	名词	名词、动词
词语搭配 Collocations	新年晚会 春节晚会	生日聚会 同学聚会 家庭聚会 聚会到很晚

任何 rènhé 代
any

(1) 将下列词语与对应的图片连线。

Match the following words to the corresponding pictures.

晚会

聚会

(2) 判断对错，对的画“√”，错的画“×”。

Decide if the sentences are true or false. Mark “√” if true and “×” if false.

❶ 明天上午我们学校有一个新年晚会。（　　）

❷ 后天我的几个朋友来看我，我们要去咖啡馆聚会。（　　）

❸ 你知道周小明的生日晚会几点开始吗？（　　）

2. “刚才”和“刚”

	刚才	刚
词性 Part of Speech	名词	副词
语法位置 Grammatical Positions	主语前或主语后。 It is used before or after the subject. 刚才她给我打电话了。√ 她刚才给我打电话了。√	主语后、动词前。 It is used after the subject and before the verb. 她刚从学校回来。√ 刚她从学校回来。×
词义 Meanings	表示说话以前不久的时间。 It refers to the time a few minutes before speaking. 老师刚才给我打电话了。 我刚才睡着了。	表示动作或情况发生在不久以前，相当于“才”。 It means that an action or a situation happened not long ago. It is similar to “才”. 她是我刚认识的朋友。 上课半个小时了，他刚来。
		表示过去某个动作开始时。 It refers to the time when an action in the past just began. 刚学汉语时，我常常听不懂。

（续表）

	刚才	刚
搭配 Collocations	后面可以用否定词。 It can be followed by negatives. 你为什么刚才不说？ √	后面不能用否定词。 It cannot be followed by negatives. 你为什么刚不说？ ×
	后面的动词后不能加表示时量的词语。 The verb behind it cannot be followed by words that indicate time or quantity. 我刚才来一会儿。 ×	后面的动词后可以加表示时量的词语。 The verb behind it can be followed by words that indicate time or quantity. 我刚来一会儿。 √

用"刚才"或"刚"填空，并说明理由。

Fill in the blanks with "刚才" or "刚" and explain why.

1. （　　）妈妈给我打了一个电话。
2. （　　）学汉语的时候，我觉得汉语太难了。
3. 我到教室的时候，老师（　　）开始上课。
4. 我（　　）去超市买水果了。
5. 这是我（　　）洗的水果，你吃吧。
6. 老师（　　）给我们布置了很多作业，你不知道吗？

布置　bùzhì　动
assign

3. 得

"得"可以用在动词后，连接表示程度的补语，基本形式是：

"得" is used after a verb to connect complements of degree. The basic forms are:

S+V+ 得……	他唱得很好。
S+V+O+V+ 得……	他唱歌唱得很好。
S+O+V+ 得……	他歌唱得很好。

注：使用"得"时，离合词与非离合词的情况不同。

Note: When "得" is used, it differs for detachable and non-detachable words.

离合词 Detachable Word	非离合词 Non-detachable Word
游泳游得…… √ 游泳得…… × 考试考得…… √ 考试得…… ×	休息休得…… × 休息得…… √ 复习复得…… × 复习得…… √
阿尔达游泳游得好极了！ 玛利亚考试考得很好。	周末我休息得非常好。 明天的考试，我复习得很好。

(1) 根据图片和提示，用“得”说句子。

Make sentences with “得” based on the pictures and clues.

❶  高兴

❷  好听

❸  快

❹  好

(2) 组词成句。 Put the words in the correct order to make sentences.

❶ 洗　张亮　得　衣服　很干净　洗

____

❷ 很多　穿　她　得

____

❸ 他　足球　很好　得　踢

____

❹ 得　老师　写　很快　汉字　写

____

4. 极了

一般用在形容词后面，表示程度非常高。

It is generally used after an adjective, indicating a very high degree.

例如：今天的天气好极了！

饺子好吃极了！

用"极了"改写下列句子。 Paraphrase the following sentences with "极了".

1. 这件毛衣非常贵。

   → ______________________

2. 这个汉字对外国人来说非常难。

   → ______________________

3. 老师看起来非常不高兴。

   → ______________________

4. 今天的天气让我非常不舒服。

   → ______________________

外国人 wàiguórén 名
foreigner

5. 起来

"起来"在动词后作趋向补语除了表示动作的方向，如"站起来"，还有一些引申用法。

"起来" is used after a verb as a complement of direction, for example, "站起来". It has some extended meanings apart from indicating the direction of an action.

1. 这首歌听起来很熟悉。

这个句子可以理解为"听的时候，觉得这首歌很熟悉"。"V+ 起来"可以用来表示感觉。

This sentence can be interpreted as "while listening to this song, I think it sounds very familiar". "V+起来" can be used to express feelings.

例如：这件衣服穿起来很好看。（穿的时候，觉得这件衣服很好看。）

这朵花闻起来很香。（闻的时候，觉得这朵花很香。）

朵 duǒ 量
[of flowers, clouds, etc]

香 xiāng 形
fragrant

❷ 她们吃了起来。

"V+ 起来"表示动作开始，并有继续下去的意思，因此这里的"吃了起来"表示"开始吃"。注意：动词如果有宾语，格式一般为"V+起+O+来"；如果是离合词，用法如"游起泳来"。

"V+起来" indicates that the action begins and continues, so here "吃了起来" means "start eating". Note that if the verb has an object, the common pattern is "V+起+O+来". If it is a detachable word, then use it in the same way as "游起泳来".

打	dǎ	动
fight		
跳舞	tiào//wǔ	动
dance		

例如：他们怎么打起来了？

晚会上，大家跳起舞来。

她高兴地唱起歌来。

(1) 用下列词语和"V+ 起来"说句子。

Make sentences with the following words and "V+起来".

❶ 这件衬衫　好看　❷ 这件毛衣　舒服

❸ 这盒牛奶　好喝　❹ 今天的天气　不好

❺ 这本杂志　没意思　❻ 那个游戏　有意思

(2) 用"V+起来"改写下列句子。

Paraphrase the following sentences with "V+起来".

❶ 听了马克的话，大家都笑了。

→ ______________________________

菜	cài	名
dish		

❷ 菜来了以后，我们就开始吃。

→ ______________________________

❸ 考试开始了，我们开始抓紧时间写。

→ ______________________________

❹ 他在学校门口看到了老朋友，两个人就开始聊天儿。

→ ______________________________

6. 信心

常见用法为：

The common ways to use it are:

对……有/没有信心

有/没有信心……

例如：老师对我们全部通过考试很有信心。

她弟弟没有信心学好英语。

全部 quánbù 名
total, whole

通过 tōng//guò 动
pass (through)

根据实际情况，回答下列问题。

Answer the following questions based on your own facts.

1. 你觉得你的汉语怎么样？你对学好汉语有信心吗？
2. 如果你的朋友没有信心学好汉语，你会怎么做？

7. 还是$_2$

“还是”表示“一直这样，没有什么大的变化”，常见用法是“还是＋做什么”，即“还是＋V+（O）”；或“还是＋怎么样”，即“还是+A”。

“还是” means “all the same, with no big changes”. The common way to use it is “还是+做什么”, namely “还是+V+（O）”, or “还是+怎么样”, namely “还是+A”.

例如：昨天下雨了，很冷；今天没下雨，可是我还是觉得冷。

请再说一遍，我还是不明白你说什么。

那双白色的鞋很便宜，可是我还是喜欢这双红色的。

她 60 岁了，可是还是很漂亮。

明白 míngbai 动
understand

用“还是”完成句子。 Complete the sentences with “还是”.

1. 这个问题我已经想了一个下午了，可是 ______________。
2. 这件衣服我已经洗了两遍了，可是 ______________。
3. 我昨天很早就睡觉了，可是 ______________。
4. 今天的课文我已经预习完了，可是 ______________。

8. 地

在“A+ 地 +V”结构中，形容词用作状语，表示动作的状态。

In the “A+地+V” structure, adjectives are used as adverbials to indicate the state of an action.

例如：孩子们每天都高兴地去上学。

爸爸妈妈辛苦地照顾我们。

上学 shàng//xué 动
go to school

照顾 zhàogù 动
take care of

根据图片和提示，用“A+ 地 +V”说句子。

Make sentences with “A+地+V” based on the pictures and clues.

1  聊天儿

2  工作

3  做饭

4  练习

9. 帮助

常见用法为：

The common ways to use it are:

对……有/没有帮助

对……帮助很大/小

帮（助）+人

帮（助）+人+做什么

注：在后两种用法中，口语和非正式场合表达多用“帮”。

Note: In colloquial or informal situations, “帮” is usually used in the latter two patterns.

例如：我觉得这本书对我没有帮助。

每天复习对我的学习帮助很大。

我来帮你吧。

小时候，姐姐常常帮妹妹洗衣服。

小时候 xiǎoshíhou 名
childhood

票 piào 名
ticket

生活 shēnghuó 名
life

用“帮”或“帮助”填空。 Fill in the blanks with “帮” or “帮助”.

1. 你（　　　　）我买一张电影票吧。
2. 请（　　　　）我照顾我的小狗。
3. 这本汉语词典对我（　　　　）很大。
4. 电脑对我们的生活有很大的（　　　　）。

课文练习 / Text Exercises

1. 选择正确的表达方式，完成句子。

Choose the correct expressions to complete the sentences.

1. 马克 ________（打篮球打得 / 打篮球得）好极了！
2. 马克的汉语 ________（没有 / 比）以前好多了。
3. 同学们 ________（高兴地去上课 / 去上课高兴）。
4. 看中文电影对学习汉语有 ________（帮 / 帮助）。

2. 用括号里的格式改写下列句子。

Paraphrase the following sentences using the patterns in the brackets.

1. 玛利亚唱歌唱得好听极了！

   → ____________________（S+O+V+ 得……）

2. 玛利亚汉语说得很好。

   → ____________________（S+V+O+V+ 得……）

3. 马克的汉语和以前一样，一直都不太标准。

   → ____________________（还是 +A）

4. 马克可以唱唱中文歌，可能对他的发音有帮助。

   → ____________________（帮助 / 帮 + 人 + 做什么）

PART 2
第二部分

词句学练 Vocabulary and Sentences

预习词语 / Preview the Words 16-4

1	祝贺	zhùhè	动	congratulate sb (on sth)
2	演出	yǎnchū	动	perform, show
3	成功	chénggōng	动、形	succeed; successful
4	大家	dàjiā	代	everybody
5	表演	biǎoyǎn	动	perform, act, play
6	精彩	jīngcǎi	形	brilliant
7	哪里	nǎlǐ	代	[used as a polite response to a compliment]
8	歌词	gēcí	名	lyrics
9	又	yòu	副	moreover
10	担心	dān//xīn	动	worry
11	谦虚	qiānxū	形	modest
12	关系	guānxì	名	relation, relationship
13	内容	nèiróng	名	content
14	相信	xiāngxìn	动	believe
15	明天	míngtiān	名	near future
16	希望	xīwàng	名、动	hope; wish

1. 听录音，跟读生词。 16-4

Listen to the recording and repeat the new words.

2. 书写汉字。 Write the characters.

表（表演）

彩（精彩）
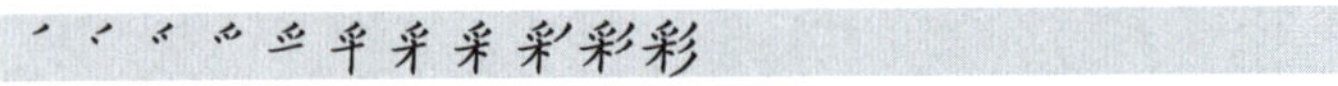

谦（谦虚） 丶 讠 讠 讠' 讠'' 讠'' 讠'' 讠'' 讠'' 谦 谦 谦 谦

虚（谦虚） 丨 ⺊ 𠂆 广 卢 卢 虍 虍 虍 虚 虚

希（希望） 丿 㐅 乂 产 产 矛 希

望（希望） 丶 亠 亡 亡 切 切 胡 胡 胡 望 望

3. 选字组词。 Choose characters to make words.

贺　谦　彩　望

（　　）虚　希（　　）　祝（　　）　精（　　）

4. 填字组词。 Fill in the blanks to make words.

演____	____信	功____	____心
____演	信____	____功	____心

5. 将下列词语根据语义分类，并说出原因。

Classify the following words based on their meanings and explain why.

着急 表演 演员 高兴 晚会 放心

演出 ________ ________ ________

担心 ________ ________ ________

6. 听录音，跟读句子。 16-5

Listen to the recording and repeat the sentences.

开心 kāixīn 形
happy, joyful

我的发音不太好，这让我很担心。
这个生日礼物真让人开心啊！

你唱的第二首歌真好听啊！
你的鞋真好看啊！

歌词跟信心有关系吗？
这件事跟我没有关系。

课文讲练 Text

课文热身 / Warm Up

听录音，选择正确的图片。 16-6

Listen to the recording and choose the correct pictures.

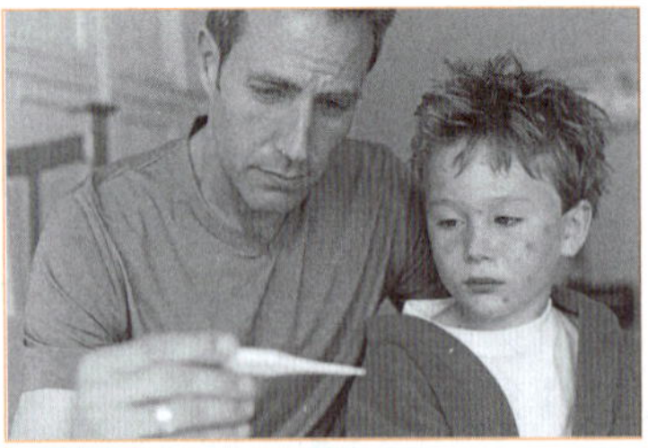
A.

B.

C.

D.

❶ ________ ❷ ________ ❸ ________ ❹ ________

课文 2 / Text 2

16-7

（晚会结束后的新年聚会上。）

马克、艾米丽：祝贺你，玛利亚！祝贺你演出成功！

玛利亚：谢谢大家！谢谢你们给我加油！

艾米丽：你今天的表演精彩极了！

高　美：我觉得你唱得比他们好多了！

周小明：是啊！今晚你唱得最好！

玛利亚：哪里，哪里！我的发音不太好，这两首歌的歌词又很难，这让我很担心。

周小明：你太谦虚了！我觉得你唱得非常好啊！

马　克：玛利亚，你唱的第二首歌真好听啊，歌词跟信心有关系吗？

玛利亚：对，内容大概是相信自己、相信明天、相信希望。

❶ 玛利亚唱的是什么语言的歌？

❷ 第二首歌的歌词内容是什么？

(Wǎnhuì jiéshù hòu de xīnnián jùhuì shang.)

Mǎkè, Àimǐlì: Zhùhè nǐ, Mǎlìyà! Zhùhè nǐ yǎnchū chénggōng!

Mǎlìyà: Xièxie dàjiā! Xièxie nǐmen gěi wǒ jiāyóu!

Àimǐlì: Nǐ jīntiān de biǎoyǎn jīngcǎi jí le!

Gāo Měi: Wǒ juéde nǐ chàng de bǐ tāmen hǎo duō le!

Zhōu Xiǎomíng: Shì a! Jīn wǎn nǐ chàng de zuì hǎo!

Mǎlìyà: Nǎlǐ, nǎlǐ! Wǒ de fāyīn bú tài hǎo, zhè liǎng shǒu gē de gēcí yòu hěn nán, zhè ràng wǒ hěn dānxīn.

Zhōu Xiǎomíng: Nǐ tài qiānxū le! Wǒ juéde nǐ chàng de fēicháng hǎo a!

Mǎkè: Mǎlìyà, nǐ chàng de dì-èr shǒu gē zhēn hǎotīng a, gēcí gēn xìnxīn yǒu guānxì ma?

Mǎlìyà: Duì, nèiróng dàgài shì xiāngxìn zìjǐ, xiāngxìn míngtiān, xiāngxìn xīwàng.

语言点注解 / Language Points

1. 让₂

“让”可以表示“致使”的意思，用在“让＋人＋V/A”结构中。

“让” means “cause, make”, and it is used in the “让+人+V/A” structure.

例如：我妈妈的身体不好，这让我很担心。

快考试了，我还没复习好，这让我很着急。

用“让”完成句子。 Complete the sentences with “让”.

1. 那个问题我回答错了，____________________。
2. 我的汉语发音越来越标准了，____________________。
3. 明天我们没有课，____________________。
4. 周小明因为迟到没有听到玛利亚唱歌，____________________。
5. 我正在写作业，可是他要跟我聊天儿，____________________。

回答　huídá　动
answer

2. 真

“真”可以用于感叹句，加强肯定语气，有“确实、实在”的意思，句尾常有“啊”。

“真” can be used in exclamatory sentences to strengthen the positive tone. It means “truly, indeed”. There is always a “啊” at the end of the sentence.

例如：考试真难！

电影真有意思啊！

用“真”改写下列句子。 Paraphrase the following sentences with “真”.

1. 我今天累极了！

   → ________________

2. 这首歌太难了！

   → ________________

3. 她老公工作非常辛苦。

   → ________________

4. 这本书可好看了！你也看看吧。

   → ________________

3. 跟……有/没有关系

用来表示事物之间的相关性。

This structure is used to indicate the correlation between things.

例如：他的专业跟物理有关系。

他今天没来上课，跟他昨天熬夜有关系吗？

物理 wùlǐ 名
physics

用“跟……有/没有关系”完成对话。

Complete the dialogues with “跟……有/没有关系”.

1. A：老师今天不太高兴。

   B：________________

2. A：我的孩子这两天不喜欢吃饭。

   B：________________

3. A：这次考试我考得很不好。

   B：________________

4 A：他不去北京是因为没有时间吗？

B：________________________________

5 A：张爷爷已经 80 岁了，身体还是非常好。

B：________________________________

课文练习 / Text Exercises

1. 选词填空。 Choose the correct words to fill in the blanks.

相信　信心　加油　担心　演出　精彩　谦虚　内容

1 中国人常常很（　　　）。
2 我的发音不太好，这让我很（　　　）。
3 听说你明天要去比赛，我要去给你（　　　）。
4 我有（　　　）学好汉语。
5 今晚的表演真（　　　）啊！
6 祝你（　　　）成功！
7 我（　　　）她，她是我最好的朋友。
8 课文的（　　　）比较难，我不太明白。

比赛　bǐsài　动
have a match

2. 用下列词语复述课文。 Retell the text with the following words.

大家	祝贺	演出	成功	精彩	极了
加油	刚才	唱歌	担心	谦虚	中文歌
歌词	相信	希望	得	地	

听力实践 Listening Practice

1. 听对话，判断对错，对的画“√”，错的画“×”。 16-8

Listen to the dialogues and decide if the statements are true or false. Mark “√” if true and “×” if false.

1. 男的觉得蛋糕做得很好吃。 (　　)
2. 她对自己很有信心。 (　　)
3. 昨天中国队踢得不太好。 (　　)
4. 她觉得工作难找极了。 (　　)

2. 听对话，选择正确答案。 16-9

Listen to the dialogues and choose the correct answers.

1. A. 她写汉字写得很漂亮　　B. 她画画画得很好
   C. 她笔记记得很清楚　　D. 她听课听得很认真
2. A. 太简单了　　B. 非常多
   C. 挺难的　　D. 不太难
3. A. 家　　B. 图书馆
   C. 食堂　　D. 宿舍
4. A. 马克不想工作　　B. 马克要回国工作
   C. 阿尔达不想考研究生　　D. 他们都想在中国找工作

3. 听短文，选择正确答案。 16-10

Listen to the passages and choose the correct answers.

短文一 Passage 1

1. A. –18℃　　B. –10℃　　C. –36℃　　D. 12℃
2. A. 没意思　　B. 不好看　　C. 真漂亮　　D. 太多了

短文二 Passage 2

1. A. 学校　　B. 书店　　C. 饭馆　　D. 超市
2. A. 他不胖　　B. 他以前比较瘦
   C. 老师很胖　　D. 老师很谦虚

阅读实践 Reading Practice

紧张 jǐnzhāng 形
nervous

差 chà 形
bad

生气 shēng//qì 动
get angry

相反 xiāngfǎn 形
opposite

压力 yālì 名
pressure

段 duàn 量
[used of distance or time]

能 néng 助动
can, could

成绩 chéngjì 名
grade, academic record

（一）

明天我有汉语考试，现在觉得非常紧张。我对自己没有信心，担心考不好。上次汉语考试我就考得很差，只考了75分，我很担心老师会生气。可是相反，她鼓励我说，希望我下次可以考90分。现在我的压力很大，不知道我这段时间学得怎么样、复习得怎么样。唉，真希望我能考个好成绩。

1. 根据短文，判断对错，对的画“√”，错的画“×”。

❶ “我”上次考试考得很糟糕。 （ ）

❷ 老师不知道“我”上次考了多少分。 （ ）

❸ 上次老师对“我”的成绩很生气。 （ ）

❹ “我”对这次考试很有信心。 （ ）

活 huó 动
live

意思 yìsi 名
meaning

亚健康 yàjiànkāng 形
subhealthy

其实 qíshí 副
actually

花 huā 动
spend, expend

一边 yìbiān 副
simultaneously

或者 huòzhě 连
or

得到 dé//dào 动
get, gain

精神 jīngshén 名
spirit

放松 fàngsōng 动
relax

（二）

中国人常说“饭后百步走，能活九十九”，意思是吃完饭以后走一走，对身体很好。现在，人们的工作压力很大，“亚健康”的人越来越多，这跟大家平时没有时间锻炼有关系。其实，不用花很多时间，每天吃完饭以后，在外边走一走，一边走一边和朋友聊聊天儿，或者听听音乐，这样，你的身体就得到了锻炼，最重要的是，你的精神也得到了放松。

1. “饭后百步走，能活九十九”是什么意思？

A. 有一个人活到了九十九岁　　B. 吃完饭以后应该走一百步

C. 一边吃饭一边走路对身体好　　D. 吃完饭以后应该出去走一走

2. 人们可以做很多事来让自己更加健康，短文中没有提到的是哪个？

A. 少吃饭　　B. 到外边走走

C. 听听音乐　　D. 和朋友聊天儿

交际训练 Communication Practice

三到四人一组，模仿示例，依次对其他同学表达赞美，被赞美的人要谦虚地回应。

Work in groups of three or four and take turns complimenting each other as the examples show. The person who receives the compliments should respond modestly.

……好极了！
……得好，……得也好。
你……比以前好多了。
你……最好！
我觉得你……非常好！
……真好！

真的吗？
我觉得我……还是不太……，还得更努力地练习。
哪里，哪里。

学后反思 Reflection

1. 中国人表达谦虚的说法有哪些？

   How do Chinese people express themselves in a modest manner?

2. 你觉得本课哪些生词比较难记或者不容易读？

   Which new words do you think are difficult to memorise or to read in this lesson?

3. 你学到了哪些句型和语法？请用本课的语言点说几个句子。

   What sentence patterns and grammar have you learned? Use the language points in this lesson to make several sentences.

第十七课
LESSON 17

那条裤子是上个月买的

I bought that pair of trousers last month

学习目标 Learning Goals

重点生词 / Key Words

厚　咱们　够　还（huán）　借　质量　换　合适　打折　退　拿

重点语言点 / Key Language Points

1. 程度补语（Complement of Degree）“死了”
2. “是……的”句（“是……的”Sentence）
3. 连词（Conjunction）“要不”
4. 俗语（Proverb）“便宜没好货，好货不便宜”
5. 动态助词（Aspect Particle）“着$_1$”

PART 1

第一部分

词句学练 Vocabulary and Sentences

预习词语 / Preview the Words

17-1

1	安排	ānpái	动	arrange (matters), plan in detail
2	暖和	nuǎnhuo	形	warm
3	死	sǐ	形	extreme
4	条	tiáo	量	[for sth long, narrow or thin]
5	厚	hòu	形	thick
6	裤子	kùzi	名	trousers
7	咱们	zánmen	代	we, us
8	记得	jìde	动	remember
9	够	gòu	动	be enough, reach (a standard)
10	点钟	diǎnzhōng	名	o'clock
11	还	huán	动	return
12	故事	gùshi	名	story
13	要不	yàobù	连	or, otherwise
14	借	jiè	动	borrow; lend
15	日期	rìqī	名	date
16	没事	méi//shì	动	never mind
17	改天	gǎitiān	副	another day

1. 听录音，跟读生词。 17-1

Listen to the recording and repeat the new words.

2. 书写汉字。 Write the characters.

暖（暖和） 丨 冂 月 日 日´ 日´´ 日⺤ 日⺤ 日⺤ 日⺤ 日⺤ 暖 暖

改（改天） ㇇ ㇇ 己 己' 己⺊ 改 改

3. 写出下列词语的反义词，不会的可以查词典。

Write the antonyms of the following words. Refer to the dictionary if necessary.

厚 ······	暖和 ······	开门 ······
借 ······	有意思 ······	

4. 词语扩展。Make phrases with the given words.

借	______	______	______
还	______	______	______
开	______	______	______
见	______	______	______

5. 听录音，跟读句子。 17-2

Listen to the recording and repeat the sentences.

今年冬天冷死了！

我这几天忙死了！

咱们一起去吧！

老师，我们写完作业了。

那条裤子是上个月买的。

这本书是同学借我的。

那条裤子现在穿不够厚。

这些水够喝了。

要不你借给我吧。

要不咱们去北大玩吧。

课文讲练 Text

课文热身 / Warm Up

将下列图片和对应的句子连线。

Match the following pictures to the corresponding sentences.

这双鞋非常暖和。

这条裤子不够厚，冬天穿有点儿冷。

她昨天在图书馆借了两本书。

咱们商场门口见。

课文 1 / Text 1

17-3

玛利亚：艾米丽，今天你有什么安排？

艾米丽：我想去商场买双暖和的鞋，今年冬天冷死了！

玛利亚：是啊，我也想买条厚点儿的裤子，咱们一起去吧！

艾米丽：我记得你好像刚买了一条裤子。

玛利亚：对，那条裤子是上个月买的，现在穿不够厚，有点儿冷了。

艾米丽：哦，那咱们什么时候出发？

玛利亚：商场九点钟才开门，那我先去图书馆还书，还完书再出发。

艾米丽：还书吗？什么书？

玛利亚：你看，就是这本，《中国人的生活故事》。

艾米丽：看起来真有意思。要不你借给我吧，我也想看看。

玛利亚：不好意思，还书的日期已经到了。

艾米丽：没事，那我改天再去图书馆借吧。

玛利亚：那我现在就出发了，咱们一会儿学校门口见！

艾米丽：一会儿见！

1. 艾米丽今天有什么安排？
2. 玛利亚为什么也要去商场？
3. 去商场以前，玛利亚打算先做什么？
4. 《中国人的生活故事》为什么不能借给艾米丽？

Mǎlìyà: Àimǐlì, jīntiān nǐ yǒu shénme ānpái?

Àimǐlì: Wǒ xiǎng qù shāngchǎng mǎi shuāng nuǎnhuo de xié, jīnnián dōngtiān lěng sǐ le!

Mǎlìyà: Shì a, wǒ yě xiǎng mǎi tiáo hòu diǎnr de kùzi, zánmen yìqǐ qù ba!

Àimǐlì: Wǒ jìde nǐ hǎoxiàng gāng mǎile yì tiáo kùzi.

Mǎlìyà: Duì, nà tiáo kùzi shì shàng gè yuè mǎi de, xiànzài chuān bú gòu hòu, yǒudiǎnr lěng le.

Àimǐlì: Ò, nà zánmen shénme shíhou chūfā?

Mǎlìyà: Shāngchǎng jiǔ diǎnzhōng cái kāimén, nà wǒ xiān qù túshūguǎn huán shū, huánwán shū zài chūfā.

Àimǐlì: Huán shū ma? Shénme shū?

Mǎlìyà: Nǐ kàn, jiù shì zhè běn,《Zhōngguórén de Shēnghuó Gùshi》.

Àimǐlì: Kàn qilai zhēn yǒu yìsi. Yàobù nǐ jiè gěi wǒ ba, wǒ yě xiǎng kànkan.

Mǎlìyà: Bù hǎoyìsi, huán shū de rìqī yǐjīng dào le.

Àimǐlì: Méishì, nà wǒ gǎitiān zài qù túshūguǎn jiè ba.

Mǎlìyà: Nà wǒ xiànzài jiù chūfā le, zánmen yíhuìr xuéxiào ménkǒu jiàn!

Àimǐlì: Yíhuìr jiàn!

语言点注解 / Language Points

1. 死了

"死了"表示程度到达极点。

"死了" means "to the extreme".

例如：我这几天的课太多了！累死了！

已经 12 点了，我饿死了！

饿 è 形
hungry

用"死了"完成对话。 Complete the dialogues with "死了".

❶ A：你要去中国了，你妈妈放心吗？

B：____________________________________

❷ A：今天你的汉语考试怎么样？

B：____________________________________

❸ A：外边的天气怎么样？

B：____________________________________

❹ A：你昨天熬夜了吗？

B：____________________________________

❺ A：这首歌好像不太好听，你觉得呢？

B：____________________________________

2. "咱们"和"我们"

"咱们"包括说话人和听话人；"我们"可以包括说话人和听话人，也可以不包括听话人。

"咱们" includes both the speaker and the listener; "我们" sometimes includes the speaker and the listener, but it may not always include the listener.

例如：咱们去教室上课吧。/ 我们去教室上课吧。

我们去教室上课了，你再睡一会儿吧。

判断对错，对的画“√”，错的画“×”。

Decide if the sentences are true or false. Mark “√” if true and “×” if false.

1. 张老师，咱们走了，再见！（ ）
2. 王老师，我们现在回房间休息了。（ ）
3. 马克，咱们去网吧打游戏，你去不去？（ ）
4. 玛利亚，咱们去上汉字课吧。（ ）
5. 高美，我们一起去逛街吧。（ ）

网吧 wǎngbā 名
Internet café

3. “是……的”句（“是……的” Sentence）

“是……的”句用于强调已完成的动作行为的发出者、时间、地点、方式、目的等等，一般格式为“是……V的”。

“是……的” sentence stresses certain elements of a finished action, including the doer, the time, the location, the manner, the aim, etc. The common pattern is “是……V的”.

例如：这本书是我买的。

这件毛衣是去年买的。

这双鞋是在沃尔玛超市买的。

我是坐公共汽车来学校的。

我是来中国学汉语的。

组词成句。 Put the words in the correct order to make sentences.

1. 的 这篇 是 我爸爸 写 文章

   ____

2. 的 裤子 是 这条 昨天 买

   ____

3. 我 坐 飞机 是 的 来

   ____

4. 网上 这台 是 在 的 电脑 买

   ____

⑤ 的　来　上课　你们　是，聊天儿　不是　的　来

____

4. 够

“够”可以表示达到了某一标准或程度，用在形容词前。

“够” means that something has reached a certain standard or degree. It is used before an adjective.

例如：我觉得你还是不够努力。

这个灯不够亮。

这条裤子够不够长？

灯	dēng	名
light		
亮	liàng	形
bright		

“够”也可以表示数量上可以满足需要，用在动词前或者单用。

“够” also means that something is sufficient in quantity. It can be used alone or before a verb.

例如：我觉得我的时间不够用。

我带两个面包、一瓶水，够吗？

买书的钱够了。

用下列词语和“够”说句子。

Make sentences with the following words and “够”.

① 面包　吃　　② 床　大　　③ 钱　花

④ 穿的衣服　厚　　⑤ 睡觉时间　多　　⑥ 汉语发音　标准

5. 要不

“要不”也可以说成“要不然”，常常用于口语，表示提供建议或其他可能。

“要不” or “要不然” is often used in spoken Chinese to offer suggestions or other possibilities.

例如：你不喜欢在食堂吃吗？要不我们去外边吃吧。

我看你不太舒服，要不你别去上课了。

用"要不"完成对话。 Complete the dialogues with "要不".

❶ A：这个月我的钱不够了。

B：______________________________

❷ A：我现在太困了。

B：______________________________

❸ A：这道题很难，我不会做。

B：______________________________

❹ A：今天的工作真的太多了。

B：______________________________

课文练习 / Text Exercises

1. 听课文录音，判断对错，对的画"√"，错的画"×"。 17-3

Listen to the text and decide if the statements are true or false. Mark "√" if true and "×" if false.

❶ 玛利亚刚买的裤子不够厚。 (　　)

❷ 艾米丽想去商场买鞋。 (　　)

❸ 玛利亚借给艾米丽一本《中国人的生活故事》。 (　　)

❹ 玛利亚应该去图书馆还书了，因为还书的日期到了。 (　　)

2. 根据课文内容，排列下列句子。

Put the following sentences in order based on the text.

❶ 《中国人的生活故事》是玛利亚从图书馆借的

❷ 所以她打算买一双厚一点儿的

❸ 艾米丽想去商场买一双厚点儿的鞋

❹ 玛利亚刚买的裤子不够厚

❺ 因为她觉得今年冬天太冷了

❻ 可是还书的日期已经到了

❼ 艾米丽也想看这本书

❽ 所以她也想买一条厚点儿的裤子

❾ 所以艾米丽打算改天再去图书馆借这本书

____

PART 2

第二部分

词句学练 Vocabulary and Sentences

预习词语 / Preview the Words

17-4

1	摸	mō	动	feel, touch
2	质量	zhìliàng	名	quality
3	换	huàn	动	change
4	稍等	shāo děng		wait a moment
5	试衣间	shìyījiān	名	fitting room
6	大小	dàxiǎo	名	size
7	合适	héshì	形	suitable, appropriate
8	卖	mài	动	sell
9	活动	huódòng	名	activity, campaign
10	打折	dǎ//zhé	动	give a discount
11	原价	yuánjià	名	original price
12	便宜	piányi	形	cheap
13	货	huò	名	goods, commodity
14	嘛	ma	助	[indicating that something is obvious]
15	退	tuì	动	return, give back
16	之内	zhī nèi		within, in
17	拿	ná	动	take
18	着	zhe	助	☞ *Language Point 2*
19	购物	gòuwù	动	go shopping
20	小票	xiǎopiào	名	small note
21	收银台	shōuyíntái	名	cashier's (desk)
22	包	bāo	动	wrap
23	结账	jié//zhàng	动	settle one's bill

1. 听录音，跟读生词。 17-4

Listen to the recording and repeat the new words.

2. 书写汉字。Write the characters.

质（质量） 一 厂 厂 斤 斤 质 质 质

量（质量） 丨 口 日 日 旦 昌 昌 昌 昌 量 量 量

换（换一个） 一 扌 扌 扌 扌 扌 扌 扌 换 换

便（便宜） 丿 亻 亻 亻 仁 何 佰 便 便

之（之内） 丶 ㇇ 之

着（拿着） 丶 丷 丷 丷 兰 羊 羊 着 着 着 着

3. 填字组词。

Fill in the blanks to make words or phrases.

______货	结______	______间
______货	结______	______间
______货	结______	______间

______起来　　______起来

______起来　　______起来

4. 听录音，跟读句子。 17-5

Listen to the recording and repeat the sentences.

七天之内，拿着购物小票到收银台退货。

你别开着车打电话，太危险了！

危险　wēixiǎn　形
dangerous

课文讲练 Text

课文热身 / Warm Up

听对话，为下列句子排序。 17-6

Listen to the dialogue and put the following sentences in order.

1. 打完折大概四百多块。
2. 大衣现在打八折。
3. 请问，这件大衣多少钱？
4. 麻烦你帮我找一件大号的。
5. 好的，您稍等。

____

大衣　dàyī　名
overcoat

（在商场里。）

玛利亚：你觉得这条裤子怎么样？

艾米丽：摸起来挺厚的。

售货员：这条裤子质量很不错，您试一下吧。

玛利亚：这条好像有点儿小，麻烦给我换一个大一号的。

售货员：好的，稍等。给您。

（玛利亚从试衣间出来。）

玛利亚：我觉得挺好的，穿起来很舒服。艾米丽，你觉得怎么样？

艾米丽：看起来大小挺合适的。

玛利亚：您好，这条裤子怎么卖？

售货员：现在商场有活动，打八折。原价 599，折后价是 479。

玛利亚：（小声问艾米丽）是不是有点儿贵啊？要不再看看别的吧。

艾米丽：这条挺好的，就买这条吧。便宜没好货，好货不便宜嘛。

玛利亚：有质量问题可以退吗？

售货员：可以，七天之内，拿着购物小票到收银台退货。

玛利亚：那帮我包一下吧。

售货员：好的，请这边结账。

1. 艾米丽觉得裤子怎么样？
2. 裤子现在打几折？
3. 如果裤子质量有问题怎么办？
4. 怎么退货？

(Zài shāngchǎng lǐ.)

Mǎlìyà: Nǐ juéde zhè tiáo kùzi zěnmeyàng?

Àimǐlì: Mō qilai tǐng hòu de.

Shòuhuòyuán: Zhè tiáo kùzi zhìliàng hěn búcuò, nín shì yíxià ba.

Mǎlìyà: Zhè tiáo hǎoxiàng yǒudiǎnr xiǎo, máfan gěi wǒ huàn yí gè dà yí hào de.

Shòuhuòyuán: Hǎo de, shāo děng. Gěi nín.

(Mǎlìyà cóng shìyījiān chūlai.)

Mǎlìyà: Wǒ juéde tǐng hǎo de, chuān qilai hěn shūfu. Àimǐlì, nǐ juéde zěnmeyàng?

Àimǐlì: Kàn qilai dàxiǎo tǐng héshì de.

Mǎlìyà: Nín hǎo, zhè tiáo kùzi zěnme mài?

Shòuhuòyuán: Xiànzài shāngchǎng yǒu huódòng, dǎ bā zhé. Yuánjià 599, zhé hòu jià shì 479.

Mǎlìyà: (Xiǎo shēng wèn Àimǐlì) Shì bu shì yǒudiǎnr guì a? Yàobù zài kànkan biéde ba.

Àimǐlì: Zhè tiáo tǐng hǎo de, jiù mǎi zhè tiáo ba. Piányi méi hǎo huò, hǎo huò bù piányi ma.

Mǎlìyà: Yǒu zhìliàng wèntí kěyǐ tuì ma?

Shòuhuòyuán: Kěyǐ, qī tiān zhī nèi, názhe gòuwù xiǎopiào dào shōuyíntái tuì huò.

Mǎlìyà: Nà bāng wǒ bāo yíxià ba.

Shòuhuòyuán: Hǎo de, qǐng zhèbian jiézhàng.

语言点注解 / Language Points

1. 便宜没好货，好货不便宜

这个俗语的意思是价格便宜的一般质量不太好，质量好的往往都不太便宜。

The proverb "便宜没好货，好货不便宜" means that the goods with low price are normally not so good in quality, while goods with good quality are not very cheap.

2. 着$_1$

"着"用在两个动词中间，即"V_1+着+V_2"，表示两个动作同时进行，并且，V_2是V_1的目的或V_1是V_2的方式。

"着" is used between two verbs, namely "V_1+着+V_2", which is used to describe two actions happening at the same time, with V_2 being the ends of V_1 or V_1 being the means of V_2.

例如：请拿着购物小票来退货。

她笑着跑远了。

(1) 根据图片和提示，用“V_1+着+V_2”说句子。

Make sentences with “V_1+着+V_2” based on the pictures and clues.

❶ 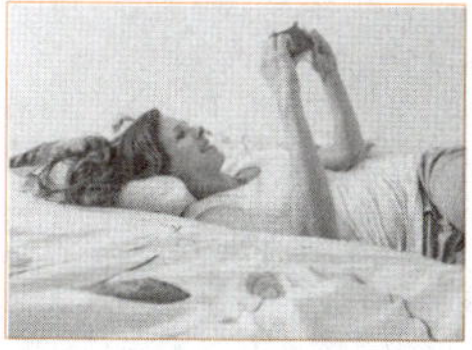 躺

❷  听

❸  推

❹ 

笑

(2) 组词成句。 Put the words in the correct order to make sentences.

❶ 今天　不舒服　老师，着　上课　坐　所以

____

❷ 的　有空　时候，音乐　喜欢　我　着　听　躺

____

❸ 我　准备出差　忙　着　呢，时间　你　没有　去逛街　和

____

❹ 红　她　脸　着　说，不好意思　啊　真

____

躺	tǎng	动
lie		
推	tuī	动
push		

课文练习 / Text Exercises

1. 选词填空。 Choose the correct words to fill in the blanks.

合适　适合　活动　退　还　够　摸

❶ 我上午洗的衣服干了吗？你（　　　　）一下。

❷ 这家商场经常有（　　　　），东西可便宜了！

❸ 我最喜欢在网上买东西，因为可以七天无理由（　　　　）货。

干	gān	形
dry		
网	wǎng	名
Internet		
无	wú	动
not have		
理由	lǐyóu	名
reason		

4. 他还没（　　　）你钱吗？
5. 你已经买得（　　　）多了，别再买了！
6. 我觉得小孩子不（　　　）长时间看电视。
7. 这条裤子你穿起来非常（　　　），太好看了！

电视　diànshì　名
television

2. 听课文录音，选择正确答案。

17-7

Listen to the text and choose the correct answers.

1. 玛利亚要买什么？（　　）

   A. 大衣　B. 厚裤子
   C. 薄裤子　D. 手套

2. 商场现在有什么活动？（　　）

   A. 打折　B. 买一赠一
   C. 减现金　D. 送礼物

3. 如果质量不好，买完裤子以后的哪一天可以退货？（　　）

   A. 第五天　B. 第八天
   C. 第十天　D. 一个月以后

4. 去哪里退货？（　　）

   A. 经理办公室　B. 服务台
   C. 收银台　D. 网上

PART 3
第三部分

听力实践 Listening Practice

1. 听句子，判断对错，对的画"√"，错的画"×"。 17-8

Listen to the sentences and decide if the statements are true or false. Mark "√" if true and "×" if false.

1. 他要忙死了。 (   )
2. 他的汉语发音很标准。 (   )
3. 他写汉字写得非常好。 (   )
4. 他们现在不在图书馆。 (   )
5. 她看起来不太高兴。 (   )

2. 听短文，选择正确答案。 17-9

Listen to the passages and choose the correct answers.

短文一 Passage 1

1. A. 衣服是蓝色的　　B. 衣服有点儿大
   C. 爸爸喜欢蓝色　　D. 衣服退了
2. A. 衣服太贵了　　B. "我"买了别的衣服
   C. 最后"我"什么也没买到　　D. "我"换了一件红色的

短文二 Passage 2

1. A. 是原价买的　　B. 是打折时买的
   C. 不够厚　　D. 样子不太好看
2. A. 便宜没好货　　B. 好货不便宜
   C. 便宜有好货　　D. 都不对

阅读实践 Reading Practice

变 biàn 动
change

照镜子 zhào jìngzi
look into the mirror

发现 fāxiàn 动
find

竟然 jìngrán 副
unexpectedly

肥 féi 形
fat

皮肤 pífū 名
skin

跳舞 tiào//wǔ 动
dance

健身 jiànshēn 动
build up one's body

（一）

我以前很胖，可是现在变瘦了。今天我照镜子的时候，发现以前的衣服竟然肥了很多，而且我的皮肤也比以前好多了。朋友都问我："你是怎么变瘦的？"我说："因为我最近都在跳舞。"如果你也想像我一样变瘦，那么就得多运动。

1. "我"怎么了？

A. 变胖了　　B. 变瘦了

C. 变肥了　　D. 皮肤不好了

2. "我"最近都在干什么？

A. 跳舞　　B. 逛街

C. 唱歌　　D. 健身

3. 下面哪个是正确的？

A. "我"现在很胖　　B. 运动可以让人变瘦

C. "我"的衣服变瘦了　　D. 现在"我"的皮肤不太好

南方 nánfāng 名
southern region

旅游 lǚyóu 动
travel

裙子 qúnzi 名
skirt, dress

北方 běifāng 名
northern region

温差 wēnchā 名
difference in temperature

薄 báo 形
thin

只好 zhǐhǎo 副
have to

上网 shàng//wǎng 动
get onto the Internet

（二）

小美下个星期想去南方旅游。她打算去商场逛一逛，买几件漂亮的裙子，旅游的时候穿。

不过，南方和北方的温差比较大，北方还是冬天，商场里都是厚衣服，夏天的薄衣服太少了，裙子更少。小美逛了很长时间也没看见合适的，所以她只好上网买了。

1. 根据短文，判断对错，对的画"√"，错的画"×"。

❶ 小美打算下个月去南方旅游。（　　）

❷ 中国南方和北方温差不大。（　　）

❸ 小美没去商场买裙子。（　　）

④ 商场里的裙子可多了。 (　　)

⑤ 小美没看到合适的裙子。 (　　)

⑥ 小美打算上网买裤子。 (　　)

交际训练 Communication Practice

两人一组，分别扮演售货员和顾客，根据下列图文提示，模仿课文2进行角色扮演，尽量用到所给句型。

Work in pairs. One person acts as a shop assistant and the other as a customer. Use the pictures and clues below to do a role-play to act out a dialogue similar to Text 2. Try to use the given sentence patterns.

容易脏，怕麻烦	不够厚，不够暖和	不适合我	样子好，小、贵

售货员 Salesperson:

您觉得这件……怎么样?

这件……很……

顾客 Customer:

我觉得……

这件好像有点儿……

麻烦给我换一个……

这是……号的吧?

有……号的吗?

学后反思 Reflection

1. 你在中国买过东西吗？是在商场买的还是在网上买的？请说一说你买东西的经历。

   Have you shopped in China before? Did you buy them on line or in the mall? Please talk about your shopping experience.

2. 你学会“是……的”句了吗？请你说几个句子。

   Do you know how to use “是……的” sentence? Please make several sentences.

3. 你觉得本课哪些生词比较难记或者不容易读？

   Which new words do you think are difficult to memorise or to read in this lesson?

4. 你学到了哪些句型和语法？请用本课的语言点说几个句子。

   What sentence patterns and grammar have you learned? Use the language points in this lesson to make several sentences.

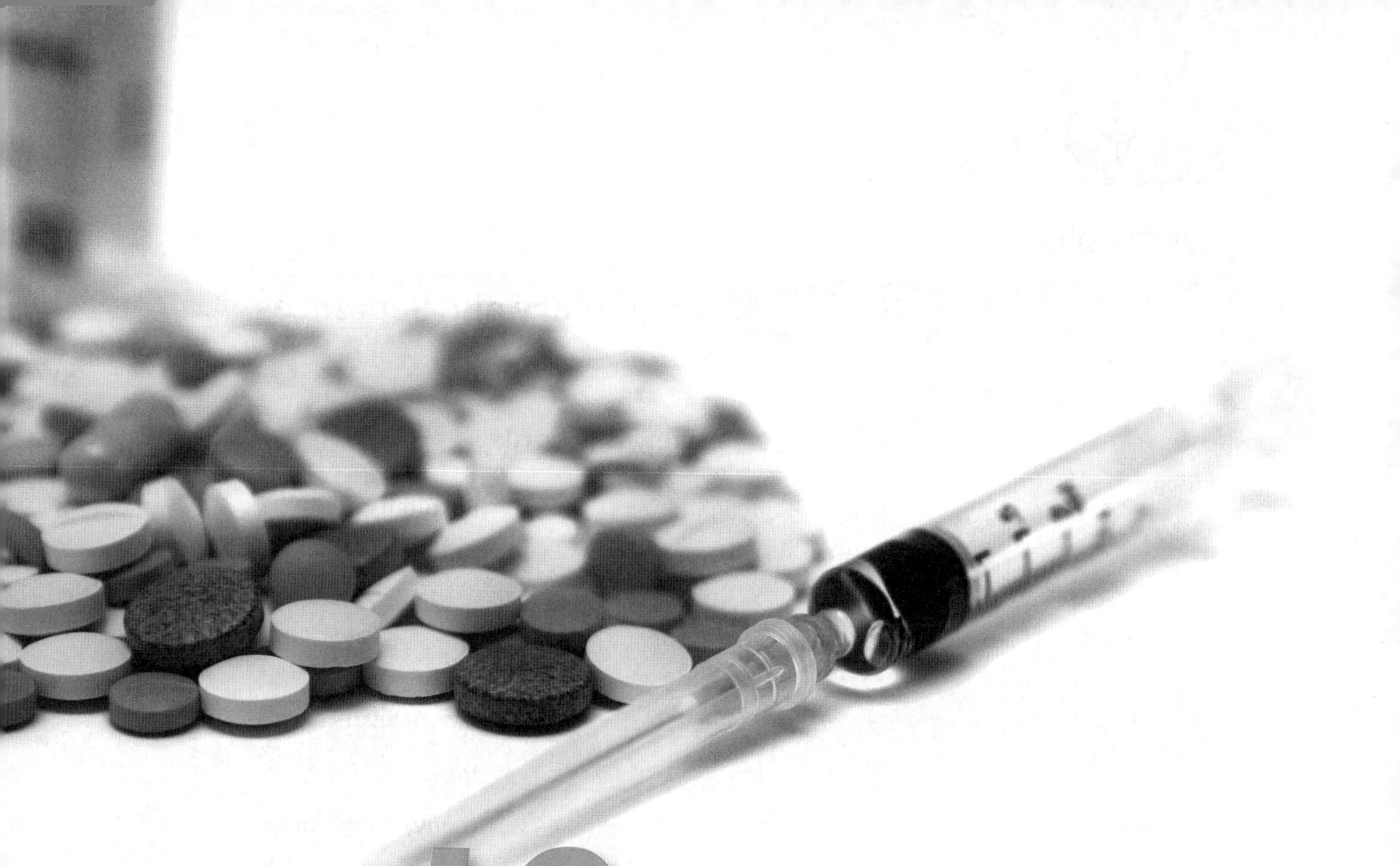

第十八课 LESSON 18

我能不打针吗？
Can I skip the injection?

学习目标 Learning Goals

重点生词 / Key Words

量　疼　开药　打针　能　而且　害怕　行　但是　最好
其他　马上　清楚　原来　怪不得　及时　通知　健康　影响

重点语言点 / Key Language Points

1. 复合趋向补语（Compound Complement of Direction）
2. 助动词（Auxiliary Verb）“能”和“可以”
3. 假设关系复句（Complex Sentence of Hypothetical Relation）“要是……的话，（就）……”
4. 条件关系复句（Complex Sentence of Conditional Relation）“只有……，才……”

PART 1

第一部分

词句学练 Vocabulary and Sentences

预习词语 / Preview the Words

18-1

1	医院	yīyuàn	名	hospital
2	看病	kàn//bìng	动	see a doctor
3	医生	yīshēng	名	doctor
4	感冒	gǎnmào	动、名	have a cold; cold
5	发烧	fā//shāo	动	have a fever
6	量	liáng	动	measure
7	体温	tǐwēn	名	(body) temperature
8	肚子	dùzi	名	stomach, abdomen
9	疼	téng	形	painful
10	检查	jiǎnchá	动	check
11	肠胃	chángwèi	名	digestive system
12	开药	kāi yào		prescribe drugs
13	打针	dǎ//zhēn	动	(of a patient) have an injection
14	吓	xià	动	scare
15	站	zhàn	动	stand
16	能	néng	助动	can, could
17	而且	érqiě	连	and
18	害怕	hàipà	动	be afraid of
19	行	xíng	动	be all right, will do
20	但是	dànshì	连	but
21	最好	zuìhǎo	副	had better
22	需要	xūyào	动	need
23	注意	zhùyì	动	pay attention to
24	辣	là	形	hot, spicy
25	凉	liáng	形	cold

26	早日	zǎorì	副	early, soon
27	康复	kāngfù	动	recover (one's health)

1. 听录音，跟读生词。 18-1

Listen to the recording and repeat the new words.

2. 书写汉字。 Write the characters.

烧（发烧） 丶 丷 火 火 灶 灶 炷 烧 烧 烧

疼（肚子疼） 丶 亠 广 疒 疒 疒 疗 疼 疼 疼

需（需要） 一 ㄧ 冖 币 币 币 雨 雨 雨 雫 雫 需 需 需

辣（辣的） 丶 亠 亡 立 立 立 辛 辛 辛 辛 辣 辣 辣 辣

康（康复） 丶 亠 广 户 户 序 序 唐 康 康 康

3. 选字组词。Choose characters to make words.

温	检	需	医	冒	烧

（　　）查　　体（　　）　　发（　　）

感（　　）　　（　　）要　　（　　）生

4. 填字组词。Fill in the blanks to make words.

______意	______复	______是
______意	复______	______是

5. 词语扩展。Make phrases with the given words.

量 ______ ______

开 ______ ______

打 ______ ______ ______

疼 ______ ______ ______

6. 听录音，跟读句子。

18-2

Listen to the recording and repeat the sentences.

你先坐下来。

我不想坐车回家，我想走回去。

我能不打针吗？

这件衣服穿了就不可以退了。

我最怕打针了，而且我今天还有课。

你应该吃点儿药，而且早点儿睡。

不打针也行，但是你最好先别去上课了。

他想跟我一起去打网球，但是我有点儿累了，不想去。

你最好先别去上课了。

你最好快点儿写作业。

课文讲练 Text

课文热身 / Warm Up

判断听到的内容和图片是否一致，一致画“√”，不一致画“×”。 18-3

Decide whether what you hear is consistent with the pictures. Mark “√” if yes and “×” if no.

1  (　　)

2 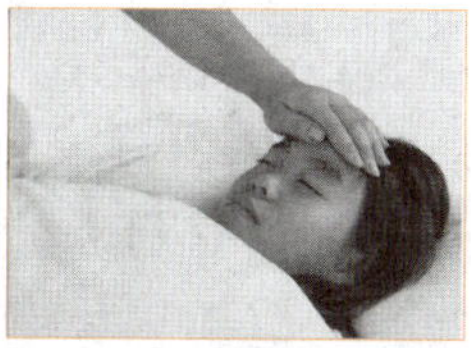 (　　)

3 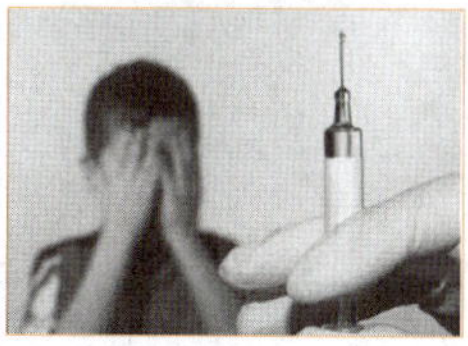 (　　)

4 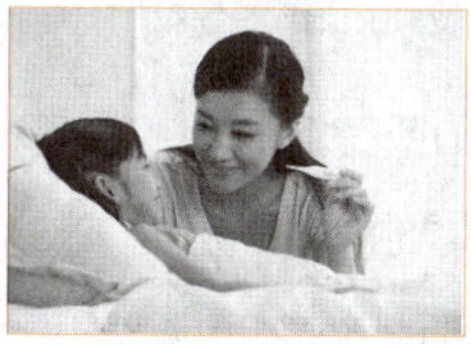 (　　)

课文 1 / Text 1

18-4

（玛利亚在医院看病。）

玛利亚：医生，我好像感冒了，不太舒服。

医　生：发烧吗？

玛利亚：发烧。

医　生：量一下吧，（量体温）38 度。还有哪儿不舒服？

玛利亚：早上肚子有点儿疼，现在更疼了。

医　生：早上吃什么了？

玛利亚：没有啊！从昨天到现在，我什么都没吃啊。

（检查完后。）

医　生：你这是肠胃感冒，我给你开点儿药，还得打三天针。

“医生”在北方口语（the spoken language of northern Chinese）里也可以说成“大夫（dàifu）”。

玛利亚：（吓得站了起来）能不打针吗？我最怕打针了，而且我今天还有课。

医　生：你先坐下来，别害怕。不打针也行，先吃药看看，但是你最好先别去上课了，休息几天。

玛利亚：好吧……还有什么需要注意的吗？

医　生：你这几天多喝热水，多休息。最好别吃辣的，也别吃凉的。

玛利亚：谢谢医生。

医　生：祝你早日康复！

(Mǎlìyà zài yīyuàn kànbìng.)

Mǎlìyà: Yīshēng, wǒ hǎoxiàng gǎnmào le, bú tài shūfu.

Yīshēng: Fāshāo ma?

Mǎlìyà: Fāshāo.

Yīshēng: Liáng yíxià ba. (liáng tǐwēn) 38 dù. Hái yǒu nǎr bù shūfu?

Mǎlìyà: Zǎoshang dùzi yǒudiǎnr téng, xiànzài gèng téng le.

Yīshēng: Zǎoshang chī shénme le?

Mǎlìyà: Méiyǒu a! Cóng zuótiān dào xiànzài, wǒ shénme dōu méi chī a.

(Jiǎnchá wán hòu.)

Yīshēng: Nǐ zhè shì chángwèi gǎnmào, wǒ gěi nǐ kāi diǎnr yào, hái děi dǎ sān tiān zhēn.

Mǎlìyà: (Xià de zhànle qilai) Néng bù dǎzhēn ma? Wǒ zuì pà dǎzhēn le, érqiě wǒ jīntiān hái yǒu kè.

Yīshēng: Nǐ xiān zuò xialai, bié hàipà. Bù dǎzhēn yě xíng, xiān chī yào kànkan, dànshì nǐ zuìhǎo xiān bié qù shàngkè le, xiūxi jǐ tiān.

Mǎlìyà: Hǎo ba… Hái yǒu shénme xūyào zhùyì de ma?

Yīshēng: Nǐ zhè jǐ tiān duō hē rè shuǐ, duō xiūxi. Zuìhǎo bié chī là de, yě bié chī liáng de.

Mǎlìyà: Xièxie yīshēng.

Yīshēng: Zhù nǐ zǎorì kāngfù!

1. 玛利亚怎么了？为什么在医院？
2. 玛利亚吃早饭了吗？为什么？
3. 医生给玛利亚开药了吗？打针了吗？
4. 玛利亚为什么不打针？
5. 玛利亚需要注意什么？

“肠胃感冒”是感冒的一种，病人（patient）一般会肚子疼、拉肚子（have diarrhoea）、恶心（feel nauseous）、呕吐（vomit），有时还会发烧。

语言点注解 / Language Points

1. 复合趋向补语（Compound Complement of Direction）

复合趋向补语的一般格式为"V+进/出/上/下/过/回/起+来/去"，具体组合见下面的表格：

The common pattern of the compound complement of direction is "V+进/出/上/下/过/回/起+来/去", as follows:

	进	出	上	下	过	回	起
来	V+进来	V+出来	V+上来	V+下来	V+过来	V+回来	V+起来
去	V+进去	V+出去	V+上去	V+下去	V+过去	V+回去	——

例如：请你站起来。

王老师走了进来。

我看见一只小鸟飞了过去。

注：当动词宾语为处所词时，一定要放在"来"和"去"的前边，如"太晚了，没有车了，我们走回家去吧"；当宾语为其他事物时，可以放在"来"和"去"的前边，也可以放在后边，如"他从钱包里拿出两百块钱来/他从钱包里拿出来两百块钱"。

Note: When the object of the verb is a location word, it must be placed before "来" and "去", for example, "太晚了，没有车了，我们走回家去吧". When the object is something else, it can be placed before or after "来" and "去", for example, "他从钱包里拿出两百块钱来/他从钱包里拿出来两百块钱".

鸟 niǎo 名
bird

(1) 用所给动词加复合趋向补语完成句子。

Complete the sentences with the given words and compound complements of direction.

1. 这件事很重要，你应该 ______________。（写）
2. 他们高兴得 ______________。（跳）
3. 妈妈回家了，她高兴地从楼上 ______________。（跑）
4. 你是怎么想的？请你 __________，让我听一听。（说）
5. 刚才吃得太多了，咱们别坐车了，__________。（走）

跳 tiào 动
jump

跑 pǎo 动
run

(2) **组词成句。** Put the words in the correct order to make sentences.

1. 是　玛丽　谁？站　你　来　请　起

____

2. 这么多　拿　回　怎么　房间　去　啊　东西

____

3. 出　这个生词　猜　的　意思　我　已经　来　了

____

4. 看　你　快来　啊，过　来　小鱼　都　游　了

____

5. 老师　的　回答　时　问题，你　举　起　请　手　来

____

2. "能"和"可以"

"能"和"可以"都是助动词。

它们的相同之处在于，都可以表示规定上的允许，以及用委婉的语气表达请求。

Both "能" and "可以" are auxiliary verbs.

The similarity between "能" and "可以" is that both words are used to express permission and request with a gentle tone.

例如：上课不能 / 不可以说英语。

　　　你能不能 / 可不可以早点儿回家？

"能"可以表示善于做某事，"可以"不行。

"能" can be used to say "be good at doing sth", while "可以" cannot.

例如：他很能吃。　　　√

　　　他很可以吃。　　×

"能"可以表示客观的可能性，即条件上具备、有可能，"可以"不行。

"能" can be used to indicate objective possibility or conditions, while "可以" cannot.

例如：这件事他能不知道吗？　　√

　　　这件事他可以不知道吗？　　×

　　　外边下雨了，我们不能去踢球了。　√

外边下雨了，我们不可以去踢球了。 ×

用“能”或“可以”填空，并说明理由。

Fill in the blanks with “能” or “可以” and explain why.

1. 上课不（　　）玩手机。
2. 我今天太忙了，不（　　）和你去看电影了。
3. 你知道吗？加油站里不（　　）打电话。
4. 明天艾米丽过生日，马克（　　）不知道吗？
5. 大夫，（　　）不吃药吗？我不想吃药。
6. 老师，考试（　　）不（　　）查词典？

加油站 jiāyóuzhàn 名
petrol station

查 chá 动
refer to

3. 而且

“而且”连接小句时，后边常常有“还、也、又、更”，表示语义上的递进。

When “而且” links two clauses, it is usually followed by “还、也、又、更”. It can be used to express progression.

例如：我不吃蛋糕，我怕胖，而且我也不喜欢吃甜的。
　　　你的学习方法不好，而且也不够努力。
　　　坐飞机去上海更快，而且更舒服。

用“而且”回答问题。 Answer the questions with “而且”.

1. 你今天怎么没去上课？
2. 你去商场买什么？
3. 你为什么这么晚给她打电话？
4. 你为什么改变主意了？不买这双鞋了吗？
5. 你不跟我们一起去吃饭吗？

改变 gǎibiàn 动
change

4. 但是

例如：我想出去打球，但是外边下雪了。
　　　我想去上海玩，但是我没有时间。

用“但是”完成句子。 Complete the sentences with “但是”.

1. 学习很重要，______________________________。

2. 我知道你每天都很累，______________。
3. 我爸爸工作很忙，______________。
4. 他是我的同学，______________。
5. 我想去看电影，______________。
6. 巧克力很好吃，______________。

5. 最好

例如：你看起来很累，最好休息一下。

A：我今天生病了，不能去上课了。

B：你最好给老师打个电话。

用下列词语和"最好"说句子。

Make sentences with the following words and "最好".

1. 冷　多穿一点儿
2. 不舒服　别去上课了
3. 生词很难　多背几遍
4. 不会做这道题　问老师
5. 快考试了　好好复习
6. 昨晚熬夜　今晚早点儿睡

课文练习 / Text Exercises

1. 听课文录音，判断对错，对的画"√"，错的画"×"。 18-4

Listen to the text and decide if the statements are true or false. Mark "√" if true and "×" if false.

1. 玛利亚在医院看医生。（　）
2. 玛利亚发烧了，39℃。（　）
3. 玛利亚早上肚子有点儿疼。（　）
4. 玛利亚不想吃药。（　）
5. 医生让玛利亚多喝热水。（　）
6. 医生不让玛利亚吃辣的和凉的。（　）

2. 根据课文内容，排列下列句子。

Put the following sentences in order based on the text.

1. 所以她去医院看医生
2. 玛利亚今天有汉语课
3. 给她开了药，还让她打三天针
4. 医生说她是肠胃感冒
5. 可是她发烧了，还肚子疼
6. 可是玛利亚最怕打针
7. 还要多喝热水、多休息
8. 医生说不打针也行，但是要先吃药

____

PART 2
第二部分

词句学练 Vocabulary and Sentences

预习词语 / Preview the Words

18-5

1	点名	diǎn//míng	动	call the roll
2	其他	qítā	代	other
3	路上	lùshang	名	road
4	马上	mǎshàng	副	immediately
5	请假	qǐng//jià	动	ask for leave
6	清楚	qīngchu	形	clear
7	得	dé	动	contract/develop (a disease)
8	原来	yuánlái	副	as it turns out
9	怪不得	guàibude	副	no wonder
10	记	jì	动	write down
11	要是	yàoshì	连	if, suppose
12	及时	jíshí	副	promptly, without delay
13	通知	tōngzhī	动	notify, inform
14	只有	zhǐyǒu	连	only
15	健康	jiànkāng	形	healthy
16	影响	yǐngxiǎng	动	affect, interfere with

1. 听录音，跟读生词。 18-5

Listen to the recording and repeat the new words.

2. 书写汉字。 Write the characters.

假（请假） ノ 亻 亻 亻 亻 亻 亻 伊 伊 假 假

楚（清楚）一 十 才 木 木 村 材 林 林 林 梺 梺 梺 楚 楚

健（健康）丿 亻 亻 亻 亻 亻 亻 亻 律 健 健

3. 填字组词。Fill in the blanks to make words or phrases.

______时	______上	______康	______知
______时	______上	康______	知______

______影	点______	______来	______来
影______	点______	______来	______来

4. 听录音，跟读句子。 18-6

Listen to the recording and repeat the sentences.

原来是这样。

原来今天是他的生日啊！

怪不得玛利亚没来上课。

怪不得你不想吃饭。

玛利亚要是有什么事的话，一定要及时通知我。

要是有时间的话，我就去看你。

只有身体健康，才不会影响学习。

只有努力学习，才能学好汉语。

课文讲练 Text

课文热身 / Warm Up

将语义上紧密相关的上下两句连在一起。

Match the two sentences that are semantically closely related.

❶ 她肚子疼，	A. 可能得了肠胃感冒。
❷ 原来是这样，	B. 才能好好学习。
❸ 只有身体健康，	C. 你们要注意身体啊！
❹ 天气越来越冷了，	D. 怪不得她没来上课。
❺ 要是有什么事，	E. 一定要及时通知老师。

课文 2 / Text 2

18-7

（在教室里。）

张老师：（准备点名）大家都来了吗？

阿尔达：玛利亚还没来，其他同学都来了。

张老师：玛利亚很少迟到，今天怎么了？

阿尔达：她应该还在路上吧，马上就来了。

艾米丽：老师，刚才她给我打电话了，她现在在医院，让我跟您请个假。

张老师、阿尔达：她怎么了？

艾米丽：我也不清楚，她早上说肚子疼，可能得了肠胃感冒。

张老师：原来是这样，怪不得没来上课。好，我记下来了。玛利亚要是有什么事的话，一定要及时通知我。

艾米丽：我知道了，谢谢老师。

张老师：别客气。大家也是，天气越来越冷了，你们都要注意身体。只有身体健康，才不会影响学习。

❶ 玛利亚经常迟到吗？

❷ 玛利亚为什么没来上课？

❸ 玛利亚得了什么病？

❹ 怎么样才不会影响学习？

(Zài jiàoshì lǐ.)

Zhāng lǎoshī: (Zhǔnbèi diǎnmíng) Dàjiā dōu lái le ma?

Ā'ěrdá: Mǎlìyà hái méi lái, qítā tóngxué dōu lái le.

Zhāng lǎoshī: Mǎlìyà hěn shǎo chídào, jīntiān zěnme le?

Ā'ěrdá: Tā yīnggāi hái zài lùshang ba, mǎshàng jiù lái le.

Àimǐlì: Lǎoshī, gāngcái tā gěi wǒ dǎ diànhuà le, tā xiànzài zài yīyuàn, ràng wǒ gēn nín qǐng gè jià.

Zhāng lǎoshī, Ā'ěrdá: Tā zěnme le?

Àimǐlì: Wǒ yě bù qīngchu, tā zǎoshang shuō dùzi téng, kěnéng déle chángwèi gǎnmào.

Zhāng lǎoshī: Yuánlái shì zhèyàng, guàibude méi lái shàngkè. Hǎo, wǒ jì xialai le. Mǎlìyà yàoshì yǒu shénme shì dehuà, yídìng yào jíshí tōngzhī wǒ.

Àimǐlì: Wǒ zhīdào le, xièxie lǎoshī.

Zhāng lǎoshī: Bié kèqi. Dàjiā yě shì, tiānqì yuè lái yuè lěng le, nǐmen dōu yào zhùyì shēntǐ. Zhǐyǒu shēntǐ jiànkāng, cái bú huì yǐngxiǎng xuéxí.

语言点注解 / Language Points

1. 原来

"原来"既是副词，也是时间名词。用作副词时，表示明白了原因，了解了以前不知道的情况。

"原来" is both an adverb and a noun of time. When it is used as an adverb, it means that one has understood the reason and got the information unknown before.

例如：哦，我明白了，原来是这样。

他原来是你的弟弟啊，我才知道。

用作时间名词时，“原来”表示“以前”。

When it is used as a noun of time, it means “earlier times”.

例如：我们原来是同学。

他原来在上海工作，去年来北京了。

用“原来”改写下列句子。 Paraphrase the following sentences with “原来”.

1. 我一直不知道，他们是夫妻啊。

   → ______________________

2. 明天有考试啊？我竟然不知道！

   → ______________________

3. 以前飞机票很便宜，现在太贵了！

   → ______________________

4. 这是我几年前买的衣服，现在穿有点儿小了。

   → ______________________

5. 我刚来中国的时候不会说汉语，现在会说一点儿了。

   → ______________________

夫妻 fūqī 名
husband and wife

竟然 jìngrán 副
unexpectedly

2. 怪不得

表示知道原因后，不觉得奇怪了，常常和“原来”连用。

It means that one is no longer surprised after knowing the reason. It is often used together with “原来”.

例如：她每天都复习到很晚，怪不得学习这么好。

怪不得那么贵，原来是著名画家画的画！

用“怪不得”完成对话。 Complete the dialogues with “怪不得”.

1. A：他常常不写作业，上课也经常迟到。

   B：______________________

2. A：我昨晚熬夜到两点。

   B：______________________

著名 zhùmíng 形
famous

画家 huàjiā 名
painter

画 huà 动、名
draw; painting

③ A：我已经在中国生活五年了。

B：____

④ A：她妈妈今天来看她。

B：____

⑤ A：他们是男女朋友。

B：____

3. 要是……的话，（就）……

"要是……的话，（就）……"的意思是"如果……的话，就……"，多用于口语。"要是"和"的话"经常可以省略其中的一个。

"要是……的话，（就）……" means "如果……的话，就……". It is used mainly in spoken Chinese. Either "要是" or "的话" can often be omitted.

例如：你要是累了，就休息一会儿。

你不想去的话，就别去了。

你要是有空的话，一定要去昆明看看。

根据图片和提示，用"要是……的话，（就）……"说句子。

Make sentences with "要是……的话，（就）……" based on the pictures and clues.

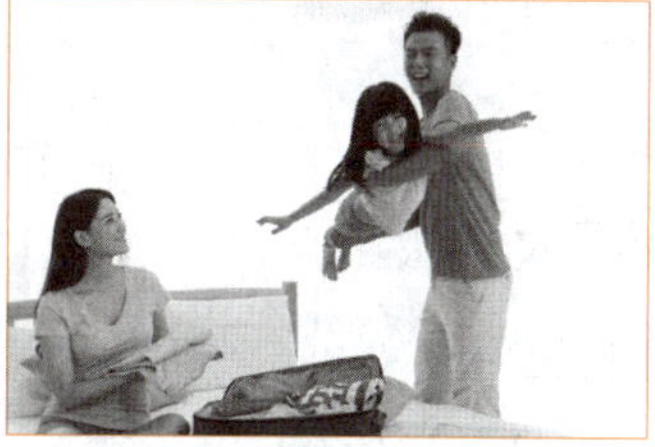

① 出去旅游

② 去医院

③ 破 扔

④ 不想吃 别吃

破 pò 形
broken, torn

扔 rēng 动
throw away

4. 只有……，才……

在条件关系复句“只有……，才……”中，前一个分句提出实现结果的唯一条件，后一个分句是这个条件下产生的结果。

In the complex sentence of conditional relation “只有……，才……”, the first clause offers the only condition, while the latter gives the corresponding result under the circumstances.

例如：只有多练习，才能说好汉语。

我们只有从现在开始好好学习，明年才能顺利通过考试。

顺利　shùnlì　形
smooth, successful

通过　tōng//guò　动
pass (through)

用下列词语和“只有……，才……”说句子。

Make sentences with the following words and “只有……，才……”.

1. 在图书馆　好好学习
2. 经常锻炼　身体好
3. 放假　去上海玩
4. 困极了　喝咖啡
5. 周末　看电影
6. 感兴趣　学好汉语

课文练习 / Text Exercises

1. 选词填空。Choose the correct words to fill in the blanks.

清楚	及时	影响	原来	马上	其他

1. 你（　　　）不会打篮球啊。
2. 你等一会儿，我（　　　）就过去！
3. 我只喜欢游泳，（　　　）运动都不太喜欢。
4. 你能看（　　　）吗？老师写的是什么字？
5. 今天的生词很重要，你们一定要（　　　）复习。
6. 你可以玩游戏，但是不要（　　　）学习。

2. 听课文录音，选择正确答案。　18-7

Listen to the text and choose the correct answers.

1. 玛利亚为什么给艾米丽打电话？（　　）

A. 她要迟到了　　B. 她不想上课

C. 她要在宿舍休息　　D. 她让艾米丽帮她请假

❷ 玛利亚要是有什么事的话，一定要怎么做？ （　　）

A. 及时通知老师　　B. 去医院

C. 跟老师请假　　D. 在宿舍休息

❸ 什么会影响学习？ （　　）

A. 生病　　B. 打游戏

C. 睡懒觉　　D. 唱歌

3. 根据课文内容，排列下列句子。

Put the following sentences in order based on the text.

❶ 她今天不能来上课了

❷ 因为只有身体健康，才不会影响学习

❸ 玛利亚得了肠胃感冒

❹ 让艾米丽帮她跟张老师请假

❺ 天气越来越冷了

❻ 张老师让大家都注意身体

❼ 她给艾米丽打电话

____

PART 3

第三部分

听力实践 Listening Practice

1. 听对话，选择正确答案。 18-8

Listen to the dialogues and choose the correct answers.

1. A. 她生病了　B. 她出去旅游了　C. 她妹妹病了　D. 她妈妈病了
2. A. 吃药　B. 喝凉水　C. 休息　D. 跟老师请假
3. A. 玛利亚病了　B. 高美病了　C. 高美刚来　D. 玛利亚对这儿很熟悉
4. A. 去医院　B. 打针　C. 吃药　D. 看病
5. A. 不喜欢　B. 不高兴　C. 吃药了　D. 不想喝

2. 听短文，选择正确答案。 18-9

Listen to the passages and choose the correct answers.

短文一 Passage 1

1. A. 继续工作　B. 在家休息　C. 好好准备上课内容　D. 更认真地上课
2. A. 可能会让其他同学也感冒　B. 会影响上课　C. 不可以请假　D. 应该好好休息

短文二 Passage 2

1. A. 吃饭　B. 喝热水　C. 喝凉水　D. 运动
2. A. 中国人不喝热水　B. 中国人喜欢喝热水　C. 中国人觉得吃凉的对胃不好　D. 一些外国人不习惯喝热水

阅读实践 Reading Practice

（一）

听说有的中国人很喜欢劝酒，如果你和他们一起喝酒，他们会不停地劝酒。所以，我很害怕和中国人一起喝酒，担心和他们喝酒会喝醉。

我的朋友告诉我，中国有很多劝酒词，不过也有很多拒酒词，比如，"只要感情有，喝啥都是酒"。我觉得这是一个好办法，以后要是有人劝酒，我就可以这样说，然后用茶代酒。

劝酒 quàn//jiǔ 动 urge sb to drink more
不停 bùtíng 副 ceaselessly
醉 zuì 动 be drunk
拒酒 jù jiǔ refuse to drink more
只要 zhǐyào 连 as long as
感情 gǎnqíng 名 affection
啥 shá 代 what
办法 bànfǎ 名 way, method
代 dài 动 take the place of

1. 下面哪个是正确的？

A. "我"害怕喝酒　　B. 中国人害怕喝酒

C. 有的中国人喜欢劝酒　　D. "我"不知道应该怎么拒酒

2. "只要感情有，喝啥都是酒"是什么意思？

A. 人们高兴的时候要喝酒

B. 人们高兴的时候，不知道要喝什么

C. 感情好的话，喝什么都可以，不一定要喝酒

D. 要是两个人感情好，就一定要喝酒

（二）

我最近总是咳嗽，所以昨天去医院看医生了。医生给我开了药，下面是药的说明书。

【用法用量】口服，一次 1—2 片，一日 3 次。

【注意事项】

1. 忌食辛辣、海鲜。

2. 不得饮酒、饮茶。

总是 zǒngshì 副 always
咳嗽 késou 动 cough
说明书 shuōmíngshū 名 (book of) instructions
口服 kǒufú 动 take orally
片 piàn 量 slice, tablet
事项 shìxiàng 名 matter
忌 jì 动 avoid
食 shí 动 eat
海鲜 hǎixiān 名 seafood
不得 bùdé 助动 must not
饮 yǐn 动 drink

1. 这个药每天最多吃几片？

A. 3 片　　B. 4 片

C. 5 片　　D. 6 片

2. 吃这个药的时候不忌什么？

A. 酒　　B. 辣的　　C. 海鲜　　D. 甜的

交际训练 Communication Practice

1. 两人一组，分别扮演医生和病人，从下表中选择一个情景，模仿课文1进行角色扮演。

Work in pairs. One person acts as a doctor and the other as a patient. Select a scenario from the table below and do a role-play to act out a dialogue similar to Text 1.

	病人（Patient）A	病人（Patient）B
症状 Symptoms	咳嗽、头疼、嗓子疼、发烧	肚子疼、拉肚子、发烧
诊断 Diagnosis	流行感冒	肠胃感冒

嗓子 sǎngzi 名
throat

流行感冒 liúxíng gǎnmào
influenza

2. 三人一组，角色扮演。A扮演生病的学生，填写下面的请假条；B扮演A的同学，帮A跟老师请假；C扮演老师。

Work in groups of three and do a role-play. A acts as a sick student, filling out the note below. B acts as A's classmate and helps A ask for leave from the teacher, who is acted out by C.

尊敬的 __________ 老师：

我 ____________，医生建议我好好休息，所以我想跟您请 ______ 天假（______ 月 ______ 日到 ______ 月 ______ 日），希望您批准！谢谢您！

您的学生：__________

______ 年 ______ 月 ______ 日

尊敬 zūnjìng 形
respected

建议 jiànyì 动
suggest

批准 pīzhǔn 动
approve

学后反思 Reflection

1. 你在中国看过病吗？请你说一说你的经历。

   Have you ever been to a doctor in China? Please talk about your experience.

2. 你学会复合趋向补语了吗？请根据第339页的表格，用几种复合趋向补语分别说几个句子。

   Do you know how to use the compound complement of direction? Make several sentences with each of the complement of direction in the table on page 339.

3. 你觉得本课哪些生词比较难记或者不容易读？

   Which new words do you think are difficult to memorise or to read in this lesson?

4. 你学到了哪些句型和语法？请用本课的语言点说几个句子。

   What sentence patterns and grammar have you learned? Use the language points in this lesson to make several sentences.

第十九课 LESSON 19

饭馆门前挂着大大的红灯笼

There are big red lanterns hanging in front of the restaurant

学习目标 Learning Goals

重点生词 / Key Words

接　特别$_1$　邀请　做客　挂　风景　住　顺利　倒　放　种　环保

重点语言点 / Key Language Points

1. 动态助词（Aspect Particle）“着$_2$”
2. 形容词重叠（Reduplication of Adjectives）
3. 副词（Adverb）“再$_3$”
4. 感叹句（Exclamatory Sentence）“多……啊！”
5. 转折关系复句（Complex Sentence of Adversative Relation）“……是……，就是……”
6. 反问句（Rhetorical Question）“不是……吗？”
7. 副词（Adverb）“一定$_2$”
8. 副词（Adverb）“还是$_3$”

PART 1

第一部分

词句学练 Vocabulary and Sentences

预习词语 / Preview the Words

19-1

1	好	hǎo	副	very, quite
2	接	jiē	动	receive
3	公交车	gōngjiāochē	名	bus
4	特别	tèbié	副	particularly
5	邀请	yāoqǐng	动	invite
6	做客	zuò//kè	动	be a guest
7	站	zhàn	名	stop, station
8	小区	xiǎoqū	名	residential quarter
9	下车	xià chē		get off (a vehicle)
10	挂	guà	动	hang
11	灯笼	dēnglong	名	lantern
12	单元	dānyuán	名	unit
13	没问题	méi wèntí		no problem

1. 听录音，跟读生词。

19-1

Listen to the recording and repeat the new words.

2. 书写汉字。Write the characters.

特（特别）

邀（邀请）

笼（灯笼） ノ ト ⺮ ⺮ 𥫗 𥫗 竺 笁 笂 笼 笼

单（单元） 丶 丷 ⺍ 𠃌 台 台 当 单

3. 选字组词。Choose characters to make words.

区　邀　做　交　特　笼

（　　）请　（　　）客　（　　）别

公（　　）车　灯（　　）　小（　　）

4. 词语扩展。Make phrases with the given words.

挂 ________ ________ ________

接 ________ ________ ________

5. 听录音，跟读句子。 19-2

Listen to the recording and repeat the sentences.

我刚才给你打了好多个电话。

我最近好忙啊！

公交车上人特别多。

爸爸最近特别忙。

饭馆门前挂着大大的红灯笼。

桌子上放着一个手机。

饭馆门前挂着大大的红灯笼。

他正认认真真地坐在那里写作业呢。

这对你来说应该没问题吧？
汉语对我来说很容易。

找不到的话我再给你打电话。
我到家再给你回电话。

课文讲练 Text

课文热身 / Warm Up

将下列图片和对应的句子连线。

Match the following pictures to the corresponding sentences.

我想邀请你们来我家做客。

门前挂着大大的红灯笼。

我家在 7 号楼 2 单元 2608 室。

我刚才在公交车上，人特别多，没听见电话。

课文 1 / Text 1

19-3

高　美：喂，艾米丽，我刚才给你打了好多个电话，你都没接。

艾米丽：真不好意思！我刚才在公交车上，人特别多，没听见。怎么了？

高　美：这个周六下午你有时间吗？我想邀请你来我家做客。

艾米丽：好啊！一定去！可是怎么去你家呢？

高　美：你在学校对面的公交车站坐307路，坐两站，在“幸福小区”站下车。下车以后，你会看到一个饭馆，门前挂着大大的红灯笼。那个饭馆旁边就是我家小区——幸福小区。

艾米丽：好，我记住了！

高　美：等一下，我还没说完。你进小区以后往右边走，我家在9号楼3单元805室。你能找到吗？这对你来说应该没问题吧？

艾米丽：应该没问题，找不到的话我再给你打电话。

高　美：那好，咱们就周六下午三点见？

艾米丽：好，没问题，周六见！

1. 高美为什么给艾米丽打电话？
2. 高美的家在哪儿？坐多少路公交车能到？
3. 高美住在几号楼几单元几室？
4. 她们什么时候见？

Gāo Měi: Wèi, Àimǐlì, wǒ gāngcái gěi nǐ dǎle hǎo duō gè diànhuà, nǐ dōu méi jiē.

Àimǐlì: Zhēn bù hǎoyìsi! Wǒ gāngcái zài gōngjiāochē shang, rén tèbié duō, méi tīngjiàn. Zěnme le?

Gāo Měi: Zhège Zhōuliù xiàwǔ nǐ yǒu shíjiān ma? Wǒ xiǎng yāoqǐng nǐ lái wǒ jiā zuòkè.

Àimǐlì: Hǎo a! Yídìng qù! Kěshì zěnme qù nǐ jiā ne?

Gāo Měi: Nǐ zài xuéxiào duìmiàn de gōngjiāo chēzhàn zuò 307 lù, zuò liǎng zhàn, zài “Xìngfú Xiǎoqū” zhàn xià chē. Xià chē yǐhòu, nǐ huì kàndào yí gè fànguǎn, mén qián guàzhe dàdà de hóng dēnglong. Nàge fànguǎn pángbiān jiù shì wǒ jiā xiǎoqū—Xìngfú Xiǎoqū.

Àimǐlì: Hǎo, wǒ jìzhù le!

Gāo Měi: Děng yíxià, wǒ hái méi shuōwán. Nǐ jìn xiǎoqū yǐhòu wǎng yòubian zǒu, wǒ jiā zài 9 hào lóu 3 dānyuán 805 shì. Nǐ néng zhǎodào ma? Zhè duì nǐ lái shuō yīnggāi méi wèntí ba?

Àimǐlì: Yīnggāi méi wèntí, zhǎo bú dào dehuà wǒ zài gěi nǐ dǎ diànhuà.

Gāo Měi: Nà hǎo, zánmen jiù Zhōuliù xiàwǔ sān diǎn jiàn?

Àimǐlì: Hǎo, méi wèntí, Zhōuliù jiàn!

语言点注解 / Language Points

1. 好

“好”也可以用作副词，表示程度深，多用于感叹句，常见用法是“好+A/V”。

“好” can also be used as an adverb to indicate a high degree. It is often used in exclamatory sentences. The common way to use it is “好+A/V”.

例如：我发现你们的课好多啊！

我好喜欢这件衣服啊！

根据图片和提示，用“好+A/V”说句子。

Make sentences with “好+A/V” based on the pictures and clues.

1  问题

2  暖和

3  京剧

4  累

京剧 jīngjù 名
Beijing opera

2. 特别₁

“特别”用作副词时，意思是“非常”，常见用法是“特别+A/V”。

When “特别” is used as an adverb, it means “非常”. The common way to use it is “特别+A/V”.

例如：我觉得你这件衣服特别漂亮。

她说汉语的时候特别注意自己的发音。

用下列词语和"特别 +A/V"说句子。

Make sentences with the following words and "特别+A/V".

❶ 天气　热　　❷ 肚子　疼　　❸ 老师家　远
❹ 公交车　多　　❺ 小区　漂亮　　❻ 喜欢　生日礼物

3. 着$_2$

"着"用在存在句中时，表示事物以某种状态存在，常见用法是"处所 +V+ 着 +N"。

When "着" is used in existential sentences, it indicates that an object exists in a certain state. The common way to use it is "place+V+着+N".

例如：桌子上放着很多书。
门上挂着一件衣服。
黑板上写着今天的作业。

黑板　hēibǎn　名
blackboard

根据图片，用下列生词和"处所 +V+ 着 +N"说句子。

Make sentences with the following words and "处所+V+着+N" based on the picture.

墨镜	mòjìng	名	sunglasses
（照）相机	(zhào) xiàngjī	名	camera
花瓶	huāpíng	名	vase
张	zhāng	量	[used for paper, paintings, etc]
（水）果盘	(shuǐ) guǒpán	名	fruit plate
水果	shuǐguǒ	名	fruit

4. 形容词重叠（Reduplication of Adjectives）

有些形容词可以重叠使用，重叠后可以加强语气、加深程度，使描述更加生动。

单音节形容词 A 的重叠形式为 AA，如：红→红红。

双音节形容词 AB 的重叠形式为 AABB，如：漂亮→漂漂亮亮。

注：由于形容词重叠后，已经加深了程度，所以不能再被副词修饰，如不能说“非常高高的”。

Some adjectives can be used repeatedly to strengthen the tone, to intensify the degree or to make a description more vivid.

The reduplicative pattern of monosyllabic adjective A is AA, for example, 红→红红.

The reduplicative pattern of disyllabic adjective AB is AABB, for example, 漂亮→漂漂亮亮.

Note: The adjective can no longer be modified by an adverb because the degree has already been intensified owing to the reduplication of the adjective, for example, we cannot say “非常高高的”.

例如：她的脸红红的。
我以后要买一个大大的房子。
他们高高兴兴地去上学。
她今天穿得漂漂亮亮的。
这些衣服都洗得干干净净的。

房子 fángzi 名
house
上学 shàng//xué 动
go to school

根据图片和提示，用 AA 或 AABB 结构说句子。

Make sentences with the structure of AA or AABB based on the pictures and clues.

❶ 个子

❷ 干净

❸ 饮料 凉

❹ 花 香

个子 gèzi 名
height
饮料 yǐnliào 名
drink, beverage
香 xiāng 形
fragrant

5. 对……来说

例如：这个颜色对我来说不太合适。

这些交通规则对我来说太难记了！

交通 jiāotōng 名 traffic

规则 guīzé 名 rule, regulation

用“对……来说”完成对话。

Complete the dialogues with “对……来说”.

1. A：这次汉语考试难吗？

   B：________________

2. A：你觉得今天的饭菜怎么样？辣吗？

   B：________________

3. A：我的朋友说北京的夏天特别热。

   B：________________

4. A：你爸爸每天都工作十个小时吗？会不会太累了？

   B：________________

5. A：你觉得什么是最重要的？

   B：________________

饭菜 fàncài 名 dishes

6. 再$_3$

表示一个动作将在另一动作结束后出现。

It means that another action will happen right after the end of a previous action.

例如：我吃完饭再去。

我得先写完今天的作业，然后我们再出发。

用下列词语和“再”说四段话。

Make four short speeches with the following words and “再”.

1. 小张 感冒 有点儿发烧 38 度左右 去医院看病 有课 请假 老师
2. 小王 后天出差 坐飞机 去南京 开会 会议结束后 看看南京的朋友

开会 kāi//huì 动 have a meeting

会议 huìyì 名 meeting

操场 cāochǎng 名 playground
跑步 pǎo//bù 动 jog

3. 小红 胖了 想瘦一点儿 每天 吃完饭以后 休息 去操场跑步
4. 我 作业多 累 没时间 这个周末 复习功课 打打球或者 玩玩游戏

课文练习 / Text Exercises

1. 听课文录音，判断对错，对的画“√”，错的画“×”。 19-3

Listen to the text and decide if the statements are true or false. Mark “√” if true and “×” if false.

1. 艾米丽要去高美家做客。 (　　)
2. 高美家住在学校附近。 (　　)
3. 艾米丽应该坐 301 路公交车。 (　　)
4. 高美家住在 9 号楼 508 室。 (　　)
5. 她们打算周末见。 (　　)

2. 根据课文内容，排列下列句子。

Put the following sentences in order based on the text.

1. 高美邀请艾米丽去她家做客
2. 她家就在那个饭馆旁边
3. 下车以后会看到一个饭馆
4. 艾米丽说，她应该能找到高美的家
5. 可是艾米丽不知道怎么去高美家
6. 坐两站，在“幸福小区”站下车
7. 那家饭馆门前挂着大大的红灯笼
8. 高美告诉艾米丽，她可以坐 307 路公交车

____

PART 2
第二部分

词句学练 Vocabulary and Sentences

预习词语 / Preview the Words 19-4

❶	就是	jiù shì		only, just
❷	心意	xīnyì	名	kindly feeling
❸	收下	shōuxià	动	receive, accept
❹	窗(户)	chuāng(hu)	名	window
❺	河	hé	名	river
❻	风景	fēngjǐng	名	scenery
❼	住	zhù	动	live
❽	市区	shìqū	名	downtown
❾	顺利	shùnlì	形	smooth, successful
❿	打车	dǎ//chē	动	take a taxi
⓫	倒	dào	动	pour
⓬	放	fàng	动	put, place
⓭	草莓	cǎoméi	名	strawberry
⓮	亲戚	qīnqi	名	relative
⓯	种	zhòng	动	plant, grow
⓰	空调	kōngtiáo	名	air conditioner
⓱	空气	kōngqì	名	air
⓲	环保	huánbǎo	形	environmentally friendly
⓳	自然风	zìránfēng	名	natural wind

1. 听录音，跟读生词。 19-4

Listen to the recording and repeat the new words.

2. 书写汉字。 Write the characters.

窗（窗外） 丶 丷 宀 穴 穴 穷 穷 穷 穷 窗 窗 窗

戚（亲戚） 一 厂 厂 厂 戶 戶 戶 戚 戚 戚 戚

调（空调） 丶 讠 讠 订 订 讷 调 调 调 调

3. 填字组词。 Fill in the blanks to make words.

风 ______	亲 ______	空 ______	______ 心
______ 风	亲 ______	空 ______	心 ______

4. 词语扩展。 Make phrases with the given words.

倒 ______ ______ ______

种 ______ ______ ______

放 ______ ______ ______

开 ______ ______ ______

5. 听录音，跟读句子。 19-5

Listen to the recording and repeat the sentences.

这地方住起来多舒服啊！
这儿的风景多美啊！

我家这边风景好是好，就是离市区太远。
这个工作好是好，就是有点儿忙。

不是坐 307 路吗？
你们不是朋友吗？

这个草莓一定很好吃。
你一定累了吧？

我们还是开着窗户吧。
我们还是去图书馆看书吧。

课文讲练 Text

课文热身 / Warm Up

听录音，选择正确的图片。 19-6

Listen to the recording and choose the correct pictures.

A. 

B. 

C. 

D. 

① ________ ② ________ ③ ________ ④ ________

课文 2 / Text 2

19-7

（艾米丽去高美家做客。）

高　美：艾米丽，快请进！

艾米丽：高美，这是送给你的礼物。

高　美：你怎么这么客气！还买什么礼物啊！

艾米丽：这就是我的一点儿心意，请收下。

高　美：谢谢。

艾米丽：（往窗外看）你家附近有一条河啊，风景真好！这地方住起来多舒服啊！

高　美：好是好，就是离市区太远。对了，你路上顺利吗？

艾米丽：不太顺利，我坐错车了。

高　美：啊？不是307路吗？

艾米丽：哎呀！我坐了301路，坐了好几站才发现坐错了。

高　美：那你怎么过来的啊？

艾米丽：下来以后打车啊！

高　美：原来是这样。累了吧？你先坐，我去给你倒杯茶。那边桌子上放着一些水果，你先吃点儿。

艾米丽：谢谢，别忙了。

高　美：吃点儿草莓吧，这是我的一个亲戚自己种的。

艾米丽：是吗？那一定很好吃。

高　美：你热不热？要开空调吗？

艾米丽：不了，还是开着窗户吧，空气好，也比较环保。

高　美：是啊，自然风也挺舒服的。

(Àimǐlì qù Gāo Měi jiā zuòkè.)

Gāo Měi: Àimǐlì, kuài qǐng jìn!

Àimǐlì: Gāo Měi, zhè shì sòng gěi nǐ de lǐwù.

Gāo Měi: Nǐ zěnme zhème kèqi! Hái mǎi shénme lǐwù a!

Àimǐlì: Zhè jiù shì wǒ de yìdiǎnr xīnyì, qǐng shōuxia.

Gāo Měi: Xièxie.

Àimǐlì: (Wǎng chuāng wài kàn) Nǐ jiā fùjìn yǒu yì tiáo hé a, fēngjǐng zhēn hǎo! Zhè dìfang zhù qilai duō shūfu a!

Gāo Měi: Hǎo shì hǎo, jiùshì lí shìqū tài yuǎn. Duì le, nǐ lùshang shùnlì ma?

Àimǐlì: Bú tài shùnlì, wǒ zuòcuò chē le.

Gāo Měi: Á? Bú shì 307 lù ma?

Àimǐlì: Āiyā! Wǒ zuòle 301 lù, zuòle hǎo jǐ zhàn cái fāxiàn zuòcuò le.

Gāo Měi: Nà nǐ zěnme guòlai de a?

Àimǐlì: Xià chē yǐhòu dǎchē a!

Gāo Měi: Yuánlái shì zhèyàng. Lèi le ba? Nǐ xiān zuò, wǒ qù gěi nǐ dào bēi chá. Nàbian zhuōzi shang fàngzhe yìxiē shuǐguǒ, nǐ xiān chī diǎnr.

Àimǐlì: Xièxie, bié máng le.

Gāo Měi: Chī diǎnr cǎoméi ba, zhè shì wǒ de yí gè qīnqi zìjǐ zhòng de.

Àimǐlì: Shì ma? Nà yídìng hěn hǎochī.

Gāo Měi: Nǐ rè bu rè? Yào kāi kōngtiáo ma?

Àimǐlì: Bù le, háishi kāizhe chuānghu ba, kōngqì hǎo, yě bǐjiào huánbǎo.

Gāo Měi: Shì a, zìránfēng yě tǐng shūfu de.

1. 高美家附近有什么？
2. 高美家离市区远吗？
3. 艾米丽去高美家的路上顺利吗？为什么？
4. 艾米丽是怎么去高美家的？
5. 高美家的草莓是从超市买的吗？
6. 她们为什么不开空调？

语言点注解 / Language Points

1. 多……啊！

例如：你看他多高兴啊！

这件衣服一点儿也不过时，多好看啊！

用下列词语和“多……啊！”说句子。

Make sentences with the following words and “多……啊！”.

1. 电脑游戏　好玩
2. 这件毛衣　适合
3. 这首歌　好听
4. 不能去昆明　可惜
5. 他的汉语发音　标准
6. 新年晚会　精彩

2. ……是……，就是……

转折关系复句“……是……，就是……”表示虽然承认其优点，但仍觉得有点儿问题或不满意。

The complex sentence of adversative relation “……是……，就是……” indicates approval, but it comes with a slight sense of dissatisfaction and doubts.

例如：他汉语好是好，就是发音有点儿不标准。

　　　这条裤子漂亮是漂亮，就是太贵了。

用“……是……，就是……”改写下列句子。

Paraphrase the following sentences with “……是……，就是……”.

1. 坐飞机很快，但是太贵了。

   → ______________________________

2. 我们食堂的饭菜很便宜，但是不太好吃。

   → ______________________________

3. 考试题我都做完了，但是做得不太好。

   → ______________________________

4. 上海很好玩，但是那儿的天气让人太不舒服了。

   → ______________________________

5. 我觉得这部电影挺好看的，但是演员我不太喜欢。

   → ______________________________

演员　yǎnyuán　名
actor, actress

3. 不是……吗？

反问句“不是……吗？”可以用来提醒对方某件事，同时带有惊讶或不满的语气。

The rhetorical question "不是……吗？" can be used to remind somebody of something with a surprised or dissatisfied tone.

例如：❶ A：我不认识他，他是谁啊？

B：啊？他不是你的大学同学吗？

❷ A：你看见我的手机了吗？

B：不是在桌上呢吗？

用"不是……吗？"完成对话。

Complete the dialogues with "不是……吗？".

❶ A：我也不知道他喜欢什么。

B：________________________________

❷ A：他也不知道怎么做这道题。

B：________________________________

❸ A：我们去逛街怎么样？

B：________________________________

❹ A：我不知道这个字怎么写，你能给我写一遍吗？

B：________________________________

❺ A：我买了双新鞋。

B：________________________________

4. 一定$_2$

"一定"表示非常肯定的估计和判断。

"一定" indicates very positive estimation and judgement.

例如：你的好多衣服都是红色的，我猜你一定喜欢红色。

你学了三年汉语，你的汉语一定很不错吧？

根据图片和提示，用“一定”说句子。

Make sentences with “一定” based on the pictures and clues.

❶  够

❷ 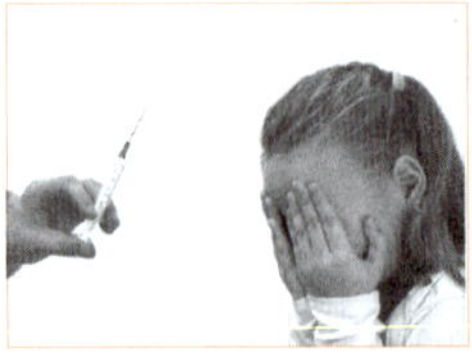 疼

❸  难过

❹  着急

难过　nánguò　形
sad

5. 还是₃

“还是”可以用于给别人提出建议，或者自己经过比较、考虑后做出决定，常见用法是“还是……吧”。

“还是” can also be used to give others advice or to make a decision after comparison and consideration. The common way to use it is “还是……吧”.

例如：你还是别出去玩了，好好复习吧。

我还是早点儿去教室吧。

组词成句。Put the words in the correct order to make sentences.

❶ 你　了　发烧，医生　看看　去　还是　吧

____

❷ 就　考试　了　明天，打篮球　咱们　别　去　还是　了　吧

____

❸ 买　还是　我　这件　的　黑色　衣服　吧，更　我　适合

____

❹ 你　给　还是　吧　我　发邮件，不能　现在　接　我　电话

____

❺ 我　少　还是　吧　熬夜，身体　最近　不好　越来越　了

____

课文练习 / Text Exercises

1. 听课文录音，判断对错，对的画“√”，错的画“×”。 19-7

Listen to the text and decide if the statements are true or false. Mark “√” if true and “×” if false.

1. 高美家离市区太远了。 ( )
2. 高美家附近有一个湖。 ( )
3. 艾米丽在去高美家的路上坐错了车。 ( )
4. 草莓是高美的亲戚在楼下的超市买的。 ( )
5. 开着窗户空气好，也比较环保。 ( )

2. 根据课文内容，排列下列句子。

Put the following sentences in order based on the text.

1. 高美觉得她太客气了
2. 艾米丽给高美带了礼物
3. 她都有点儿不好意思了

____

1. 可就是离市区太远了
2. 出门不太方便
3. 高美家周围的风景特别好

____

1. 因为开窗户比较环保
2. 这草莓是高美家的亲戚自己种的
3. 高美让艾米丽吃草莓
4. 天气有点儿热
5. 艾米丽觉得开窗户比开空调更好
6. 艾米丽觉得草莓一定很好吃
7. 而且自然风也挺舒服的

____

出门 chū//mén 动
go out

方便 fāngbiàn 形
convenient

PART 3

第三部分

听力实践 Listening Practice

1. 听句子，判断对错，对的画“√”，错的画“×”。 19-8

Listen to the sentences and decide if the statements are true or false. Mark “√” if true and “×” if false.

1. 他觉得汉字很难。（ ）
2. 桌子上有三本书。（ ）
3. 他最近工作非常忙。（ ）
4. 少用空调可以保护环境。（ ）
5. 他自己种草莓。（ ）

2. 听对话，选择正确答案。 19-9

Listen to the dialogues and choose the correct answers.

1. A. 小区门口　B. 超市
   C. 车上　D. 家里
2. A. 小王和小李去小丽家做客
   B. 小丽和小李去小王家做客
   C. 小王去小李家做客
   D. 小王和小丽去小李家做客
3. A. 觉得帽子太贵
   B. 觉得帽子不好看
   C. 想给女的买生日礼物
   D. 觉得女的不喜欢

阅读实践 Reading Practice

（一）

今天是我们来这座城市旅游的第三天，我们打算坐一下地铁，尝一尝这里的好吃的。

这座城市很漂亮，有很多美丽的风景。我们对这里的吃的东西也很满意。这里的地铁也很方便，但是方便是方便，就是人特别多，非常挤。夏天时，人们挤在一起真难受。

下次坐地铁，我们最好晚点儿出门，一定不要在人们都上班的时候出来。

座	zuò	量	[for mountains, buildings, etc]
地铁	dìtiě	名	underground
尝	cháng	动	taste
美丽	měilì	形	beautiful
满意	mǎnyì	动	be satisfied
挤	jǐ	形、动	crowded; jostle
难受	nánshòu	形	uncomfortable
上班	shàng//bān	动	go to work

1. 今天“我们”没有做什么？

A. 看风景　　B. 尝好吃的

C. 坐地铁　　D. 逛商场

2. 下面哪个不正确？

A. 这里的东西很好吃　　B. 地铁上特别挤

C.“我们”出来得很晚　　D. 现在是夏天

（二）

今天我们发现了一家很好吃的饭馆。我们三个人点了四道菜，这四道菜都特别好吃！有一道菜对我来说有点儿辣，但是她们觉得一点儿也不辣。

我们还点了三杯果汁。我喜欢喝酸的，所以点了一杯柠檬汁。她们点了草莓汁和苹果汁。如果你不喜欢喝果汁，饭馆里还有别的饮料，比如茶、可乐、奶茶什么的。

点	diǎn	动	order, select, choose
道	dào	量	[for courses in a meal]
酸	suān	形	sour
柠檬	níngméng	名	lemon
苹果	píngguǒ	名	apple
奶茶	nǎichá	名	milk tea

1. 饭馆里的菜怎么样？

A. 不好吃　　B. 非常好吃　　C. 很酸　　D. 很甜

2. “我们”点了什么？

A. 苹果汁和草莓汁　　B. 可乐和奶茶

C. 茶和可乐　　D. 柠檬汁和奶茶

3. 下面哪个是正确的？

A.“我”喜欢辣的　　B.“我”喜欢酸的

C.“我”喜欢甜的　　D. 她们不喜欢甜的

交际训练 Communication Practice

两人一组，根据下面的情景和图片提示，模仿课文1进行角色扮演。

Work in pairs and use the scenario and picture below to do a role-play to act out a dialogue similar to Text 1.

A：中国学生，住在太阳园小区 3 号楼 2 单元 701 室，想邀请 B 来自己家中做客。

B：A 的朋友，北京大学留学生，喜欢吃中国菜。

去太阳园小区的路线（route）：

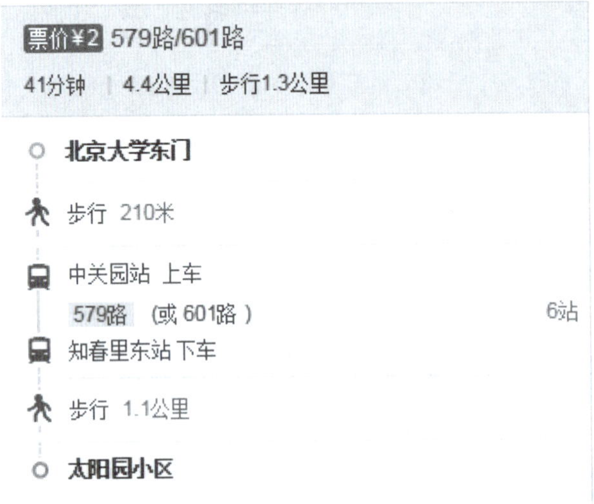

学后反思 Reflection

1. 你去中国朋友家做过客吗？你觉得在中国做客和在你们国家做客有哪些不同？请你举例谈一谈。

   Have you ever visited a Chinese friend's house as a guest? What's the difference between being a guest in China and being a guest in your country? Please give some examples.

2. 你知道"着"都有哪些用法吗？请你举例说明一下。

   What are the different ways to use "着" in a sentence? Please give some examples.

3. 我们已经学过的表示程度的副词都有哪些？请你举例说明一下。

   What adverbs of degree have you learned so far? Please give some examples.

4. 你觉得本课哪些生词比较难记或者不容易读？

   Which new words do you think are difficult to memorise or to read in this lesson?

5. 你学到了哪些句型和语法？请用本课的语言点说几个句子。

   What sentence patterns and grammar have you learned? Use the language points in this lesson to make several sentences.

第二十课 LESSON 20

你吃过糖醋鱼吗？

Have you ever eaten Sweet-and-sour Fish?

学习目标 Learning Goals

重点生词 / Key Words

请客　点　同意　尝　需要　上菜　果然　味道　香　从来
有名　推荐　饱　买单　打包

重点语言点 / Key Language Points

1. 动态助词（Aspect Particle）“过$_1$”
2. 并列关系复句（Coordinate Complex Sentence）“一边……，一边……”
3. 承接关系复句（Complex Sentence of Successive Relation）“一……，就……”
4. 动词（Verb）“过$_2$”
5. 副词（Adverb）“从来”
6. 副词（Adverb）“都$_2$”

PART 1

第一部分

词句学练 Vocabulary and Sentences

预习词语 / Preview the Words

20-1

1	饭店	fàndiàn	名	restaurant
2	位	wèi	量	[used to refer to people]
3	请客	qǐng//kè	动	stand treat
4	随便	suíbiàn	动	do as one pleases
5	点	diǎn	动	order, select, choose
6	特色菜	tèsècài	名	speciality
7	客人	kèrén	名	guest
8	同意	tóngyì	动	agree
9	过	guò	助	☞ *Language Point 1*
10	菜单	càidān	名	menu
11	尝	cháng	动	taste
12	份	fèn	量	part, portion
13	碗	wǎn	名	bowl
14	米饭	mǐfàn	名	rice

1	糖醋鱼	Tángcùyú	Sweet-and-sour Fish
2	鱼香肉丝	Yúxiāng Ròusī	Fish-flavoured Shredded Pork
3	辣子鸡	Làzijī	Chilli Chicken

1. 听录音，跟读生词。 20-1

Listen to the recording and repeat the new words.

2. 书写汉字。Write the characters.

随（随便） 阝 阝 阝⁻ 阝⁺ 阝ナ 阝有 阝有 阝有 阝有 陏 陏 随

碗（三碗） 一 丆 丆 石 石 石` 石' 矿 矿 矿 矿 碗 碗

3. 填字组词。Fill in the blanks to make words or phrases.

______便	______意	______员
便______	______意	______员

请______ 请______

请______ 请______

4. 填写合适的量词。Write the correct measure words.

一______辣子鸡 两______米饭

三______客人 四______面条儿

5. 听录音，跟读句子。 20-2

Listen to the recording and repeat the sentences.

你吃过糖醋鱼吗?
你玩过这个游戏吗?

课文讲练 Text

课文热身 / Warm Up

听录音，选择正确的图片。 🔊 20-3

Listen to the recording and choose the correct pictures.

A. 

B. 

C. 

D. 

❶ ________ ❷ ________ ❸ ________ ❹ ________

课文 1 / Text 1 🔊 20-4

（艾米丽、马克和玛利亚走进饭店。）

服务员：欢迎光临！您几位？

艾米丽：三位。今天我请客，你们想吃什么？随便点。

玛利亚：你们饭店有什么特色菜？

服务员：糖醋鱼味道不错，很多客人点这个。

玛利亚：好，那我们来一个糖醋鱼怎么样？

艾米丽：同意。

马　克：你吃过糖醋鱼吗？好吃吗？

艾米丽：（看菜单）我也没吃过，不过看起来不错，我们尝一尝吧。

服务员：好的，一个糖醋鱼。

马　克：请问，旁边的客人吃的是什么？好像不错。

艾米丽：我看好像是鱼香肉丝，我们也来一份。你们能不能吃辣的？我们来个辣子鸡吧？

玛利亚、马克：可以。

服务员：好的。还要别的吗？

玛利亚：先点这些吧。

服务员：好的，一个糖醋鱼，一个鱼香肉丝，一个辣子鸡。

艾米丽：再来三碗米饭。

❶ 他们三个人在哪儿吃饭？
❷ 今天谁请客？
❸ 这个饭店有什么特色菜？
❹ 他们能吃辣的吗？
❺ 他们都点了什么菜？

(Àimǐlì, Mǎkè hé Mǎlìyà zǒujìn fàndiàn.)

Fúwùyuán: Huānyíng guānglín! Nín jǐ wèi?

Àimǐlì: Sān wèi. Jīntiān wǒ qǐngkè, nǐmen xiǎng chī shénme? Suíbiàn diǎn.

Mǎlìyà: Nǐmen fàndiàn yǒu shénme tèsècài?

Fúwùyuán: Tángcùyú wèidào búcuò, hěn duō kèrén diǎn zhège.

Mǎlìyà: Hǎo, nà wǒmen lái yí gè Tángcùyú zěnmeyàng?

Àimǐlì: Tóngyì.

Mǎkè: Nǐ chīguò Tángcùyú ma? Hǎochī ma?

Àimǐlì: (Kàn càidān) Wǒ yě méi chīguò, búguò kàn qilai búcuò, wǒmen cháng yi cháng ba.

Fúwùyuán: Hǎo de, yí gè Tángcùyú.

Mǎkè: Qǐngwèn, pángbiān de kèrén chī de shì shénme? Hǎoxiàng búcuò.

Àimǐlì: Wǒ kàn hǎoxiàng shì Yúxiāng Ròusī, wǒmen yě lái yí fèn. Nǐmen néng bu néng chī là de? Wǒmen lái gè Làzijī ba?

Mǎlìyà, Mǎkè: Kěyǐ.

Fúwùyuán: Hǎo de. Hái yào biéde ma?

Mǎlìyà: Xiān diǎn zhèxiē ba.

Fúwùyuán: Hǎo de, yí gè Tángcùyú, yí gè Yúxiāng Ròusī, yí gè Làzijī.

Àimǐlì: Zài lái sān wǎn mǐfàn.

语言点注解 / Language Points

1. 过$_1$

“过”是动态助词，用在动词后，即“V+ 过 +（O）”，表示过去完成的动作行为。

“过” is an aspect particle. It is used after a verb, namely “V+过+（O）”, which is used to describe a finished action.

例如：我看过这本书。

你听过这首歌吗?

我没吃过中国菜。

组词成句。 Put the words in the correct order to make sentences.

1. 这里 我 过 曾经 来

____

2. 刚才 我 过 饭 吃 了

____

3. 送 你 已经 她 过 了 礼物 给

____

4. 请 已经 了 老师 跟 过 假 我

____

5. 这个 在 酒店 过 我 一次 住

____

课文练习 / Text Exercises

1. 听课文录音，判断对错，对的画"√"，错的画"×"。 20-4

Listen to the text and decide if the statements are true or false. Mark "√" if true and "×" if false.

1. 马克请艾米丽和玛利亚吃饭。 ( )
2. 很多客人都喜欢吃糖醋鱼。 ( )
3. 旁边的客人正在吃辣子鸡。 ( )
4. 马克和玛利亚都能吃辣的。 ( )
5. 他们一共点了三个菜。 ( )

2. 根据课文内容，排列下列句子。

Put the following sentences in order based on the text.

1. 服务员推荐他们吃糖醋鱼
2. 还有三碗米饭
3. 艾米丽请马克和玛利亚吃饭
4. 他们看了菜单以后
5. 因为它是特色菜，很多客人都点
6. 一共点了三个菜

____

它 tā 代
it

PART 2
第二部分

词句学练 Vocabulary and Sentences

预习词语 / Preview the Words

20-5

1	啤酒	píjiǔ	名	beer
2	一边	yìbiān	副	simultaneously
3	需要	xūyào	名、动	demand; need
4	扎	zhā	量	mug
5	上菜	shàng cài		serve dishes
6	果然	guǒrán	副	as expected, really
7	味道	wèidào	名	flavour
8	香	xiāng	形	savoury, delicious
9	从来	cónglái	副	always, at all times
10	有名	yǒumíng	形	famous
11	推荐	tuījiàn	动	recommend
12	饱	bǎo	形	full
13	买单	mǎi//dān	动	pay the bill
14	都	dōu	副	already
15	赶紧	gǎnjǐn	副	at once, quickly
16	打包	dǎ//bāo	动	put the leftovers in a doggy bag

1	酸梅汤	Suānméitāng		Sweet-sour Plum Juice

1. 听录音，跟读生词。 20-5

Listen to the recording and repeat the new words.

2. 书写汉字。Write the characters.

啤（啤酒） 丨 ㄇ 口 口′ 口′′ 口′′ 口白 口白 口申 口申 啤

酒（喝酒） 丶 丶 氵 氵 汀 汀 沂 洒 洒 酒 酒

推（推荐） 一 扌 扌 扌 扌 扌 扌 推 推 推 推

荐（推荐） 一 十 艹 艹 芦 芦 芹 荐 荐

3. 填字组词。Fill in the blanks to make words or phrases.

________然	________紧	________来
然________	紧________	________来

________酒	打________	________单
________酒	打________	________单

4. 听录音，跟读句子。 🔈20-6

Listen to the recording and repeat the sentences.

我们一边喝酒，一边聊天儿。

他一边写作业，一边听音乐。

我一喝酒就脸红。

他一回家就打开了电视。

过了一会儿，服务员开始上菜。

过几天我再来看你。

糖醋鱼果然很好吃。

这家饭店果然很有名。

我从来没吃过这么好吃的中国菜。

我从来不迟到。

都八点了，咱们赶紧回学校吧。

都快十二点了，你还不睡吗？

课文讲练 Text

课文热身 / Warm Up

判断听到的内容和图片是否一致，一致画"√"，不一致画"×"。 🔈20-7

Decide whether what you hear is consistent with the pictures. Mark "√" if yes and "×" if no.

1  (　　)

2  (　　)

3  (　　)

4  (　　)

课文 2 / Text 2

20-8

马　克：咱们喝点儿啤酒吧？一边喝酒，一边聊天儿。

艾米丽：别喝了，我一喝酒就脸红，还是喝点儿果汁吧。服务员！

服务员：您好！请问有什么需要？

艾米丽：来一扎酸梅汤。

服务员：好的，马上来。

（过了一会儿，服务员开始上菜。）

玛利亚：糖醋鱼果然很好吃。

马　克：鱼香肉丝也不错。

艾米丽：辣子鸡的味道也很香。

玛利亚：这家饭店的菜真不错！我从来没吃过这么好吃的中国菜。

艾米丽：是啊！这家店很有名，是我的一个中国朋友推荐的。点的菜还够吃吗？

玛利亚：够吃，吃得挺饱的。

马　克：我也吃饱啦！

艾米丽：那买单吧。都八点了，咱们赶紧回学校吧。服务员！买单！打包！

❶ 马克想喝什么？艾米丽为什么不想喝？
❷ 这家饭店的菜味道怎么样？
❸ 艾米丽是怎么知道这家饭店的？

Mǎkè:	Zánmen hē diǎnr píjiǔ ba? Yìbiān hē jiǔ, yìbiān liáotiānr.
Àimǐlì:	Bié hē le, wǒ yì hē jiǔ jiù liǎn hóng, háishi hē diǎnr guǒzhī ba. Fúwùyuán!
Fúwùyuán:	Nín hǎo! Qǐngwèn yǒu shénme xūyào?
Àimǐlì:	Lái yì zhā Suānméitāng.
Fúwùyuán:	Hǎo de, mǎshàng lái.

(Guòle yíhuìr, fúwùyuán kāishǐ shàng cài.)

Mǎlìyà:	Tángcùyú guǒrán hěn hǎochī.
Mǎkè:	Yúxiāng Ròusī yě búcuò.
Àimǐlì:	Làzijī de wèidào yě hěn xiāng.
Mǎlìyà:	Zhè jiā fàndiàn de cài zhēn búcuò! Wǒ cónglái méi chīguò zhème hǎochī de Zhōngguócài.
Àimǐlì:	Shì a! Zhè jiā diàn hěn yǒumíng, shì wǒ de yí gè Zhōngguó péngyou tuījiàn de. Diǎn de cài hái gòu chī ma?
Mǎlìyà:	Gòu chī, chī de tǐng bǎo de.
Mǎkè:	Wǒ yě chībǎo la!
Àimǐlì:	Nà mǎidān ba. Dōu bā diǎn le, zánmen gǎnjǐn huí xuéxiào ba. Fúwùyuán! Mǎidān! Dǎbāo!

语言点注解 / Language Points

1. 一边……，一边……

"一边……，一边……"表示两个动作行为同时进行，前后两个分句的主语相同时，"一边"中的"一"经常可以省略；不同时，不能省略。

"一边……，一边……" is used to describe two actions happening at the same time. When the subjects of the two clauses are the same, "一" in "一边" usually can be omitted. When the subjects are different, "一" cannot be omitted.

例如：我一边写作业，一边听音乐。
我们边唱歌，边跳舞。
我一边说，你一边写。

用下列词语和"一边……，一边……"说句子。

Make sentences with the following words and "一边……，一边……".

❶ 吃饭　看电视　❷ 看书　听歌　❸ 看电影　聊天儿
❹ 讲课　记笔记　❺ 上网　吃东西　❻ 打电话　收拾行李

讲课　jiǎng//kè　动
give a lesson
笔记　bǐjì　名
notes
上网　shàng//wǎng 动
get onto the Internet

2. 一……，就……

在承接关系复句"一……，就……"中，前一个分句表示条件，后一个分句表示在这个条件下产生的结果。前后两个分句的主语可以相同也可以不同。

In the complex sentence of successive relation "一……，就……", the first clause gives a condition, while the latter gives the corresponding result under the circumstances. The subjects of the two clauses can be the same or different.

例如：我一跑步就肚子疼。

爸爸妈妈一有时间，我们全家就会出去旅游。

"一……，就……"也可以表示前后两个动作行为相继发生。两个分句的主语可以相同也可以不同。

"一……，就……" can also be used to describe two actions happening successively. The subjects of the two clauses can be the same or different.

例如：我一到办公室就给你发邮件。

我一来她就走了。

全 quán 形
whole

(1) 根据图片和提示，用"一……，就……"说句子。

Make sentences with "一……，就……" based on the pictures and clues.

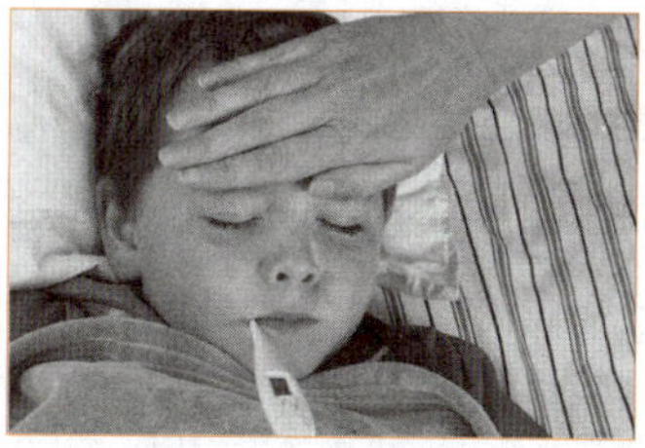

① 感冒　发烧

② 写作业　困

③ 去商场　想买东西

④ 老师　说　他　明白

(2) 组词成句。 Put the words in the correct order to make sentences.

① 听　她　一　笑　起来　就　了

____

② 进门 我 一 看 了 他 就 到

____

③ 小区 一 出 我 就 打 大门 到 车 了

____

④ 生病 一 张老师，就 学生们 他 了 看 去

____

3. 过$_2$

在“过＋时间”结构中，“过”是动词，表示“经过”或“度过”。

In the “过+时间” structure, “过” is a verb, meaning “pass” or “spend”.

例如：我现在有事，过一会儿就给你打电话。

过几天我就出差了。

根据括号里的信息，用“过+时间”完成下列句子。

Use the information in the brackets to complete the following sentences with “过+时间”.

① 现在超市还没开门，______________（一会儿）。

② ______________，他怎么还不回来？（三天）

③ 爸爸______________来学校看我们。（几天）

④ 我______________就回学校上课。（一个星期）

4. 果然

“果然”表示跟自己想的一样。

“果然” means that the result turns out to be the same as one expects.

例如：他果然很谦虚。

演出果然很精彩。

用"果然"改写下列句子。 Paraphrase the following sentences with "果然".

1. 你们学校真的和照片上一样漂亮。

   → ______________________________

2. 我猜这次考试应该很难，结果真的很难。

   → ______________________________

3. 很多人都说这部电影很好看，我也看了，真的很好看。

   → ______________________________

4. 大家都说昆明的空气好，我去玩的时候，发现真的很好。

   → ______________________________

结果 jiéguǒ 连
as a result

5. 从来

"从来"表示从过去到现在都是这样，一般用于否定形式，即"从来＋不/没（有）+V"。

"从来" means that the situation remains the same from the past to the present. It is usually used in the negative form, namely "从来+不/没（有）+V".

例如：他从来不迟到。

我从来没去过大连。

用下列词语和"从来+不/没（有）+V"练习对话。

Make dialogues with the following words and "从来+不/没（有）+V".

1. 网吧
2. 学校附近的商场
3. 留学生聚会
4. 那里　下雪
5. 打车　清华大学
6. 周末　睡懒觉

6. 都$_2$

副词"都"可以表示"已经"，常见用法是"都……了"。

The adverb "都" means "已经". The common way to use it is "都……了".

例如：我们来中国都四个月了。

都十二点了，你还不睡吗？

儿子 érzi 名
son

用"都……了"完成对话。 Complete the dialogues with "都……了".

1. A: ______________________
   B: 我过一会儿就休息。
2. A: 你儿子这几天一直发烧吗?
   B: ______________________
3. A: ______________________
   B: 再让我玩一会儿吧。
4. A: ______________________
   B: 我还想买个帽子。
5. A: ______________________
   B: 别着急，你每天练习的话，发音一定会越来越标准的。

课文练习 / Text Exercises

1. 听课文录音，选择正确答案。 20-8

Listen to the text and choose the correct answers.

1. 艾米丽点了什么饮料? (　　)
   A. 一扎酸梅汤　　B. 一瓶啤酒
   C. 一杯咖啡　　D. 一杯水
2. 辣子鸡的味道怎么样? (　　)
   A. 很辣　　B. 有点儿酸
   C. 很香　　D. 不太好吃
3. 他们吃完饭的时候几点了? (　　)
   A. 七点半　　B. 八点
   C. 十点　　D. 十点半
4. 他们吃完饭以后要去哪儿? (　　)
   A. 去超市　　B. 回学校
   C. 去饭店　　D. 回家

2. 根据课文内容，排列下列句子。

Put the following sentences in order based on the text.

1. 马克想喝啤酒
2. 玛利亚觉得这家饭店的菜非常好吃
3. 原来这家饭店很有名
4. 但是艾米丽一喝酒就脸红
5. 她从来没吃过这么好吃的中国菜
6. 所以他们点了酸梅汤
7. 怪不得这儿的饭菜这么好吃

____

PART 3

第三部分

听力实践 Listening Practice

1. 听对话，选择正确答案。 20-9

Listen to the dialogues and choose the correct answers.

1. A. 饭店是新开的　　B. 饭店的菜很好吃
   C. 他们两个人一起去　　D. 他们打算周六去
2. A. 太胖了　　B. 刚吃完
   C. 不知道吃什么　　D. 天气太热
3. A. 超市　　B. 食堂　　C. 饭店　　D. 家

2. 听短文，判断对错，对的画"√"，错的画"×"。 20-10

Listen to the passage and decide if the statements are true or false. Mark "√" if true and "×" if false.

1. "我"去过一次中国。 (　　)
2. 南方的饺子很有名。 (　　)
3. 四川人喜欢吃辣的。 (　　)
4. "我"对中国菜不感兴趣。 (　　)

3. 听短文，选择正确答案。 20-11

Listen to the passage and choose the correct answers.

1. A. 生活压力　　B. 工作压力
   C. 学习压力　　D. 以上都对
2. A. 一边听音乐一边看电影　　B. 一边跑步一边听音乐
   C. 一边上课一边玩手机　　D. 一边散步一边听歌

阅读实践 Reading Practice

（一）

因为我忘了我们的结婚纪念日，所以我的妻子很生气。她说我不够浪漫，还说过了这么多年，我已经不爱她了。我想让妻子高兴起来，所以决定带她去吃非常有名的北京烤鸭，她还从来没有吃过呢。

我们点了一只烤鸭、一个汤，还有两个炒菜。我们吃得很开心，妻子也很高兴。可是结账的时候，我发现我的钱没带够，所以最后还是妻子请我吃的饭。我真是太不好意思了！

忘 wàng 动 forget
结婚 jié//hūn 动 marry
纪念日 jìniànrì 名 anniversary
生气 shēng//qì 动 get angry
浪漫 làngmàn 形 romantic
爱 ài 动 like, love
决定 juédìng 动 decide
烤鸭 kǎoyā 名 roast duck
汤 tāng 名 soup
炒菜 chǎocài 名 fried dish
最后 zuìhòu 名 the last

1. 妻子为什么生气？

A.“我”忘了结婚纪念日　B.“我”没带她去吃饭
C.“我”没做饭　D.“我”没带够钱

2. 下面哪个不正确？

A.“我”带妻子吃烤鸭　B. 最后是妻子买的单
C.“我”没带钱　D. 北京烤鸭很有名

（二）

我以前从来没有喝过酒，昨天和朋友出去吃饭，我们几个人喝了半斤白酒。刚开始的时候，我觉得还挺好的，以为自己酒量很大，可是第二天起床后，我就觉得很不舒服了。早上同事见到我，看到我的脸色很不好，大家都以为我生病了呢。

斤 jīn 量 [a traditional unit of weight, equivalent to 0.5 kilogram]
白酒 báijiǔ 名 liquor
酒量 jiǔliàng 名 drinking capacity
同事 tóngshì 名 colleague
脸色 liǎnsè 名 [indicating sb's physical condition] look, colour
以为 yǐwéi 动 think, consider
生病 shēng//bìng 动 fall ill

1. 下面哪个是正确的？

A.“我”的酒量很好　B. 这是“我”第一次喝酒
C.“我”喝醉了　D.“我”可以喝半斤白酒

2. 同事为什么以为“我”生病了？

A. 因为“我”没去上班　B. 因为“我”请假了
C. 因为“我”脸色不好　D. 因为“我”昨天喝醉了

交际训练 Communication Practice

四人一组，先共同设计一份菜单，然后三个人扮演顾客，一个人扮演服务员，根据设计的菜单，模仿课文1进行角色扮演，尽量用到所给词语、语言点和句型。

Work in groups of four. First, design a menu together, and then three people act as customers and one acts as the waiter/waitress. Use the menu to do a role-play to act out a dialogue similar to Text 1. Try to use the given words, language points and sentence patterns.

请客　随便　特色菜　味道　香　点菜　有名　果然　从来　饱
买单　一边……，一边……　一……，就……　都……了

我们来一个……怎么样？

你们吃过……吗？

……看起来……，我们尝一尝吧。

来……，再来……

别……了，还是……吧。

学后反思 Reflection

1. 你最喜欢吃哪道中国菜？它是什么味道的？

   Which Chinese dish do you like best? What does it taste like?

2. 你觉得本课哪些生词比较难记或者不容易读？

   Which new words do you think are difficult to memorise or to read in this lesson?

3. 你学到了哪些句型和语法？请用本课的语言点说几个句子。

   What sentence patterns and grammar have you learned? Use the language points in this lesson to make several sentences.

第二十一课 LESSON 21

谁让我是“老外”呢？

Obviously I am a foreigner!

学习目标 Learning Goals

重点生词 / Key Words

春节　节日　日子　庆祝　教　差不多$_2$　正好　花　顺便　以为

重点语言点 / Key Language Points

1. 连词（Conjunction）“哪怕”
2. 转折关系复句（Complex Sentence of Adversative Relation）“虽然……，但是……”
3. 反问句（Rhetorical Question）“谁让……呢？”
4. 可能补语（Complement of Potentiality）
5. 固定格式（Fixed Pattern）“V+ 了 / 完……就……”

PART 1

第一部分

词句学练 Vocabulary and Sentences

预习词语 / Preview the Words 21-1

1	年货	niánhuò	名	special purchases for the Spring Festival
2	节日	jiérì	名	festival
3	农历	nónglì	名	lunar calendar
4	团圆	tuányuán	动	reunion
5	日子	rìzi	名	day, date
6	外地	wàidì	名	part of the country other than where one lives
7	哪怕	nǎpà	连	even if
8	筷子	kuàizi	名	chopsticks
9	简单	jiǎndān	形	simple
10	虽然	suīrán	连	though, although
11	庆祝	qìngzhù	动	celebrate
12	袋	dài	量	bag
13	速冻	sùdòng	动	quick-freeze
14	老外	lǎowài	名	foreigner

1	春节	Chūnjié		Spring Festival

1. 听录音，跟读生词。 21-1

Listen to the recording and repeat the new words.

2. 书写汉字。 Write the characters.

历（农历） 一 厂 历 历

袋（一袋） 丿 亻 亻 代 代 代 代 岱 岱 岱 袋

3. **填字组词。** Fill in the blanks to make words.

日 ______	外 ______	______ 单	______ 然
______ 日	外 ______	______ 单	______ 然

4. **词语扩展。** Make phrases with the given words.

庆祝 ______ ______ ______

过 ______ ______ ______

刷 ______ ______ ______

5. **听录音，跟读句子。** 21-2

Listen to the recording and repeat the sentences.

哪怕帮妈妈刷刷筷子洗洗碗。

哪怕你每天阅读一篇汉语文章，你的汉语也会进步不少。

虽然我是外国人，但是我在中国生活。

虽然我很累了，但是我还得继续工作。

谁让我是“老外”呢？

谁让你喜欢吃辣的呢？

课文讲练 Text

课文热身 / Warm Up

判断听到的内容和图片是否一致，一致画"√"，不一致画"×"。 21-3

Decide whether what you hear is consistent with the pictures. Mark "√" if yes and "×" if no.

1  (   )

2 

(   )

3  (   )

4  (   )

课文 1 / Text 1 21-4

（在超市里。）

马　克：超市里怎么这么多人啊？

周小明：春节快要到了，大家都开始准备年货了。

马　克：春节是中国最重要的节日吧？

周小明：没错，春节是中国的农历新年，是一家人团圆的日子。很多在外地工作的人平时见不到父母，春节的时候都要回家看看。

马　克：哦！原来是这样。

周小明：不是有一首歌叫《常回家看看》吗？（开始唱歌）常回家看看，回家看看，哪怕帮妈妈刷刷筷子洗洗碗……

马　克：你唱得真好！

周小明：这首歌挺简单的，你也可以学学。

马　克：虽然我是外国人，但是我在中国生活，所以我也想庆祝一下春节。

周小明：好啊，你准备怎么庆祝？

马　克：当然是吃饺子啦！

周小明：你会包饺子吗？

马　克：不会……不过我可以在这儿买几袋速冻饺子嘛！谁让我是“老外”呢？

❶ 春节就要到了，大家都在忙着干什么？

❷ 你知道《常回家看看》的歌词内容吗？

❸ 马克会包饺子吗？如果不会，他打算怎么办？

(Zài chāoshì lǐ.)

Mǎkè: Chāoshì lǐ zěnme zhème duō rén a?

Zhōu Xiǎomíng: Chūnjié kuàiyào dào le, dàjiā dōu kāishǐ zhǔnbèi niánhuò le.

Mǎkè: Chūnjié shì Zhōngguó zuì zhòngyào de jiérì ba?

Zhōu Xiǎomíng: Méi cuò, Chūnjié shì Zhōngguó de nónglì xīnnián, shì yì jiā rén tuányuán de rìzi. Hěn duō zài wàidì gōngzuò de rén píngshí jiàn bú dào fùmǔ, Chūnjié de shíhou dōu yào huí jiā kànkan.

Mǎkè: Ò! Yuánlái shì zhèyàng.

Zhōu Xiǎomíng: Bú shì yǒu yì shǒu gē jiào《Cháng Huí Jiā Kànkan》ma? (Kāishǐ chàng gē) Cháng huí jiā kànkan, huí jiā kànkan, nǎpà bāng māma shuāshua kuàizi xǐxi wǎn…

Mǎkè: Nǐ chàng de zhēn hǎo!

Zhōu Xiǎomíng: Zhè shǒu gē tǐng jiǎndān de, nǐ yě kěyǐ xuéxue.

Mǎkè: Suīrán wǒ shì wàiguórén, dànshì wǒ zài Zhōngguó shēnghuó, suǒyǐ wǒ yě xiǎng qìngzhù yíxià Chūnjié.

Zhōu Xiǎomíng: Hǎo a, nǐ zhǔnbèi zěnme qìngzhù?

Mǎkè: Dāngrán shì chī jiǎozi la!

Zhōu Xiǎomíng: Nǐ huì bāo jiǎozi ma?

Mǎkè: Bú huì⋯ Búguò wǒ kěyǐ zài zhèr mǎi jǐ dài sùdòng jiǎozi ma! Shéi ràng wǒ shì "lǎowài" ne?

语言点注解 / Language Points

1. 哪怕

“哪怕”可以表示假设和让步，有“即使不能做更多，至少也要做某件事或做到某个程度”的意思。

"哪怕" can be used to indicate assumption and concession. It means that even if a lot of things cannot be done, at least this one thing has to be done to a certain extent.

例如：你不来一定要告诉我，哪怕给我打一个电话。

如果你每天都看汉语书，哪怕只看十分钟，也能积累很多汉语生词。

用“哪怕”完成句子。 Complete the sentences with "哪怕".

1. 你还是吃点儿饭吧，________________________。
2. 我真希望能休息几天，________________________。
3. 我觉得你得去看看她，________________________。
4. 你应该及时跟老师请假，________________________。
5. 你得学会照顾自己，________________________。

照顾　zhàogù　动
take care of

2. 虽然……，但是……

“虽然……，但是……”是表示转折关系的复句。

"虽然……, 但是……" is a complex sentence of adversative relation.

例如：虽然我们是外国人，但是我们也会说汉语。

虽然我没吃过这道菜，但是我觉得它一定很好吃。

用下列词语和“虽然……，但是……”说句子。

Make sentences with the following words and “虽然……，但是……”.

❶ 生病 ❷ 外边下雨 ❸ 朋友不多

❹ 说对不起 ❺ 原价很贵 ❻ 来中国才两个月

3. 谁让……呢？

反问句“谁让……呢？”表示因为某个原因，某件事是理所应当的。

The rhetorical question “谁让……呢？” indicates that something ought to be that way for some reason.

例如：我一定会帮你，谁让我们是朋友呢？

我要给中国队加油，谁让我是中国人呢？

队	duì	名
team		

用“谁让……呢？”改写下列句子。

Paraphrase the following sentences with “谁让……呢？”.

❶ 你今天必须陪我，因为我今天过生日。

→ ____________________

❷ 如果你需要帮助的话就来找我，因为我们是好朋友。

→ ____________________

❸ 唉，找工作太难了，因为我是学物理专业的。

→ ____________________

❹ 你们得好好学习汉语，因为你们已经来中国了。

→ ____________________

❺ 我也不想经常迟到，可是我家离学校太远了。

→ ____________________

必须	bìxū	副
must		
陪	péi	动
accompany		

课文练习 / Text Exercises

1. 听课文录音，判断对错，对的画“√”，错的画“×”。 21-4

Listen to the text and decide if the statements are true or false. Mark “√” if true and “×” if false.

1. 春节快要到了，大家都开始准备年货了。 (　　)
2. 春节是中国最重要的节日。 (　　)
3. 《常回家看看》是一首英文歌。 (　　)
4. 马克也想庆祝春节。 (　　)
5. 马克从来不吃速冻饺子，因为他会包饺子。 (　　)

2. 根据课文内容，排列下列句子。

Put the following sentences in order based on the text.

1. 也是中国最重要的节日
2. 所以他也想庆祝一下春节
3. 春节是中国的农历新年
4. 马克虽然是外国人
5. 但是他在中国生活
6. 于是他打算在超市买速冻饺子
7. 他想吃饺子，可是他不会包
8. 是一家人团圆的日子

____

于是　yúshì　连
so, then

PART 2
第二部分

词句学练 Vocabulary and Sentences

预习词语 / Preview the Words 21-5

1	怎么办	zěnme bàn		what's to be done
2	教	jiāo	动	teach
3	种	zhǒng	量	type, kind
4	馅	xiàn	名	filling, stuffing
5	三鲜馅	sānxiānxiàn	名	stuffing with three delicacies
6	鸡蛋	jīdàn	名	egg
7	饮食	yǐnshí	名	eating and drinking
8	差不多	chàbuduō	形、副	about the same; almost
9	正好	zhènghǎo	副	fortunately, coincidentally
10	菜	cài	名	vegetable
11	饺子皮	jiǎozipí	名	dumpling wrapper
12	酱油	jiàngyóu	名	soy sauce
13	醋	cù	名	vinegar
14	花	huā	动	spend, expend
15	顺便	shùnbiàn	副	by the way
16	以为	yǐwéi	动	think, consider

1. 听录音，跟读生词。 21-5

Listen to the recording and repeat the new words.

2. 书写汉字。 Write the characters.

馅（三鲜馅） ノ ⺈ 饣 饣 饣 饣 饣 饣 馅 馅 馅

皮（饺子皮） ㇖ 厂 广 皮 皮

3. **填字组词。** Fill in the blanks to make words.

顺______	______好	______油	______事
顺______	______好	______油	______事

4. **填写合适的量词。** Write the correct measure words.

两______速冻饺子　　一______酱油

三______馅　　一______醋

5. **听录音，跟读句子。** 21-6

Listen to the recording and repeat the sentences.

我们不会包饺子，包不好怎么办？

你们吃得惯中国菜吗？

我们现在的饮食习惯和中国人差不多了。

我和他差不多高。

我家里正好有菜、肉和鸡蛋。

我正好有事找你。

准备饺子馅得花半个小时吧。

从家走到学校得花一个小时呢。

你们那儿有酱油和醋吗？没有的话就顺便买一下吧。

我来这附近有点儿事，顺便来看看你。

我还以为包饺子很简单呢。

我还以为他的汉语很好呢。

我准备好了就过去。

我吃了饭就走。

课文讲练 Text

课文热身 / Warm Up

听对话，为下列句子排序。 21-7

Listen to the dialogue and put the following sentences in order.

1. 饺子好了，快来吃吧！
2. 吃得惯，很好吃。
3. 味道真不错啊！
4. 那就好。别着急，慢点儿吃。
5. 你们吃得惯三鲜馅的饺子吗？
6. 我们现在的饮食习惯和中国人差不多了。

____

课文 2 / Text 2 21-8

（周小明给马克打电话。）

周小明：马克，你在哪儿呢？

马　克：我和艾米丽在超市买速冻饺子呢。

周小明：速冻饺子？你们又想吃饺子啦？饺子还是自己包的好吃。

马　克：可是我们不会包饺子，包不好怎么办？

周小明：别担心，我会啊！我来教你们，怎么样？

马　克：那太好了！

周小明：饺子有好多种馅，你们想吃什么馅的？

马　克：你一般吃什么馅的？

周小明：我一般吃三鲜馅的，你们吃得惯吗？

马　克：三鲜馅？

周小明：嗯，一般就是肉、菜和鸡蛋做成的馅。

马　克：哦，应该吃得惯吧，我们现在的饮食习惯和中国人差不多了。

周小明：好，我家里正好有菜、肉和鸡蛋，我来准备饺子馅，一会儿带过去。

马　克：好啊，那你什么时候过来？

周小明：准备饺子馅得花半个小时吧，我大概一个小时以后到。

马　克：那我们需要准备点儿什么？

周小明：你们先买些饺子皮吧。对了，你们那儿有酱油和醋吗？没有的话就顺便买一下吧。

马　克：好的，我还以为包饺子很简单呢，真是麻烦你了！

周小明：没事，不麻烦，谁让我们是好朋友呢？

马　克：哈哈，那你别着急，我们等你。

周小明：嗯，我准备好了就过去。一会儿见！

马　克：一会儿见！

1. 马克和艾米丽在哪儿？
2. 他们打算包什么馅的饺子？
3. 准备饺子馅得花多长时间？
4. 周小明让马克和艾米丽准备什么？

(Zhōu Xiǎomíng gěi Mǎkè dǎ diànhuà.)

Zhōu Xiǎomíng: Mǎkè, nǐ zài nǎr ne?

Mǎkè: Wǒ hé Àimǐlì zài chāoshì mǎi sùdòng jiǎozi ne.

Zhōu Xiǎomíng: Sùdòng jiǎozi? Nǐmen yòu xiǎng chī jiǎozi la? Jiǎozi háishi zìjǐ bāo de hǎochī.

Măkè: Kěshì wǒmen bú huì bāo jiǎozi, bāo bù hǎo zěnme bàn?

Zhōu Xiǎomíng: Bié dānxīn, wǒ huì a! Wǒ lái jiāo nǐmen, zěnmeyàng?

Măkè: Nà tài hǎo le!

Zhōu Xiǎomíng: Jiǎozi yǒu hǎo duō zhǒng xiàn, nǐmen xiǎng chī shénme xiàn de?

Măkè: Nǐ yìbān chī shénme xiàn de?

Zhōu Xiǎomíng: Wǒ yìbān chī sānxiānxiàn de, nǐmen chī de guàn ma?

Măkè: Sānxiānxiàn?

Zhōu Xiǎomíng: Ǹg, yìbān jiù shì ròu, cài hé jīdàn zuòchéng de xiàn.

Măkè: Ò, yīnggāi chī de guàn ba, wǒmen xiànzài de yǐnshí xíguàn hé Zhōngguórén chàbuduō le.

Zhōu Xiǎomíng: Hǎo, wǒ jiāli zhènghǎo yǒu cài, ròu hé jīdàn, wǒ lái zhǔnbèi jiǎozixiàn, yíhuìr dài guoqu.

Măkè: Hǎo a, nà nǐ shénme shíhou guòlai?

Zhōu Xiǎomíng: Zhǔnbèi jiǎozixiàn děi huā bàn gè xiǎoshí ba, wǒ dàgài yí gè xiǎoshí yǐhòu dào.

Măkè: Nà wǒmen xūyào zhǔnbèi diǎnr shénme?

Zhōu Xiǎomíng: Nǐmen xiān mǎi xiē jiǎozipí ba. Duì le, nǐmen nàr yǒu jiàngyóu hé cù ma? Méiyǒu dehuà jiù shùnbiàn mǎi yíxià ba.

Măkè: Hǎo de, wǒ hái yǐwéi bāo jiǎozi hěn jiǎndān ne, zhēn shì máfan nǐ le!

Zhōu Xiǎomíng: Méishì, bù máfan, shéi ràng wǒmen shì hǎo péngyou ne?

Măkè: Hāha, nà nǐ bié zháojí, wǒmen děng nǐ.

Zhōu Xiǎomíng: Ǹg, wǒ zhǔnbèi hǎo le jiù guòqu. Yíhuìr jiàn!

Măkè: Yíhuìr jiàn!

语言点注解 / Language Points

1. 可能补语（Complement of Potentiality）

可能补语表示是否可能做某事或实现某种结果，常见格式是“V+得/不+到/好/惯/完/下去……”。“得/不”的后面可以是动词、形容词或趋向动词。

The complement of potentiality indicates whether or not it is possible to do something or achieve certain results. The common pattern is “V+得/不+到/好/惯/完/下去……”. “得/不” can be followed by a verb, an adjective or a directional verb.

例如：“得/不”后面为动词：

“得/不” is followed by a verb:

我现在吃得惯中国菜了。

已经十二点了，我今天可能做不完作业了。

“得 / 不”后面为形容词：

“得 / 不” is followed by an adjective:

这个字我总是写不好。

他声音太小了，我听不清楚。

“得 / 不”后面为趋向动词：

“得 / 不” is followed by a directional verb:

我太饿了，现在可以吃得下一头牛。

这封邮件为什么总是发不出去呢？

还有一类可能补语的格式是“V+ 得 / 不 + 了（liǎo）……”。

Another pattern of complement of potentiality is “V+得/不+了（liǎo）……”.

例如：我已经饱了，吃不了了。

他的腿受伤了，走得了路吗？

用可能补语完成句子。

Complete the sentences with the complement of potentiality.

1. 今天的生词太多了，________________________。
2. 这首歌的歌词太难了，________________________。
3. 这部电影真没意思，________________________。
4. ________________________？我家就在北大南门附近。
5. 学校的网络坏了吗？________________________。

2. 差不多$_2$

“差不多”表示“相差很少，很相近”，常见用法为“和……差不多 +（A）”。

“差不多” means “about the same, very close”. The common way to use it is “和……差不多+（A）”.

例如：她的个子和你差不多。

我们的饮食习惯差不多相同。

“差不多”还可以表示“几乎”。

“差不多” also means “almost”.

声音 shēngyīn 名
sound, voice

头 tóu 量
[for animals]

牛 niú 名
cattle

封 fēng 量
[for sth enveloped]

腿 tuǐ 名
leg

受伤 shòu//shāng 动
be injured

网络 wǎngluò 名
network

坏 huài 形
broken

相同 xiāngtóng 形
same

例如：周末的作业我差不多做完了。

这些生词我差不多都会了。

(1) 组词成句。 Put the words in the correct order to make sentences.

1. 的　他　和　差不多　我　汉语水平

   → ______________________

2. 这道菜　和　的　味道　的　差不多　那道菜

   → ______________________

3. 上次　我　的　考试　这次　和　差不多　成绩

   → ______________________

4. 这一课　觉得　的　课文　和　难　我　的　差不多　上一课

   → ______________________

(2) 用下列词语和“差不多”说句子。

Make sentences with the following words and “差不多”.

1. 每个人　都喜欢他
2. 课文　预习完了
3. 生词　都忘了
4. 衣服　都小了

3. 正好

例如：我去图书馆的时候，他正好也去。

我去王老师办公室的路上，正好遇到他。

遇到　yùdào　动
run into

用“正好”改写下列句子。 Paraphrase the following sentences with “正好”.

1. 今天晚上八点有留学生聚会，我晚上有空。

   → ______________________

2. 你来了，我有一件事要问你。

   → ______________________

停 tíng 动
stop

3 我打算出门的时候，雨停了。

→ ______________________________

4 我去北京的时候，他也在北京。

→ ______________________________

5 今天商场有活动，可以打八折。

→ ______________________________

4. 花

“花”用作动词时，常见用法是“花＋时间 / 钱”。

When “花” is used as a verb, the common way to use it is “花+时间/钱”.

例如：我每天花一个小时的时间写作业。

买这个电脑我花了八千多块钱。

组词成句。 Put the words in the correct order to make sentences.

1 汉语　我　花　每天　学习　两个小时

____

2 这道题　我　花　了　做　半个小时　才　出来

____

3 完　花　几天　他　就　看　没　这本书　了

____

4 听　你　演唱会　他的　一定　花　不少钱　了　吧

____

5. 顺便

例如：我去北京出差，顺便看看我的朋友。

我一会儿去超市，顺便帮你买瓶果汁吧。

用下列词或短语和“顺便”说句子。

Make sentences with the following words and “顺便”.

1. 食堂　小超市
2. 打电话　其他的事
3. 逛商场　看电影
4. 去美国工作　练习口语
5. 回宿舍拿书　水
6. 去蛋糕店取蛋糕　面包

口语　kǒuyǔ　名
spoken language

取　qǔ　动
take, get

6. 以为

“以为”的意思是“认为”，常表示个人错误的或不确定的看法。

“认为” means “think, consider”. It often expresses a wrong or uncertain opinion of an individual.

例如：我以为你喜欢吃巧克力，原来你不喜欢吃甜的。

我以为这件衣服很便宜，没想到这么贵！

用“以为”完成对话。 Complete the dialogues with “以为”.

1. A：你怎么迟到了？

   B：________________

2. A：我不喜欢吃辣子鸡，你吃吧。

   B：________________

3. A：我们为什么不打车呢？走路去太远了。

   B：________________

4. A：你还不睡觉吗？都十二点了。

   B：________________

5. A：唉，我真担心明天的考试考不好。

   B：________________

7. V+了/完……就……

表示做完一个动作行为之后马上做另一个动作行为。

It means that an action happens immediately after a finished action.

例如：我吃了饭就过去找你。

我背完生词就睡觉。

用“V+了/完……就……”完成对话。

Complete the dialogues with “V+ 了 / 完……就……”.

1. A：老公，你什么时候回来？

   B：______________________________

2. A：你打算什么时候休息？

   B：______________________________

3. A：我们什么时候出发？

   B：______________________________

4. A：你开始背课文了吗？

   B：______________________________

5. A：你回宿舍了吗？

   B：______________________________

课文练习 / Text Exercises

1. 听课文录音，选择正确答案。 21-8

Listen to the text and choose the correct answers.

1. 包饺子不需要什么？（　　）

   A. 菜　　B. 肉

   C. 米饭　　D. 饺子皮

2. 周小明什么时候去找马克和艾米丽？（　　）

   A. 半个小时以后　　B. 一个小时以后

   C. 五分钟以后　　D. 不知道

3. 下面哪个不正确？（　　）

   A. 包饺子有点儿麻烦　　B. 马克和艾米丽想吃饺子

   C. 周小明从家里带酱油和醋　　D. 马克以为包饺子很简单

2. 根据课文内容，排列下列句子。

Put the following sentences in order based on the text.

1. 周小明要教他们包饺子
2. 顺便再买酱油和醋
3. 小明家正好有菜、肉和鸡蛋
4. 所以小明大概一个小时以后才能到
5. 所以他来准备饺子馅
6. 而马克和艾米丽去买饺子皮
7. 准备饺子馅得花半个小时的时间
8. 马克和艾米丽想吃饺子，但是他们不会包

____

PART 3
第三部分

听力实践 Listening Practice

1. 听对话，选择正确答案。 21-9

Listen to the dialogues and choose the correct answers.

❶ A. 知道很多　B. 一点儿也不知道　C. 不太知道　D. 都不对

❷ A. 买一瓶水　B. 买一瓶啤酒　C. 买一袋速冻饺子　D. 还书

❸ A. 下午有课　B. 有时间　C. 不喜欢跑步　D. 想陪她跑步

❹ A. 写作业　B. 洗衣服　C. 上网　D. 上课

2. 听短文，选择正确答案。 21-10

Listen to the passages and choose the correct answers.

短文一 Passage 1

❶ A. 春节是中国的农历新年　B. 春节是每年的 1 月 1 日　C. 春节是一家人团圆的日子　D. 春节是中国的传统节日

❷ A. 同事　B. 朋友　C. 妻子或老公　D. 老人和孩子

❸ A. 最早人们用红纸包红包　B. 现在很多人用手机发红包　C. 发红包是希望日子过得很好　D. 红包里面放红色的纸

短文二 Passage 2

❶ A. 因为饿了　B. 因为饭店的饭菜比较好吃　C. 因为可以跟朋友聊天儿　D. 因为他们很有钱

❷ A. 经常吃不好　B. 很有意思　C. 饭菜很不好吃　D. 会花很多钱

❸ A. 逛街　B. 唱歌　C. 跳舞　D. 喝茶

阅读实践 Reading Practice

（一）

农历八月十五是中秋节，这一天的月亮是一年里最大、最圆、最亮的，所以中秋节时一定要和家人一起赏月。除了赏月以外，中秋节这天还要吃月饼。月饼是一种有馅的面食，圆圆的，像月亮一样，味道也好极了！不管是南方人还是北方人，都喜欢吃月饼。你想尝尝吗？中秋节快到了，到时候，你也尝尝月饼的味道吧。

1. 中秋节是什么时候？

A. 农历一月初一　　B. 八月十五日

C. 农历八月十五　　D. 十二月二十五日

2. 中秋节人们要做什么？下面哪个不正确？

A. 吃月饼　　B. 赏月　　C. 吃饺子　　D. 一家团圆

3. 下面哪个不正确？

A. 月饼的味道很好　　B. 中秋节要吃春饼

C. 月饼是一种面食　　D. 南方人也过中秋节

中秋节 Zhōngqiūjié 专名 Mid-Autumn Festival
月亮 yuèliang 名 moon
圆 yuán 形 round
亮 liàng 形 bright
赏 shǎng 动 enjoy, appreciate
除了……以外 chúle…yǐwài besides
月饼 yuèbing 名 mooncake
面食 miànshí 名 wheaten food
不管……还是…… bùguǎn…háishi… regardless of
南方人 nánfāngrén 名 southerner
北方人 běifāngrén 名 northerner
到时候 dào shíhou then

（二）

还没下课，小张的肚子就饿了。他打算下课后去学校附近的商场里吃点儿好吃的。

商场五楼有个美食城，里边有各地的美食，比如山西的面条儿啦、四川的火锅啦、北京的烤鸭啦……其中，最受大家欢迎的是新疆的羊肉串，太香了！排队的人真多，小张花了半个钟头的时间才买到。不过，虽然排了很长时间的队，但是小张觉得很值得，因为羊肉串真是太好吃了！

1. 美食城里都有什么美食？下面哪个没有提到？

A. 火锅　　B. 饺子　　C. 烤鸭　　D. 羊肉串

美食城 měishíchéng 名 food palace
各 gè 代 every
山西 Shānxī 专名 Shanxi (Province)
四川 Sìchuān 专名 Sichuan (Province)
火锅 huǒguō 名 hotpot
烤鸭 kǎoyā 名 roast duck
其中 qízhōng 名 among them
受 shòu 动 receive, accept
新疆 Xīnjiāng 专名 Xinjiang
羊肉串 yángròuchuàn 名 shish kebab

排队 pái//duì 动
line up
钟头 zhōngtóu 名
hour
值得 zhídé 动
be worth

2. 美食城里什么最受大家欢迎？

A. 山西面条儿　B. 新疆羊肉串　C. 北京烤鸭　D. 四川火锅

3. 小张排了半个钟头的队才买到羊肉串，他觉得怎么样？

A. 很值得　B. 太麻烦

C. 味道还可以　D. 没有面条儿好吃

交际训练 Communication Practice

两到三人一组，共同准备一段演讲，用五到十分钟的时间介绍一下饺子。

Work in groups of two or three to prepare a speech, and spend five to ten minutes introducing dumpling.

要求 Requirements:

1. 可以做一份图文并茂的 PowerPoint。

   You can make a PowerPoint presentation with pictures and text.

2. 可以说说饺子的种类、味道、制作方法以及和饺子有关的文化等。

   You can talk about the varieties, the tastes, the production method and dumpling culture.

3. 尽量用到下列词语和语言点。

   Try to use the given words and language points.

春节	节日	庆祝	哪怕	种	味道	馅	饺子皮	菜	肉

鸡蛋　酱油　醋　简单　麻烦　一点儿也不　虽然……，但是……

和……差不多　花+时间/钱　V+得/不……　V+了/完……就……

学后反思 Reflection

1. 你了解中国的春节吗？关于春节，你都知道些什么？

   Do you know the Chinese Spring Festival? What do you know about it?

2. 你觉得本课哪些生词比较难记或者不容易读？

   Which new words do you think are difficult to memorise or to read in this lesson?

3. 你学到了哪些句型和语法？请用本课的语言点说几个句子。

   What sentence patterns and grammar have you learned? Use the language points in this lesson to make several sentences.

第二十二课 LESSON 22

咱们把画挂在这儿吧

Let's put the painting up here

学习目标 Learning Goals

重点生词 / Key Words

幅　重　位置　想　联系　至少　寄　听说　比赛　肯定

吸引　观众　约　只好　支持　估计　赢

重点语言点 / Key Language Points

1. 副词（Adverb）"整整"
2. "把"字句$_1$（"把"Sentence$_1$）
3. 副词（Adverb）"肯定"
4. 副词（Adverb）"只好"
5. 条件关系复句（Complex Sentence of Conditional Relation）"无论 / 不管……，都 / 也……"

PART 1

第一部分

词句学练 Vocabulary and Sentences

预习词语 / Preview the Words

22-1

1	幅	fú	量	[of paintings, photos, cloth, etc]
2	画	huà	名、动	painting; draw
3	美	měi	形	beautiful
4	老	lǎo	形	old
5	家乡	jiāxiāng	名	hometown
6	整整	zhěngzhěng	副	wholly
7	把	bǎ	介	☞ *Language Point 2*
8	抬	tái	动	carry
9	重	zhòng	形	heavy
10	歪	wāi	形	tilted
11	调整	tiáozhěng	动	adjust
12	位置	wèizhì	名	place, location
13	想	xiǎng	动	miss
14	特别	tèbié	副	especially
15	联系	liánxì	动	get in touch
16	至少	zhìshǎo	副	at least
17	寄	jì	动	post, send
18	明信片	míngxìnpiàn	名	postcard
19	听说	tīngshuō	动	hear of
20	邮局	yóujú	名	post office
21	校园	xiàoyuán	名	campus

1. 听录音，跟读生词。 22-1

Listen to the recording and repeat the new words.

2. 书写汉字。Write the characters.

整（整整） 一 ｢ 亓 亓 申 束 束 束 剌 敕 敕 敕 整 整 整 整

置（位置） 丶 冖 罒 罒 罒 罒 罕 罕 罟 罟 罟 罟 置

局（邮局） ㄱ ㄱ 尸 尸 月 局 局

3. 选字组词。Choose characters to make words.

幅　局　整　乡　置

调（　　）　位（　　）　邮（　　）

家（　　）　一（　　）画

4. 词语扩展。Make phrases with the given words.

老 ________ ________ ________

寄 ________ ________ ________

抬 ________ ________ ________

联系 ________ ________ ________

5. 写出下列词语的反义词，不会的可以查词典。

Write the antonyms of the following words. Refer to the dictionary if necessary.

美 ______	老 ______	重 ______
歪 ______	寄 ______	卖 ______

6. 听录音，跟读句子。 22-2

Listen to the recording and repeat the sentences.

这幅画他画了整整一个星期。

玛丽整整等了三个小时。

咱们把画挂在这儿吧。

请把杯子放在桌子上。

杯子 bēizi 名 cup, glass

有时候我很想家，特别是一个人的时候。

我觉得汉语挺难的，特别是汉字。

我至少一周给家人打一个电话。

我们班至少有 20 个学生通过了这次考试。

听说学校邮局正在卖校园风景的明信片。

听说他考上了北京大学，今年九月就要去中国了。

课文讲练 Text

课文热身 / Warm Up

将语义上紧密相关的上下两句连在一起。

Match the two sentences that are semantically closely related.

① 这幅画真美！	A. 他画了整整一个星期。
② 我挺想家的，	B. 特别是一个人的时候。
③ 这幅画是朋友送我的新年礼物，	C. 有时候还会给他们寄明信片。
④ 我至少一周给家人打一个电话，	D. 是谁画的？
⑤ 咱们把画挂在这儿吧。	E. 好主意！咱们一起抬吧。

课文 1 / Text 1

22-3

（在艾米丽的宿舍。）

高　美：这幅画真美！谁画的？

艾米丽：一个老朋友画的，画的是我家乡的风景。

高　美：画得真好！

艾米丽：是啊，这是他送给我的新年礼物，画了整整一个星期。咱们把画挂在这儿吧。

高　美：好啊。（两个人一起抬）这画真重啊！

艾米丽：（挂画）你看怎么样？

高　美：有点儿歪，右边有点儿高。

艾米丽：（调整画的位置）现在呢？

高　美：现在好了。嗯……你家乡的风景好美啊！艾米丽，你想家吗？

艾米丽：挺想的，特别是一个人的时候。

高　美：你一般多长时间跟家人联系一次？

艾米丽：我至少一周给他们打一个电话，有时候还给他们寄明信片。

高　美：对了！听说学校邮局正在卖校园风景的明信片，特别好看！

艾米丽：是吗？我现在就去买！

1. 这是谁画的画？画的是什么？画了多长时间？
2. 艾米丽想家吗？
3. 艾米丽一般多长时间跟家人联系一次？
4. 邮局正在卖什么？

(Zài Àimǐlì de sùshè.)

Gāo Měi: Zhè fú huà zhēn měi! Shéi huà de?

Àimǐlì: Yí gè lǎo péngyou huà de, huà de shì wǒ jiāxiāng de fēngjǐng.

Gāo Měi: Huà de zhēn hǎo!

Àimǐlì: Shì a, zhè shì tā sòng gěi wǒ de xīnnián lǐwù, huàle zhěngzhěng yí gè xīngqī. Zánmen bǎ huà guà zài zhèr ba.

Gāo Měi: Hǎo a. (Liǎng gè rén yìqǐ tái) Zhè huà zhēn zhòng a!

Àimǐlì: (Guà huà) Nǐ kàn zěnmeyàng?

Gāo Měi: Yǒudiǎnr wāi, yòubian yǒudiǎnr gāo.

Àimǐlì: (Tiáozhěng huà de wèizhi) Xiànzài ne?

Gāo Měi: Xiànzài hǎo le. Ǹg… Nǐ jiāxiāng de fēngjǐng hǎo měi a! Àimǐlì, nǐ xiǎng jiā ma?

Àimǐlì: Tǐng xiǎng de, tèbié shì yí gè rén de shíhou.

Gāo Měi: Nǐ yìbān duō cháng shíjiān gēn jiārén liánxì yí cì?

Àimǐlì: Wǒ zhìshǎo yì zhōu gěi tāmen dǎ yí gè diànhuà, yǒu shíhou hái gěi tāmen jì míngxìnpiàn.

Gāo Měi: Duì le! Tīngshuō xuéxiào yóujú zhèngzài mài xiàoyuán fēngjǐng de míngxìnpiàn, tèbié hǎokàn!

Àimǐlì: Shì ma? Wǒ xiànzài jiù qù mǎi!

语言点注解 / Language Points

1. 整整

“整整”可以用在动词之前，也可以用在动词之后，表示做某事所花时间达到了一个整数或者某一个数值为整数，含有“做某事花了很长时间，很不容易”或者“数量很大”的意思。

“整整” can be placed before a verb or after it. It means that the time spent doing something has already reached a whole number or a certain number is a whole number. It indicates that it takes a long time to do something and it is very hard, or the quantity is huge.

例如：昨天的作业很多，我整整写了两个小时。

她这次去美国旅游，玩了整整一个月！

用“整整”完成句子。 Complete the sentences with “整整”.

1. 今天的生词很难，________________。
2. ________________，最近特别想家。

③ 他这次出差的时间很长，________________。

④ 我来的时候路上车特别多，________________。

⑤ 这个手机很贵，________________。

2. "把"字句$_1$（"把" Sentence$_1$）

"把"字句的格式为"S+把+O+V+在/到/进+地点+（方位词/趋向动词）"，表示将受事者移动至某一位置。否定词和助动词一般位于"把"的前边。

The pattern of "把" sentence is "S+把+O+V+在/到/进+place+(noun of location/directional verb)". It is used to describe moving the recipient to a certain location. Negatives and auxiliary verbs are usually placed before "把".

例如：你把书放在桌子上吧。
　　　我把衣服挂在这儿了啊。
　　　你别把电脑放在那儿。
　　　你想把女朋友带到家里去？

(1) 老师用"把"字句发指令，学生做动作。

The teacher gives directions with "把" sentence and the students do as the teacher says.

例如：请同学们把手放到桌子上。

(2) 组词成句。 Put the words in the correct order to make sentences.

① 垃圾　请　把　扔进　垃圾箱里

____

② 没　装进　我　把　箱子里　你的书

____

③ 门口　你　不要　把　放在　鞋　随便

____

④ 会 把 来 她 我 一定 带到 这儿

____

小说 xiǎoshuō 名
novel, fiction

3. 特别是

例如：高美喜欢看书，特别是小说。

那儿的风景很漂亮，特别是秋天的时候。

用"特别是"改写下列句子。

Paraphrase the following sentences with "特别是".

1. 我特别想去南方的城市玩，最想去上海。

→ ______________________________

2. 她长得很像她妈妈，笑起来的时候最像。

→ ______________________________

3. 这儿的天气很热，夏天的时候最热。

→ ______________________________

4. 今年新年晚会的节目都非常精彩，留学生的节目最精彩。

→ ______________________________

5. 这种水果我们全家都爱吃，爸爸最爱吃。

→ ______________________________

节目 jiémù 名
programme
全 quán 形
whole
爱 ài 动
like, love

4. 至少

"至少"表示最低程度或者最低标准，可理解为"最少"。

"至少" indicates the lowest degree or standard. It can be interpreted as "at least".

例如：我每个星期至少锻炼三次。

从这儿走到学校，至少要花半个小时。

根据图片和提示，用"至少"说句子。

Make sentences with "至少" based on the pictures and clues.

❶ 高跟鞋　600 块钱

❷ 今天　38 度

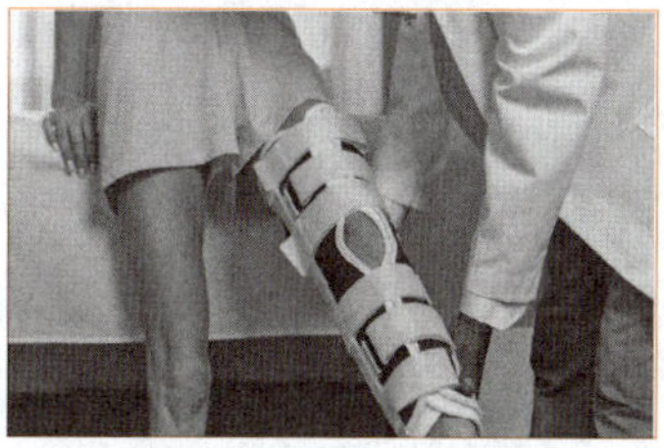

❸ 请两个月假

❹ 工作十个小时

高跟鞋 gāogēnxié 名 high-heeled shoes

5. 听说

例如：听说成龙要来我们学校，大家都很激动。

听说这次考试的阅读题非常难。

激动 jīdòng 形 excited

用"听说"完成对话。 Complete the dialogues with "听说".

❶ A：北京的小吃怎么样？

B：______________________________

❷ A：______________________________

B：好，谢谢，我出门时一定带伞。

❸ A：我看艾米丽最近心情不太好，她怎么了？

B：______________________________

❹ A：______________________________

B：那我们一起给她庆祝生日吧。

❺ A：______________________________

B：那咱们还是好好复习吧，别出去玩了。

小吃 xiǎochī 名 snack

心情 xīnqíng 名 mood

课文练习 / Text Exercises

1. 听课文录音，判断对错，对的画"√"，错的画"×"。 22-3

Listen to the text and decide if the statements are true or false. Mark "√" if true and "×" if false.

1. 那幅画是艾米丽画的。 (　　)
2. 那幅画是艾米丽的新年礼物。 (　　)
3. 艾米丽常常想家，特别是一个人的时候。 (　　)
4. 在邮局可以买到画着校园风景的明信片。 (　　)

2. 根据课文内容，排列下列句子。

Put the following sentences in order based on the text.

1. 艾米丽最近收到了一个新年礼物
2. 所以她至少一个星期给家人打一个电话
3. 是她的老朋友画的一幅画
4. 有时候还会给他们寄明信片
5. 艾米丽一个人的时候常常想家
6. 她打算把它挂在墙上

____

墙 qiáng 名
wall

词句学练 Vocabulary and Sentences

预习词语 / Preview the Words

22-4

1	球赛	qiúsài	名	ball game, match
2	队	duì	名	team
3	比赛	bǐsài	名、动	match; have a match
4	肯定	kěndìng	副	certainly, definitely
5	吸引	xīyǐn	动	attract
6	观众	guānzhòng	名	audience, spectator
7	约	yuē	动	make an appointment
8	只好	zhǐhǎo	副	have to, be forced to
9	支持	zhīchí	动	support
10	估计	gūjì	动	estimate, guess
11	赢	yíng	动	win
12	现场	xiànchǎng	名	site, spot
13	无论	wúlùn	连	whatever, regardless of
14	铁杆	tiěgǎn	形	loyal and reliable
15	球迷	qiúmí	名	(ball game) fan
16	结果	jiéguǒ	连	as a result
17	地址	dìzhǐ	名	address
18	伞	sǎn	名	umbrella

1. 听录音，跟读生词。 22-4

Listen to the recording and repeat the new words.

2. 书写汉字。Write the characters.

赛（球赛） 丶 丷 宀 宀 宀 宀 宔 宔 宔 実 寁 寒 塞 赛

赢（谁会赢）丶亠亡亡吉吉亨亨亨亨亨亭亭亭亭赢赢

伞（带伞）丿人人𠆢企伞

3. 填字组词。Fill in the blanks to make words.

球 ________	地 ________	无 ________
球 ________	地 ________	无 ________
________ 定	观 ________	________ 场
________ 定	观 ________	________ 场

4. 写出下列词语的反义词，不会的可以查词典。

Write the antonyms of the following words. Refer to the dictionary if necessary.

精彩 ____	支持 ____	赢 ____
外边 ____	记得 ____	错 ____

5. 听录音，跟读句子。 22-5

Listen to the recording and repeat the sentences.

比赛一定很精彩，肯定会吸引不少观众。
他今天肯定能来。

那我只好自己去了。
妈妈出去了，她只好自己待在家里。

我估计他们会赢。
估计你还不知道那件事。

无论下不下雨，我都要去看球赛。
无论你想不想去，你都得去。

课文讲练 Text

课文热身 / Warm Up

将下列图片和对应的句子连线。

Match the following pictures to the corresponding sentences.

我一会儿要去看球赛，你去吗？

听说比赛很精彩，肯定会吸引很多观众。

他们是法国队的铁杆球迷。

无论下不下雨，我都要去。

❶ 高美要去哪儿？

❷ 是哪两个队的足球比赛？

❸ 高美支持哪个队？北大队还是清华队？

❹ 艾米丽写错什么了？

❺ 艾米丽为什么让高美带伞？

课文 2 / Text 2

22-6

（高美给艾米丽打电话。）

高　美：艾米丽，我一会儿要去看球赛，你去吗？

艾米丽：什么球赛？是清华队和北大队的足球比赛吗？

高　美：对。

艾米丽：我听说了，比赛一定很精彩，肯定会吸引不少观众。

高　美：是啊，那你去吗？

艾米丽：真想去，可是我和马克约好了一起去吃饭，我得待在宿舍等他。

高　美：唉，那我只好自己去了。

艾米丽：你支持哪个队啊？

高　美：当然是清华队，我估计他们会赢，我要去现场给他们加油！

艾米丽：外边风很大，我看一会儿可能会下雨。

高　美：无论下不下雨，我都要去看。

艾米丽：我都不知道，原来你是个铁杆球迷啊！哈哈！

高　美：你才知道啊！

艾米丽：哎呀！

高　美：怎么了？

艾米丽：我边打电话边写明信片，结果写错地址了。

高　美：那你好好写吧，不打扰你了。

艾米丽：嗯，那你出门记得带伞啊！

(Gāo Měi gěi Àimǐlì dǎ diànhuà.)

Gāo Měi: Àimǐlì, wǒ yíhuìr yào qù kàn qiúsài, nǐ qù ma?

Àimǐlì: Shénme qiúsài? Shì Qīnghuá Duì hé Běi-dà Duì de zúqiú bǐsài ma?

Gāo Měi: Duì.

Àimǐlì: Wǒ tīngshuō le, bǐsài yídìng hěn jīngcǎi, kěndìng huì xīyǐn bù shǎo guānzhòng.

Gāo Měi: Shì a, nà nǐ qù ma?

Àimǐlì: Zhēn xiǎng qù, kěshì wǒ hé Mǎkè yuēhǎole yìqǐ qù chī fàn, wǒ děi dāi zài sùshè děng tā.

Gāo Měi: Ài, nà wǒ zhǐhǎo zìjǐ qù le.

Àimǐlì: Nǐ zhīchí nǎge duì a?

Gāo Měi: Dāngrán shì Qīnghuá Duì, wǒ gūjì tāmen huì yíng, wǒ yào qù xiànchǎng gěi tāmen jiāyóu!

Àimǐlì: Wàibian fēng hěn dà, wǒ kàn yíhuìr kěnéng huì xià yǔ.

Gāo Měi: Wúlùn xià bu xià yǔ, wǒ dōu yào qù kàn.

Àimǐlì: Wǒ dōu bù zhīdào, yuánlái nǐ shì gè tiěgǎn qiúmí a! Hāha!

Gāo Měi: Nǐ cái zhīdào a!

Àimǐlì: Āiyā!

Gāo Měi: Zěnme le?

Àimǐlì: Wǒ biān dǎ diànhuà biān xiě míngxìnpiàn, jiéguǒ xiěcuò dìzhǐ le.

Gāo Měi: Nà nǐ hǎohǎo xiě ba, bù dǎrǎo nǐ le.

Àimǐlì: Ǹg, nà nǐ chūmén jìde dài sǎn a!

语言点注解 / Language Points

1. 肯定

例如：他从来没学过汉语，肯定不会说汉语。

你从早上到现在一直都没吃饭，肯定饿了吧？

根据图片和提示，用“肯定”说句子。

Make sentences with “肯定” based on the pictures and clues.

❶  辣

❷  阅读题

热闹

箱子

热闹 rènao 形
bustling with noise and excitement
箱子 xiāngzi 名
box

2. 只好

"只好"的意思是没有其他办法或者选择，只能这么做。

"只好" means that there is no other way or choice but to do something.

例如：我的钱不够，所以我只好不买这件衣服了。

他感冒越来越严重了，只好去医院看医生。

严重 yánzhòng 形
serious, grave

用"只好"完成句子。 Complete the sentences with "只好".

1. 我坐错车了，________________。
2. 我上课没带书，________________。
3. 外边下大雨了，________________。
4. 这件衣服没有我喜欢的颜色，________________。
5. 他们都不会包饺子，________________。

3. 估计

例如：天这么黑，估计马上要下雨了。

她哥哥看起来很胖，估计有200斤。

用下列词语和"估计"说句子。

Make sentences with the following words and "估计".

1. 汉语水平
2. 打折活动
3. 表演
4. 裤子
5. 打车
6. 同意

水平 shuǐpíng 名
level

4. 无论/不管……，都/也……

"无论/不管……，都/也……"是条件关系复句，表示在任何条件下结果都不会改变。其中，前句是条件，后句是结果。在前句中，"无论/不管"之后一般为选择性的句式，如"A还是B""A不A"，或者有疑问代词，如“什么、怎么、谁、多”等等。

“无论/不管……，都/也……” is a complex sentence of conditional relation, indicating that the result will not change under any circumstances. The first clause is a condition, while the latter a result. In the first clause, “无论/不管” is often followed by a choice, for example, “A还是B” “A不A”, or an interrogative pronoun, for example, “什么、怎么、谁、多”, etc.

例如：无论明天刮风还是下雨，我都要出门。

不管他同不同意，我都要去。

无论做什么工作，他都非常认真。

每天无论有多忙，我也要做完作业。

组词成句。 Put the words in the correct order to make sentences.

1. 不难　无论　汉语　还是　难，我们　努力　都　学习　要

   ____

2. 不来　不管　来　他，得　你　来　一定　都

   ____

3. 想到　无论　你　什么，都　出来　说　不　要

   ____

4. 怎么　我　无论　想，题　这　也　想不出　道

   ____

5. 谁的　不管　东西　是，也　随便　不　应该　乱放

   ____

课文练习 / Text Exercises

1. 听课文录音，选择正确答案。 22-6

Listen to the text and choose the correct answers.

1. 为什么很多人会去看比赛？（　　）

   A. 因为清华队会赢　　B. 因为比赛很精彩

   C. 因为晚上没有课　　D. 因为晚上不下雨

2. 艾米丽打算干什么？ （　　）

A. 去看足球比赛　　B. 去看演唱会

C. 跟马克一起吃饭　　D. 在宿舍里写明信片

3. 下面哪个是正确的？ （　　）

A. 艾米丽不喜欢看比赛

B. 高美是个铁杆球迷

C. 高美跟朋友约好了一起去看比赛

D. 艾米丽写错了明信片上的名字

2. 根据课文内容，排列下列句子。

Put the following sentences in order based on the text.

1. 但是艾米丽和马克约好了一起吃饭
2. 高美约艾米丽一起去看球赛
3. 结果写错地址了
4. 虽然一会儿可能要下雨
5. 因为她是清华队的铁杆球迷
6. 但是高美还是一定要去看比赛
7. 所以高美只好自己一个人去了
8. 艾米丽一边打电话，一边写明信片

____

听力实践 Listening Practice

1. 听对话，选择正确答案。 22-7

Listen to the dialogues and choose the correct answers.

① A. 高美　B. 周小明
C. 老师　D. 不知道

② A. 因为他忘了　B. 因为停电了
C. 因为他没看比赛　D. 因为他睡着了

③ A. 他没打伞　B. 他没带伞
C. 他的伞破了　D. 雨下得太大了

④ A. 邮政编码　B. 姓名
C. 地址　D. 以上都需要

2. 听短文，选择正确答案。 22-8

Listen to the passages and choose the correct answers.

短文一 Passage 1

① A. 东北部　B. 西南部
C. 东南部　D. 西北部

② A. 昆明四季如春　B. 昆明四季都能看到花
C. A 和 B 都对　D. A 和 B 都不对

③ A. 去昆明旅游很好　B. 昆明很大
C. 昆明有很多高山　D. 以上都不对

短文二 Passage 2

① A. 还可以　B. 很无聊
C. 很精彩　D. 没意思

② A. 留学生们　B. 老师们
C. 同学们　D. 孩子们

③ A. 3 个月　B. 6 个月
C. 8 个月　D. 12 个月

世界杯 Shìjièbēi 专名
World Cup

著名 zhùmíng 形
famous

举行 jǔxíng 动
hold/have (a meeting, etc)

来自 láizì 动
come from

各 gè 代
every

其实 qíshí 副
actually

认为 rènwéi 动
think

输 shū 动
lose

享受 xiǎngshòu 动
enjoy

过程 guòchéng 名
process, course

对手 duìshǒu 名
opponent, rival

教练 jiàoliàn 名
coach

做梦 zuò//mèng 动
have a dream

堵车 dǔ//chē 动
be traffic-jammed

大约 dàyuē 副
about

幸运 xìngyùn 形
lucky

赶快 gǎnkuài 副
hastily

终于 zhōngyú 副
finally, at last

糟糕 zāogāo 形
terrible

发生 fāshēng 动
happen

参加 cānjiā 动
join, participate in

阅读实践 Reading Practice

（一）

世界杯是世界上最著名的足球比赛，每四年举行一次，每次都有来自世界各地的球迷去看比赛。今年的比赛是从 6 月 14 号到 7 月 15 号。如果我能顺利通过考试的话，估计至少还能看半个月的比赛呢！其实，我认为比赛的输赢不是最重要的，最重要的是要享受比赛的过程。

1. 今年的世界杯比赛什么时候开始？

A. 5 月　　B. 6 月　　C. 7 月　　D. 8 月

2. 如果“我”顺利通过考试，可能还能看多长时间的比赛？

A. 5 天　　B. 10 天　　C. 18 天　　D. 30 天

3. “我”认为什么最重要？

A. 结果　　B. 过程　　C. 对手　　D. 教练

（二）

昨天晚上我做了一个梦，梦到我去考试，可是路上堵车了，我到学校的时候，大约迟到了半个小时。幸运的是，虽然我迟到了，但是老师还是让我进去考试了。考试结束以后，我刚出校门就下雨了，可是我没带伞，只好赶快跑回家。终于到家了，我又发现没带钥匙，只好在家门口等着父母回来，等了整整三个小时！哎，真是一个糟糕的梦！

1. “我”昨天晚上干什么了？

A. 做梦　　B. 考试　　C. 去学校　　D. 坐车

2. “我”去考试的时候发生了什么？

A. 没参加考试　　B. 迟到了

C. 考试结束了　　D. 记错考试时间了

3. “我”觉得这个梦怎么样？

A. 很糟糕　　B. 很有趣　　C. 很激动　　D. 很没意思

交际训练 Communication Practice

1. 你来中国多长时间了？想家吗？你多长时间和家人联系一次？两人一组，每人准备一张家乡的风景画、照片或明信片，互相说一说。尽量用到所给词语、语言点和句型。

How long have you been in China? Do you miss home? How often do you contact your family? Work in pairs, prepare a landscape painting, picture or postcard of your hometown, talk about your hometown and answer the above questions. Try to use the given words and sentence patterns.

整整 / 快……了　风景　美丽　想　特别是　……的时候　至少
无论 / 不管……，都 / 也……　打电话 / 写信 / 寄明信片 / 发邮件

我的家乡是……

我来中国……（多长时间）了。

我一般……（多长时间）跟家人联系一次。

信　xìn　名
letter

2. 以下是一场运动会的三场比赛的安排。两人一组，选择一场感兴趣的比赛练习对话，尽量用到所给词语和语言点。

Here is a timetable for three matches of a sports meeting. Work in pairs, choose a match that you are interested in and make a dialogue. Try to use the given words and language points.

日期 Date	时间 Time	项目 Item
8月21日	3:00	女子篮球　金牌赛　美国—西班牙
8月21日	15:30	男子足球　金牌赛　巴西—英国
8月22日	22:15	女子排球　金牌赛　中国—泰国

金牌　jīnpái　名
gold medal

西班牙　Xībānyá　专名
Spain

巴西　Bāxī　专名
Brazil

泰国　Tàiguó　专名
Thailand

排球　páiqiú　名
volleyball

比赛　队　精彩　吸引　观众　支持　铁杆球迷
估计　赢　熬夜　无论/不管……，都/也……

学后反思 Reflection

1. 你是球迷吗？是哪个明星或球队的球迷？你喜欢看比赛吗？常常看什么比赛？

   Are you a fan of any kind of ball game? Which star or team are you a fan of? Do you like watching ball games? What games do you usually watch?

2. 你会用“把”字句吗？请你说几个句子。

   Do you know how to use “把” sentence? Please make several sentences.

3. 你觉得本课哪些生词比较难记或者不容易读？

   Which new words do you think are difficult to memorise or to read in this lesson?

4. 你学到了哪些句型和语法？请用本课的语言点说几个句子。

   What sentence patterns and grammar have you learned? Use the language points in this lesson to make several sentences.

第二十三课 LESSON 23

你假期有什么打算？

What are you going to do on vacation?

学习目标 Learning Goals

重点生词 / Key Words

散步　遇到　呼吸　感觉　进步　假期　羡慕　本来　见面　准时
实在　可爱　墙　贴　摆　减肥　过分　确实

重点语言点 / Key Language Points

1. 动态助词（Aspect Particle）“着$_3$”
2. 俗语（Proverb）“饭后百步走，能活九十九”
3. 固定用法（Fixed Usage）“不得不”
4. 固定用法（Fixed Usage）“该……了”

PART 1

第一部分

词句学练 Vocabulary and Sentences

预习词语 / Preview the Words

23-1

1	散步	sàn//bù	动	take a walk
2	遇到	yùdào	动	run into
3	美丽	měilì	形	beautiful
4	呼吸	hūxī	动	breathe
5	新鲜	xīnxiān	形	fresh
6	感觉	gǎnjué	动	feel
7	进步	jìnbù	动	improve
8	句	jù	量	sentence
9	老话	lǎohuà	名	(old) saying
10	步	bù	名	step, pace
11	活	huó	动	live
12	假期	jiàqī	名	vacation
13	羡慕	xiànmù	动	admire, envy
14	本来	běnlái	副	originally, at first
15	不得不	bù dé bù		have to

1	四川	Sìchuān	Sichuan (Province)
2	西安	Xī'ān	Xi'an [capital of Shaanxi Province]

1. 听录音，跟读生词。 23-1

Listen to the recording and repeat the new words.

2. 书写汉字。 Write the characters.

遇（遇到）丨 冂 日 日 旦 禺 禺 禺 禺 偶 遇 遇

鲜（新鲜）丿 ⺈ 𠂊 各 备 鱼 鱼 鱼 鱼' 鱼' 鲜 鲜 鲜 鲜

羡（羡慕）丶 丷 丷 兰 羊 羊 羊 羊 羊 羡 羡 羡

慕（羡慕）一 十 艹 艹 苩 苩 苩 莫 莫 莫 慕 慕 慕 慕

3. 填字组词。 Fill in the blanks to make words.

觉______	______期	______到	______步
______觉	______期	______到	______步
			______步

______来	______来	______票	______票
______来	______来	______票	______票

4. 听录音，跟读句子。 23-2

Listen to the recording and repeat the sentences.

看着校园美丽的风景，呼吸着新鲜的空气，感觉真好啊！

妈妈看着照片，高兴地笑了。

我本来打算去西安的，可是没买到火车票。

我本来想回房间休息一会儿，可是没有时间了。

我没买到火车票，所以不得不待在学校了。

妈妈不在家，她不得不自己做饭。

正好我可以把最近新买的中文小说看完。

他把面包吃完了。

课文讲练 Text

课文热身 / Warm Up

将语义上紧密相关的上下两句连在一起。

Match the two sentences that are semantically closely related.

1 我们应该出去散散步，	A. 外边的空气肯定很新鲜。
2 寒假快到了，	B. 所以我不得不待在学校了。
3 听说他们要一起去旅游，	C. 饭后散步对身体有好处。
4 刚下了一场雨，	D. 这太让人羡慕了！
5 因为我没买到火车票，	E. 我打算去四川旅游。

寒假 hánjià 名
winter vacation

课文 1 / Text 1 23-3

（午饭后，玛利亚在校园里散步时遇到了张义达老师。）

玛利亚：张老师好！

张老师：玛利亚，你好。你吃饭了吗？

玛利亚：刚吃完。今天的天气真好啊！看着校园美丽的风景，呼吸着新鲜的空气，感觉真好啊！

张老师：玛利亚，你的汉语进步很大啊！你知道吗？中国有句老话："饭后百步走，能活九十九。"

玛利亚：这句话的意思是不是说，吃完饭以后散散步，对身体有好处？

张老师：没错。对了，听艾米丽说，她和马克这个假期要去四川玩？

玛利亚：是啊！太让人羡慕了！

张老师：你呢？你也出去旅游吗？

玛利亚：我本来打算去西安的，可是没买到火车票，所以不得不待在学校了。

张老师：那太可惜了。

玛利亚：没事，正好我可以把最近新买的中文小说看完。

张老师：喜欢读书是个好习惯，怪不得你的汉语进步这么大。

(Wǔfàn hòu, Mǎlìyà zài xiàoyuán lǐ sànbù shí yùdàole Zhāng Yìdá lǎoshī.)

Mǎlìyà: Zhāng lǎoshī hǎo!

Zhāng lǎoshī: Mǎlìyà, nǐ hǎo. Nǐ chī fàn le ma?

Mǎlìyà: Gāng chīwán. Jīntiān de tiānqì zhēn hǎo a! Kànzhe xiàoyuán měilì de fēngjǐng, hūxīzhe xīnxiān de kōngqì, gǎnjué zhēn hǎo a!

Zhāng lǎoshī: Mǎlìyà, nǐ de Hànyǔ jìnbù hěn dà a! Nǐ zhīdào ma? Zhōngguó yǒu jù lǎohuà: "Fàn hòu bǎi bù zǒu, néng huó jiǔshíjiǔ."

Mǎlìyà: Zhè jù huà de yìsi shì bu shì shuō, chīwán fàn yǐhòu sànsan bù, duì shēntǐ yǒu hǎochù?

Zhāng lǎoshī: Méi cuò. Duì le, tīng Àimǐlì shuō, tā hé Mǎkè zhège jiàqī yào qù Sìchuān wán?

Mǎlìyà: Shì a! Tài ràng rén xiànmù le!

Zhāng lǎoshī: Nǐ ne? Nǐ yě chūqu lǚyóu ma?

Mǎlìyà: Wǒ běnlái dǎsuàn qù Xī'ān de, kěshì méi mǎidào huǒchēpiào, suǒyǐ bù dé bù dāi zài xuéxiào le.

Zhāng lǎoshī: Nà tài kěxī le.

1. 张老师觉得饭后散步怎么样？
2. "饭后百步走，能活九十九"是什么意思？
3. 马克假期要去哪儿旅游？
4. 玛利亚为什么不去旅游？
5. 为什么玛利亚的汉语进步很大？

Mǎlìyà: Méishì, zhènghǎo wǒ kěyǐ bǎ zuìjìn xīn mǎi de Zhōngwén xiǎoshuō kànwán.

Zhāng lǎoshī: Xǐhuan dú shū shì gè hǎo xíguàn, guàibude nǐ de Hànyǔ jìnbù zhème dà.

语言点注解 / Language Points

1. 着₃

“着”用在“V+ 着 +（O）”结构中，表示动作行为正在进行。副词“正在”或“正”常常加在动词前，句尾常有“呢”。

“着” is used in the “V+着+（O）” structure. It indicates that an action is in progress. The adverb “正在” or “正” is often placed before the verb, and there is always a “呢” at the end of the sentence.

例如：你看，外边正下着雨呢。

他们一边跳着舞，一边唱着歌，玩得高兴极了！

根据图片和提示，用“V+ 着 +（O）”说句子。

Make sentences with “V+ 着 +（O）” based on the pictures and clues.

①  跳广场舞

②  上课

③  做饭

④  擦地

广场舞 guǎngchǎngwǔ 名 square dancing

擦 cā 动 wipe

2. 饭后百步走，能活九十九

这句俗语的意思是吃完饭以后应该散散步，这样对身体好，能让人更健康、长寿。

This proverb means that you should take a walk after eating because it is good for your health, and you will live a healthier and longer life.

下列俗语都与“健康”有关，猜一猜它们都是什么意思。

The following proverbs are all related to “health”. Guess what they mean.

① 笑一笑，十年少。

2. 笑口常开，青春常在。
3. 不气不愁，活到白头。
4. 早吃好，午吃饱，晚吃少。

3. 本来

“本来”表示“在此之前”，强调以前有某种打算，但是现在计划改变了；或者以前是某种情况，可是现在情况变了。

“本来” means “before this”. It indicates that in the past somebody used to have a plan, but now the plan has changed, or it used to be the case, but now things have changed.

例如：我本来打算去国外旅行，可是假期还要上课，所以去不了了。

他本来身体很好，可是这几年工作太累，身体越来越不好了。

旅行 lǚxíng 动
travel

用“本来”完成句子。 Complete the sentences with “本来”.

1. ____________________，妈妈却说来中国学习更好。
2. ____________________，结果他没有来。
3. ____________________，可是她没等我。
4. ____________________，但是我朋友要来中国找我玩，所以我不回国了。
5. ____________________，可是____________________，所以我们只好待在家里了。

却 què 副
but

4. 不得不

“不得不”的意思为“只好”，但是比“只好”语气更强烈一些。

“不得不” means “只好”, but the tone of “不得不” is stronger than that of “只好”.

例如：我不太舒服，不得不待在房间里休息。

因为没有合适的工作，她不得不离开家乡，去别的地方找工作。

离开 lí//kāi 动
leave

用下列词语和“不得不”说句子。

Make sentences with the following words and “不得不”.

❶ 下雨　回家
❷ 学校离家太远了　六点起床
❸ 妈妈出差　自己做饭
❹ 机票太贵了　坐火车
❺ 下周有考试　待在宿舍复习
❻ 发烧　去医院打针

5. “把”字句$_2$

“把”字句还有一种格式为“S+ 把 +O+V+ 结果补语 +（了）”，用于强调受事者在某动作行为的作用下产生的结果。

Another pattern of “把” sentence is “S+把+O+V+complement of result+（了）”, which is used to emphasise the effect of an action on the recipient.

例如：我把中文小说看完了。
她把衣服洗干净了。
快把作业写完，写完咱们出去玩去。

用“把”字句改写下列句子。

Paraphase the following sentences with “把” sentence.

❶ 今天的任务我已经做完了。

→ ______

❷ 教室我们已经打扫干净了。

→ ______

❸ 我好像写错了地址。

→ ______

❹ 我的手机玩坏了。

→ ______

❺ 电视我已经打开了。

→ ______

任务　rènwu　名
task
打扫　dǎsǎo　动
clean

坏　huài　形
broken

课文练习 / Text Exercises

1. 听课文录音，判断对错，对的画“√”，错的画“×”。 23-3

Listen to the text and decide if the statements are true or false. Mark “√” if true and “×” if false.

1. 玛利亚在校园里遇到了张老师。 (　　)
2. 玛利亚假期打算去四川玩。 (　　)
3. 马克没买到火车票。 (　　)
4. 艾米丽和马克放假要去四川旅游。 (　　)
5. 玛利亚不能去旅游，她很羡慕艾米丽可以出去玩。 (　　)

放假 fàng//jià 动
have a vacation

2. 根据课文内容，排列下列句子。

Put the following sentences in order based on the text.

1. 但是她没有买到火车票
2. 所以玛利亚准备去校园里散散步
3. 散步的时候，她遇到了张老师
4. 空气也很新鲜
5. 她告诉张老师
6. 今天的天气很好
7. 所以不得不待在学校里
8. 虽然她很想去西安旅游

____

PART 2
第二部分

词句学练 Vocabulary and Sentences

预习词语 / Preview the Words

23-4

1	见面	jiàn//miàn	动	meet
2	准时	zhǔnshí	形	punctual
3	实在	shízài	副	indeed, really
4	可爱	kě'ài	形	lovely
5	（大）熊猫	(dà) xióngmāo	名	giant panda
6	墙	qiáng	名	wall
7	贴	tiē	动	paste, stick
8	海报	hǎibào	名	poster
9	摆	bǎi	动	put, place
10	工艺品	gōngyìpǐn	名	handicraft (article)
11	减肥	jiǎn//féi	动	lose weight
12	过分	guòfèn	形	going too far
13	确实	quèshí	副	really, truly
14	该	gāi	助动	should, ought to

1	《功夫熊猫》	«Gōngfu Xióngmāo»	*Kung Fu Panda*
2	北京动物园	Běijīng Dòngwùyuán	Beijing Zoo

1. 听录音，跟读生词。 23-4

Listen to the recording and repeat the new words.

2. 书写汉字。 Write the characters.

墙（墙上） 一 十 扌 圹 圹 圹 圹 坤 坤 墙 墙 墙 墙 墙

3. **填字组词。** Fill in the blanks to make words or phrases.

________园	________时	可________
________园	________时	可________
________品	见________	________见
________品	________见	________见

4. **词语扩展。** Make phrases with the given words.

摆________	贴________	挂________
放________	换________	收拾________

5. **听录音，跟读句子。** 23-5

Listen to the recording and repeat the sentences.

马克从火车站回来，和阿尔达见面。

我们每周见两次面。

你来得挺准时啊，我也刚到。

明天我们准时在校门口见吧。

我实在太累了！

这个问题实在太难了！

我确实该减肥了。

你确实瘦了。

我确实该减肥了。

我们该回家了。

课文讲练 Text

课文热身 / Warm Up

判断听到的内容和图片是否一致，一致画“√”，不一致画“×”。 23-6

Decide whether what you hear is consistent with the pictures. Mark “√” if yes and “×” if no.

❶ 

(　　)

❷ 
(　　)

❸ 
(　　)

❹ 

(　　)

课文 2 / Text 2

23-7

（马克从火车站回来，和阿尔达见面。）

阿尔达：你来得挺准时啊，我也刚到。买到火车票了吗？

马　克：没有，我明天早上再去试试。

阿尔达：可是明天早上有张老师的课。

马　克：我跟张老师请个假吧，票太难买了。

阿尔达：你想吃点儿什么？

马　克：我实在太累了，现在吃不下去。要不你先吃吧，我休息一会儿。

阿尔达：没事，我也不太饿，我们先聊会儿天儿吧。四川有什么好玩的吗？

马　克：听说那儿风景很美，还有可爱的大熊猫。

阿尔达：看得出来，你很喜欢大熊猫。

马　克：你怎么知道？

阿尔达：因为你宿舍的墙上贴着一张《功夫熊猫》的海报，桌子上还摆着几个熊猫的工艺品。

马　克：那些都是我在北京动物园买的。你假期有什么打算？出去旅游吗？

阿尔达：我还没想好要干什么。

马　克：我知道你要干什么。

阿尔达：你知道？

马　克：减肥啊！

阿尔达：你太过分了！不过……我确实该减肥了。

1. 马克为什么要请假？
2. 马克为什么想去四川旅游？
3. 阿尔达怎么知道马克喜欢大熊猫？
4. 阿尔达假期可能会干什么？

(Mǎkè cóng huǒchēzhàn huílai, hé Ā'ěrdá jiànmiàn.)

Ā'ěrdá: Nǐ lái de tǐng zhǔnshí a, wǒ yě gāng dào. Mǎidào huǒchēpiào le ma?

Mǎkè: Méiyǒu, wǒ míngtiān zǎoshang zài qù shìshi.

Ā'ěrdá: Kěshì míngtiān zǎoshang yǒu Zhāng lǎoshī de kè.

Mǎkè: Wǒ gēn Zhāng lǎoshī qǐng gè jià ba, piào tài nán mǎi le.

Ā'ěrdá: Nǐ xiǎng chī diǎnr shénme?

Mǎkè: Wǒ shízài tài lèi le, xiànzài chī bú xiàqù. Yàobù nǐ xiān chī ba, wǒ xiūxi yíhuìr.

Ā'ěrdá: Méishì, wǒ yě bú tài è, wǒmen xiān liáo huìr tiānr ba. Sìchuān yǒu shénme hǎowán de ma?

Mǎkè: Tīngshuō nàr fēngjǐng hěn měi, hái yǒu kě'ài de dàxióngmāo.

Ā'ěrdá: Kàn de chūlái, nǐ hěn xǐhuan dàxióngmāo.

Mǎkè: Nǐ zěnme zhīdào?

Ā'ěrdá: Yīnwèi nǐ sùshè de qiáng shang tiēzhe yì zhāng《Gōngfu Xióngmāo》 de hǎibào, zhuōzi shang hái bǎizhe jǐ gè xióngmāo de gōngyìpǐn.

Mǎkè: Nàxiē dōu shì wǒ zài Běijīng Dòngwùyuán mǎi de. Nǐ jiàqī yǒu shénme dǎsuàn? Chūqu lǚyóu ma?

Ā'ěrdá: Wǒ hái méi xiǎnghǎo yào gàn shénme.

Mǎkè: Wǒ zhīdào nǐ yào gàn shénme.

Ā'ěrdá: Nǐ zhīdào?

Mǎkè: Jiǎnféi a!

Ā'ěrdá: Nǐ tài guòfèn le! Búguò… Wǒ quèshí gāi jiǎnféi le.

语言点注解 / Language Points

1. 见面

"见面"为离合词，常见用法为"在＋哪儿＋见面""跟＋谁＋见面""见＋几次＋面"等。

"见面" is a detachable word. The common ways to use it are "在+哪儿+见面", "跟+谁+见面" and "见+几次+面", etc.

例如：我们一会儿在宿舍门口见面。

下午我要跟他见面。

我跟他不熟，只见过两次面。

用下列词语和"见面"说句子。

Make sentences with the following words and "见面".

❶ 楼下　❷ 超市门口　❸ 老朋友

❹ 下课以后　❺ 网友　❻ 三次

网友　wǎngyǒu　名
net friend

2. 准时

例如：你来得很准时。

明天我会准时到校。

组词成句。 Put the words in the correct order to make sentences.

❶ 明早　准时　我们　从　北京　出发

____

❷ 完成　今天　的　任务　你　准时　很　得

____

❸ 每天 他 准时 都 下班

____

❹ 准时 他 得 不太 来

____

❺ 打开 请 晚上 你 准时 6点 电脑

____

3. 实在

例如：我实在不明白你说的话。

他的问题实在太多了。

根据图片和提示，用"实在"说句子。

Make sentences with "实在" based on the pictures and clues.

❶ 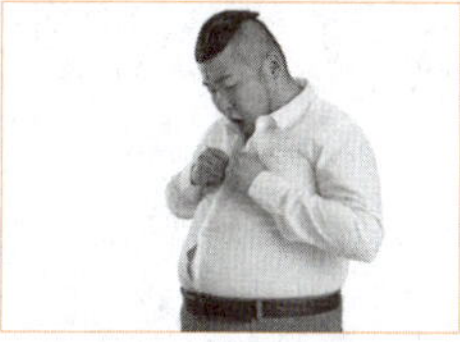 衬衫

❷  速度

❸  练习题

❹  开心

速度 sùdù 名
speed

4. 确实

"确实"用作副词时，表示对事物或情况真实性的肯定，可以简单地理解为"真的"。

When "确实" is used as an adverb, it confirms the authenticity of a certain matter or situation. It can be simply interpreted as "真的".

例如：❶ A：昨天小王的生日聚会你都没来，你最近是不是很忙啊？

B：对啊，我最近确实很忙。

❷ A：听说上次考试很多人都没有通过。

B：对，上次考试确实挺难的。

用“确实”完成对话。 Complete the dialogues with “确实”.

1. A：他怎么总是迟到？他是不是住得离学校挺远的啊？

   B：____

2. A：听说昨天的演出很精彩。

   B：____

3. A：你去过“天天小炒”饭馆吗？我朋友说那家饭馆的饭菜特别好吃。

   B：____

4. A：你自己来中国留学，你妈妈一定很担心吧？

   B：____

5. A：咱们在火车上吃方便面吧，吃起来方便。

   B：____

方便面
fāngbiànmiàn　名
instant noodles

5. 该……了

例如：太晚了，咱们该走了。

　　　时间到了，我们该出发了。

组词成句。 Put the words in the correct order to make sentences.

1. 老公，点　12　都　了，睡觉　了　该

   ____

2. 给　该　家里　是不是　你　打　电话　个　了

   ____

3. 这双鞋　了　都　脏　你，该　了　刷刷　好好

   ____

4. 太　了　天气　冷，厚衣服　该　买　我　穿　了　点儿

   ____

⑤ 写 已经 了 两个小时 你 了 作业，休息 该 了 休息

____

课文练习 / Text Exercises

1. 听课文录音，选择正确答案。 23-7

Listen to the text and choose the correct answers.

① 马克和阿尔达可能在什么地方？ (　　)

A. 图书馆　B. 食堂　C. 体育馆　D. 超市

② 马克刚才去哪儿了？ (　　)

A. 教室　B. 药店　C. 书店　D. 火车站

③ 马克为什么明天早上还要去火车站？ (　　)

A. 没有课　B. 要去退火车票

C. 他没买到火车票　D. 要去换火车票

④ 《功夫熊猫》海报和熊猫工艺品是在哪儿买的？ (　　)

A. 四川　B. 西安　C. 北京　D. 昆明

⑤ 马克觉得阿尔达假期应该干什么？ (　　)

A. 减肥　B. 旅游　C. 回国　D. 吃饭

2. 根据课文内容，排列下列句子。

Put the following sentences in order based on the text.

① 马克没有买到火车票

② 桌子上还摆着几个熊猫的工艺品

③ 阿尔达就跟他聊会儿天儿

④ 马克太累了，吃不下去饭

⑤ 这些东西都是马克在北京动物园买的

⑥ 因为他宿舍墙上贴着《功夫熊猫》的海报

⑦ 因为票太难买了

⑧ 阿尔达看出来马克很喜欢大熊猫

____

PART 3
第三部分

听力实践 Listening Practice

1. 听对话，选择正确答案。 23-8

Listen to the dialogues and choose the correct answers.

❶ A. 西安　　B. 上海
C. 西安和上海　　D. 还没想好

❷ A. 同意去散步　　B. 不同意去散步
C. 要走一百步　　D. 要活到九十九岁

❸ A. 妻子明天要加班　　B. 丈夫明天要上班
C. 妻子记错时间了　　D. 丈夫困了

❹ A. 让艾米丽回来上课　　B. 让艾米丽好好休息
C. 让艾米丽去医院　　D. 以上都不对

2. 听短文，选择正确答案。 23-9

Listen to the passages and choose the correct answers.

短文一 Passage 1

❶ A. 吃减肥药　　B. 不吃东西
C. 运动　　D. A 和 B 都对

❷ A. 早上不吃饭　　B. 中午不吃饭
C. 早上和中午都吃饭　　D. 只有晚上吃饭

❸ A. 半个小时　　B. 四十分钟
C. 一个小时　　D. 两个小时

短文二 Passage 2

❶ A. 唱歌　　B. 画画
C. 旅游　　D. 写小说

❷ A. 可以看到美丽的风景　　B. 可以遇到有意思的事情
C. 可以交到新朋友　　D. 以上都对

❸ A. 爱好　　B. 生活
C. 运动　　D. 计划

阅读实践 Reading Practice

（一）

我女儿特别喜欢动物，尤其是大熊猫。正好她放假了，我打算跟公司请一个星期的假，带她和家人一起去四川旅行，看一看真正的大熊猫。虽然公司最近很忙，但是经理最后还是批准了。

旅行结束以后，女儿对我说："爸爸，下个假期，我们还一起去旅行，好吗？"

1. "我"女儿最喜欢什么动物？

A. 小猫　　B. 小狗　　C. 大熊猫　　D. 小鸟

2. "我们"打算去哪儿旅行？

A. 四川　　B. 西安　　C. 北京　　D. 上海

3. "我"女儿觉得这次旅行怎么样？

A. 很无聊　　B. 很有意思　　C. 还可以　　D. 以上都不对

尤其 yóuqí 副 especially

真正 zhēnzhèng 形 real, true

公司 gōngsī 名 company

经理 jīnglǐ 名 manager

最后 zuìhòu 名 the last

批准 pīzhǔn 动 approve

猫 māo 名 cat

狗 gǒu 名 dog

鸟 niǎo 名 bird

无聊 wúliáo 形 boring

（二）

中国有几千年的历史，所以中国的名胜古迹非常多。长城就是中国的十大名胜古迹之一。

有的人以为长城只是在北京，其实不是这样的。长城很长很长，因此它又叫"万里长城"。从西到东，它的总长度是21,196.18千米。坐在飞机上，从天上看，长城非常壮观。

中国人常说"不到长城非好汉"，来中国一定要爬一次长城，不然你一定会觉得很遗憾。

1. 根据短文，可以知道什么？

A. 长城很长　　B. 中国的历史很长

C. 长城很有名　　D. 以上都对

历史 lìshǐ 名 history

名胜古迹 míngshèng gǔjì places of historic interest and scenic beauty

长城 Chángchéng 名 Great Wall

之一 zhī yī one of

里 lǐ 量 [a unit of length, equivalent to 500 metres or a half kilometre]

总 zǒng 形 total, general

长度 chángdù 名 length

千米 qiānmǐ 量 kilometre

天上 tiānshang 名
sky

壮观 zhuàngguān 形
splendid

爬 pá 动
climb

不然 bùrán 连
otherwise

遗憾 yíhàn 形
regretful

勇敢 yǒnggǎn 形
brave

2. 长城从西到东大概有多长？

A. 一万多千米 B. 两千多米

C. 两万多千米 D. 不知道

3. 下面哪句话可能是“不到长城非好汉”的意思？

A. 长城非常好看 B. 爬长城很累

C. 不爬上长城的人不是勇敢的人 D. 去长城的人非常多

交际训练 Communication Practice

两人一组，商量一下假期旅游的安排，并向其他同学说一说你们的计划。

Work in pairs, discuss the travel plan for your holiday and then tell the rest of the class about your plan.

要求 Requirements:

1. 可以做一份图文并茂的 PowerPoint。

   You can make a PowerPoint presentation with pictures and text.

2. 可以说什么时候去、去哪儿、带什么东西、怎么去、在路上要多长时间、要去哪些景点、吃哪些美食等。

   You can talk about when to go, where to go, what to take with you, how to get there, how long the journey will take, which scenic spots to visit and what delicious food to eat.

3. 可以访问一些旅游网站，如“去哪儿”网和“马蜂窝”网，查询相关信息。

   You can visit travel websites, for example “去哪儿” and “马蜂窝” for information.

4. 尽量用到下列词语和语言点。

   Try to use the given words and language points.

见面　参观　行李　估计 / 大概 / 左右　护照　宾馆　至少
有名　风景　美　极了　名胜古迹　V+ 了 / 完……就……
V+ 过　虽然……，但是……　要是……的话，（就）……

参观 cānguān 动
visit

护照 hùzhào 名
passport

宾馆 bīnguǎn 名
hotel

学后反思 Reflection

1. 你喜欢旅游吗？你去过中国的哪些城市？说一说那些地方都有什么好吃的、好玩的。

   Do you like travelling? Which cities have you been to in China? Talk about the delicious food and interesting places in those cities.

2. 你知道“把”字句都有哪些形式吗？请你举例说明一下。

   What kinds of “把” sentence do you know? Please give some examples.

3. 你觉得本课哪些生词比较难记或者不容易读？

   Which new words do you think are difficult to memorise or to read in this lesson?

4. 你学到了哪些句型和语法？请用本课的语言点说几个句子。

   What sentence patterns and grammar have you learned? Use the language points in this lesson to make several sentences.

第二十四课 LESSON 24

书可能被我弄丢了

I might have lost the book

学习目标 Learning Goals

重点生词 / Key Words

来得及 / 来不及　响　毕业　申请　读　填　申请表　装

糟糕　弄　丢　落　公司　年龄　特别$_2$　具体　尽快　消息

重点语言点 / Key Language Points

1. 固定用法（Fixed Usage）"别提了"
2. "被"字句（"被" Sentence）
3. 介词（Preposition）"叫$_2$"
4. 条件关系复句（Complex Sentence of Conditional Relation）"只要……，就……"

PART 1

第一部分

词句学练 Vocabulary and Sentences

预习词语 / Preview the Words

24-1

1	来得及	láidejí	动	have enough time to do sth
2	堵车	dǔ//chē	动	be traffic-jammed
3	提	tí	动	mention
4	闹钟	nàozhōng	名	alarm clock
5	响	xiǎng	动	ring
6	来不及	láibují	动	not have enough time to do sth
7	毕业	bì//yè	动	graduate
8	申请	shēnqǐng	动	apply for
9	读	dú	动	attend school, study
10	奖学金	jiǎngxuéjīn	名	scholarship
11	填	tián	动	fill
12	申请表	shēnqǐngbiǎo	名	application form
13	辅导书	fǔdǎoshū	名	reference book
14	咦	yí	叹	[expressing surprise or disapproval] well, why
15	装	zhuāng	动	load, pack
16	书包	shūbāo	名	schoolbag
17	不见	bújiàn	动	be missing
18	糟糕	zāogāo	形	terrible
19	被	bèi	介	by
20	弄	nòng	动	do; get; get sb/sth into a specified condition
21	丢	diū	动	lose
22	落	là	动	leave behind, forget to bring
23	出租车	chūzūchē	名	taxi

1. 听录音，跟读生词。 24-1

Listen to the recording and repeat the new words.

2. 书写汉字。Write the characters.

辅（辅导书） 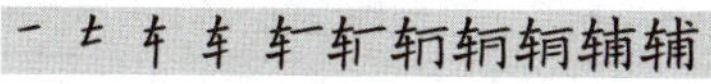

咦（咦？书呢？） 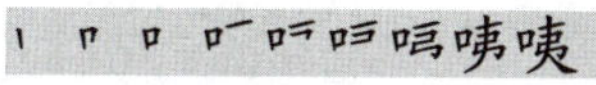

落（落在出租车上） 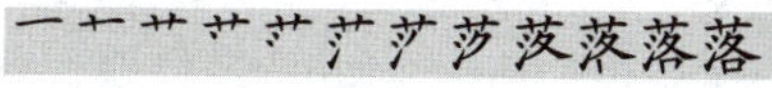

3. 填字组词。Fill in the blanks to make words or phrases.

______请	______糕	______包	______业
请______	______糕	______包	______业

最______	最______	______车	______车
最______	最______	______车	______车

______钟　______钟　______钟　钟______

4. **词语扩展。** Make phrases with the given words.

读 ________ ________ ________

填 ________ ________ ________

装 ________ ________ ________

申请 ________ ________ ________

5. **听录音，跟读句子。** 24-2

Listen to the recording and repeat the sentences.

别提了，我的闹钟坏了，七点了还没响。

别提了，考得不太好，很多题都不知道怎么做。

书可能被我弄丢了。

你快来吧！菜都要被我们吃完了。

书可能被我弄丢了。

你看，你把衣服都弄脏了。

课文讲练 Text

课文热身 / Warm Up

将语义上紧密相关的上下两句连在一起。

Match the two sentences that are semantically closely related.

❶ 别人都在忙着找工作，	A. 我带来了，拿给你看啊。
❷ 如果我们打车的话，	B. 刚填完一个申请表。
❸ 我最近在申请读研究生的奖学金，	C. 七点了还没响。
❹ 我的闹钟坏了，	D. 而我打算继续读研究生。
❺ 我昨天买了一本适合你的辅导书，	E. 应该还来得及。

课文 1 / Text 1

24-3

（高美给玛利亚打电话。）

高　美：玛利亚，我今天可能会迟到一会儿。

玛利亚：没事，来得及。

（高美到了。）

玛利亚：怎么了？路上堵车了吗？

高　美：别提了，我的闹钟坏了，七点了还没响。我打车来的，就怕来不及。

玛利亚：你最近忙吗？

高　美：有点儿忙，快毕业了嘛。我最近在申请读研究生的奖学金呢，昨天刚填了申请表。对了，我昨天在书店买了一本适合你的汉语辅导书。

玛利亚：是吗？什么辅导书？

高　美：我带来了，拿给你看。咦？书呢？

玛利亚：别急，慢慢找。

高　美：我记得把它装进书包里了，怎么不见了？糟糕！书可能被我弄丢了。

玛利亚：是不是落在出租车上了？

1. 高美为什么迟到了？
2. 高美最近在忙什么？
3. 高美本来打算给玛利亚带什么？带来了吗？为什么？

高　美：可能是，我在车上还拿出来看了一会儿。
玛利亚：那怎么办啊？
高　美：我赶紧打个电话，应该能找回来。

(Gāo Měi gěi Mǎlìyà dǎ diànhuà.)

Gāo Měi: Mǎlìyà, wǒ jīntiān kěnéng huì chídào yíhuìr.

Mǎlìyà: Méishì, láidejí.

(Gāo Měi dào le.)

Mǎlìyà: Zěnme le? Lùshang dǔchē le ma?

Gāo Měi: Bié tí le, wǒ de nàozhōng huài le, qī diǎn le hái méi xiǎng. Wǒ dǎchē lái de, jiù pà láibují.

Mǎlìyà: Nǐ zuìjìn máng ma?

Gāo Měi: Yǒudiǎnr máng, kuài bìyè le ma. Wǒ zuìjìn zài shēnqǐng dú yánjiūshēng de jiǎngxuéjīn ne, zuótiān gāng tiánle shēnqǐngbiǎo. Duì le, wǒ zuótiān zài shūdiàn mǎile yì běn shìhé nǐ de Hànyǔ fǔdǎoshū.

Mǎlìyà: Shì ma? Shénme fǔdǎoshū?

Gāo Měi: Wǒ dàilai le, ná gěi nǐ kàn. Yí? Shū ne?

Mǎlìyà: Bié jí, mànmàn zhǎo.

Gāo Měi: Wǒ jìde bǎ tā zhuāngjìn shūbāo lǐ le, zěnme bújiàn le? Zāogāo! Shū kěnéng bèi wǒ nòngdiū le.

Mǎlìyà: Shì bu shì là zài chūzūchē shang le?

Gāo Měi: Kěnéng shì, wǒ zài chē shang hái ná chulai kànle yíhuìr.

Mǎlìyà: Nà zěnme bàn a?

Gāo Měi: Wǒ gǎnjǐn dǎ gè diànhuà, yīnggāi néng zhǎo huilai.

语言点注解 / Language Points

1. 别提了

“别提了”一般用在口语对话中，表示“不想说下去了”，一般是发生了不太好的事。

“别提了” is usually used in spoken Chinese, meaning “I do not wish to say anymore”. Generally, it is used to indicate that something bad has happened.

例如：❶ A：你们不是要去游乐场吗？

B：别提了，外面突然下雨了，去不了了。

❷ A：期末考试怎么样？顺利吗？

B：别提了，这次考试可难了！

游乐场 yóulèchǎng 名 amusement park

突然 tūrán 副 suddenly

用“别提了”完成对话。Complete the dialogues with “别提了”.

❶ A：你上次面试怎么样？

B：______

❷ A：昨晚的足球比赛怎么样？

B：______

❸ A：你这次去上海玩得开心吗？

B：______

❹ A：你假期要回国吗？

B：______

❺ A：今天早上你怎么迟到了？

B：______

2. “被”字句（“被” Sentence）

“被”字句的格式为“A+被+（B）+V+了”，表示A在B的动作行为影响下发生了某种结果或产生了某种变化，即“B把A怎么样了”。其中，A为受事，B为施事。注意：使用“被”字句时可以省略施事者B。

The pattern of “被” sentence is “A+被+（B）+V+了”. It indicates that A has been affected or changed by B’s action, meaning that B has done something to A. A is the recipient of an action, while B is the agent. Note that the agent can be omitted in "被" sentences.

例如：钱都被他花完了。

碗被打破了。

破　pò　形
broken, torn

根据图片和提示，用"被"说句子。

Make sentences with "被" based on the pictures and clues.

❶  衣服

❷  电脑

❸  画

❹  批评

批评　pīpíng　动
criticise

3. 弄

"弄"是泛义动词，表示"做"，在口语中出现的频率很高，在不同的语境下，可以表示很多意思。

"弄" is a general verb, and it means "do". It is used frequently in spoken Chinese, and it has different meanings in different contexts.

乱　luàn　形
messy

例如：弟弟把我的东西都弄乱了！

好好写，别弄错了。

糟糕！衣服被我弄脏了。

用"弄"完成对话。 Complete the dialogues with "弄".

❶ A：你的裤子怎么了？

B：________________________________

❷ A：你的手机怎么打不开了？

B：________________________________

❸ A：这道题你明白了吗？

B：________________________________

4 A：你的伞呢？你出门的时候不是带伞了吗？

B：________________________________

5 A：你怎么又买了一个杯子？上个星期不是刚买了一个吗？

B：________________________________

杯子 bēizi 名
cup, glass

课文练习 / Text Exercises

1. 听课文录音，判断对错，对的画“√”，错的画“×”。 24-3

Listen to the text and decide if the statements are true or false. Mark “√” if true and “×” if false.

1 高美迟到了，因为路上堵车了。 (   )

2 高美快毕业了，所以她最近都在忙着找工作。 (   )

3 高美在图书馆给玛利亚借了一本书。 (   )

4 高美把书弄丢了。 (   )

5 高美把书落在书店了。 (   )

2. 根据课文内容，排列下列句子。

Put the following sentences in order based on the text.

1 这本书很适合玛利亚看

2 但是她来晚了

3 可能是落在出租车上了

4 于是她今天打算把书带来给玛利亚

5 高美昨天在书店看到一本汉语辅导书

6 因为她的闹钟坏了

7 可是辅导书被她弄丢了

8 高美今天给玛利亚辅导汉语

____

PART 2

第二部分

词句学练 Vocabulary and Sentences

预习词语 / Preview the Words

24-4

1	公司	gōngsī	名	company
2	客服	kèfú	名	customer service
3	物品	wùpǐn	名	article
4	车牌号	chēpáihào	名	licence number
5	开车	kāi//chē	动	drive (a vehicle)
6	司机	sījī	名	driver
7	年龄	niánlíng	名	age
8	上下	shàngxià	名	about, or so
9	特别	tèbié	形	special
10	叫	jiào	介	by
11	具体	jùtǐ	形	specific
12	尽快	jǐnkuài	副	as quickly as possible
13	感谢	gǎnxiè	动	thank, appreciate
14	只要	zhǐyào	连	as long as
15	消息	xiāoxi	名	news, information

1	首汽出租车	Shǒuqì Chūzūchē		Shouqi Taxi

1. 听录音，跟读生词。 24-4

Listen to the recording and repeat the new words.

2. **书写汉字。** Write the characters.

龄（年龄） 丨 卜 乚 止 步 步 齿 齿 齿 龄 龄 龄 龄

3. **选字组词。** Choose characters to make words.

尽　物　龄　感

（　　）快　（　　）谢　年（　　）　（　　）品

4. **填字组词。** Fill in the blanks to make words.

______司	______体	______息	车______
司______	______体	______息	______车

5. **听录音，跟读句子。** 24-5

Listen to the recording and repeat the sentences.

别的没有什么特别的了。

你的鞋子很特别。

小票叫我放哪儿了？

糟糕，电脑叫我弄坏了。

那个……我等电话就行了，是吗？

这个……我也不知道是什么意思。

只要一有消息，我们就马上通知您。

只要我有时间，我就去国外旅游。

课文讲练 Text

课文热身 / Warm Up

判断听到的内容和图片是否一致，一致画“√”，不一致画“×”。 24-6

Decide whether what you hear is consistent with the pictures. Mark “√” if yes and “×” if no.

1  (　　)

2  (　　)

3  (　　)

4 

(　　)

课文 2 / Text 2

24-7

（高美正在给出租车公司客服打电话。）

客服：您好，这里是首汽出租车。

高美：您好，我的东西被我落在出租车上了。

客服：请问是什么物品？

高美：是一本书。

客服：您还记得车牌号吗？

高美：这个……我想不起来了。对了，我记得开车的是个男司机，年龄在40岁上下，别的没有什么特别的了。

客服：您有打车小票吗？

高美：小票叫我放哪儿了？稍等，我找找。找到了，车牌号是京N·G 3688。

客服：好的，您是什么时候、在哪儿打的车？

高美：今天早上在幸福小区附近。

客服：您能说一下具体时间吗？

高美：早上七点半左右。

客服：好的，我帮您联系一下出租车司机，找到后会尽快跟您联系。

高美：好，非常感谢。

客服：不客气。

高美：那个……我等电话就行了，是吗？

客服：对，您放心，只要一有消息，我们就马上通知您。

❶ 高美正在给谁打电话？

❷ 高美什么时候、在哪儿打的车？

❸ 出租车公司的客服打算怎么做？

(Gāo Měi zhèngzài gěi chūzūchē gōngsī kèfú dǎ diànhuà.)

Kèfú: Nín hǎo, zhèlǐ shì Shǒuqì Chūzūchē.

Gāo Měi: Nín hǎo, wǒ de dōngxi bèi wǒ là zài chūzūchē shang le.

Kèfú: Qǐngwèn shì shénme wùpǐn?

Gāo Měi: Shì yì běn shū.

Kèfú: Nín hái jìde chēpáihào ma?

Gāo Měi: Zhège… Wǒ xiǎng bù qǐlái le. Duì le, wǒ jìde kāichē de shì gè nán sījī, niánlíng zài 40 suì shàngxià, biéde méiyǒu shénme tèbié de le.

Kèfú: Nín yǒu dǎchē xiǎopiào ma?

Gāo Měi: Xiǎopiào jiào wǒ fàng nǎr le? Shāo děng, wǒ zhǎozhao. Zhǎodào le, chēpáihào shì Jīng N · G 3688.

Kèfú: Hǎo de, nín shì shénme shíhou, zài nǎr dǎ de chē?

Gāo Měi: Jīntiān zǎoshang zài Xìngfú Xiǎoqū fùjìn.

Kèfú: Nín néng shuō yíxià jùtǐ shíjiān ma?

Gāo Měi: Zǎoshang qī diǎn bàn zuǒyòu.

Kèfú: Hǎo de, wǒ bāng nín liánxì yíxià chūzūchē sījī, zhǎodào hòu huì jǐnkuài gēn nín liánxì.

Gāo Měi: Hǎo, fēicháng gǎnxiè.

Kèfú: Bú kèqi.

Gāo Měi: Nàge··· Wǒ děng diànhuà jiù xíng le, shì ma?

Kèfú: Duì, nín fàngxīn, zhǐyào yì yǒu xiāoxi, wǒmen jiù mǎshàng tōngzhī nín.

语言点注解 / Language Points

1. 特别$_2$

"特别"用作形容词时表示"不一般"。

When "特别" is used as an adjective, it means "out of the ordinary".

例如：这件衣服的颜色挺特别的。

我觉得他女朋友很普通啊，没什么特别的。

普通 pǔtōng 形
ordinary

根据图片和提示，用"特别"说句子。

Make sentences with "特别" based on the pictures and clues.

❶  头发

❷  画

❸ 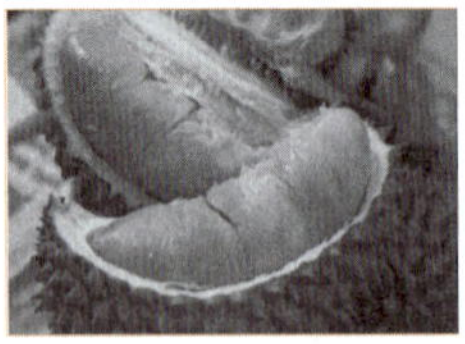 味道

❹  想法

想法 xiǎngfǎ 名
idea

2. 叫$_2$

在口语中，“被”字句中的“被”经常可以用“叫”代替。但是要注意，“叫”后面一定要有施事者，而“被”则不一定。

In spoken Chinese, “叫” often can be used to replace “被” in “被” sentences, but note that “叫” must be followed by the agent of an action, while it is not necessary for “被”.

例如：糟糕！手机叫我弄丢了。（手机叫弄丢了！ ×）

明信片上的地址叫我写错了。（明信片上的地址叫写错了。×）

组词成句。 Put the words in the correct order to make sentences.

1. 叫　时间　的　我　出发　记错　了

   ____

2. 打碎　你的　我　了　叫　杯子

   ____

3. 了　他的　书　放　哪儿　我　叫

   ____

4. 办公室　了　老师　带去　叫　他

   ____

5. 弄坏　的　叫　电视　我　了　宿舍

   ____

3. 这个、那个

“这个”“那个”常用于口语中，后面常常有停顿，没有实际意义，只表示说话人犹豫或思考的过程。

“这个” and “那个” are often used in spoken Chinese and they are always followed by a pause or stop. They do not have any actual meaning, simply indicating that the speaker is hesitating or thinking.

例如：这个……我还没有想好。

那个……你觉得呢？

4. 只要……，就……

"只要……，就……" 是条件关系复句，表示 "只要" 满足某个条件，"就" 可以做某件事。"只要" 可以在主语前，也可以在主语后。

"只要……，就……" is a complex sentence of conditional relation. It means that something can be achieved, as long as ("只要") a certain condition is met. "只要" can be placed before or after the subject.

例如：你只要一直努力学习，就一定能取得好成绩。

他特别聪明，只要老师一说，他就明白了。

取得 qǔdé 动 get

成绩 chéngjì 名 grade, academic record

聪明 cōngmíng 形 clever

用下列词语和 "只要……，就……" 说句子。

Make sentences with the following words and "只要……, 就……".

1. 不加班　逛街
2. 努力练习　学好汉字
3. 道歉　原谅
4. 考到 90 分　买手机
5. 坚持　成功
6. 有空　跑步
7. 没有穿过　退货
8. 有信心　通过考试

道歉 dào//qiàn 动 apologise

原谅 yuánliàng 动 forgive

坚持 jiānchí 动 persist in

课文练习 / Text Exercises

1. 听课文录音，选择正确答案。 24-7

Listen to the text and choose the correct answers.

1. 高美坐的出租车的车牌号是多少？（　　）
   A. 京 A·G 3688　　B. 京 N·G 3688
   C. 京 N·G 3788　　D. 京 F·N 3688
2. 关于出租车司机，可以知道什么？（　　）
   A. 是女的　　B. 40 岁左右
   C. 个子很高　　D. 喜欢聊天儿
3. 根据课文内容，可以知道什么？（　　）
   A. 客服会帮助高美找出租车司机　　B. 客服知道书在哪儿
   C. 高美的书没丢　　D. 高美的书已经找不回来了

2. 根据课文内容，排列下列句子。

Put the following sentences in order based on the text.

1. 告诉了客服一些情况
2. 高美给出租车公司的客服打电话
3. 客服说找到书以后会跟她联系
4. 比如说，出租车司机是个男的，大概 40 岁
5. 今天早上七点半左右
6. 高美打车去学校
7. 她把书落在出租车上了
8. 别的没有什么特别的

____

情况 qíngkuàng 名
situation

PART 3
第三部分

听力实践 Listening Practice

1. 听对话，选择正确答案。 24-8

Listen to the dialogues and choose the correct answers.

1. A. 6:30　B. 7:00　C. 7:30　D. 8:00
2. A. 填申请表　B. 写明信片　C. 写作业　D. 以上都不对
3. A. 坐飞机　B. 坐火车　C. 坐船　D. 以上都不对
4. A. 他要去上海　B. 他让女的帮他收拾衣服　C. 他不喜欢下雨　D. 以上都对

2. 听短文，选择正确答案。 24-9

Listen to the passages and choose the correct answers.

短文一 Passage 1

1. A. 两点左右　B. 三点左右　C. 四点后　D. 快五点
2. A. 语法书　B. 笔记本　C. 银行卡　D. 笔
3. A. 13004355555　B. 13004315555　C. 13003455555　D. 13003415555

短文二 Passage 2

1. A. 不高兴　B. 打你　C. 也对你笑　D. 帮助你
2. A. 对别人笑　B. 对别人好一点儿　C. 让别人喜欢你　D. 多帮助别人
3. A. 帮助是相互的　B. 我们应该多笑　C. 我们不应该打别人　D. 我们应该让别人帮助我们

阅读实践 Reading Practice

（一）

如果出门旅行，可以选择的交通工具有很多种，比如说大巴、火车、飞机等等。

大巴一般从市区里出发，买票、坐车都很方便，可就是坐着的时间太长了，所以坐大巴出门会很辛苦。

坐火车比坐大巴快，而且不会特别累。但是坐火车有一个缺点，那就是火车票实在太难买了。

坐飞机比坐火车贵，但是，随着人们生活水平的不断提高，越来越多的人选择坐飞机。因为坐飞机很快、很舒服，而且飞机上还提供食物和水。但也有人认为，坐飞机很麻烦，因为飞机场太远了，要至少提前两三个小时出门。

我最喜欢坐火车，因为坐火车很方便，也比较便宜，还能欣赏路上的美景。

旅行	lǚxíng	动
travel		
交通	jiāotōng	名
traffic		
工具	gōngjù	名
tool		
大巴	dàbā	名
bus		
随着	suízhe	介
with, as		
不断	búduàn	副
continuously		
提高	tígāo	动
improve		
选择	xuǎnzé	动
choose		
提供	tígōng	动
provide		
食物	shíwù	名
food		
认为	rènwéi	动
think		
飞机场	fēijīchǎng	名
airport		
提前	tíqián	动
do sth ahead of time		
欣赏	xīnshǎng	动
appreciate, enjoy		

1. 下面哪个不是坐飞机的优点？

A. 很舒服　　B. 很快

C. 很便宜　　D. 提供食物和水

2. “我”为什么喜欢坐火车？

A. 方便　　B. 便宜

C. 可以欣赏风景　　D. 以上都对

3. 这篇短文主要介绍了什么？

A. 各种交通工具　　B. 坐飞机的优点和缺点

C. 坐火车的优点和缺点　　D.“我”最喜欢的交通工具

思考 sīkǎo 动
think, ponder

硕士 shuòshì 名
master

就业 jiùyè 动
get a job

方面 fāngmiàn 名
aspect

另 lìng 代
other, another

赚 zhuàn 动
earn

实际上 shíjìshàng 副
actually

轻易 qīngyì 副
easily

放弃 fàngqì 动
give up

看法 kànfǎ 名
opinion, view

困难 kùnnan 名
difficulty

（二）

大部分大学毕业生都会思考一个问题：是继续读书，还是找工作？老师和父母一般都会鼓励他们继续读研，因为大部分硕士能找到更好的工作。但是，有的大学毕业生只想快点儿就业。一方面，是因为他们不想再继续学习了；另一方面，是因为他们想早点儿赚钱，做自己想做的事。

实际上，不管是就业还是考研，只要你决定了，就一定要坚持下去，不要轻易放弃。

1. 这篇短文主要说的是什么问题？

A. 读研的重要性　　B. 父母的看法

C. 大学毕业后的打算　　D. 就业的困难

2. 为什么有的大学毕业生想找工作？

A. 找工作很容易　　B. 想早点儿赚钱

C. 他们不喜欢看书　　D. 以上都不对

3. 根据短文，下面哪个是正确的？

A. 毕业生应该早点儿就业

B. 毕业生应该继续读研

C. 毕业生应该做自己想做的事

D. 毕业生做了决定就不应该轻易放弃

交际训练 Communication Practice

1. 两人一组，分别扮演员工和老板，员工上班要迟到了，给老板打电话说明情况。尽量用到所给词语和语言点。

Work in pairs and do a role-play. One person acts as an employee and the other as an employer. The employee is going to be late for work, so he/she calls the employer to explain. Try to use the given words and language points.

老板　对不起　可能　迟到　怎么了　闹钟　坏　响　打车
堵车　来不及　开会　赶紧　放心　一定　抓紧　这个 / 那个
只要……，就……

2. 两人一组，分别扮演丢失物品的乘客和出租车公司客服，根据下表，模仿课文2进行角色扮演，尽量用到所给词语和语言点。

Work in pairs. One person acts as the passenger who has lost something and the other as the customer service of a taxi company. Use the table below to do a role-play to act out a dialogue similar to Text 2. Try to use the given words and language points.

物品	车牌号	打车时间	打车地点	司机特征
护照	京 A·J3881	下午 6 点左右	清华大学东门附近	男，有点儿胖，50 岁上下，穿蓝色衬衫

特征　tèzhēng　名
characteristic

落　记得　V+ 得 / 不 + 起来　小票　被 / 叫　具体　尽快
联系　感谢　这个 / 那个　只要……，就……　消息　通知

学后反思 Reflection

1. 你有过丢东西的经历吗？东西找回来了吗？请你说一说。

   Have you ever lost something? Did you get it back? Talk about what happened.

2. 你知道"被"字句都有哪些形式吗？请你举例说明一下。

   What kinds of "被" sentence do you know? Please give some examples.

3. 你觉得本课哪些生词比较难记或者不容易读？

   Which new words do you think are difficult to memorise or to read in this lesson?

4. 你学到了哪些句型和语法？请用本课的语言点说几个句子。

   What sentence patterns and grammar have you learned? Use the language points in this lesson to make several sentences.

第二十五课 LESSON 25

难道你们不觉得无聊吗？

Don't you feel bored?

学习目标 Learning Goals

重点生词 / Key Words

无聊　讨厌　安静　省　心情　恐怕　算了　躺　总是　服装　拍　广告　当　参加
报名　面试　经验　机会　难得　后悔　挑战　尝试　事物　失败

重点语言点 / Key Language Points

1. 副词（Adverb）“难道”
2. 递进关系复句（Complex Sentence of Progressive Relation）“不仅 / 不但……，而且……”
3. 固定用法（Fixed Usage）“又……又……”
4. 固定用法（Fixed Usage）“既……又……”
5. 固定格式（Fixed Pattern）“V+ 什么 +（O）”
6. 副词（Adverb）“又$_2$”
7. 因果关系复句（Complex Sentence of Causative Relation）“既然……，就……”

PART 1

第一部分

词句学练 Vocabulary and Sentences

预习词语 / Preview the Words

25-1

1	单调	dāndiào	形	dull, tedious
2	难道	nándào	副	☞ *Language Point 1*
3	无聊	wúliáo	形	boring
4	讨厌	tǎoyàn	动	dislike, hate
5	公园	gōngyuán	名	park
6	不用	búyòng	副	need not
7	又	yòu	副	both...and...
8	安静	ānjìng	形	quiet
9	省	shěng	动	save
10	心情	xīnqíng	名	mood, state of mind
11	恐怕	kǒngpà	副	perhaps, probably
12	既	jì	连	as well as
13	算了	suànle	动	forget it
14	躺	tǎng	动	lie
15	总是	zǒngshì	副	always

1. 听录音，跟读生词。 25-1

Listen to the recording and repeat the new words.

2. 书写汉字。 Write the characters.

既（既……又……） ㇕ ㇕ ㇐ 丨 彐 艮 艮 旡 既

躺（躺在床上）丿 亻 亻 冂 自 自 身 身 身' 身' 身'' 身'' 躺 躺 躺 躺

3. 选字组词。Choose characters to make words.

不　安　调　情　讨　恐

单（　　）　（　　）静　（　　）怕

心（　　）　（　　）用　（　　）厌

4. 填字组词。Fill in the blanks to make words.

______道	______园	______是
______道	______园	______是

5. 词语扩展。Make phrases with the given words.

花 ______ ______ ______

省 ______ ______ ______

6. 听录音，跟读句子。 25-2

Listen to the recording and repeat the sentences.

难道你们不觉得无聊吗？

难道你们不累吗？

去公园散步不仅对身体好，而且也不用花钱。

她不仅歌唱得好，而且舞跳得也很好。

去公园散步又安静又省钱。

这件衣服又便宜又漂亮。

周末公园恐怕人很多吧？

恐怕下午还会下雨。

打篮球既能锻炼身体，又能认识新朋友。

自己做饭既便宜又好吃。

算了，我觉得在床上躺着看书才是最舒服的。

算了，我还是自己去吧。

我觉得在床上躺着看书才是最舒服的。

他才是我最好的朋友。

别总是待在宿舍了，多没意思啊！

他总是很晚才睡觉。

课文讲练 Text

课文热身 / Warm Up

将语义上紧密相关的上下两句连在一起。

Match the two sentences that are semantically closely related.

1 跟我一起去锻炼身体吧，	A. 又能认识新朋友。
2 我的周末比较单调，	B. 而且对心情也好。
3 打篮球既能锻炼身体，	C. 总是待在宿舍多无聊啊！
4 我讨厌去人多的地方，	D. 一般就是待在家里睡觉。
5 去公园散步不仅对身体好，	E. 特别是去逛街。

课文 1 / Text 1

25-3

周小明：阿尔达，周末的时候，你一般都做什么？

阿尔达：我一般写写作业、上上网、看看书，没什么特别的，你呢？

周小明：我的周末就更单调了，一般就待在家里睡觉。

马　克：难道你们不觉得无聊吗？周末可以出去走走啊，比如看看电影、唱唱歌、逛逛街啊。

阿尔达：可是我讨厌人多的地方，而且我也不想花钱。

马　克：那你可以去公园散散步，不仅对身体好，而且也不用花钱。

周小明：这个主意不错，去公园散步，又安静又省钱，心情也好。

阿尔达：可是周末公园恐怕人很多吧？

马　克：要不跟我一起去打篮球？打篮球既能锻炼身体，又能认识新朋友。

阿尔达：算了，我觉得在床上躺着看书才是最舒服的。

马　克：哎，别总是待在宿舍了，多没意思啊！

Zhōu Xiǎomíng: Ā'ěrdá, zhōumò de shíhou, nǐ yìbān dōu zuò shénme?

Ā'ěrdá: Wǒ yìbān xiěxie zuòyè, shàngshang wǎng, kànkan shū, méi shénme tèbié de, nǐ ne?

Zhōu Xiǎomíng: Wǒ de zhōumò jiù gèng dāndiào le, yìbān jiù dāi zài jiāli shuìjiào.

Mǎkè: Nándào nǐmen bù juéde wúliáo ma? Zhōumò kěyǐ chūqu zǒuzou a, bǐrú kànkan diànyǐng, chàngchang gē, guàngguang jiē a.

Ā'ěrdá: Kěshì wǒ tǎoyàn rén duō de dìfang, érqiě wǒ yě bù xiǎng huā qián.

Mǎkè: Nà nǐ kěyǐ qù gōngyuán sànsan bù, bùjǐn duì shēntǐ hǎo, érqiě yě búyòng huā qián.

1. 阿尔达周末一般都做什么？周小明呢？
2. 马克周末会一直待在宿舍睡觉吗？为什么？
3. 马克和周小明觉得周末去公园散步怎么样？阿尔达呢？
4. 最后阿尔达要去打篮球吗？为什么？

Zhōu Xiǎomíng: Zhège zhǔyi búcuò, qù gōngyuán sànbù yòu ānjìng yòu shěng qián, xīnqíng yě hǎo.

Ā'ěrdá: Kěshì zhōumò gōngyuán kǒngpà rén hěn duō ba?

Mǎkè: Yàobù gēn wǒ yìqǐ qù dǎ lánqiú? Dǎ lánqiú jì néng duànliàn shēntǐ, yòu néng rènshi xīn péngyou.

Ā'ěrdá: Suànle, wǒ juéde zài chuáng shang tǎngzhe kàn shū cái shì zuì shūfu de.

Mǎkè: Āi, bié zǒngshì dāi zài sùshè le, duō méi yìsi a!

语言点注解 / Language Points

1. 难道

用在反问句"难道……（吗）？"中，加强反问语气。

It is used in the rhetorical question "难道……（吗）？" to strengthen the rhetorical tone.

例如：难道你不喜欢打篮球吗?

难道你才知道明天有考试?

用"难道……（吗）？"改写下列句子。

Paraphrase the following sentences with "难道……（吗）？".

1. 今天是玛利亚的生日，大家都知道，你不知道吗?

→ ______________________________

2. 《功夫熊猫》这个电影很有名，你没有听说过吗?

→ ______________________________

3. 老师昨天说了这节课不能请假，你没听见吗?

→ ______________________________

4. 他是咱们学校唱歌唱得最好的，你不认识他吗?

→ ______________________________

5. 你看起来非常困，昨天晚上没睡觉吗?

→ ______________________________

⑥ 你今天怎么没带伞？你没看昨天的天气预报吗？

→ ____________________

预报 yùbào 名
forecast

2. 不仅 / 不但……，而且……

递进关系复句“不仅 / 不但……，而且……”表示除了前边所说的情况以外，还有别的情况。当前后两个分句主语相同时，“不仅 / 不但”要放在主语后；当主语不同时，“不仅 / 不但”要放在主语前。

The complex sentence of progressive relation “不仅/不但……，而且……” indicates that there is another situation apart from the previous situation. When the subjects of the two clauses are the same, “不仅/不但” is placed after the subject. When the subjects are different, “不仅/不但” is placed before the subject.

例如：每天跑步不仅对身体健康有好处，而且还可以减肥。
他不但会说英语，而且还会说法语。
不仅她想来中国，而且她的妹妹也想来。

用“不仅 / 不但……，而且……”改写下列句子。

Paraphrase the following sentences with “不仅/不但……，而且……”.

① 那家服装店的衣服很贵，质量也不好。

→ ____________________

② 这次出差的时间比较长，我们要去北京，还要去上海。

→ ____________________

③ 这次考试不太难，考试题不多，内容也挺简单的。

→ ____________________

④ 他很优秀，他的家人还有他的老师都很喜欢他。

→ ____________________

⑤ 现在手机越来越方便了，可以打电话、拍照、听音乐、看电影。

→ ____________________

服装店 fúzhuāngdiàn 名
clothing shop

优秀 yōuxiù 形
excellent

拍照 pāi//zhào 动
take a picture

3. 又……又……

“又……又……”结构既可以连接两个并列的形容词，也可以连接并列的动词。

“又……又……” structure can be used to join two coordinate adjectives or verbs.

例如：这儿卖的苹果又大又甜。

他们高兴得又唱又跳。

这几天天气很糟糕，又刮风又下雨。

根据图片和提示，用“又……又……”说句子。

Make sentences with “又……又……” based on the pictures and clues.

❶ 超市里的水果

❷ 妈妈做的饭

❸ 坐地铁出门

❹ 打雷下雨

打雷 dǎ//léi 动
thunder

4. 恐怕

可以表示估计、推测。

It can be used to express estimation and speculation.

例如：这么晚了，恐怕他今天不会来了。

这个问题太难了，恐怕他回答不出来。

回答 huídá 动
answer

用“恐怕”完成句子。 Complete the sentences with “恐怕”.

❶ 你没吃早饭，____________________。

❷ 他最近身体不太舒服，____________________。

3. 听说期末考试很难，________________。

4. 时间来不及了，________________。

5. 听说他没通过这次考试，________________。

5. 既……又……

"既……又……"也可以说成"既……也……"，表示同时有两方面的情况。其中，"既"和"又"的后面可以是形容词，也可以是动词。

"既……又……" can also be used as "既……也……". It indicates that there are two kinds of situations happening at the same time. "既" and "又" can be followed by an adjective or a verb.

例如：听到他要去中国学习的消息，妈妈既高兴又担心。
来中国上大学，既能学习汉语，又能了解中国文化。
散步既能锻炼身体，也能放松心情。

了解 liǎojiě 动
understand

组词成句。 Put the words in the correct order to make sentences.

1. 既 上课 精彩 幽默 张老师 又

____

2. 下 以后 雨 完，又 空气 新鲜 干净 既

____

3. 眼睛 对 整天 既 不好 玩游戏，又 学习 影响

____

4. 骑 既 自行车 可以 上班 锻炼 身体，很 环保 又

____

5. 很多 孩子 既 有 这个 优点，也 缺点 不少 有

____

6. 算了

例如：1. A：你还没写完作文吗？
B：嗯，太难写了。算了，我不写了，先休息一会儿。

❷ A：对不起，我现在有点儿事走不开。

B：算了，我自己去吧。

用“算了”完成对话。 Complete the dialogues with “算了”.

❶ A：都七点了，咱们该出去跑步了。

B：________________

❷ A：我一会儿还有课，不能陪你去超市了。

B：________________

❸ A：听说最近电影院有部好电影，咱们一起去看吧！

B：________________

❹ A：大家都去她的生日聚会，你不去的话不太好吧？

B：________________

❺ A：听说世界杯要开始了，可是我们也快考试了。

B：________________

陪 péi 动
accompany

世界杯 Shìjièbēi 专名
World Cup

7. 才是

“才是”的意思是“只有这个是，别的不是”。其中，“才”强调确定语气。

“才是” means “this is what one says or needs, not something else”. “才” emphasises the affirmative tone.

例如：你看，这样的鞋才是我想买的。

A：他是你的老师吧？

B：不是，她才是我的老师。

用“才是”完成句子。 Complete the sentences with “才是”.

❶ 这本英汉词典不是我的，________________。

❷ 这把钥匙不是我们宿舍的，________________。

❸ 这个靠窗的座位是我的，________________。

靠 kào 动
get close to
座位 zuòwèi 名
seat

4. 他觉得工作不是最重要的，________________。

5. 你有困难的时候，找各种理由拒绝你的人不算真正的朋友，

________________。

困难 kùnnan 名
difficulty

理由 lǐyóu 名
reason, excuse

拒绝 jùjué 动
refuse, turn down

真正 zhēnzhèng 形
real, true

8. 总是

“总是”表示“常常、经常”，但在口语中的使用频率略高于“常常”和“经常”。

“总是” means “常常、经常”, but it is used more frequently in spoken Chinese comparing with “常常” and “经常”.

例如：你别总是熬夜，对身体不好。

妈妈总是说：“便宜没好货，好货不便宜。”

组词成句。 Put the words in the correct order to make sentences.

1. 堵车　最近　路上　上班的　总是

____

2. 教室里　一个人　他　总是　在　学习

____

3. 怎么　你　总是　我　的　不明白　意思

____

4. 我爸爸　球赛　现场　总是　看　去

____

5. 喜欢　做饭　她　自己　在家里　总是

____

课文练习 / Text Exercises

1. 听课文录音，判断对错，对的画“√”，错的画“×”。 25-3

Listen to the text and decide if the statements are true or false. Mark “√” if true and “×” if false.

1. 阿尔达周末一般写作业、上网、看书。（ ）
2. 马克周末待在房间里睡觉。（ ）
3. 去公园散步，不仅对身体好，而且也可以认识新朋友。（ ）
4. 去公园散步，又安静又省钱，心情也好。（ ）
5. 周末的时候，公园可能人很多。（ ）
6. 打篮球既能锻炼身体，又能省钱。（ ）

2. 根据课文内容，排列下列句子。

Put the following sentences in order based on the text.

免费 miǎnfèi 动
be free of charge
建议 jiànyì 动
suggest

1. 因为打篮球既可以锻炼身体，又可以认识很多新朋友
2. 因为去公园散散步不仅对身体有好处，而且还免费
3. 马克觉得他们的周末很无聊
4. 他建议他们去公园散步
5. 周小明喜欢待在家里睡觉
6. 或者和他一起去打篮球
7. 周末的时候，阿尔达一般会写写作业、上上网、看看书
8. 可是阿尔达只想躺在床上看书

____

PART 2
第二部分

词句学练 Vocabulary and Sentences

预习词语 / Preview the Words

25-4

1	服装	fúzhuāng	名	dress, costume, clothing
2	拍	pāi	动	shoot, take
3	广告	guǎnggào	名	advertisement
4	当	dāng	动	work as
5	参加	cānjiā	动	join, participate in
6	报名	bào//míng	动	sign up
7	面试	miànshì	动	interview
8	经验	jīngyàn	名	experience
9	机会	jīhuì	名	chance
10	难得	nándé	形	hard to get
11	后悔	hòuhuǐ	动	regret
12	明星	míngxīng	名	star, famous performer
13	总	zǒng	副	anyway, after all
14	挑战	tiǎozhàn	动、名	challenge
15	尝试	chángshì	动	try, attempt
16	事物	shìwù	名	thing
17	丢脸	diū//liǎn	动	lose face
18	面子	miànzi	名	face, prestige
19	失败	shībài	动	fail
20	母	mǔ	名	mother
21	既然	jìrán	连	since, now that
22	表现	biǎoxiàn	动	behave, perform
23	偷偷	tōutōu	副	stealthily, secretly

1. 听录音，跟读生词。 25-4

Listen to the recording and repeat the new words.

2. 书写汉字。Write the characters.

挑（挑战）㇀ 十 扌 扌 扌 扌 扌 挑 挑

偷（偷偷）丿 亻 亻 亻 亻 伶 伶 伶 偷 偷 偷

3. 填字组词。Fill in the blanks to make words.

服______	______然	事______
______服	______然	事______
______现	后______	______会
______现	后______	______会

______试	______试	经______	经______
______试	______试	经______	经______

4. 词语扩展。Make phrases with the given words.

拍 ______ ______ ______

当 ______ ______ ______

丢 ______ ______ ______

参加 ______ ______ ______

5. 写出下列词语的反义词，不会的可以查词典。

Write the antonyms of the following words. Refer to the dictionary if necessary.

无聊 ······	喜欢 ······	花钱 ······	失败 ······

6. 听录音，跟读句子。 25-5

Listen to the recording and repeat the sentences.

后悔什么啊，我又不想当大明星。
玩什么游戏啊，都快考试了！

我又不想当大明星。
你又不是我，怎么知道我在想什么。

既然有机会，就一起试试吧！
既然你已经买票了，那咱们就去吧。

课文讲练 Text

课文热身 / Warm Up

听对话，为下列句子排序。 25-6

Listen to the dialogue and put the following sentences in order.

1. 你说得也对。
2. 没关系啊，失败是成功之母嘛！
3. 加油！祝你成功！
4. 你为什么想去拍广告？
5. 因为我觉得人总应该挑战和尝试一些新的事物。
6. 可是你没有经验，不怕表现得不好吗？

____

课文 2 / Text 2

25-7

1. 玛利亚打算干什么？
2. 玛利亚为什么想要拍广告？
3. 艾米丽为什么担心面试表现不好？

玛利亚：艾米丽，你看，这家服装公司要拍广告，想找几个外国人当演员。

艾米丽：你要参加吗？

玛利亚：是，我想报名参加面试。

艾米丽：那你有拍广告的经验吗？

玛利亚：没有，不过我想试一试。要不你也一起去？

艾米丽：算了吧，我又没有经验。

玛利亚：这次机会挺难得的，你不去的话，一定会后悔的。

艾米丽：后悔什么啊，我又不想当大明星。

玛利亚：这跟当不当明星没关系，我觉得人总应该挑战和尝试一些新的事物。

艾米丽：可是如果面试没通过的话多丢脸啊！

玛利亚：你还挺爱面子的！没关系，失败是成功之母嘛！怎么样？既然有机会，就一起试试吧！

艾米丽：好吧，不过如果我表现得不好，你可别笑我。

玛利亚：放心吧，我会偷偷地笑。

艾米丽：玛利亚，你太坏了！

Mǎlìyà: Àimǐlì, nǐ kàn, zhè jiā fúzhuāng gōngsī yào pāi guǎnggào, xiǎng zhǎo jǐ gè wàiguórén dāng yǎnyuán.

Àimǐlì: Nǐ yào cānjiā ma?

Mǎlìyà: Shì, wǒ xiǎng bàomíng cānjiā miànshì.

Àimǐlì: Nà nǐ yǒu pāi guǎnggào de jīngyàn ma?

Mǎlìyà: Méiyǒu, búguò wǒ xiǎng shì yi shì. Yàobù nǐ yě yìqǐ qù?

Àimǐlì: Suànle ba, wǒ yòu méiyǒu jīngyàn.

Mǎlìyà: Zhè cì jīhuì tǐng nándé de, nǐ bú qù dehuà, yídìng huì hòuhuǐ de.

Àimǐlì: Hòuhuǐ shénme a, wǒ yòu bù xiǎng dāng dà míngxīng.

Mǎlìyà: Zhè gēn dāng bu dāng míngxīng méi guānxi, wǒ juéde rén zǒng yīnggāi tiǎozhàn hé chángshì yìxiē xīn de shìwù.

Àimǐlì: Kěshì rúguǒ miànshì méi tōngguò dehuà duō diūliǎn a!

Mǎlìyà: Nǐ hái tǐng ài miànzi de! Méi guānxi, shībài shì chénggōng zhī mǔ ma! Zěnmeyàng? Jìrán yǒu jīhuì, jiù yìqǐ shìshi ba!

Àimǐlì: Hǎo ba, búguò rúguǒ wǒ biǎoxiàn de bù hǎo, nǐ kě bié xiào wǒ.

Mǎlìyà: Fàngxīn ba, wǒ huì tōutōu de xiào.

Àimǐlì: Mǎlìyà, nǐ tài huài le!

语言点注解 / Language Points

1. V+什么+（O）

在动词和宾语之间加“什么”，用于引述别人的话，表示“不同意”。

“什么” is placed between a verb and its object to quote the listener as a way to show disagreement.

例如：❶ A：快点儿睡吧，明天还要上课呢！

B：上什么课啊，明天是星期六。

❷ A：咱们玩会儿游戏吧。

B：玩什么游戏啊，我还得准备考试呢。

用下列词语和“V+什么+（O）”练习对话。

Make dialogues with the following words and “V+什么+（O）”.

❶ 去看电影　❷ 去网吧　❸ 吃减肥药

❹ 放假　回国　❺ 担心　考试　❻ 羡慕　出去玩

2. 又$_2$

“又”用于加强否定语气，后边一般有“不”或者“没”这样的否定词语。

“又” is used to strengthen the negative tone. Generally, it is followed by negatives, for example, “不”, “没”, etc.

例如：我不参加比赛，我又没有经验。

我才不跟他一起看电影呢，我又不喜欢他。

用“又”完成对话。 Complete the dialogues with “又”.

1. A：假期你打算去旅游吗？

   B：________________________________

2. A：到你了，你也唱一首歌吧。

   B：________________________________

3. A：对不起，这件衣服不能退。

   B：________________________________

4. A：我觉得你应该去医院看看大夫。

   B：________________________________

5. A：他好像知道这件事了。

   B：________________________________

3. 既然……，就……

因果关系复句“既然……，就……”表示“已经这样了，那么……”或“因为……，那么……”。

The complex sentence of causative relation “既然……，就……” means “if so..., then...” or “because..., so...”.

例如：既然来了，就一起吃饭吧。

既然你不喜欢，就别买了。

用“既然……，就……”改写下列句子。

Paraphrase the following sentences with “既然……，就……”.

1. 时间还早，我们先去吃个饭吧。

   → ________________________________

2. 你累了吗？那你早点儿休息吧。

   → ________________________________

3. 外边开始下雨了，我们别去了。

   → ________________________________

④ 他是你的朋友，你应该帮助他。

→ ________________________________

⑤ 你已经开始写了，那就坚持写完吧。

→ ________________________________

坚持 jiānchí 动
persist in

4. 失败是成功之母

俗语“失败是成功之母”的意思是：虽然失败了，但是我们可以从失败中吸取经验教训，然后取得成功。

The proverb “失败是成功之母” means that although we have failed, we still gained some experience and we will succeed next time.

课文练习 / Text Exercises

1. 听课文录音，选择正确答案。 25-7

Listen to the text and choose the correct answers.

① 服装公司想找外国人做什么？ (　　)

A. 跳舞 B. 参加比赛

C. 当演员 D. 当观众

② 艾米丽为什么一开始不想去拍广告？ (　　)

A. 她不喜欢当明星 B. 她不喜欢拍广告

C. 她最近要准备考试 D. 她没有拍广告的经验

③ 关于玛利亚，下面哪个不正确？ (　　)

A. 她觉得拍广告的机会很难得 B. 她一直想当大明星

C. 她喜欢挑战和尝试新的事物 D. 她没有拍过广告

④ 关于艾米丽，下面哪个不正确？ (　　)

A. 她担心自己面试表现得不好 B. 她很爱面子

C. 她最后决定去拍广告 D. 她很后悔没去拍广告

2. 根据课文内容，排列下列句子。

Put the following sentences in order based on the text.

1. 玛利亚鼓励她说
2. 只是想挑战和尝试一些新的事物
3. 因为这个机会很难得
4. 她不想当大明星
5. 玛利亚想报名拍广告
6. 可是艾米丽担心面试没通过的话会很丢脸
7. 玛利亚想让艾米丽和她一起去参加面试
8. 既然有机会，就一起去试一试吧

____

听力实践 Listening Practice

1. 听对话，选择正确答案。 25-8

Listen to the dialogues and choose the correct answers.

1. A. 美术馆　B. 博物馆　C. 饭馆　D. 宿舍
2. A. 没听懂　B. 没太听懂　C. 大部分听懂了　D. 一点儿都没听懂
3. A. 很单调　B. 很特别　C. 很无聊　D. 很有趣
4. A. 女的的爸爸　B. 老师　C. 服务员　D. 律师

2. 听短文，选择正确答案。 25-9

Listen to the passages and choose the correct answers.

短文一 Passage 1

1. A. 更有信心　B. 变得更好　C. 改正错误　D. 看到缺点
2. A. 让我们更有信心　B. 让我们很难过　C. 让我们改正错误　D. 让我们轻易放弃
3. A. 表扬很重要　B. 批评很重要　C. 表扬和批评都重要　D. 表扬和批评都不重要

短文二 Passage 2

1. A. 老师　B. 老板　C. 演员　D. 作家
2. A. 去别的公司　B. 去大城市　C. 放弃梦想　D. 以上都不对
3. A. 老师　B. 律师　C. 演员　D. 发明家

阅读实践 Reading Practice

人生 rénshēng 名 life
面对 miànduì 动 face, confront
往往 wǎngwǎng 副 frequently, often
逃避 táobì 动 escape, evade
勇敢 yǒnggǎn 形 brave
接受 jiēshòu 动 accept
就算 jiùsuàn 连 even if
获得 huòdé 动 gain, obtain

（一）

人生总会遇到一些困难或挑战。在面对困难或挑战的时候，人们的选择往往有两种。第一种是因为害怕失败，所以拒绝挑战，选择逃避；第二种是勇敢地面对困难，选择接受挑战。在做出第二种选择的人看来，就算失败了，也可以获得经验，失败之后就是成功。那么，在遇到困难或挑战时，你会做出怎样的选择呢？

1. 面对挑战，人们会怎么选择？

A. 拒绝挑战　　B. 接受挑战

C. 有的人拒绝挑战，有的人接受挑战　　D. 以上都不对

2. 在做出第二种选择的人看来，失败了会怎么样？

A. 获得经验　　B. 很没面子

C. 不会成功　　D. 想放弃

3. 对于做出第二种选择的人来说，下面哪个是正确的？

A. 应该拒绝挑战　　B. 应该选择逃避

C. 失败后就是成功　　D. 成功不重要

从前 cóngqián 名 the past
对 duì 量 couple
兄弟 xiōngdì 名 brothers
却 què 副 but
小时候 xiǎoshíhou 名 childhood
邻居 línjū 名 neighbour
吃惊 chī//jīng 动 be surprised
后来 hòulái 名 later, afterwards
留 liú 动 reserve, save

（二）

从前有一对兄弟，哥哥非常聪明，可是他很懒；弟弟虽然没有哥哥聪明，可是他却非常努力。他们小时候，邻居们都觉得，哥哥聪明，以后一定更成功。

十年过去了，当邻居们再看到这对兄弟时，大家都很吃惊。因为他们发现，弟弟无论是家庭还是工作，都比哥哥好。后来，邻居们问弟弟成功的经验时，弟弟说："只要你努力，一直坚持下去，抓住机会，就一定会成功，因为机会往往会留给有准备的人。"

1. 哥哥有什么特点？

A. 很聪明　　B. 很笨

C. 很努力　　D. 很胖

2. 邻居们觉得谁能成功？

A. 哥哥　　B. 弟弟

C. 都能成功　　D. 都不能成功

3. 根据短文，可以知道什么？

A. 聪明的人一定能成功　　B. 哥哥比弟弟先成功

C. 机会是留给有准备的人的　　D. 机会是留给聪明的人的

特点　tèdiǎn　名
characteristic

笨　bèn　形
stupid, dull

交际训练 Communication Practice

1. 采访三个同学，问一问他们上个周末是怎么度过的，下个周末打算怎么过，完成下面的表格。采访中要尽量用到所给词语和语言点。

Interview three students, ask them what they did last weekend and what they plan to do the next weekend, and complete the table below. Try to use the given words and language points.

	姓名	上个周末做了什么?	下个周末打算做什么?
同学 1			
同学 2			
同学 3			

单调　无聊　安静　省钱 / 花钱　心情　恐怕　喜欢 / 讨厌

V/V一V　不仅 / 不但……，而且……　既……又……

2. 两人一组，选择一个情景，模仿课文2进行角色扮演，尽量用到所给词语和语言点。

Work in pairs, select a scenario and do a role-play to act out a dialogue similar to Text 2. Try to use the given words and language points.

情景（Scenario）1：A 想参加学校话剧社（drama club）的面试，想邀请室友 B 一起去。

情景（Scenario）2：A 想当某英文公众号的翻译（the translator for an English public account），想邀请朋友 B 一起做。

情景（Scenario）3：A 想参加学校的汉语比赛，想邀请同学 B 一起参加。

参加　经验　机会　当　难得　后悔　又　尝试　挑战
成功 / 失败　通过　丢脸　算了　爱面子　表现
难道……（吗）？　既然……，就……　不仅 / 不但……，而且……
V+ 什么 +（O）　要不　跟……没关系

学后反思 Reflection

1. 你都知道哪些反问句？请举例说明。

   What rhetorical questions do you know? Please give some examples.

2. 我们已经学过的复句有哪些？请你总结一下。

   What complex sentences have you learned? Please summarise.

3. 你觉得本课哪些生词比较难记或者不容易读？

   Which new words do you think are difficult to memorise or to read in this lesson?

4. 你学到了哪些句型和语法？请用本课的语言点说几个句子。

   What sentence patterns and grammar have you learned? Use the language points in this lesson to make several sentences.